Cordula Rabe

Spanischer Jakobsweg

Von den Pyrenäen bis Santiago de Compostela und weiter bis Finisterre und Muxía

Alle Etappen – mit Varianten und Höhenprofilen

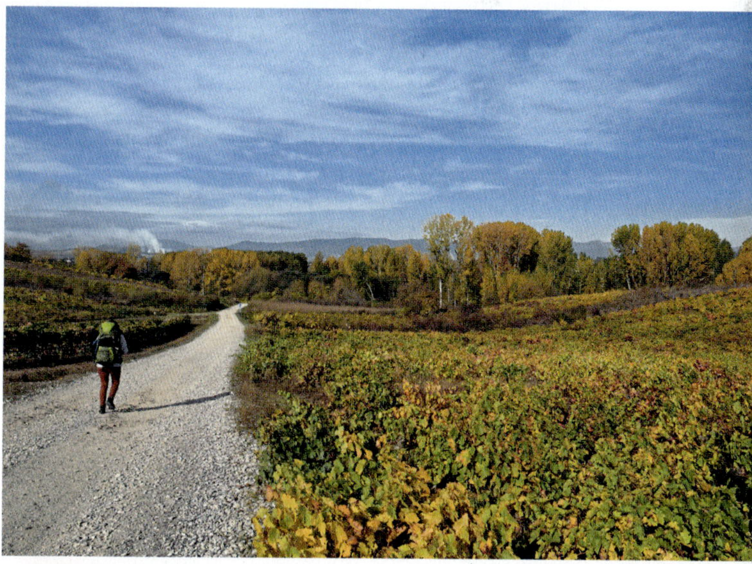

ROTHER
BERGVERLAG

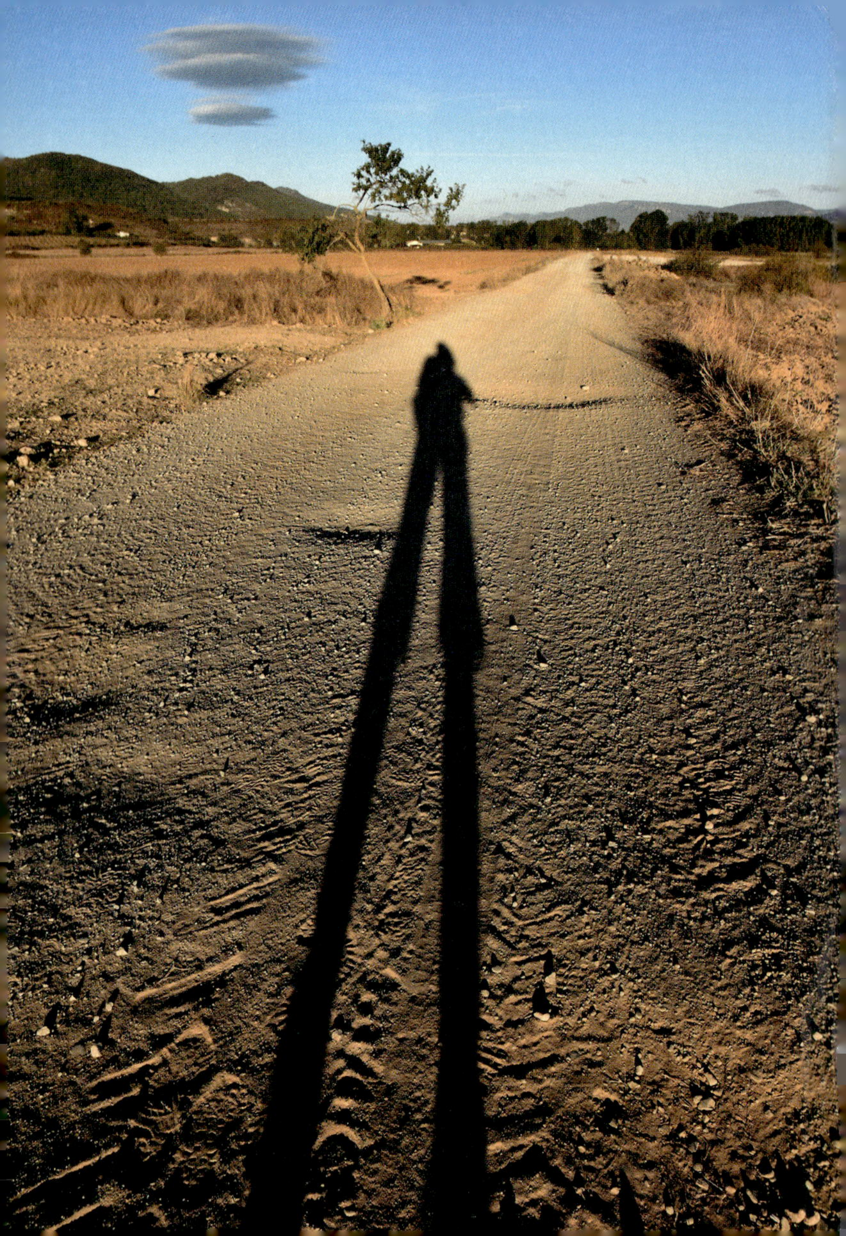

VORWORT

Die Beliebtheitskurve des Jakobswegs scheint nur eine Richtung zu kennen: nach oben. Angesichts globaler Krisen wie die zurückliegende Pandemie, Klimawandel und Kriegen ist der Jakobsweg eine »Insel der Glückseligkeit« geblieben. Eine kleine, heile Welt, geprägt von Weltoffenheit, Toleranz und einem friedlichen Miteinander. Die religiöse Wurzel des Pilgerns ist dabei nicht verloren gegangen. Aus ihr sind vielfältige Formen der Spiritualität gewachsen. Egal, woran jemand glaubt oder auch nicht glaubt: Es spielt auf dem Jakobsweg keine Rolle. Was zählt sind die Menschen und der Weg, den jede und jeder für sich und doch alle gemeinsam gehen.

Der Jakobsweg ist ein lebendiges soziales Netzwerk. Er bringt Menschen jeglicher Herkunft, Motivation und jeden Alters zusammen. Beim Wandern, in den Herbergen, bei den gemeinsamen Pilgerabendessen kommt man ins Gespräch, lernt man sich kennen. Manchmal entstehen Freundschaften zwischen Menschen, die sich ohne den Weg nie begegnet wären.

Die vielleicht größte Veränderung: Immer mehr Frauen entdecken das Pilgern für sich. Im Jahr 2003 lag ihr Anteil bei nur knapp 40 %, 2013 war das Verhältnis Frauen/Männer schon 50:50, 2023 stellten die Pilgerinnen mit 53 % die Mehrheit, Tendenz steigend.

Und noch etwas macht das Pilgern zeitgemäß: Es ist eine vergleichsweise umweltschonende Art zu reisen. Auch für die An- und Abreise wählen immer mehr Menschen möglichst umweltverträgliche Transportmittel, auch um den Preis von höheren Kosten und größerem Zeitaufwand.

Pilgern ist manchmal anstrengend, auch das gehört zur Wahrheit. Doch gerade das könnte das größte Erfolgsgeheimnis sein: Es holt uns aus der Komfortzone, fordert uns heraus, bringt uns manchmal an die Grenzen – und damit immer wieder ein Stück näher zu uns selbst. Es zeigt uns unsere Schwächen, viel mehr noch aber unsere Stärken. Der Jakobsweg gibt uns, was mit Geld nicht zu kaufen ist: wunderbare Glücksgefühle, die noch lange über den Weg hinaus anhalten und uns Kraft für den Alltag geben.

20 Jahre nach der ersten Auflage wurde das Buch gründlich überarbeitet und übersichtlicher gestaltet. Das Geschehen auf dem Jakobsweg ist sehr dynamisch. Herbergen öffnen und schließen, der Wegverlauf wird verbessert oder an (straßen-)bauliche Veränderungen angepasst. Stellen Sie, liebe Pilgerinnen und Pilger, Veränderungen fest, so teilen Sie diese gerne dem Verlag mit. Allen, die dies bereits getan haben, danke ich herzlichst.

Ich wünsche allen Pilgerinnen und Pilgern einen ¡Buen Camino! – einen guten Weg.

Altea, Spanien, Frühjahr 2024

Cordula Rabe

Immer gen Westen! Auf dem Weg nach Ruesta (Camino Aragonés, Etappe 3).

INHALTSVERZEICHNIS

SCHWIERIGKEITSKATEGORIEN

■ = Leicht

Einfache Etappen in flachem Gelände oder mit nur geringen Höhenunterschieden. Gute, breite Fußwege, teilweise auch Asphalt, ohne technische Schwierigkeiten.

■ = Mittel

Etappen mit größeren Höhenunterschieden im Auf- und Abstieg. Wege und Pfade können abschnittsweise etwas unbequemer sein und mehr Aufmerksamkeit beim Gehen erfordern; keine der Etappen ist jedoch technisch durchgehend schwierig oder sehr anspruchsvoll. Als mittelschwer sind daher in der Regel solche Etappen eingestuft, die aufgrund ihrer Länge plus die zu absolvierenden Höhenmeter höhere Anforderungen an Kondition und Ausdauer stellen.

DISTANZEN VON UNTERKUNFT ZU UNTERKUNFT

Camino Aragonés

	km	Ort und Unterkunftsart	
1	0	**Somport/Alb. Aysa**	■
	0,8	Candanchú	■ □
	6,2	Canfranc Estación	■ □
	4,4	Canfranc Pueblo	■ □
	4,7	Villanúa	■ □
	6,8	Castiello de Jaca	■ □
	1,1	Camping Solopuent	△ □
	3,0	Hotel Bar Charlé	□
2	3,6	**Jaca**	■ □
	15,3	Santa Cilia	■ □
	6,4	Puente la Reina de Jaca	□
3	3,9	**Arrés**	■ □
	16,9	Abzweig Artieda (plus 800 m bis Herberge)	■ □
4	10,3	**Ruesta**	■ □
	11,6	Undués de Lerda	■
5	10,4	**Sangüesa**	■ □
6	27,3	**Monreal**	■ □
	13,1	Tiebas	■
	15,5	Obanos	□

Camino Francés

	km	Ort und Unterkunftsart	
1	0	**Saint-Jean-Pied-de-Port**	■ □
	1,6	Gîte La Coquille Napoléon	■
	3,7	Honto	■ □
	2,4	Refuge Orrisson	■
	0,9	Auberge Borda	■
2	16,5	**Roncesvalles**	■ □
	3,0	Auritz/Burguete	■ □
	3,7	Aurizberri/Espinal	■ □
	5,0	Bizkarreta/Gerendiain	□
	1,8	Lintzoain	□
	8,1	Zubiri	■ □
	2,7	Urdániz	□
3	2,9	**Larrasoaña**	■ □
	0,9	Akerreta	□
	3,1	Zuriain	■
	3,2	Abzweig Zabaldika	■
	3,7	Arre/Villava	■ □
	1,5	Burlada	□
	2,2	Abzweig Alb. Casa Paderborn	■
4	1,0	**Pamplona/Zentrum**	■ □
	4,6	Cizur Menor	■
	12,6	Uterga	■ □
	4,2	Obanos	□
	1,9	Alb. Hotel Jakue	■ □
5	0,9	**Puente la Reina/Zentrum**	■ □
	4,7	Mañeru	■ □
	2,7	Cirauqui	■
	5,7	Lorca	■
	4,5	Villatuerta	■
6	3,9	**Estella-Lizarra**	■ □
	1,5	Ayegui	■
	2,8	Camping Iratxe	△ □
	3,1	Azqueta	■ □
	1,8	Villamayor de Monjardín	■ □
	12,2	Los Arcos	■ □
	6,9	Sansol	■ □
7	0,8	**Torres del Río**	■ □
	10,6	Viana	■ □
8	9,4	**Logroño**	■ □
	12,7	Navarrete	■ □
	0,7	Hostal Sombra del Laurel	□
	4,8	Abzweig Ventosa (plus 1,4 km bis Herberge)	■ □
9	10,8	**Nájera**	■ □
	5,7	Azofra	■ □
	9,1	Cirueña	■ □
10	6,1	**Santo Domingo de la Calzada**	■ □
	6,5	Grañón	■ □
	3,9	Redecilla del Camino	■ □
	1,5	Castildelgado	■ □
	2,0	Viloria de Rioja	■ □
11	8,3	**Belorado**	■ □
	4,8	Tosantos	■
	2,0	Villambistia	■ □
	1,5	Espinosa del Camino	■
	3,5	Villafranca Montes de Oca	■ □
12	12,1	**San Juan de Ortega**	■ □
	3,6	Agés	■
	2,5	Atapuerca	■ □
	6,0	Cardeñuela-Riopico	■ □
	2,1	Orbaneja-Riopico	□
	4,5	Castañares	□
	3,3	Camping Fuentes Blancas	△
13	3,9	**Burgos**	■ □
	10,3	Abzweig. Alb. La Fábrica	■
	0,4	Tardajos	■ □
	2,1	Rabé de las Calzadas	■ □
	7,8	Hornillos del Camino	■ □
	5,7	Abzweig Alb. San Bol	■

	3,4	Alb. Fuente de Sidres	☗
14	**1,5**	**Hontanas**	☗ ☖
	8,2	Castrojeriz/Ortsanfang	☗ △
	1,0	Castrojeriz/Zentrum	☗ ☖
	9,0	San Nicolás	☗
	1,8	Itero de la Vega	☗ ☖
15	**8,4**	**Boadilla del Camino**	☗ ☖
	6,5	Frómista	☗ ☖
	3,4	Población de Campos	☖
	5,7	Villarmentero de Campos	☗
	5,1	Villalcázar de Sirga	☗ ☖
16	**5,6**	**Carrión de los Condes**	☗ ☖
	16,9	Calzadilla de la Cueza	☗ ☖
	6,2	Ledigos	☗
	2,7	Alb. Los Templarios	☗
17	**0,6**	**Terradillos de los Templarios**	☗
	3,3	Moratinos	☗ ☖
	2,5	San Nicolás del Real Camino	☗
18a	**7,0**	**Sahagún**	☗ ☖
	5,1	Calzada del Coto	☗
	8,4	Calzadilla de los Hermanillos	☗ ☖
19	**17,6**	**Reliegos**	☗ ☖
	6,1	Mansilla de las Mulas	☗ ☖
	6,3	Puente Villarente	☗ ☖
	4,3	Arcahueja	☖
	4,9	Abzweig Alb. Santo Tomás	☗
	1,4	Alb. Check in León	☗
	1,2	Alb. Carbajalas	☗
20	**0,7**	**León/Kathedrale**	☗ ☖
	1,5	Parador de León	☖
	2,1	Trobajo del Camino	☖
	3,7	Virgen del Camino	☗ ☖
	3,7	Oncina de la Valdoncina	☗ ☖
21	**9,8**	**Villar de Mazarife**	☗
	9,8	Villavante	☗ ☖
	5,3	Hospital de Órbigo	☗ ☖
	2,5	Villares de Órbigo	☗
	2,7	Santibáñez de Valdeiglesias	☗ ☖
	7,8	San Justo de la Vega	☖
	3,6	Alb. Siervas de María	☗
22	**0,7**	**Astorga/Zentrum**	☗ ☖
	2,2	Valdeviejas	☗
	2,1	Murias de Rechivaldo	☗ ☖
	4,5	Santa Catalina de Somoza	☗ ☖
	4,3	El Ganso	☗ ☖
	6,8	Rabanal del Camino	☗ ☖
23	**5,5**	**Foncebadón**	☗ ☖
	11,3	El Acebo	☗ ☖
	3,4	Riego de Ambros	☗ ☖
	4,5	Molinaseca	☗ ☖
	0,9	Alb. Santa Marina und Alb. Municipal	☗
24	**6,6**	**Ponferrada**	☗ ☖
	5,5	Columbrianos	☖
	2,3	Fuentes Nuevas	☖
	1,8	Camponaraya	☗ ☖
	6,2	Cacabelos/Zentrum	☗ ☖
	0,6	Cacabelos/Alb. Municipal	☗
	3,5	Valtuille de Arriba	☗
	4,0	Villafranca del Bierzo/ Ortsanfang	☗
25	**0,9**	**Villafranca del Bierzo**	☗ ☖
	0,3	Alb. de la Piedra	☗
	4,6	Pereje	☖
	4,5	Trabadelo	☗ ☖
	3,8	La Portela de Valcarce	☗ ☖
	1,4	Ambasmestas	☗ ☖
	1,5	Vega de Valcarce	☗ ☖
	2,2	Ruitelán	☗ ☖
	1,4	Las Herrerías/Hospital	☗ ☖
26	**3,3**	**La Faba**	☗
	2,7	La Laguna	☗
	2,2	O Cebreiro	☗ ☖
	3,2	Liñares	☗ ☖
	2,4	Hospital da Condesa	☗ ☖
	2,9	Alto do Poio	☖
	3,4	Fonfría	☗ ☖
	2,4	O Biduedo	☖
	3,0	Fillobal	☗
	1,6	Pasantes	☖
27	**2,2**	**Triacastela**	☗ ☖
	4,2	Abzw. Alb. Casa Forte de Lusío	☗
	1,3	Renche	☖
	4,6	Samos	☗ ☖
	5,0	Gorolfe	☖
	3,2	Sivil	☖
	5,0	Camping de Sarria	△
	0,8	Sarria/Ortsanfang	☗ ☖
	1,1	Sarria/Zentrum	☗ ☖
	3,6	Vilei	☗ ☖
28	**0,7**	**Barbadelo**	☗
	0,9	Rente	☖
	6,8	Morgade	☗ ☖
	1,4	Ferreiros	☗
	0,8	A Pena	☗ ☖
	2,7	Mercadoiro	☗

Etappe	km	Ort	
	3,0	Vilachá	☗
	2,3	Portomarín	☗ ☖
	7,7	Gonzar	☗ ☖
29	**4,0**	**Hospital da Cruz**	☗ ☖
	1,4	Ventas de Narón	☗
	3,5	Ligonde	☗
	0,8	Airexe	☗ ☖
	6,4	Palas de Rei/Alb. Os Chacotes	☗
	1,1	Palas de Rei/Zentrum	☗
	3,4	San Xulián do Camiño	☗
	0,5	A Graña	☖
	0,6	Pontecampaña	☗
	1,3	Casanova	☗
	2,7	O Coto	☖
	5,5	Melide/Alb. Melide	☗
30	**1,0**	**Melide**	☗ ☖
	5,0	Boente de Arriba/Alb. El Alemán	☗
	0,5	Boente/Zentrum	☗
	2,3	Castañeda	☗ ☖
	3,1	Ribadiso da Baixo	☗
	0,5	Alb. Milpes	☗
	1,5	Arzúa/Ortsanfang	☗
	0,8	Arzúa/Zentrum	☗ ☖
	4,4	Abzweig (plus 800 m bis Alb. Camiño das Ocas)	☗ ☖
	0,6	As Quintas	☗
	2,6	A Calle de Ferreiros	☗ ☖
	3,0	Salceda	☗ ☖
	2,9	A Brea	☖
	1,7	O Empalme	☗
	1,2	Santa Irene	☗
	1,5	A Rúa	☗ ☖
	0,8	O Pedrouzo/Alb. O Burgo	☗
31	**0,7**	**O Pedrouzo**	☗ ☖
	3,3	Amenal	☖
	4,0	San Paio	☖
	2,1	Lavacolla	☗ ☖
	1,4	Vilamaior	☖
	2,1	Camping Peregrino San Marcos	△
	1,5	San Marcos	☖
	0,3	Monte do Gozo	☗ ☖
	1,8	Alb. de San Lázaro	☗
	1,0	Alb. A Fonte de Compostela	☗
32	**2,1**	**Santiago de Compostela**	☗ ☖

Abstieg vom O-Cebreiro-Pass nach Triacastela (Etappe 26).

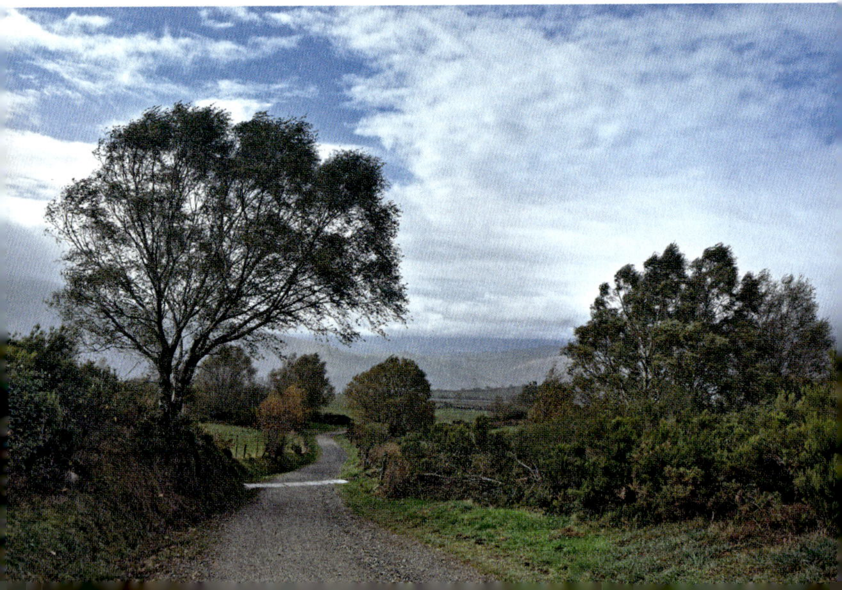

Weg nach Finisterre und Muxía

	km	Ort	
	9,8	Ventosa	☗
	10,8	Negreira/Alb. Alecrín	☗
	0,3	Negreira/Zentrum	☗ ☖
33	**0,9**	**Negreira/Alb. de la Xunta**	☗
	7,7	A Pena	☗
	4,6	Vilaserío	☗
	0,5	Vilaserío/Alb. Municipal	☗
	7,5	Santa Mariña/Casa Pepa	☗
	0,6	Alb. Santa Mariña	☗
	6,0	Lago	☗
34	**6,4**	**Olveiroa**	☗ ☖
	3,6	Logoso	☗
	14,5	Camiños Chans	☗ ☖
	1,2	Cee	☗ ☖
	1,0	Corcubión	☖
	1,5	Alb. de San Roque	☗
	0,7	Amarela	☗
	1,2	Estorde	☖ △
	1,2	Sardiñeiro	☖
	3,2	Praia de Langosteira	☖
35	**2,7**	**Finisterre**	☗ ☖
	13,6	Lires	☗ ☖
	2,0	Frixe	☖
	11,9	**Muxía**	☗ ☖
36	**0**	**Olveiroa**	☗ ☖
	3,6	Logoso	☗ ☖
	6,1	Dumbría/Alb. O Conco	☗
	0,5	Dumbría	☖
	7,0	A Grixa	☗
	4,1	Quintáns	☖
	0,7	Alb. Et Suseia	☗
	2,9	Merexo	☖
	1,8	Os Muiños	☖
	1,3	Monasterio de Moraime	☖
	3,6	**Muxía**	☗ ☖

Varianten:

Camino Aragonés – Etappe 2: Variante San Juan de la Peña

km	Ort	
0	**Jaca**	☗ ☖
22,4	Santa Cruz de la Serós	☗ ☖
6,6	Santa Cilia	☗ ☖
6,4	Puente la Reina de Jaca	☖
3,9	**Arrés**	☗ ☖

Camino Francés – Etappe 1: Roncesvalles via Valcarlos

km	Ort	
0	**Saint-Jean-Pied-de-Port**	☗ ☖
11,6	Valcarlos	☗ ☖
11,6	**Roncesvalles**	☗ ☖

Etappe 18b: Sahagún–Reliegos via Bercianos del Real Camino

km	Ort	
0	**Sahagún**	☗ ☖
4,7	Abzweig Calzada del Coto	☗
5,5	Bercianos del Real Camino	☗ ☖
7,5	El Burgo Ranero	☗ ☖
13,0	**Reliegos**	☗ ☖

Etappe 20: Variante via San Martín del Camino

km	Ort	
0	**León**	☗ ☖
1,5	Parador de León	☖
2,1	Trobajo del Camino	☖
3,7	Virgen del Camino	☗ ☖
3,8	Valverde de la Virgen	☗
9,2	Villadangos de Páramo	☗ ☖
4,4	San Martín del Camino	☗
7,1	**Hospital de Órbigo**	☗ ☖

Etappe 25: Variante Camino Duro

km	Ort	
0	**Villafranca del Bierzo**	☗ ☖
8,2	Pradela	☗
3,2	Trabadelo	☗ ☖
3,8	La Portela de Valcarce	☗ ☖
1,4	Ambasmestas	☗ ☖
1,5	Vega de Valcarce	☗ ☖
2,2	Ruitelán	☗
1,4	Las Herrerías/Hospital	☗ ☖
3,3	**La Faba**	☗

Etappe 27b: Triacastela – Barbadelo via San Xil

km	Ort	
0	**Triacastela**	☗ ☖
1,8	A Balsa	☗
9,2	Pintin	☖
1,3	Calvor	☗
3,4	Camping de Sarria	△
0,8	Sarria/Ortsanfang	☗ ☖
1,1	Sarria/Zentrum	☗ ☖
3,6	Vilei	☗ ☖
0,7	**Barbadelo**	☗

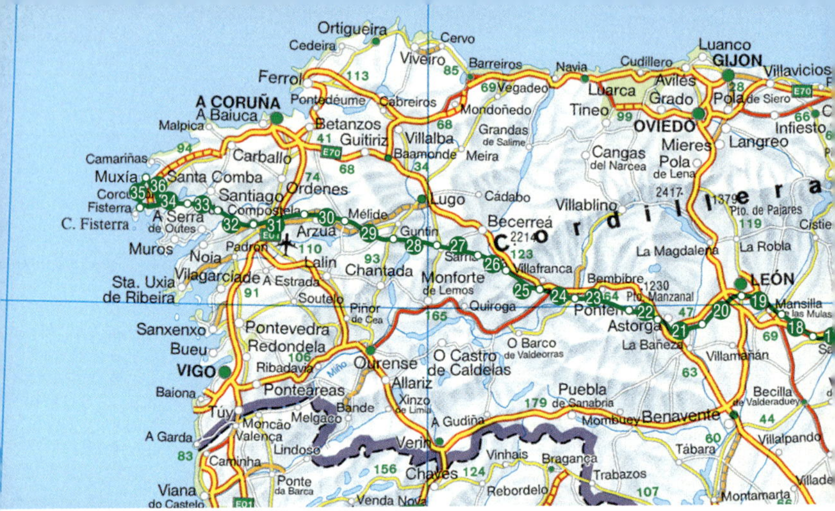

Ortigueira
Cedeira
Cervo
Viveiro
Barreiros
Navia
Cudillero
Luanco
GIJON
Villaviciosa
Ferrol
Vegadeo
Luarca
Avilés
Grado
Pola de Siero
A CORUÑA
A Baiuca
Pontedéume
Cabreiros
Mondoñedo
Tineo
OVIEDO
Infiesto
Malpica
Betanzos
Guitiriz
Villalba
Grandas de Salime
Mieres
Langreo
Camariñas
Carballo
Baamonde
Meira
Cangas del Narcea
Pola de Lena
Muxía
Santa Comba
Ordenes
Corcubión
Fisterra
Santiago
Compostela
Lugo
Cádabo
Villablino
Pto. de Pajares
C. Fisterra
A Serra de Outes
Mélide
Becerreá
Cordillera
Arzua
Guntín
La Robla
Muros
Noia
Padrón
Lalín
Sarria
La Magdalena
Sta. Uxia de Ribeira
Vilagarcía de Arousa
A Estrada
Chantada
Monforte de Lemos
Villafranca
Bembibre
LEÓN
Pto. Manzanal
Mansilla de las Mulas
Soutelo
Piñor de Cea
Quiroga
Ponferrada
Astorga
Sanxenxo
Pontevedra
La Bañeza
Bueu
Redondela
O Barco de Valdeorras
Villamañán
VIGO
Ribadavia
Ourense
O Castro de Caldelas
Miño
Baiona
Ponteareas
Allariz
Puebla de Sanabria
Becilla de Valderaduey
Túy
Bande
Xinzo de Limia
Mombuey
Benavente
Moncão
Melgaço
A Gudiña
A Garda
Valença
Lindoso
Verín
Tábara
Villalpando
Caminha
Vinhais
Bragança
Chaves
Trabazos
Viana do Castelo
Ponte da Barca
Venda Nova
Rebordelo
Montamarta

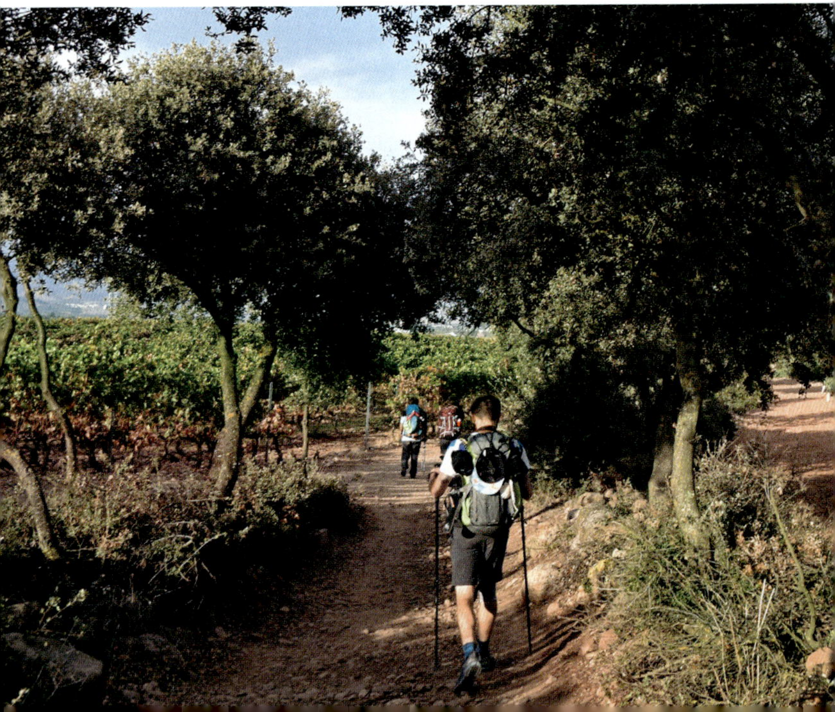

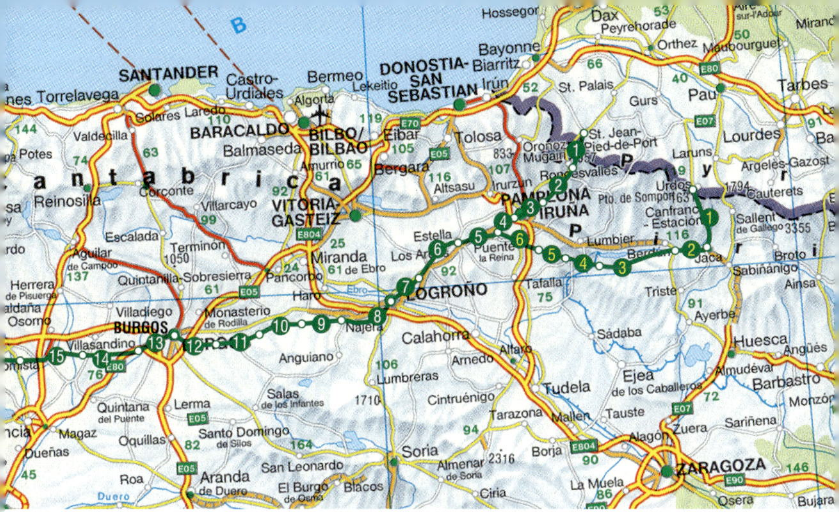

Hossegor
Dax
Peyrehorade
Orthez
Maubourguet
Bayonne
Biarritz
SANTANDER
Torrelavega
Castro-Urdiales
Bermeo
Lekeitio
DONOSTIA-SAN SEBASTIAN
Irún
St. Palais
Gurs
Pau
Tarbes
Lourdes
Solares
Laredo
Algorta
BARACALDO
BILBO/BILBAO
Eibar
Tolosa
Oronoz-Mugaire
St. Jean-Pied-de-Port
Laruns
Argelès-Gazost
Valdecilla
Balmaseda
Amurrio
Bergara
Altsasu
Roncesvalles
Reinosilla
Corconte
Villarcayo
VITORIA-GASTEIZ
Irurzun
PAMPLONA IRUÑA
Pto. de Somport
Urdos
Cauterets
Canfranc - Estación
Sallent de Gallego
Escalada
Terminón
Estella
Lumbier
Aguilar de Campoo
Miranda de Ebro
Los Arcos
Puente la Reina
Berdún
Jaca
Sabiñánigo
Broto
Herrera de Pisuerga
Quintanilla-Sobresierra
Pancorbo
Tafalla
Ainsa
Haro
LOGROÑO
Triste
Villadiego
Osorno
Monasterio de Rodilla
Ayerbe
BURGOS
Nájera
Sádaba
Villasandino
Calahorra
Huesca
Angüés
Anguiano
Arnedo
Alfaro
Almudévar
Barbastro
Lumbreras
Ejea de los Caballeros
Quintana del Puente
Lerma
Salas de los Infantes
Cintruénigo
Tudela
Monzón
Magaz
Tarazona
Mallén
Tauste
Sariñena
Santo Domingo de Silos
Zuera
Dueñas
Oquillas
Soria
Alagón
Almenar de Soria
Borja
ZARAGOZA
San Leonardo
Roa
Aranda de Duero
El Burgo de Osma
Blacos
La Muela
Ciria
Osera
Bujara
Duero
Ebro

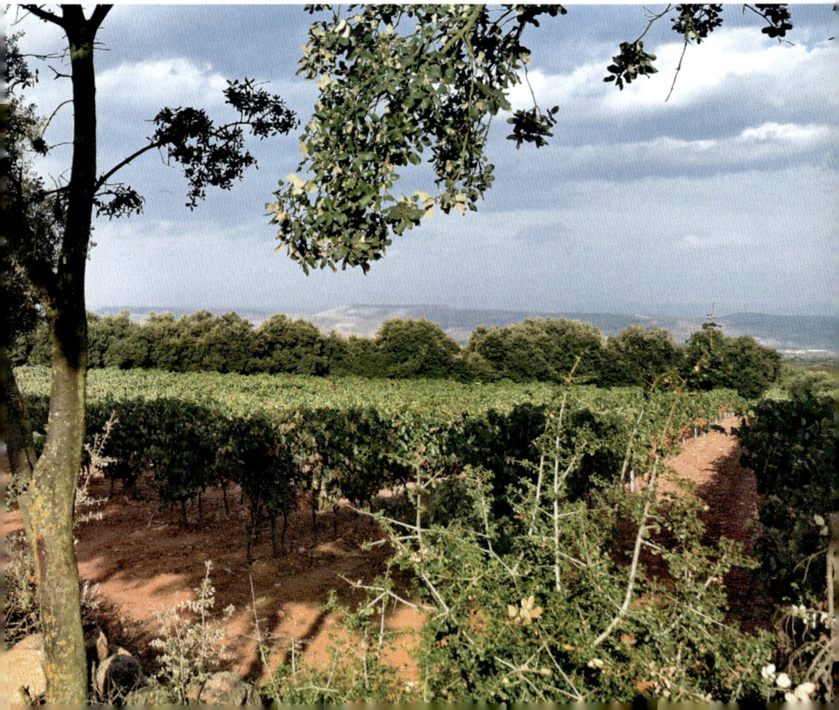

ALLGEMEINE HINWEISE

Pilgerherbergen

Es gibt städtische, kirchliche, von Vereinen sowie privat geführte Pilgerherbergen. Um sie nutzen zu dürfen, muss man den Pilgerpass vorlegen, bei touristischen Herbergen ist dies nicht erforderlich. Einige Herbergen mit christlichem Hintergrund bieten gemeinsame Andachten und Gebete an. Die Klassifizierung mit ein bis drei Jakobsmuscheln soll helfen, den Standard der Herbergen einzuschätzen. Ausschlaggebend sind dabei die Ausstattung (z. B. Küche, Waschmaschine, Trockner, Platzangebot, Beschaffenheit der Betten), das Preis-Leistungs-Verhältnis oder der Zustand der sanitären Anlagen. Ein Pluspunkt ist in der Regel das Vorhandensein einer (brauchbar ausgestatteten) Küche: Gemeinsames Kochen spart Geld und macht Spaß. Die Beurteilung bezieht sich in der Regel nicht auf die Betreuung durch das Personal in den Herbergen, da dies, speziell im Fall von ehrenamtlichen »Hospitaleros«, häufig wechselt. Alle Preise und sonstige Daten beziehen sich auf Anfang 2024, Änderungen sind möglich.

Bei mehreren Herbergen in einem Ort werden diese, soweit möglich, der Reihenfolge ihrer Lage am Weg nach genannt. Zur besseren Etappenplanung finden sich in der Tabelle ab Seite 6 die Distanzen zwischen Ortschaften mit Unterkunftsmöglichkeiten. Bei der Kurzinfo zu jeder Etappe sind die Distanzen zwischen den Ortschaften mit Infrastruktur angegeben. Die Kilometerangaben beruhen auf eigenen Messungen mit einem GPS-Gerät (Abweichungen von Angaben vor Ort, z. B. von denen der Distanzen auf den Wegsteinen in Galicien, können vorkommen).

Viele Pensionen, Hotels und Hostales (einfache Hotels) haben spezielle Pilgerpreise, Informationen hierzu am besten vor Ort. Diese alternativen Übernachtungsmöglichkeiten sind in den Wanderkärtchen mit dem Symbol für Hotel/Pension eingetragen, in den Höhenprofilen erscheint es jedoch nur bei Orten ohne Pilgerherberge. (Siehe auch Kapitel »Pilgerherbergen« auf S. 29.)

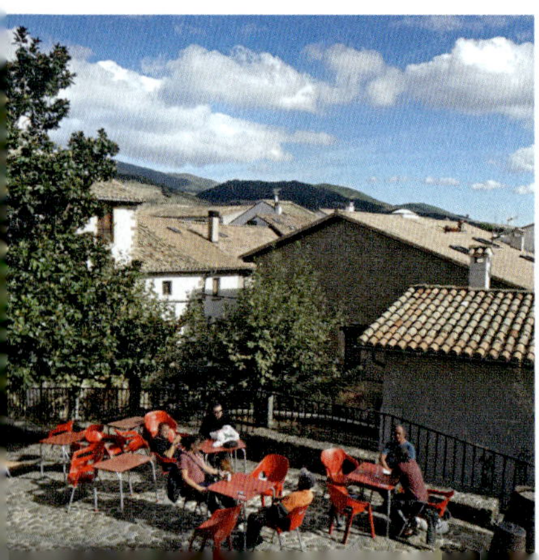

Infrastruktur

In der Kurzinfo zu jeder Etappe sind die Ortschaften mit für Pilgernde interessanter Infrastruktur gelistet und die einzelnen Punkte mit Symbolen dargestellt (siehe Zeichenerklärung). In kleinen Orten gibt es Busverbindungen oft nur einmal pro Tag, und bei Läden handelt es

Dorfbar in Monreal (Camino Aragonés).

ZEICHENERKLÄRUNG UND ABKÜRZUNGEN

Pilgerherberge	Zuganbindung
( ) Hotel, Pension	Flughafen
( ) Campingplatz	Gottesdienst
Restaurant	Frei- oder Hallenbad
Bar (mit kleinen Mahlzeiten)	Kirche, Kapelle, Kloster
Laden, Supermarkt	Pass, Sattel / Brücke
Bank(automat)	Abzweig links/rechts
Apotheke	Aussichtsplatz
Arzt, Krankenhaus	archäologische Stätte
Post	Rast-/Picknickplatz
Touristeninformation	Trinkwasserbrunnen (in der Karte blauer Punkt)
Busanbindung	

Alb.	Albergue = Herberge
CH	Pilgerherbergen mit religiösem Hintergrund; teils mit gemeinsamer Andacht
KH	Pilgerherberge von kirchlicher Institution/Pfarramt (Alb. Parroquial)
SH	städtische Pilgerherbergen (Alb. Municipal)
PH/TH	private bzw. touristische Herbergen, Letztere auch für Nichtpilger
VH	von (Jakobsweg-)Vereinen geführte Pilgerherbergen
XH	Herbergen der galicischen Landesregierung (Xunta de Galicia)
B	Anzahl Betten pro Herberge / M = Anzahl Matratzen pro Herberge
W/T	Waschmaschine und Trockner vorhanden
DZ	Doppelzimmer; EZ = Einzelzimmer
HP	Halbpension; MF = mit Frühstück; veg. = vegetarisch
C/	Calle (Straße); s/n = ohne Hausnummer (sin número)

Straßen: BU-703 = Landstraße; N-121 = Nationalstraße; A-15 = Autobahn

sich dort meist um einfache Dorfläden. Die Angaben zur ärztlichen Versorgung beziehen sich meist auf »Centros de Salud«, Ärztezentren des staatlichen Gesundheitssystems (in der Regel: Mo–Fr 8–15 Uhr, in größeren Ortschaften auch 24-Stunden-Dienste), in Städten teils auf Krankenhäuser. In Dörfern kommt z. T. ein- oder mehrmals die Woche ein Arzt. Info betreffs Privatärzte erfragt man am besten vor Ort.

Kultur, Kulinarisches und Feiertage/Fiestas

Bei den einzelnen Etappen finden sich kurze Beschreibungen von Orten und deren Sehenswürdigkeiten (z. T. mit Öffnungszeiten). Auch auf gas-

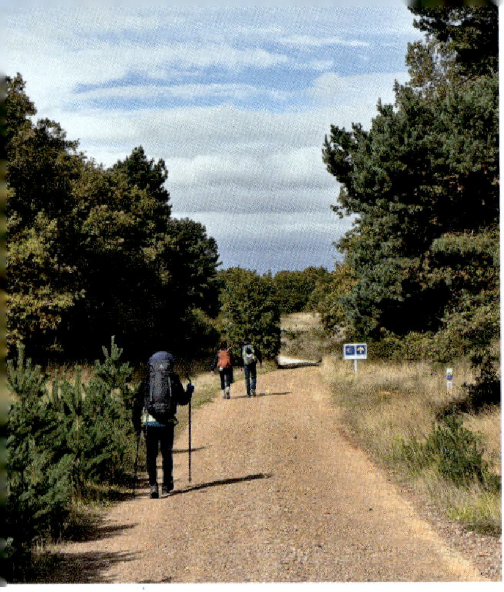

Die individuellen Gehgeschwindigkeiten sind sehr unterschiedlich.

tronomische Spezialitäten von Regionen und auf besondere »Fiestas« wird hingewiesen. Jeder Ort hat mindestens eine große Patronatsfeier im Jahr, dazu kommen lokale und nationale Feste. Sie bieten eine gute Gelegenheit, spanische Traditionen und Lebensart kennenzulernen. Sehr ergreifend sind spanische Osterprozessionen in der Karwoche (span. »Semana Santa«), je nach Region beginnend ab Palmsonntag (»Domingo de Ramos«).

Gehzeiten

Die angegebenen Zeiten ergeben sich aus einer Stundenleistung von 3,5–4,5 km (je nach Gelände); die Zwischenzeiten in den Wegbeschreibungen beziehen sich stets auf den vorhergehenden Ort bzw. die letztgenannte Zeit. Je nach persönlicher (Tages-)Kondition, Wegbeschaffenheit und Wetterbedingungen können die Zeiten mehr oder weniger stark abweichen.
Zur besseren Einschätzung der Etappen wird in den Kurzbeschreibungen auf die Wegbeschaffenheit und eventuelle Schwierigkeiten eingegangen, außerdem sind die in Auf- und Abstieg zu bewältigenden Höhenmeter angegeben. Das Geländeprofil jeder Etappe ist im Höhenprofil dargestellt. Für die eigene Planung ist im Profil neben der aktuellen jeweils ein Teil der vorhergehenden und der nachfolgenden Etappe abgebildet.

GPS-TRACKS UND KOORDINATEN DER AUSGANGSPUNKTE

Auf **gps.rother.de** stehen zu diesem Wanderführer GPS-Tracks und die Koordinaten der Ausgangspunkte zum kostenlosen Download bereit. Dieser QR-Code führt direkt zum Download.
17. Auflage, Passwort: 433017cjr
Die GPS-Tracks können in die **Rother App** importiert werden. In der App kann man unterwegs stets sehen, wo man gerade ist und wo es langgeht. **Anleitungen dazu: rother.de/gps**
Trotz sorgfältiger Prüfung können wir Fehler und zwischenzeitliche Veränderungen nicht ausschließen. Verlassen Sie sich für die Orientierung niemals einzig und allein auf die GPS-Daten, sondern beurteilen Sie die Verhältnisse vor Ort.

WANDERN AUF DEM JAKOBSWEG

Der 1000-jährige Jakobsweg zieht die Menschen ungebrochen in den Bann. Pilgern ist mehr als nur eine Urlaubsreise: Es lebt vom Miteinander, vom intensiven Kontakt und Austausch unterschiedlichster Menschen, Generationen und Nationalitäten. Wer über Hunderte von Kilometern nur mit dem nötigsten Gepäck ausgerüstet und vom gelben Pfeil geleitet wandert, erfährt ein unglaubliches Gefühl von Freiheit und Leichtigkeit. Jeder Tag hält überraschende Erlebnisse und ungeahnte Erkenntnisse bereit.

Dank guter, deutlich markierter Wege und einem dichten Netz an Übernachtungs- und Einkehrmöglichkeiten ist der Jakobsweg die ideale Fernwanderung für alle, die erstmals eine lange Reise zu Fuß angehen. Sein Reichtum an Kulturschätzen macht ihn zu einem einmaligen Gang durch die Geschichte und Gegenwart Spaniens, das sich hier im Norden des Landes völlig anders als in den gängigen Klischees präsentiert.

Historisch bedingt verläuft der Pilgerweg oft durch Dörfer und Städte – dennoch hat er auch großartige Naturerlebnisse zu bieten. Den fulminanten Auftakt bildet die majestätische Bergwelt der Pyrenäen. Danach führt der Weg durch die von Landwirtschaft und besonders Weinbau geprägten Regionen Navarra und La Rioja. Daran schließt sich die für mitteleuropäische Augen sicher außergewöhnlichste, ja vielleicht befremdlichste Landschaft an: die »Meseta«, die kastilische Hochebene mit ihren endlosen kargen, von riesigen Getreidefeldern überzogenen Weiten. Wie zur Belohnung für das Aushalten dieser auch klimatisch extremen Region schlängelt sich der Weg schließlich durch das lieblich-grüne Galicien bis nach Santiago de Compostela. Unbedingt zu empfehlen ist der knapp 90 km lange Weiterweg nach Finisterre und/oder Muxía an der rauen Atlantikküste.

Ausführliche Tipps und Ratschläge zur Vorbereitung und Durchführung einer Pilgerwanderung bietet mein Titel »Pilgerhandbuch«, ebenfalls im Rother Bergverlag erschienen.

Auf der Meseta, der zentralspanischen Hochebene (Etappe 14, vor Boadilla del Camino).

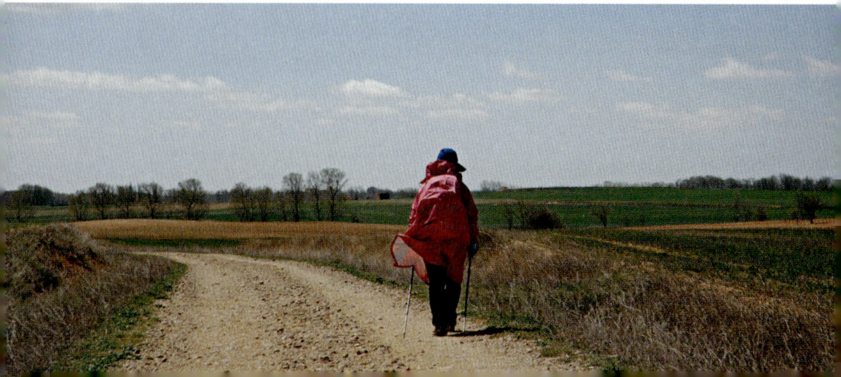

Der Umwelt zuliebe ...

Auch beim Wandern hinterlassen wir einen ökologischen Fußabdruck, aber im Einklang mit der Natur unterwegs zu sein, ist gar nicht so schwer!

VORBEREITUNG UND ANFAHRT

- Sich vorab informieren, worauf in Bezug auf Natur und Umwelt in der jeweiligen Wanderregion besonders zu achten ist.
- Soweit möglich mit Bahn und Bus anreisen, Wander- und Rufbusse nutzen.
- Ist eine Anfahrt mit dem Auto nötig, Fahrgemeinschaften bilden.
- Bei weiten Anfahrten Mehrtagestouren planen oder von einem Quartier vor Ort aus mehrere Touren absolvieren.
- Flugreisen möglichst reduzieren und durch Beiträge zu Klimaschutzprojekten kompensieren.

KLEIDUNG UND AUSRÜSTUNG

- Beim Kauf von Outdoor-Kleidung auf umweltfreundliche und faire Herstellung achten und Kleidungsstücke möglichst viele Jahre nutzen.
- Ausrüstung kann man eventuell auch gebraucht kaufen oder ausleihen.
- Reparieren statt neu kaufen.

VERPFLEGUNG

- Beim Einkauf Bio-Ware, regionale und saisonale Erzeugnisse bevorzugen.
- Hütten und Gasthäuser auswählen, die regionale Produkte verwenden.
- Auf Einwegflaschen und Plastikverpackungen verzichten, stattdessen wiederverwendbare Trinkflaschen und Brotzeitboxen benutzen.

ÜBERNACHTUNG

- Bei lokalen Anbietern buchen, damit Menschen vor Ort profitieren.
- Auf Hütten und in anderen Unterkünften Strom und Wasser sparen.

UNTERWEGS

- Wege benutzen und Abkürzer vermeiden.
- Sperrungen von Wegen und Schutzgebieten respektieren.
- Keine Blumen pflücken und keine Pflanzen entnehmen.
- Waldbrandgefahr beachten.
- Müll wieder mit nach Hause nehmen und dort entsorgen.
- Toilettengänge in freier Natur möglichst vermeiden.
- Lärm vermeiden.
- Hunde an die Leine nehmen.

ROTHER
BERGVERLAG

Beste Reisezeit und Pilgeraufkommen

Alle möchten den Weg bei gutem Wetter und ohne Pilgermassen gehen. Doch genaue Prognosen, wann dafür der beste Zeitpunkt ist, fallen zunehmend schwer: Zu kapriziös und unberechenbar sind sowohl das Wetter als auch das Pilgeraufkommen in den letzten Jahren geworden.

Die klimatisch günstigsten Monate sind theoretisch April bis Juni und September/Oktober. Meist sind dann die Temperaturen erträglich und die Tage schon bzw. noch ausreichend lang. Entsprechend haben die meisten Pilgerherbergen von März bzw. Ostern bis Ende Oktober, teils bis in den November hinein, geöffnet. Im Frühjahr ist der Weg grüner, etwa ab Juni präsentiert sich besonders die Region Castilla y León (Etappen 10 bis 19) weitgehend braun und ausgedörrt. Im Juli und August herrscht extreme Hitze. Für an gemäßigtere Temperaturen gewöhnte Mitteleuropäer kann dies problematisch sein. Doch auch im Sommer kann es tageweise ohne Unterlass schütten und im November sommerlich warme Tage geben. Zu bedenken gelten zudem der Ort und der Zeitpunkt des Starts: Bricht man im April/Mai in den Pyrenäen auf, läuft man in den Sommer hinein, im September/Oktober dagegen in den Herbst.

Speziell in Galicien ist ganzjährig mit Regen zu rechnen, von Herbst bis Frühjahr auch mit schweren Stürmen und extremen Niederschlägen. In den Bergen kann es bis weit in den April hinein Schneefall geben. Dies betrifft vor allem den Somport-Pass (1. Etappe Camino Aragonés), die Überquerung der Pyrenäen von Saint-Jean-Pied-de-Port nach Roncesvalles (1. Etappe Camino Francés), die Montes de León (Etappe 22/23) sowie den O-Cebreiro-Pass (Etappen 25/26).

Schwerer vorherzusagen ist das Pilgeraufkommen. 2023 wurde mit knapp 446.000 ausgestellten Pilgerbescheinigungen ein neuer Rekord erreicht (bis Anfang Mai 2024 waren es bereits knapp 85.000). Allerdings absolvierte davon etwa ein Drittel lediglich die letzten 100 km ab Sarria (131.136 Pilger, 31 %). Auf Platz zwei und drei der Startpunkte lagen Porto (46.273 Pilger, 11 %) und Tui (32.855 Pilger, 7,7 %), beide am Caminho Português. Auf Platz vier landete Saint-Jean-Pied-de-Port (31.670 Pilger, 7,5 %). Erst an 16. Stelle wurde Roncesvalles (4322 Pilger, 1,02 %) genannt. Somport (237 Pilger, 0,06 %) und Jaca (78 Pilger, 0,02 %) am Camino Aragonés rangierten unter ferner liefen. (Quelle: Homepage des Pilgerbüros: peregrinossantiago.es, mit Angabe der täglich ankommenden Pilger.)

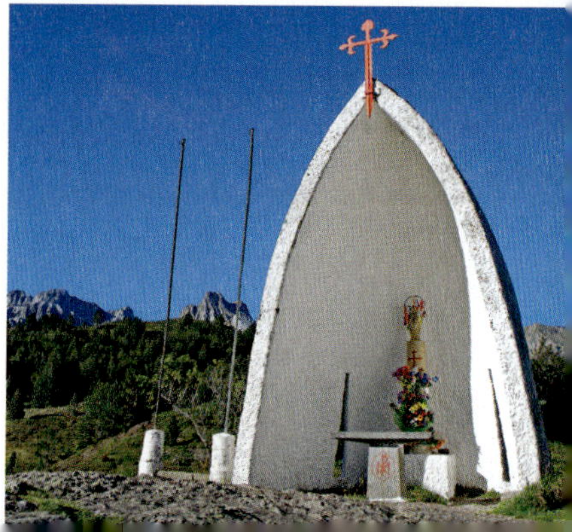

Andachtskapelle am Somport-Pass.

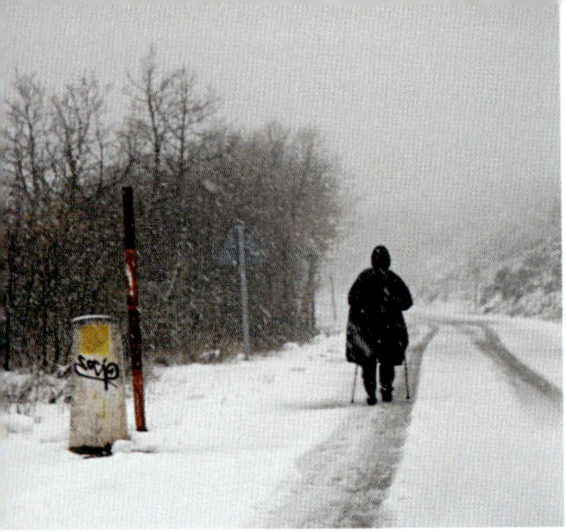

Der Frühling ist kein Garant für gutes Wetter: Montes de León, Ende April zwischen Foncebadón und El Acebo (Etappe 23).

Normalerweise steigt das Pilgeraufkommen ab April, erreicht im August seinen Höhepunkt und flaut bis Oktober wieder ab. Dies ist jedoch nur eine Tendenz: Im Sommer kann unerwartet eine Pilgerflaute herrschen oder Ende Oktober sind plötzlich die Herbergen voll. Manchmal gerät man auch nur in eine »Pilgerwelle«, etwa, wenn viele Pilger das Wochenende oder einen Brückentag für eine Kurzwanderung auf dem Jakobsweg nutzen. Oft ebbt diese Welle recht schlagartig wieder ab oder ist ein, zwei Etappen vor oder nach einem selbst gar nicht zu spüren. Viele Spanier wandern in der Karwoche (span. »Semana Santa«, Palmsonntag bis Ostersonntag) sowie im Juli und besonders im August auf den Jakobswegen, allerdings oft nur 1–2 Wochen oder nur die letzten 100 km ab Sarria.

Jakobsweg im Winter

Eine leicht steigende Tendenz gibt es beim Pilgeraufkommen im Winter, vor allem auf dem Camino Francés. Eine Winterwanderung unterscheidet sich in vielen Faktoren von einer Sommertour: Kurze Tage, schlechtes Wetter und das Angebot an (günstigen) Übernachtungsmöglichkeiten beeinflussen die Etappenplanung, manchmal auch ungewollt. Insgesamt muss man mehr Zeit und Geld einplanen. Es wird erst nach 8 Uhr hell – je weiter es nach Westen geht, umso später – ab ca. 17 Uhr setzt die Dämmerung ein; entsprechend kurz ist die »wanderbare« Zeit. Oft findet man nur in größeren Orten eine Unterkunft, viele Pilgerherbergen sind geschlossen.

Kälte, Regen, Schnee, Nebel oder Umwege wegen unpassierbarer Stellen können die Etappenplanung durcheinanderwirbeln. Die Gefahr, sich bei Schnee oder schlechter Sicht zu verirren, ist keinesfalls zu unterschätzen. Dies gilt insbesondere in den Höhenlagen oder in abgelegenen Regionen. Bei sehr schlechten Weg- und Sichtverhältnissen sollte man sich möglichst in Straßennähe halten und sich eventuell mit anderen Pilgern zusammenschließen, um im Notfall nicht alleine zu sein und Hilfe holen zu können.

Das Gepäck ist durch die wärmere Kleidung, den zusätzlichen Regenschutz und den eventuell dickeren Schlafsack schwerer als im Sommer. An Regentagen trocknet die Wäsche zudem schlechter oder gar nicht, sodass man öfter auf Waschmaschine und/oder Wäschetrockner angewiesen ist.

Der Vorteil: Es sind wesentlich weniger Menschen unterwegs und man kann den Weg in aller Ruhe genießen.

Schwierigkeitsbewertung und konditionelle Anforderungen

Der Jakobsweg ist im Prinzip auch für ungeübte Menschen gut zu meistern. Die technischen Anforderungen sind vorwiegend gering, nur auf wenigen Etappen gilt es, größere Höhenunterschiede zu bewältigen. Zur besseren Einschätzung wurden die Etappen in leicht (blau) und mittelschwer (rot) eingeteilt (siehe Kasten S. 5). Auch bei »roten« Etappen halten sich die technischen Schwierigkeiten meist in Grenzen, sie stellen aber durch ihre Länge und Höhendifferenz erhöhte Anforderungen an Kondition und Ausdauer (z. B. die 1. und 2. Etappe des Camino Francés bei der Überquerung der Pyrenäen ab Saint-Jean-Pied-de-Port, die Etappen 22 und 23 in den Montes de León sowie die Etappen 25 und 26 hinauf zum O-Cebreiro-Pass, dann weiter über die Berge und hinab nach Triacastela).

Wer nie oder selten wandert, sollte zur Vorbereitung öfter mehrstündige Wanderungen machen. Ideal ist auch eine kurze Mehrtagestour auf einem Fernwanderweg in der Heimat, um das Fernwandern mit Gepäck unter realen Bedingungen zu proben. Generell sollte mehr Aktivität in den Alltag eingebaut werden (z. B. Treppe statt Lift, kurze Wege zu Fuß oder mit dem Rad statt mit einem Fahrzeug zurücklegen, öfter spazieren gehen).

Auf dem Camino stellen die hohen Sommertemperaturen eine Erschwernis dar. Wer sich dabei mit dem Tagespensum übernimmt und/oder zu wenig trinkt, kann im schlimmsten Fall Herz-Kreislauf-Probleme bekommen. Hoher Flüssigkeitsverlust und durch die Hitze angeschwollene Füße fördern zudem die Entstehung von Blasen oder auch Sehnenentzündungen.

Nicht zu unterschätzen sind die psychischen Anforderungen einer mehrwöchigen Fernwanderung. Körperlich wird man von Tag zu Tag kräftiger. Nach einigen Etappen merkt man vermutlich, dass das machbare Tages-

Kleine Begegnungen am Wegesrand verscheuchen manch trübe Gedanken.

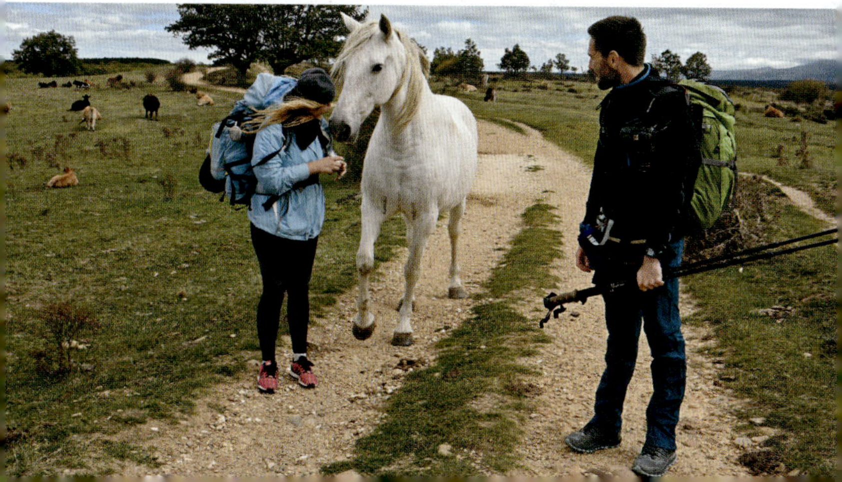

pensum höher liegt als erwartet. Die wahre Herausforderung besteht darin, über einen langen Zeitraum täglich unterwegs zu sein, jede Nacht woanders zu schlafen. Immer wieder muss man sich auf neue Menschen und Situationen einstellen. Es gibt keinen vertrauten Rückzugsort, womöglich stößt man auch sprachlich an die Grenzen – an manchen Tagen kann all dies stark auf das Gemüt schlagen. Ein solcher »Pilger-Blues« ist völlig normal, jeder erlebt ihn früher oder später. Meist vergeht er so unvermittelt, wie er gekommen ist. Oft hilft es, mit anderen darüber zu sprechen.

Routenwahl

Drei mögliche Startpunkte stehen zur Auswahl: im französischen Saint-Jean-Pied-de-Port nördlich der Pyrenäen oder eine Etappe später im fast 1000 m hoch gelegenen Roncesvalles (Navarra/Spanien). Weiter östlich beginnt am Pyrenäenpass Somport (Aragón) der sogenannte Camino Aragonés. Beide Wege vereinen sich in Obanos bzw. Puente la Reina.

Der Camino Navarro wurde durch das Zusammentreffen von drei der vier großen Jakobswege durch Frankreich in Saint-Jean-Pied-de-Port zur Hauptroute über die Pyrenäen. Wegen seiner geringeren Länge und der guten Infrastruktur ist dieser Weg auch heute sehr beliebt – und damit über Ostern und zu den Hauptzeiten in der Regel sehr überlaufen. Wer in Frankreich beginnt, sollte die Passüberquerung bedenken: Gänzlich ungeübte oder auch Genusswanderer sollten sie auf zwei Etappen aufteilen.

Der Camino Aragonés nimmt den vierten großen, über Südfrankreich kommenden Pilgerweg auf. Er wurde jedoch selbst im Mittelalter nie so populär wie die Route über Roncesvalles. Eine geringere Herbergsdichte kennzeichnet ihn bis heute. Freunde ruhiger Wanderungen werden den landschaftlich äußerst abwechslungsreichen Weg mögen: Er verläuft vorwiegend durch einsame Landstriche – ganz besondere Momente sind es,

Das Kloster von Roncesvalles ist einer der klassischen Ausgangspunkte.

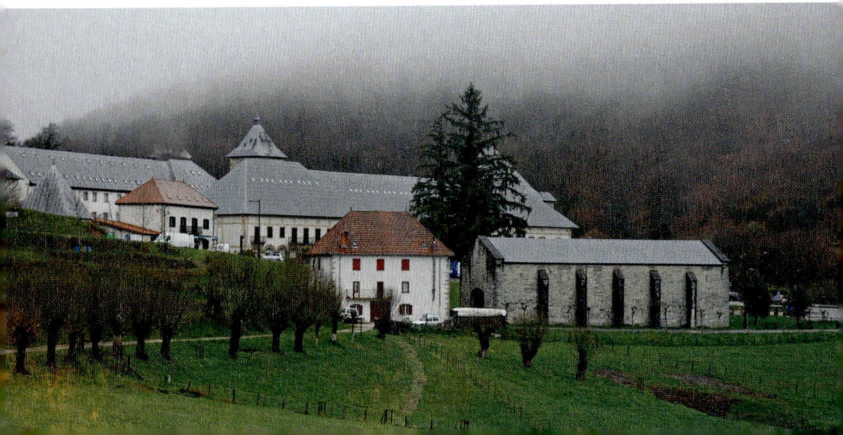

wenn über einem die in der Region noch sehr verbreiteten Geier kreisen. Ein weiterer Pluspunkt: der geringe Anteil an Asphaltstrecken.
Während der Sanfermines (6.–14. Juli) in Pamplona ist der Camino Aragonés eine gute Alternative: Die städtische Herberge von Pamplona ist in diesen Tagen geschlossen (die deutsche Casa Paderborn ist offen, hat aber nur 26 Plätze), andere Unterkünfte müssen lange im Voraus reserviert werden und verlangen teils deftige Aufpreise. Auch dürfte die von mehr oder weniger rund um die Uhr feiernden und trinkenden Menschen überfüllte und laute Stadt nicht jede Pilgerin/jeden Pilger erfreuen.

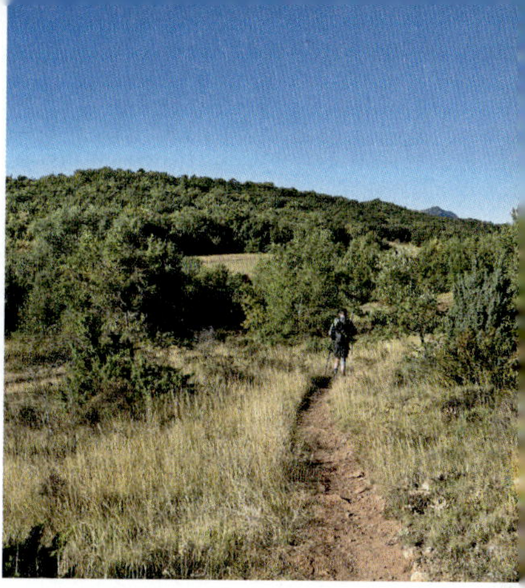

Landschaftlich wunderschön: der Weg über San Juan de la Peña (Camino Aragonés, Etappe 2).

Zeitplanung

Für den gesamten Weg ab Saint-Jean-Pied-de-Port (782 km bis Santiago de Compostela) bzw. Roncesvalles (757 km bis Santiago) sollte man mindestens vier Wanderwochen einplanen. Für das 65 km lange Teilstück des Camino Navarro bis Obanos bzw. Puente la Reina braucht man ab Saint-Jean-Pied-de-Port in der Regel 4, ab Roncesvalles 3 Tage.
Für den 160 km langen aragonesischen Weg (Camino Aragonés) von Somport (854 km bis Santiago) bis Obanos/Puente la Reina sind mindestens 6 Tage zu veranschlagen bzw. ein Tag mehr für den Abstecher zum Kloster San Juan de la Peña. (Die jeweils verbleibende Distanz bis Santiago de Compostela ist in den Höhenprofilen auf der grünen Kilometerleiste am oberen Rand angegeben; alle Daten basieren auf eigenen Messungen mit einem GPS-Gerät.)

Der Jakobsweg mit dem Fahrrad

Bei 50–60 km pro Tag ist die Strecke von den Pyrenäen bis Santiago in rund 14 Tagen zu schaffen. Mit »Bicis« sind teilweise für Fahrräder geeignetere Alternativrouten ausgewiesen. Das Pilgern per Rad spart Zeit und Geld. Der Nachteil: Der engere Kontakt zu und tiefere Austausch mit Mitpilgern, für viele ein wichtiger Aspekt des Pilgerns, ist beim schnellen »Radpilgern« eher schwierig. Radfahrer sollten immer Rücksicht auf Fußpilger nehmen.
Radpilger mit Pilgerausweis dürfen in Pilgerherbergen übernachten, aber Fußpilger haben oft Vorrang. Es empfiehlt sich, zu reservieren oder auf Campingplätze auszuweichen.

Kosten

Für eine vierwöchige Wanderung auf dem spanischen Jakobsweg sollten für Unterkunft (in Pilgerherbergen) und Verpflegung mindestens 1200 € veranschlagt werden (ohne An- und Rückreise). Der Tagesbedarf bewegt sich um die 40–50 €, wobei die Übernachtung mit 10–20 € zu Buche schlägt. Das persönliche Budget wird auch von der Dauer der Reise abhängen: Wer nur ein bis zwei Wochen auf dem Jakobsweg verbringt, gibt in der Regel mehr aus (etwa für die Übernachtungen) als diejenigen, die wochenlang unterwegs sind und sich ihre Ausgaben entsprechend einteilen müssen. Alle Eintritte in größere Museen, Kirchen und Kathedralen zwischen den Pyrenäen und Santiago de Compostela summieren sich auf über 100 €.

Ausrüstung

Es lohnt sich, Schuhwerk, Kleidung, Rucksack, Regenschutz und sonstiges Zubehör im Fachgeschäft statt im Online-Shop zu kaufen: Man wird professionell beraten und kann alles gründlich an- und ausprobieren.
Der Jakobsweg verläuft vorwiegend auf angelegten, nicht asphaltierten Wanderwegen, teils auf Asphalt (Dörfer, Städte), eher selten auf schmalen, steinigen Pfaden. Es sollte also ein eher leichter Wander-/Trekkingschuh sein, der sowohl für rauere Pfade als auch für Asphalt geeignet ist und die Knöchel schützt (entspricht bei den meisten Herstellern der Kategorie A/B). Wer Probleme mit Hallux valgus hat, sollte im Schuhgeschäft nach extra dafür ausgelegten Schuhen fragen. Das Schuhwerk sollte gut eingetragen, aber auch nicht zu alt sein. Sinnvoll sind spezielle, zum Schuh passende Trekkingsocken, die die Füße trocken halten.
Auch die Kleidung sollte eingetragen und bequem sein. So wird Wundreiben vermieden. Ideal ist leichte, atmungsaktive und schnell trocknende Wanderkleidung. Sehr gute Eigenschaften haben Shirts und Socken aus Merinowolle, achten Sie aber unbedingt darauf, dass die Wolle von Merinoschafen stammt, die nachweislich nicht dem sogenannten Mulesing-Verfahren unterzogen wurden. Praktisch sind Wanderhosen mit abnehmbaren Hosenbeinen. Größe und Form des Rucksacks sollten auf das Vorhaben abgestimmt sein. Wer keine Erfahrung mit längeren Rucksackmärschen hat, sollte bei Probewanderungen das Gewicht des gepackten Rucksacks und seine

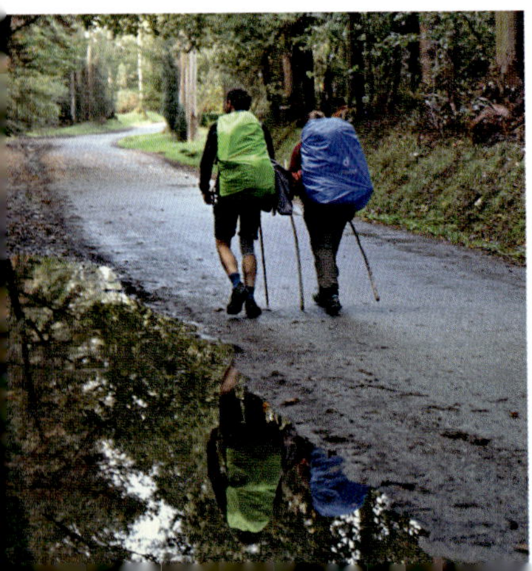

Ein guter Regenschutz für den Rucksack schützt vor nassen Überraschungen.

TIPPS FÜR DIE AUSRÜSTUNG

Was dabei sein sollte

- Pilgerausweis (sp. credencial)
- eine Jakobsmuschel
- ggf. ein Stein (s. Cruz de Ferro S. 195)
- Wanderstöcke nach Belieben
- Nähzeug und Sicherheitsnadeln
- Taschenmesser
- Stirnlampe (besser als Taschenlampe, weil die Hände frei bleiben)
- leichter Schlafsack (Komforttemperatur 10 °C; im Winter ein wärmerer Schlafsack, da manche Herbergen unzureichend beheizt sind). Manchmal gibt es Bettwäsche, meist wird jedoch ein eigener Schlafsack verlangt; teilweise liegen zusätzliche Wolldecken aus oder sie sind auf Anfrage (und evtl. Aufpreis) erhältlich
- evtl. ein leichter Kopfkissenbezug und ein leichtes Tuch als Leintuch
- Isomatte (kann, muss aber nicht mit)
- Sonnenbrille, Kopfbedeckung, Sonnencreme mit hohem Schutzfaktor
- kleine Reiseapotheke (siehe rechts)
- Regenschutz für Körper und Rucksack
- evtl. Pflegemittel für Schuhe
- leichte, bequeme, auch für Besichtigungen geeignete Schuhe oder Wandersandalen
- Badeschlappen für sanitäre Anlagen; besser ohne Trennsteg am großen Zeh, damit auch mit Socken tragbar
- Microfaser-Handtuch
- Hygieneartikel
- Wasserflasche(n) (1–1,5 Liter)
- evtl. Schwimmsachen
- Handwaschmittel
- 2–3 m feste Schnur als Not-Wäscheleine und ein paar Wäscheklammern
- Ohrstöpsel (für Nächte im Schlafsaal)
- Stoffbeutel, z. B. für Schmutzwäsche (Bitte keine laut raschelnden Plastiktüten! Ruhebedürftige Mitwanderer und die Umwelt werden es danken.)
- der Jahreszeit angemessene, robuste (Handwäsche!) Kleidung
- Ladekabel, externer Akku
- ggf. ein kleines Zelt (vor allem Radfahrer/Pilger mit Hund; die meisten Campingplätze sind jedoch im Winter geschlossen)

Tipps für die Reiseapotheke

- persönliche Medikamente in ausreichender Menge, besonders bei Allergien, da Antihistaminika in Spanien nur gegen Rezept erhältlich sind!
- Schmerztabletten und/oder -salbe
- gut haftendes Wundpflaster und Fixierpflaster, am besten aus Textil (z. B. Leuko- oder Hansaplast), spezielles Blasenpflaster (Gebrauchsanweisung beachten)
- steriles Verbandsmaterial
- Wunddesinfektionsmittel
- Wundpuder oder -salbe
- Anti-Insektenmittel
- Fußsalbe

Wichtige Dokumente

- Personalausweis bzw. Reisepass (auch Kopien bzw. online hinterlegte Scans der Dokumente für den Notfall)
- Europäische Krankenversicherungskarte (European Health Insurance Card, EHIC)
- Bei chronischen Erkrankungen oder Allergien kann es für den Notfall sinnvoll sein, Informationen zu benötigten Medikamenten mit medizinischen (also international verständlichen) Fachbegriffen zu den Ausweisdokumenten zu legen.

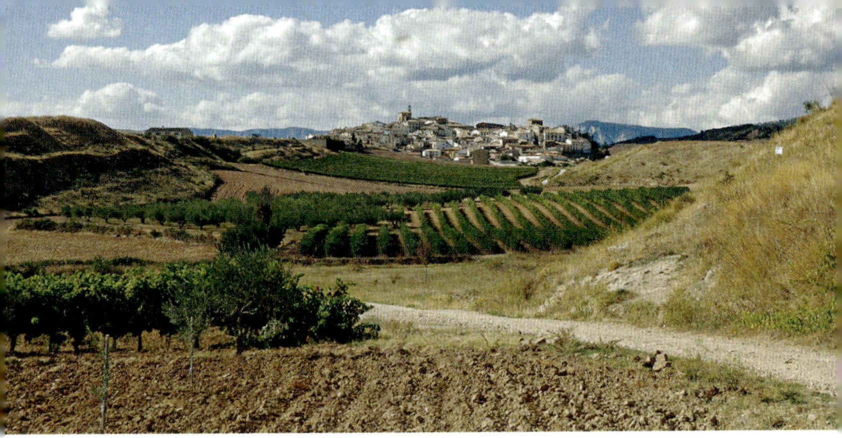

Felder und Weinreben kurz vor Cirauqui (Etappe 5).

Auswirkungen auf Schultern, Gelenke und Füße testen. Mehr als zehn Kilo sollte der gepackte Rucksack nicht wiegen – unterwegs müssen ja auch noch Wasser und Proviant zugeladen werden. Es gibt am Weg zahlreiche Anbieter für den Rucksacktransport von Etappenziel zu Etappenziel. Aber: Das erhöht die Kosten und muss jeden Tag organisiert werden; auch spontane Etappenänderungen sind nicht möglich.

Anreise

Alle Preise und Uhrzeiten: Stand Frühjahr 2024, Änderungen möglich.
Somport: Von Spanien aus mit der Bahn (renfe.es, auch auf Englisch und Französisch) bis Jaca oder Canfranc Estación, dann (gelber) Bus bis Somport; ab Busbahnhof Jaca: tgl. 8.25, 12, 14.50, 19.35, 21.35 Uhr (Fahrtzeit 45 Min., 2,85 €). Busse ab Oloron Ste-Marie/Bhf. (Frankreich) Anf. Juni–Mitte Dez. Mo–Fr 7 und 8.10 Uhr, Sa/So/Fei 7 und 13.10 Uhr, Fahrzeit ca. 1.15 Std., 2,30 €; Info: valledelaragon.com unter »Info Práctica – Cómo llegar al Valle« (ab Jaca, für Oloron: Autobús Canfranc–Bedous) oder mavaragon.es unter »Servicio de autobús« (nur ab Jaca).
Oder ab Jaca Anfahrt mit dem Taxi (rund 45 €, taxijaca.com unter »Tarifas«). Mit dem Bus von Pamplona bis Jaca, Fahrzeit 1.45 Std., rund 8,40 €, Fahrzeiten: laburundesa.com unter »Líneas regulares/compra de billetes«.
Saint-Jean-Pied-de-Port: Anfahrt von Frankreich aus mit dem Zug ab Bayonne, Fahrzeit gut 1 Std. (sncf.com, auch auf Englisch), ab 11 €.
Ab ca. Ostern bis etwa Anfang Sept. fährt täglich um 12 Uhr ein Bus ab Pamplona/Busbhf. nach Saint-Jean-Pied-de-Port; Fahrtdauer 1.45 Std., 22 €. Ab San Sebastián (sp. Baskenland/Atlantikküste) Mo–Fr 8.30 Uhr, Fahrzeit 5.15 Std., Sa/So 10 Uhr, Fahrzeit 3.45 Std., 31,20 € (Information und Online-Buchung – nur während der Betriebsmonate der Linien – auf alsa.es).

Roncesvalles/Orreaga: Anfahrt mit dem Busunternehmen Autocares Artieda ab Busbahnhof Pamplona (C/ Yangüas y Miranda 2/Zentrum), Fahrsteige 20 bis 25, Mo–Fr 13.30 Uhr, Sa 16 Uhr; Achtung: sonn- und feiertags keine Fahrten! Roncesvalles–Pamplona Mo–Sa 9.20 Uhr; Fahrtzeit knapp 1.15 Std., Preis 5,45 €, Fahrrad 6 €. Keine telefonische oder Online-Reservierung, Fahrscheine werden direkt beim Fahrer gekauft. Information: Autobuses Artieda, Tel. +34 948 300 287 und auf autocaresartieda.com unter »Línea Roncesvalles«. Bei Fahrrädern müssen das Vorderrad und Gepäcktaschen abmontiert werden.
Taxi (Fahrzeit 1 Std.): Taxifahrten nach Roncesvalles bzw. Saint-Jean-Pied-de-Port können bei Teletaxi San Fermín, auf taxipamplona.com unter »Camino de Santiago – Comenzar reserva« online gebucht werden (30 bis 5 Tage vor Reiseantritt möglich). Tarife 2024: Pamplona–Roncesvalles 74,60 € (Sa/So/Fei/Nacht 92,45 €), Pamplona–Saint-Jean-Pied-de-Port 118,70 € (Sa/So/Fei/Nacht 149,20 €), Flughafen–Roncesvalles: 80,90 € (Sa/So/Fei/Nacht 97,70 €), Flughafen–Saint-Jean-Pied-de-Port: 124 € (Sa/So/Fei/Nacht 155,50 €). Zuschlag für Fahrrad 5 € (maximal 4 pro Taxi möglich).

Orientierung: immer dem gelben Pfeil nach

Der Weg ist in Spanien engmaschig mit gelben Pfeilen (span. »flecha amarilla«) und/oder Jakobsmuscheln markiert (auf dem Camino Aragonés und in Frankreich auch rot-weiß – GR 65 Camino de Santiago). Ein Verlaufen ist kaum möglich, auf problematische Stellen wird hingewiesen.
Zum Heiligen Jahr 2021/22 wurden viele Markierungen erneuert und vereinheitlicht. In Galicien gibt es zahlreiche als »C. complementario« (Zusatzweg) bezeichnete Varianten. Teilweise tauchen diese so beschrifteten Steine aber auch unvermittelt auf dem Hauptweg auf; im Zweifel auf die Wegbeschreibung achten.
Leider gibt es immer wieder irreführende Pfeile, die zu Bars, Restaurants oder auch Herbergen abseits des Wegs leiten, ohne dies kenntlich zu machen. Eine ärgerliche Unsitte, die u. U. zu ungewollten Umwegen zwingt. Auch hier im Zweifel der Wegbeschreibung folgen.
Ein GPS-Gerät mit Routentrack kann hilfreich sein, ist auf dem Jakobsweg aber kaum notwendig. In der Regel sind Wege und Markierung eindeutig. Außerdem ist es gerade

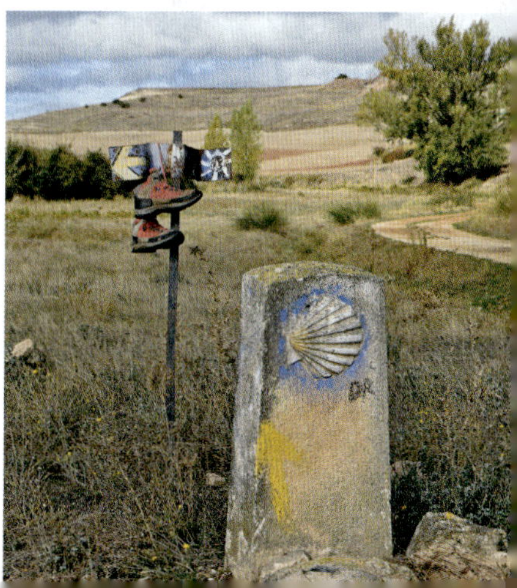

Treue Freunde: gelber Pfeil und Jakobsmuschel.

der Reiz am Jakobsweg, über Hunderte von Kilometern dem gelben Pfeil zu folgen. Die Markierungen werden regelmäßig aufgefrischt, punktuelle Umleitungen sind in der Regel aktuell gekennzeichnt.
Ein elektronisches Hilfsmittel schützt nicht vor Unfällen. Bei schlechter Sicht zeigt einem der GPS-Track zwar den Weg, doch im Notfall (Stürze, Verstauchungen etc.) können Rettungskräfte bei widrigen Wetterbedingungen nur eingeschränkt oder gar nicht agieren. Immer wieder müssen Helfer unter teils dramatischen Umständen verirrte und/oder verunglückte Pilger suchen und retten.

Blasen

Niemand ist vor Blasen gefeit, aber das Risiko kann vermindert werden. Als Grundregeln gelten: richtiges Schuhwerk und Socken, Reibung vermeiden und Füße trocken halten. An heißen Tagen schwellen die Füße stärker an und schwitzen mehr als sonst. Die Schuhe daher richtig und ruhig mehrmals am Tag (nach-)schnüren, damit sie gut sitzen. Die Investition in spezielle Wandersocken, die mit ihren Fasergemischen die Füße trocken halten, lohnt sich. Ideal sind Socken mit einem Anteil an Merinowolle (Hinweis zum Mulesing-Verfahren S. 22 unter »Ausrüstung« beachten!). Socken aus reiner Baum- oder Schurwolle oder Synthetikfasern sind ungeeignet. Lassen Sie sich im Fachgeschäft beraten.
Das Fußbad im kühlen Bach oder Brunnen mag verlockend sein. Aber Vorsicht: Aufgeweichte Haut neigt schneller zu Blasenbildung als trockene. Sinnvoller ist es, öfter am Tag die Schuhe auszuziehen und Füße und Strümpfe zu lüften und zu trocknen. Oft sind Überbelastung, zu wenige Pausen und zu geringe Flüssigkeitszufuhr Ursachen für Blasen und Sehnenentzündungen.
Bei den ersten Anzeichen einer Scheuerstelle sofort den betroffenen Bereich mit Fixierpflaster (am besten ein Markenprodukt aus Textil) abkleben, um weitere Reibungen zu verhindern. Hat sich eine Blase gebildet, diese nur öffnen, wenn sie wirklich stört. Dazu mit einer Nadel oder feinen Nagelschere (Infektionsgefahr! Beides sterilisieren!) zwei nicht zu kleine Löcher in die Blase stechen, sodass alle Flüssigkeit austreten kann. Die Haut über der Blase auf keinen Fall entfernen! Dann mit einem Blasenpflaster versorgen. Richtig angewandt (Gebrauchsanweisung lesen!), fördern diese speziellen Pflaster die Wundheilung und vermindern den Reibungsdruck. Um ein Verkleben

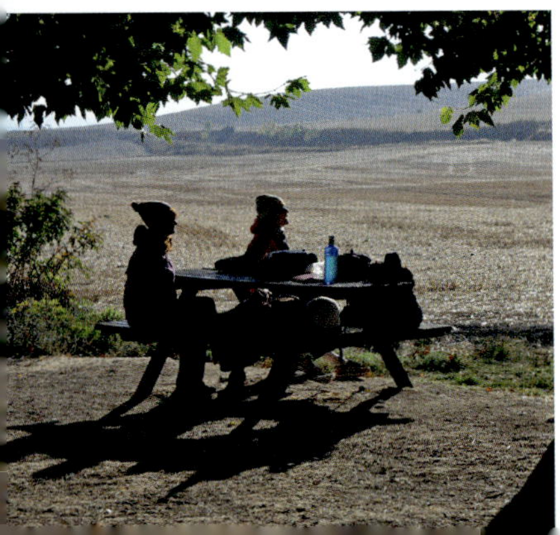

Regelmäßige Pausen tun Seele und Körper gut.

mit der Socke und/oder vorzeitiges Abfallen des silikonartigen Pflasters zu verhindern, kann man es zusätzlich mit Fixierpflaster überkleben. Im Normalfall kann das Pflaster maximal drei Tage auf der Wunde bleiben (ggf. mit Fixierpflaster nachfixieren). Es sollte nur dann vorzeitig abgenommen werden, wenn die Wunde zu brennen oder schmerzen beginnt. Dann sofort entfernen, bevor es zu einer gefährlichen Entzündung kommt! Hat sich die Blase entzündet, im Zweifelsfall ärztlich behandeln lassen. Offene Wunden wegen der großen Infektionsgefahr schützen und extrem sauber halten! Daher ist auch die Methode, einen Faden als Drainage durch die Blase zu ziehen, eher zweifelhaft.

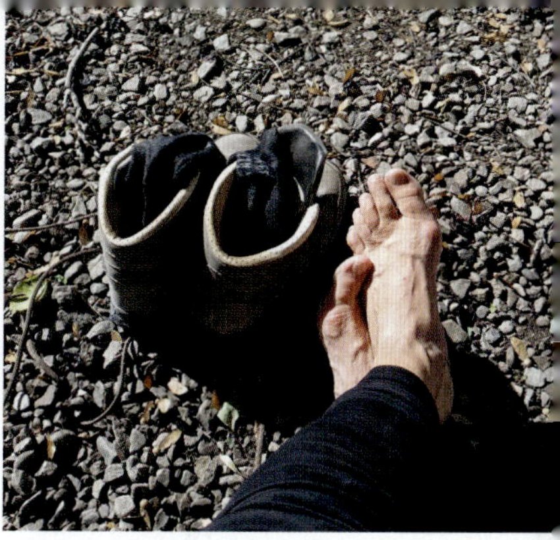

Lüften ist besser als baden.

Ernährung

Grundsätzlich sollte man viel trinken, auch nach dem Wandern (aber Vorsicht mit Alkohol!). An heißen Tagen und für lange Streckenabschnitte hat sich ein Getränkevorrat von mindestens 1,5 Litern bewährt. Die Wasserflaschen unterwegs regelmäßig nachfüllen. Lieber mehr als weniger Wasser dabeihaben! Der nächste Brunnen könnte defekt, die nächste Bar geschlossen sein! Durch das Schwitzen verliert der Köper wichtige Mineralstoffe. Blasen, Sehnenentzündungen, Muskelkrämpfe oder auch Kreislaufprobleme können die Folge sein. Reichlich Mineralwasser, Saftschorle oder auch salzige Lebensmittel wie eingelegte Oliven können dem entgegenwirken.
Lange Strecken ohne Versorgungsmöglichkeit sind eher selten. Dennoch sollte man stets etwas Proviant einpacken (Müsliriegel, Obst, Brot), um den Körper jederzeit mit Energie versorgen zu können.
Für etwa 12–15 € fällt das üblicherweise dreigängige Pilgermenü (»Menú del Peregrino«) mal mehr, mal weniger üppig und gut aus. Die Auslegung von »vegetarisch« ist zuweilen recht weit gefasst: Manchmal wird einfach auf die fleischlosen Vorspeisen verwiesen. In Herbergen, die ein gemeinsames Abendessen anbieten, sollte man den Wunsch nach vegetarischem (oder anderweitig speziellem) Essen frühzeitig anmelden. Viele Herbergen haben (unterschiedlich gut ausgestattete) Selbstversorgerküchen.
Es gibt viele Bars entlang des Wegs, oft sind sie vor oder direkt am Ortseingang platziert. Etwas ruhiger hat man es meist, wenn man nicht gleich in der ersten einkehrt, sondern noch ein Stück in den Ort geht. Während der Hauptsaison stehen auch mobile Imbissstände oder Food-Trucks am Weg, leider oft in Begleitung lauter Stromgeneratoren und Musik.

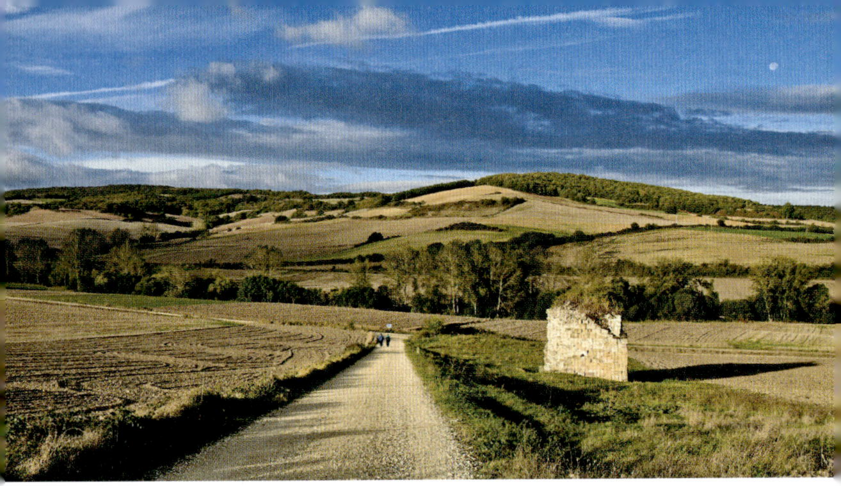

Bei solchem Wetter und in solchen Landschaften wird Pilgern zum Vergnügen.

Tagespensum und Etappenplanung

Die Etappeneinteilung und -ziele in diesem Wanderführer dienen nur als Anregung. Das individuelle Tagespensum sollte nach Lust, Laune, körperlicher Verfassung und Zeitrahmen gestaltet werden. Es ist besser, eher mehr als weniger Tage einzuplanen. Erfahrungsgemäß bringt es nichts, vorab ein tägliches Streckenpensum festzulegen. Körperliche Beschwerden, die ungewohnte Hitze, schlechtes Wetter oder auch spontane längere Aufenthalte für Besichtigungen können diesen Zeitplan durcheinanderbringen.
Besonders »Pilger-Neulinge« sollten anfangs eher kurze Etappen wählen, bis sich der Körper auf die regelmäßige Anstrengung eingestellt hat bzw. der eigene Gehrhythmus gefunden ist. Wenn an manchen Tagen die Beine schwer sind, nicht verzagen: Am nächsten Tag geht es normalerweise wieder besser. Bei großer Müdigkeit ist es sinnvoller, eine nur kurze Etappe einzulegen, statt einen ganzen Tag auszusetzen und völlig aus dem Rhythmus zu kommen.
Zu Stoßzeiten kann man den Trubel oft dadurch umgehen, dass man statt an den klassischen Etappenzielen in einer Ortschaft davor oder danach übernachtet und auf kleinere Herbergen (Bett reservieren!) ausweicht.
Die persönlichen Etappenlängen hängen auch von der geplanten Gesamtstrecke ab: Wer nur ein bis zwei Wochen pilgert, macht in der Regel kürzere Etappen, als diejenigen, die den ganzen Weg ab der spanischen Grenze oder von noch weiter her in einem Stück durchwandern.
Tipp: Am ruhigsten und schönsten wandert es sich ab Mittag bis in den späten Nachmittag, wenn die meisten Pilger ihre Etappe bereits beendet haben und der Weg sich leert. Dann entfaltet der Camino seinen ganzen Zauber.

Pilgerherbergen

Das Netz an Pilgerherbergen (span. »Albergue/Refugio/Hospital de Peregrinos«) ist sehr dicht. Der Großteil sind private und touristische Herbergen. Der Rest wird von Gemeinden, kirchlichen Institutionen oder Vereinen geführt. In der Regel ist die Vorlage des Pilgerpasses und des Ausweisdokuments notwendig. Die Preise pro Übernachtung liegen in Spanien etwa zwischen 10 und 20 €, in Frankreich oft darüber. In privaten/touristischen Herbergen ist oft Kartenzahlung möglich. Manche Herbergen finanzieren sich durch Spenden bzw. Unkostenbeiträge (»Donativos«). Hier gibt man das, was man für angemessen hält. Der Großteil der Herbergen öffnet von März bzw. Palmsonntag bis Okt./Nov. (die bei der Herbergsinfo angegebenen Monate sind immer inklusive zu verstehen). Alle Angaben im Buch entsprechen dem Stand Anfang 2024. Abweichungen sind möglich.

Die Reservierung ist inzwischen sehr verbreitet. Dies kann telefonischen geschehen (oft auch über Whatsapp: Telefonnummern, die mit 6 oder 7 beginnen, sind Handynummern) oder über Reservierungsformulare auf den Internetseiten der Herbergen (soweit vorhanden bei der Kurzinfo angegeben); bei Buchungsplattformen fallen oft Zusatzkosten an. Nicht zu empfehlen ist, bereits vor Reiseantritt alle Unterkünfte zu buchen: Nicht immer kann oder möchte man die damit festgelegten Etappen tatsächlich so gehen. Am besten reserviert man die Unterkunft am Anreisetag sowie maximal die der ersten und zweiten Etappe und schaut dann, ob das Pilgeraufkommen weitere Reservierungen ratsam macht. Wer eine Reservierung nicht in Anspruch nimmt, sollte fairerweise rechtzeitig absagen, damit der Platz zeitnah an andere Pilger vergeben werden kann.

In den meisten Herbergen gibt es Waschmaschinen und/oder Trockner, WLAN, oft auch eine einfache, aber brauchbare Selbstversorgerküche oder eine Bar bzw. ein Restaurant. Viele private und touristische Herbergen bieten auch Doppel- und Einzelzimmer an. In Castilla y León kennzeichnen ein bis drei Muscheln (nicht zwingend identisch mit den in diesem Wanderführer vergebenen Muscheln) folgende drei Kategorien: Einfache, gemeinnützige Herbergen (»sin ánimo de lucro«) haben eine Muschel und dürfen nur freiwillige Spenden verlangen. Herbergen mit gehobenem Standard haben zwei oder drei Muscheln und sind entsprechend teurer.

Die öffentlichen Herbergen in Galicien (XH) kosten einheitlich 10 €, eine Reservierung ist nicht möglich. Sie sind mit Waschmaschinen, Trocknern und Küchen ausgestattet, allerdings fehlen meist Kochtöpfe, Geschirr und Besteck. Die Betten stehen meist sehr eng. Die Duschen sind nach Geschlechtern getrennt, aber oft sind es Gemeinschaftsduschen ohne Trennwände.

Außer bei gesundheitlichen Problemen ist in den Pilgerherbergen nur eine Übernachtung erlaubt. In privaten und touristischen Herbergen sind auch mehrere Nächte möglich. Pilger mit Begleitfahrzeug können abgewiesen werden. Reisegruppen sollten sich anmelden oder auf andere Quartiere ausweichen.

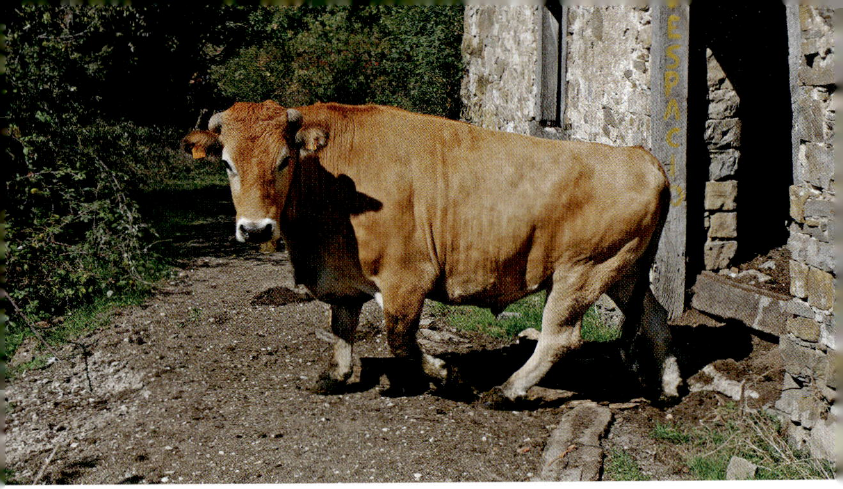

Beeindruckend groß, aber im Zweifel angenehmer als Bettwanzen …

Der Schlafsaal ist auch tagsüber ein Ruheraum. Aus Rücksicht auf andere sollten das Smartphone stumm geschaltet und Telefongespräche außerhalb geführt werden. Ab 22/23 Uhr herrscht Bettruhe. Manche Herbergen ermöglichen den Zugang per Schlüssel oder Code rund um die Uhr. Wer morgens sehr früh aufbrechen möchte, sollte sein Gepäck so vorbereiten, dass der Schlafraum zügig und geräuschlos verlassen werden kann. Manchmal ist festgelegt, wann die Herberge morgens frühestens und/oder spätestens verlassen werden sollen.

Viele Herbergsbetreiber sind selbst Pilger und kennen daher deren Bedürfnisse und Befindlichkeiten. Andere verfolgen vorrangig wirtschaftliche Interessen. Einige Herbergen bieten puren Luxus, dafür fehlt es ihnen an Pilgeratmosphäre. Die Duschen und den Schlafraum mit vielen anderen Menschen zu teilen, kann zuweilen nerven. Aber: Beim Pilgern kommt es oft nicht so sehr auf den Zustand einer Unterkunft an, sondern, mit wem man sie teilt. Eine gute Pilgergemeinschaft kann über manchen Verdruss hinweghelfen. Außerdem: Es ist durchaus ein Privileg der Pilger, für vergleichsweise wenig Geld mitten im Zentrum von Städten wie Pamplona, Burgos, León und Santiago oder auch an speziellen Orten wie dem Kloster von San Juan de Ortega übernachten zu dürfen.

Umweltfreundlich Pilgern

Auch wenn es z. B. in den Pyrenäen oder im grünen Galicien nicht so aussieht: Wasserknappheit ist in ganz Spanien ein Problem. Beim Duschen sollte man sich deshalb möglichst kurz fassen (zumal, wenn andere Pilger auf die erfrischende oder wärmende Dusche warten). Waschmaschinen

und Trockner mit anderen Pilgern gemeinsam zu nutzen, spart nicht nur Geld, sondern auch Wasser und Energie.
Sehr unappetitlich und unhygienisch sind »Klo-Ecken« hinter Gebüschen direkt am Weg. Wenn man nicht bis zur nächsten Ortschaft warten kann, sollte die Hinterlassenschaft so diskret wie möglich sein: nicht eine bereits vermüllte Stelle benutzen, sondern sich weiter vom Weg entfernen; das Papier nicht einfach in die Landschaft werfen, sondern vergraben oder gut verpackt mitnehmen. Größere Geschäfte sollte man mit Erde bedecken.
Wer unterwegs herumliegenden Müll einsammelt, leistet einen Beitrag zu einem sauberen Weg. Mülltrennung ist in vielen Herbergen üblich. Auch an den Straßen stehen Container für Papier, Glas und Plastik. In vielen Supermärkten und Herbergen findet man Behälter für leere Batterien.

Gefahren

Der Jakobsweg ist ein recht sicheres Reiseziel, auch für allein reisende Frauen. Doch gelten die gleichen Verhaltensregeln wie an anderen Urlaubsorten auch: Wertsachen nie unbeaufsichtigt lassen und grundsätzlich nur das Nötigste an Bargeld mit sich führen. In der Kurzinfo zu jeder Etappe werden Ortschaften mit Geldautomaten und/oder Banken mit einem Euro-Zeichen gekennzeichnet.
Immer wieder warnt die Polizei vor falschen Bettlern und Trickbetrügern am Jakobsweg. Bei aller Kameradschaft am Weg sollte man sich nicht zu vertrauensselig auf Fremde einlassen oder zu unbekannten Menschen ins Auto einsteigen. Speziell während der Hochsaison verstärkt die Polizei ihre Präsenz am Weg (vgl. auch »Polizei«, S. 32).

Bettwanzen

Ein leidiges Thema auf dem Jakobsweg sind Bettwanzen (span. »Chinches«), obwohl die hygienischen Bedingungen in den Herbergen streng reglementiert und kontrolliert werden. Die regelmäßige Desinfektion und Schädlingsbekämpfung ist Pflicht. Viele Herbergen haben Matratzen mit speziellen Schutzhüllen. Dennoch kommt es immer wieder zu Befällen.
Um das Risiko zu mindern, sollte man den Rucksack möglichst nicht auf der Erde abstellen (was nicht immer zu bewerkstelligen sein wird), keinesfalls sollte man ihn aber auf das Bett legen oder gegen die Wand lehnen, damit die Tiere nicht in die Matratze oder Ritzen gelangen. Bislang gibt es keine Mittel wie gegen Mücken und Zecken, die vor Bettwanzenbissen schützen. Bettwanzen-Sprays verhindern nur einen Befall des Gepäcks. Man sollte sich unbedingt im Fachgeschäft über geeignete Mittel und die richtige Anwendung des Produkts informieren!
Wichtig: Stellt man bei sich oder seinem Gepäck Bettwanzen fest, sollte man dies sofort den Herbergsbetreibern melden, damit diese umgehend die notwendigen Maßnahmen ergreifen können. Wer allergisch auf Insektenstiche reagiert, sollte ein entsprechendes Medikament dabeihaben.

INFORMATIONEN UND ADRESSEN

Hinweis: Alle im Buch genannten Öffnungszeiten und (Eintritts-)Preise von Herbergen und Sehenswürdigkeiten entsprechen dem Stand Anfang 2024; Änderungen und Abweichungen von diesen Angaben sind möglich.
Notruf: Internationaler Notruf: 112 (Deutsch, Englisch, Französisch).
Telefon: Die internationale Vorwahl von Spanien lautet +34. Spanische Telefonnummern sind neunstellig. Ist die erste Ziffer eine 9 oder 8: Festanschluss; eine 6 oder 7: Mobiltelefon; erste drei Ziffern 901/803 oder Ähnliches: kostenpflichtige Servicenummern, erste drei Ziffern 900/800: kostenlose Servicenummern.
Internet und Smartphones: WLAN (span. »WiFi«) ist in fast allen Restaurants, Bars, Pilgerherbergen und sonstigen Unterkünften verfügbar. In der Regel haben Smartphones 4G- oder 5G-Empfang. In wenig besiedelten Regionen kann der Empfang eingeschränkt sein oder gar nicht funktionieren. In vielen, besonders in neuen Herbergen gibt es Steckdosen neben jedem Bett.
Polizei: Es gibt die **Policía Local** (Ortspolizei, in kleinen Orten oft im Rathaus zu finden), die **Guardia Civil** und die **Policía Nacional** (Nationalpolizei). Im Notfall kann man sich an jede der drei Stellen wenden. Von März bis Nov. erhöht die Polizei mit mobilen Stationen ihre Präsenz am Camino. Mit der kostenlosen **App ALERTCOPS** (auch auf Deutsch installierbar) kann man direkt mit der spanischen Nationalpolizei und Guardia Civil in Kontakt treten und sich im Notfall per Handy-Ortung finden lassen. Die Option »Guardián del Camino de Santiago« ist speziell für Pilger auf dem Jakobsweg. Weitere Informationen auch auf Englisch auf: alertcops.ses.mir.es.
Ladenöffnungszeiten: Supermärkte, Kaufhäuser, Einkaufszentren Mo–Sa ca. 9–21/22 Uhr (in kleinen Läden z. T. Mittagspause ca. 14–17 Uhr). Am Weg findet man oft auch sonntags geöffnete Lebensmittelgeschäfte.
Apotheken (»Farmácia«): Meist 9.30–13.30 Uhr und 16.30–20 Uhr geöffnet.
Banken: In der Regel Mo–Fr ca. 8.30–14/14.30 Uhr, Sa geschlossen.
Geld-/Kreditkarten: Die Kartenzahlung auch kleiner Beträge ist verbreitet und in vielen privaten/touristischen Pilgerherbergen möglich. Dennoch sollte man stets ausreichend Bargeld dabeihaben. Bei jeder Etappe sind die Orte mit Bankautomaten mit einem Euro-Zeichen versehen.
Kreditkartensperrung: Der Verein Sperr-Notruf e. V. bietet eine zentrale Rufnummer zur Sperrung von Geldkarten, Handys, digitalen Ausweisen und mehr (nur für deutsche Kunden; Information auf sperr-notruf.de).
Post/Briefmarken: Postfilialen (»Oficina de Correos«) Mo–Fr 8.30–14.30 Uhr (teils auch 8.30–20.30 Uhr, dafür evtl. Sa geschlossen), Sa 9.30–13 Uhr. Briefmarken (»sellos«) gibt es auch in den Tabakläden (»tabacos/estanco«).
Pakete von Spanien ins Ausland sind teuer (z. B. bis zu 1 kg rund 32 €). Günstiger ist das »PAQ Peregrino«: Der Versand von einer spanischen Postfiliale zum Hauptpostamt von Santiago (»Oficina principal«, Rúa do Franco 4, nahe Kathedrale, mit Gepäckaufbewahrung; auch Sa/So offen) von bis zu 15 kg kostet

20,95 €, bis 25 kg: 31,40 € (15 Tage Aufbewahrung gratis; Stand 2024; Infos auf correos.es und elcaminoconcorreos.com »Servicios – Envío maletas«).

Nationale Feiertage: 1. Jan., 6. Jan. (Día de los Reyes, Dreikönigstag), Karfreitag, 1. Mai, 15. Aug. (Asunción de la Virgen María, Mariä Himmelfahrt), 12. Okt. (Día de la Hispanidad, auch Puente del Pilar genannt), 1. Nov. (Todos los Santos, Allerheiligen), 6. Dez. (Día de la Constitución, Tag der Verfassung), 8. Dez. (Inmaculada Concepción, Mariä Empfängnis), 25. Dez.

Kirchen und Pilgermessen: Vor allem in kleinen Orten sind Kirchen oft nur zur Messe zugänglich. Bei bedeutenden Kirchen oder Kathedralen wird meist ein Eintritt verlangt (s. auch S. 22 »Kosten«). Die Uhrzeiten der Messen sind, soweit möglich, bei jeder Etappe vermerkt. Informationen zu Messen und Pilgermessen erhält man auch vor Ort.

ÖPNV Santiago: Der **Bahnhof** von Santiago de Compostela befindet sich südlich des Zentrums am Ende der Rúa do Hórreo (beginnt am Südrand der Altstadt bei der Praza de Galicia, ab dort 10 bis 15 Min. zu Fuß). Der **Busbahnhof** (Estación Intermodal) ist direkt hinter dem Bahnhof; dort fahren auch die Busse nach Finisterre und Muxía ab. Der **Flughafen** (Aeropuerto Rosalía de Castro, Information auf aena.es) liegt außerhalb am Jakobsweg bei Lavacolla. Zwischen **Stadt** und **Flughafen** verkehrt **Buslinie 6A**: ab Busbhf. zum Flughafen Mo–Fr 6–22.30, Sa 7–23.10 So/Fei 6–23.15 Uhr; ab Flughafen tägl. 7–0.30 Uhr (jeweils im 20–30 Min.-Takt, Fahrzeit ca. 45 Min., Ticket 1 €; Haltestelle auch an der Praza da Galicia im Zentrum; Information auf tussa.org unter »Transporte urbano – Ver todas las líneas – Línea 6A«).

Pilgerausweis und -urkunde: Der **Pilgerausweis** (»Credencial«) geht auf den mittelalterlichen Begleitbrief bzw. das Empfehlungsschreiben zurück, das die Pilger als Ausweisdokument mit sich führten. Heute berechtigt er zum Übernachten in den Pilgerherbergen und dient in Santiago als Nachweis für den Erhalt der Pilgerurkunde. Pilger, die wenigstens die letzten 100 km zu Fuß bzw. die letzten 200 km per Rad oder Pferd nach Santiago de Compostela zurückgelegt haben und dies mit den **Stempeln** (»Sellos«) im Pilgerausweis belegen, erhalten ein auf Latein verfasstes Dokument. Dabei wird normalerweise nach religiösen und nicht religiösen Motiven unterschieden: Religiös (»pietatis causa«) oder spirituell motivierte Pilger erhalten die offizielle, fast 800-jährige, »Compostela«, alle anderen ein Begrüßungsschreiben. Die »Credencial« muss dafür offiziell zweimal pro Tag (z. B. in den Unterkünften, Kirchen, Klöstern, Touristenämtern) mit Datum gestempelt werden. Dies sollte man zur Sicherheit auch tun, spätestens aber auf den letzten 100 km bzw. 200 km (mit Rad, Pferd, Esel) oder wer nur eine wenig längere Distanz absolviert. Die Pilgerbescheinigung ist gratis und kann nur persönlich abgeholt werden. Gegen eine Gebühr von 3 € bekommt man eine Urkunde über die zurückgelegten Kilometer.

Die Pilgerurkunde erhält man im **Pilgerbüro** von Santiago (»Oficina de Acogida al Peregrino« oder kurz »Oficina del Peregrino«; siehe auch Punkt »Pilgerbüro«). Dieses akzeptiert nur den offiziellen, von der Kathedrale autorisierten Pilgerpass. Auf dem Deckblatt steht »Credencial del Peregrino – Catedral de Santiago«.

Sofern noch Platz ist, kann diese »Credencial« auch für die Wanderung nach Finisterre und/oder Muxía verwendet werden (bei Bedarf ist eine neue im Pilgerbüro erhältlich). Auch hier berechtigt sie zur Übernachtung in den Pilgerherbergen und dient als Beleg für den Erhalt der »Fisterrana« und/oder »Muxiana« (Stempel aus Negreira und Olveiroa notwendig).

Am besten beschafft man sich den Pilgerpass schon vor Reiseantritt bei einer vom Domkapitel von Santiago autorisierten Jakobswegvereinigung (weitere Info unter oficinadelperegrino.com, auch auf Englisch unter »Pilgrimage – The Credencial – From authorised Associations worldwide«; dies sind u. a.:

- Deutschland (u. a.): **(1)** Deutsche St.-Jakobus-Gesellschaft e. V., Tempelhofer Str. 21, 52068 Aachen, Tel. +49 241 510 0062, deutsche-jakobus-gesellschaft.de. **(2)** Fränkische St.-Jakobus-Gesellschaft Würzburg e. V., Petrinistraße 33a, 97080 Würzburg, Tel. +49 931 2508 850, Di und Fr 9–12 Uhr, jakobus-franken.de. **(3)** St. Jakobus-Gesellschaft Berlin-Brandenburg e. V., jakobusgesellschaft-berlin-brandenburg.de. **(4)** Freundeskreis der Jakobuspilger, Busdorfmauer 33, 33098 Paderborn, Tel. +49 5251 506 8677, jakobusfreunde-paderborn.com.
- Österreich: Verein Jakobsweg Wien, Stephansplatz 6 (Zwettlerhof, im »Quo vadis?«), 1010 Wien, Tel. +43 660 229 8866, jakobsweg-wien.at.
- Schweiz: **(1)** Die Freunde des Jakobsweges Schweiz, Postadresse und Pilgerherberge (April–Okt. 16–9 Uhr): Dorfstrasse 4, CH-3856 Brienzwiler, viajacobi4.ch. **(2)** Infos zum Jakobsweg und Bestellung des Pilgerpasses unter pilgern.ch.

Spanien: Viele Herbergen wie etwa in Roncesvalles oder Pamplona stellen den Pilgerpass aus. In St-Jean-Pied-de-Port ist er im Accueil/Pilgerbüro zu bekommen, in Jaca in der Iglesia de Santiago.

Digitaler Pilgerpass: Für die »Credencial digital« in Google Play bzw. im App Store nach »Credencial del Peregrino« suchen und die App auf das Smartphone laden. Um den digitalen Pilgerpass zu »stempeln«, werden in den teilnehmenden Herbergen QR-Codes gescannt.

Pilgerbüro: Rúa das Carretas 33 (unterhalb des Parador Nacional), Tel. +34 981 568 846. Öffnungszeiten: tgl. 9–19 Uhr (Winter 10–18 Uhr); am 25. Dez. u. 1. Jan. geschl., die Pilgerbescheinigung gibt es dann in der Sakristei der Kathedrale. Teilweise gibt es lange Warteschlangen. Durch Wartenummern und die Vorabregistrierung mittels QR-Code wird versucht, die Ausstellung der Pilgerdokumente zu beschleunigen. Das Personal vor Ort informiert über die Abläufe; s. auch Etappe 31, S. 244).

Beim Pilgerbüro gibt es eine Andachtskapelle, einen Postschalter sowie während der Hauptsaison Schalter der Busunternehmen Alsa (Busfahrten ganz Spanien) und Monbus (Busse nach Finisterre und Muxía).

Hospitalera/-o: Interesse am Ehrenamt als Herbergsmutter oder -vater auf Zeit? Die Jakobswegvereinigungen (siehe oben) informieren gerne.

GESCHICHTE DES JAKOBSWEGS

Die Anfänge

Bis zum Auffinden des Apostelgrabes herrschte ein reges Kommen und Gehen auf der Iberischen Halbinsel. Phönizier, Griechen, Karthager und Römer hatten sich nacheinander in dem an Bodenschätzen reichen, von iberischen und keltischen Stämmen bevölkerten Land niedergelassen. Im Zuge der Völkerwanderung gründeten ab dem 5. Jh. Sueben und Westgoten erste christliche Königreiche. 711 setzten nordafrikanische Heere nach Gibraltar über und eroberten in kürzester Zeit weite Teile des heutigen Spanien und Portugal. 722 begann mit dem ersten Sieg der Christen über die Mauren bei Covadonga die mehr als 700 Jahre dauernde »Reconquista«, die Rückeroberung der ehemaligen christlichen Königreiche und Einflussgebiete aus der Hand der islamischen Eindringlinge.

Der Legende nach führte zwischen 813 und 830 eine Sternenerscheinung den Eremiten Pelagius zum Grab des heiligen Jakobus. Seit Ende des 6. Jh. hatte es Hinweise gegeben, Jakobus, Bruder des Apostels Johannes, habe nach dem Tode Christi auf der Iberischen Halbinsel missioniert. Nach Palästina zurückgekehrt, wurde er auf Befehl von König Herodes Agrippa (reg. 41–44 n. Chr.) geköpft. Auf wundersame Weise sei der Leichnam des christlichen Märtyrers auf einem von Engeln gelenkten Boot von Palästina nach Galicien gelangt und bei Padrón angelandet. Nach einigen Schwierigkeiten hätten Jakobus' Jünger den Leichnam schließlich am späteren Fundort bestattet. Bischof Theodomir von Iria Flavia erklärte die Reliquien für echt, Alfonso II. (759–842, ab 791 König von Asturien, genannt »der Keusche«) ließ zu Ehren Jakobus' (span. Santiago) an der Fundstelle, dem »Sternenfeld« (»Campus stellae«, geläufige Erklärung für »Compostela«), eine erste Kirche errichten. Der Grundstein für Santiago de Compostela, das dritte

Pilgermonument auf dem Pass von San Roque in Galicien (Etappe 26).

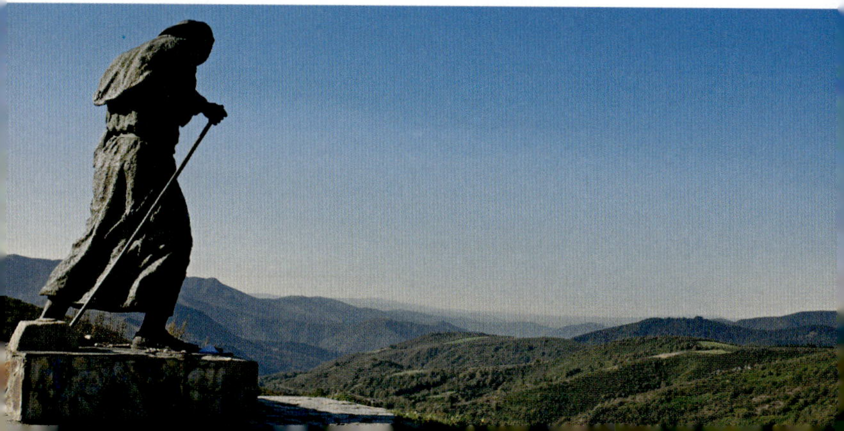

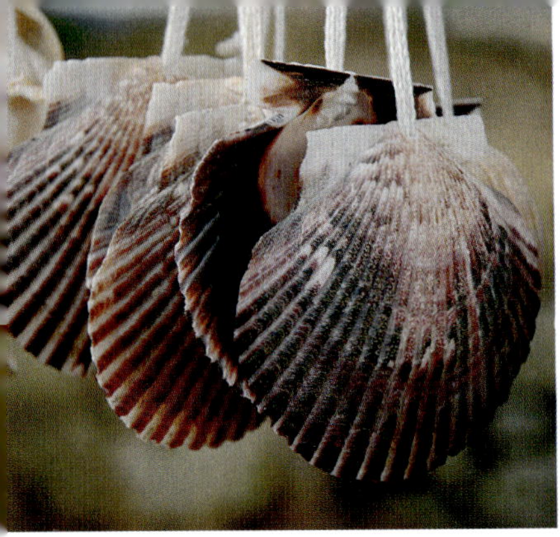

Die Jakobsmuschel, das Erkennungszeichen der Jakobspilger.

große Wallfahrtsziel der Christenheit neben Rom und Jerusalem, war gelegt. Der Ruf des Apostelgrabes und der Taten Jakobus' verbreitete sich rasch in der ganzen christlichen Welt. So habe er im Jahr 844 in der Schlacht bei Clavijo (La Rioja) – die es wahrscheinlich nie gab – auf einem weißen Ross reitend als »Matamoros« (Maurentöter) erstmals in die Reconquista eingegriffen.

In kürzester Zeit entwickelte sich Santiago zu einem bedeutenden Pilgerziel – wohl auch, weil die Reise nach Jerusalem wegen der Kreuzzüge zu unsicher geworden war. Sagen und Legenden gediehen entlang des Wegs. Mit Stadtgründungen und der gezielten Ansiedlung von Christen in den rückeroberten Ortschaften sicherten die Königreiche im 10./11. Jh. die eingenommenen Gebiete auch am Jakobsweg. Dank des lukrativen Geschäfts mit Wirtshäusern, Werkstätten, Läden und Spitälern wuchsen und gediehen Orte wie Puente la Reina, Logroño, Santo Domingo de la Calzada, Burgos, Sahagún, León (seit 910 Sitz des Königshofs) und Astorga. Gleichzeitig etablierte sich dadurch die heutige Pilgerroute des Camino Francés, benannt nach den vielen aus und über Frankreich kommenden Pilgern. Ritterorden wie die Tempelritter und die Santiagoritter kümmerten sich um die Sicherheit am Jakobsweg.

Massenphänomen und Blütezeit

Vom 11. bis zum beginnenden 13. Jh. erlebte der Jakobsweg seine Blütezeit. Scharenweise zog das christliche Europa nach Santiago, bis zu 1000 Pilger kamen täglich ans Apostelgrab. Zeitgenössische Darstellungen vermitteln ein Bild von der typischen Tracht der Jakobspilger: breitkrempiger, vorne hochgeschlagener Hut, weiter Mantel, Pilgerstab, ein Kürbis als Wasserbehälter, eine Tasche für die wichtigen Pilgerdokumente sowie die Jakobsmuschel, anfangs Beweis für die Pilgerschaft, später Erkennungszeichen der Santiagopilger. Die formschöne Muschel (span. vieira) galt seit dem 4. Jh. ganz allgemein als Wallfahrtszeichen, bis sie ihre eigenen Jakobslegenden erhielt. Eine Version besagt, ein portugiesischer Ritter sei bei Iria Flavia ins Meer gestürzt – Jakobus' leuchtende Gestalt hatte sein Pferd zum Straucheln gebracht – und sei über und über mit Jakobsmuscheln bedeckt aus den Fluten gerettet worden.

Von 1075 bis 1211 entstand die Kathedrale von Santiago. Es war die Blütezeit der romanischen Baukunst und Bildhauerei. Als ein Meisterwerk gilt das kunstvoll gearbeitete Pórtico de la Gloria (1168–1188) in der Kathedrale. 1122 rief Papst Calixt II. das erste Heilige Jahr aus, das seither gefeiert wird, wenn der 25. Juli (vermutlicher Todestag des Jakobus) auf einen Sonntag fällt (Rhythmus: 11–6–5–6 Jahre). Das nächste wird 2027 sein.

Der erste Reiseführer für Spanien

Die im 12. Jh. verfassten fünf Bücher des Codex Calixtinus oder Liber Sancti Jacobi, das Buch des heiligen Jakobus, wurden Papst Calixt II. zugeschrieben. Tatsächlicher Autor ist vermutlich der französische Mönch Aimeric Picaud. Der Codex gilt als erster Reiseführer für Spanien. In den vier Büchern informiert Picaud über am Weg zu besuchende Reliquien (ein wichtiger Teil der mittelalterlichen Pilgerreisen) und überliefert Sagen, Legenden, Wunderberichte und liturgische Texte. Im fünften Buch beschreibt er Routen, Regionen, Land und Leute und gibt praktische Ratschläge. Detailreich warnt der Autor vor schlechten Zöllnern, halsabschneiderischen Wirten, betrügerischen Händlern und giftigen Flüssen. Er berichtet von »gottlosen Basken«, von Navarrern, die »fressen wie Hunde oder Schweine«, von den »schlechten und lasterhaften« Menschen in Kastilien. Lediglich die Galicier beurteilt er milde. Obgleich »jähzornig und streitsüchtig«, ähnelten sie noch am ehesten dem französischen Volk. Literaturtipps: Klaus Herbers, Der Jakobsweg. Ein Pilgerführer aus dem 12. Jahrhundert. Reclam, Ditzingen, 2008.

Niedergang der Pilgerbewegung

Im Jahr 1469 vereinte die Heirat Isabels I. von Kastilien und Fernandos II. von Aragonien, der »Reyes Católicos«, die beiden mächtigsten spanischen Königreiche. 1492 beendete die Eroberung Granadas die Reconquista. Im

Aufstieg von Saint-Jean-Pied-de-Port in die Pyrenäen: Die aus und über Frankreich kommenden Pilger prägten den Namen Camino Francés, französischer Weg.

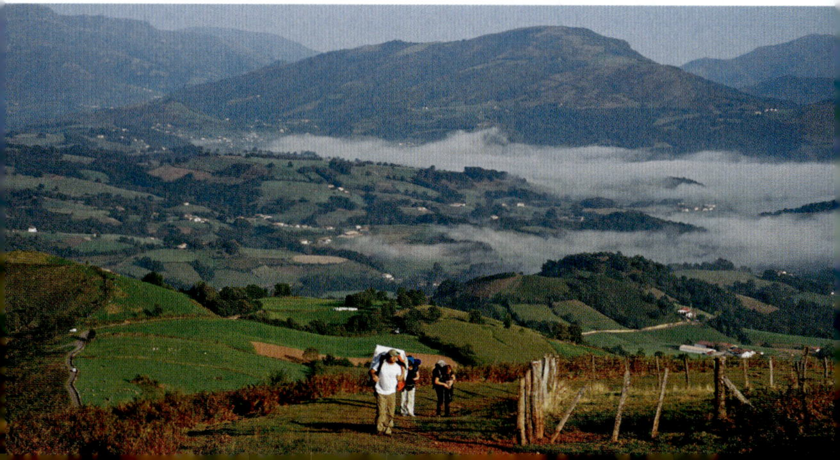

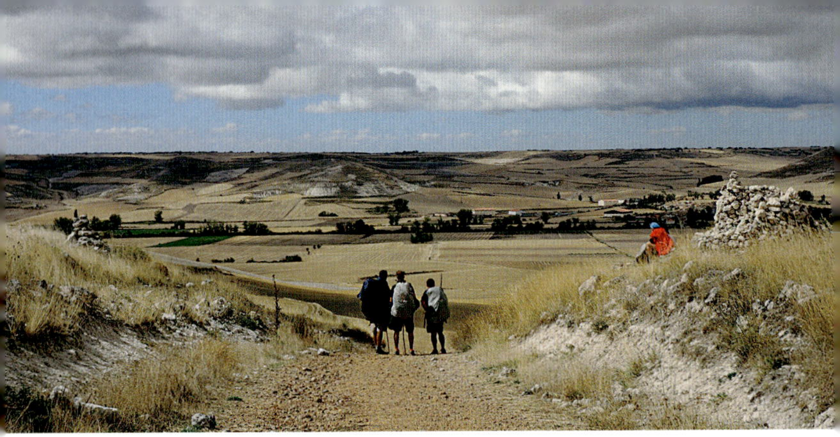

Seit Hunderten von Jahren durchqueren Pilger auf dem Weg zum Apostelgrab die kastilische Hochebene (auf dem Weg nach Hornillos del Camino, Etappe 13).

gleichen Jahr entdeckte Kolumbus vermeintlich den Seeweg nach Indien und veränderte damit das Weltgeschehen dramatisch. Pestepidemien, die Spaltung der Christenheit durch die Reformation und Religionskriege machten im späten Mittelalter das Pilgern zunehmend unattraktiv. Ab dem 15. Jh. trieben Räuber und abenteuerlustige Scheinpilger ihr Unwesen auf der inzwischen weniger frequentierten und bewachten Route. 1589 wurden die Reliquien des Apostels vor dem englischen Seefahrer und Piraten Francis Drake versteckt – und vergessen. Die ohnehin schon angeschlagene Pilgerbewegung kam in den folgenden Jahrhunderten nahezu ganz zum Erliegen. Im 18. Jh. waren Pilgerfahrten wegen ihrer Nähe zum Aberglauben verpönt. Anfang des 19. Jh. erlitt die spanische Kirche durch die Verstaatlichung der Kirchengüter zur Auffüllung der Staatskassen einen schweren Rückschlag. Im Heiligen Jahr 1867 fanden sich gerade mal 40 Pilger zum Festgottesdienst am 25. Juli in Santiago ein. Um den Jakobskult neu zu beleben, suchte man die Reliquien. 1879 fand man sie zwischen den Mauern der Apsis. Eine Bulle von Papst Leo XIII. erklärte sie, um Zweifler zum Schweigen zu bringen, für echt.

Jakobsweg unter Franco

Leichte Ansätze einer Wiederbelebung der Wallfahrten fanden spätestens im Spanischen Bürgerkrieg (1936–1939) ein jähes Ende. Nichtsdestotrotz vereinnahmte Diktator Franco Jakobus für seine Zwecke. Er behauptete, eine der großen Schlachten hätten die Nationalisten dank Jakobus gewonnen. Per Dekret wurde Santiago unter der Diktatur Francos wieder zum Schutzpatron Spaniens ernannt. Zunächst interessierten sich vorwiegend Kunsthistoriker für die kunsthistorischen Schätze am Jakobsweg. Mit der zaghaften Öffnung Spaniens in Richtung Europa in den 60er-Jahren kamen erstmals auch wieder religiös motivierte Pilger, besonders aus Frankreich.

Die moderne Pilgerbewegung

Nach dem Tode Francos (1975) und der Verabschiedung der demokratischen Verfassung (1978) rückten Spanien, aber auch das Apostelgrab und der Jakobsweg wieder in das internationale Bewusstsein. Papst Johannes Paul II. besuchte 1982, dem ersten Heiligen Jahr im demokratischen Spanien, sowie 1989 die Apostelstadt. 1987 wurde der Camino de Santiago zum Europäischen Kulturweg ernannt, seit 1993 gehört er zum Weltkulturerbe der UNESCO. Ab den 80er-Jahren setzte sich der gelbe Pfeil als Wegweiser durch. Die Heiligen Jahre 1993 und mehr noch 1999 wurden erstmals auch international sehr erfolgreich vermarktet.
Heute ist der Jakobsweg eine der weltweit bekanntesten Attraktionen Spaniens, vergleichbar mit der Sagrada Familia in Barcelona oder der Alhambra in Granada. Jahr um Jahr stellt das Pilgerbüro in Santiago mehr Pilgerbescheinigungen aus: Im Jahr 2023 waren es knapp 446.000. Menschen jeden Alters und vor allem immer mehr Frauen – sie sind seit einigen Jahren sogar in der Mehrzahl – begeistern sich für das Pilgern. Für den weltoffenen, toleranten und internationalen Spirit, der auf dem Weg herrscht.
Die Gründe für die Beliebtheit sind vielfältig. Neben der spirituellen Komponente spielen die gute Infrastruktur und der abwechslungsreiche, meist einfache Wegverlauf eine Rolle. Aber vielleicht ist das Erfolgsrezept des Jakobsweges auch ganz einfach. Er gibt den Pilgerinnen und Pilgern, was man mit Geld nicht kaufen kann: wunderbare Glücksgefühle.

Weiblich, jung, gut gelaunt – das Pilgern hat sich in 1000 Jahren gründlich gewandelt.

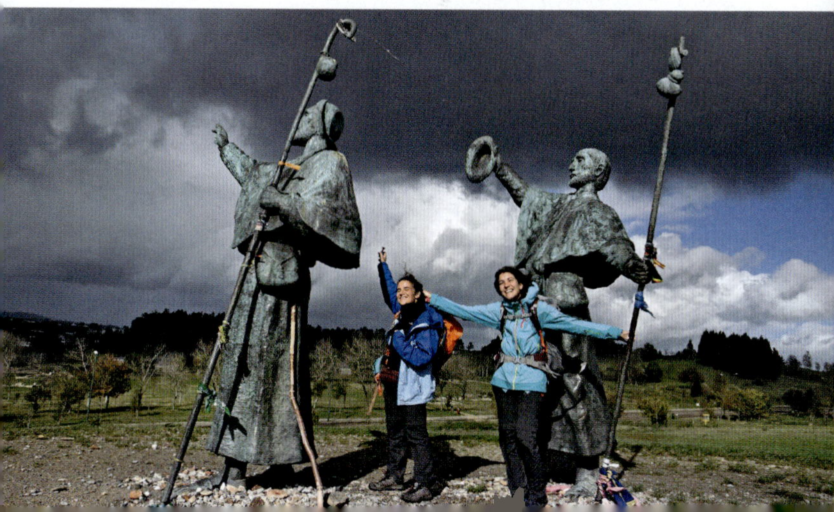

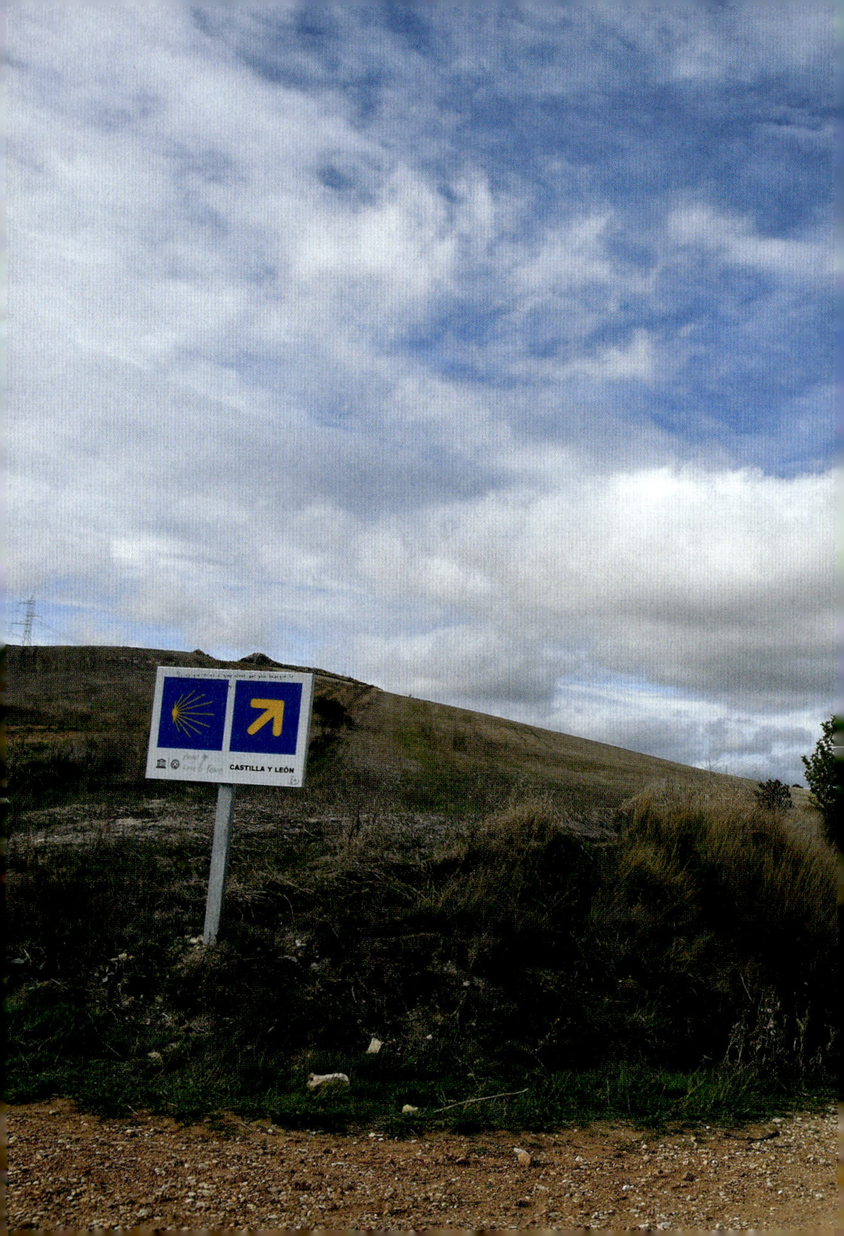
CASTILLA Y LEÓN

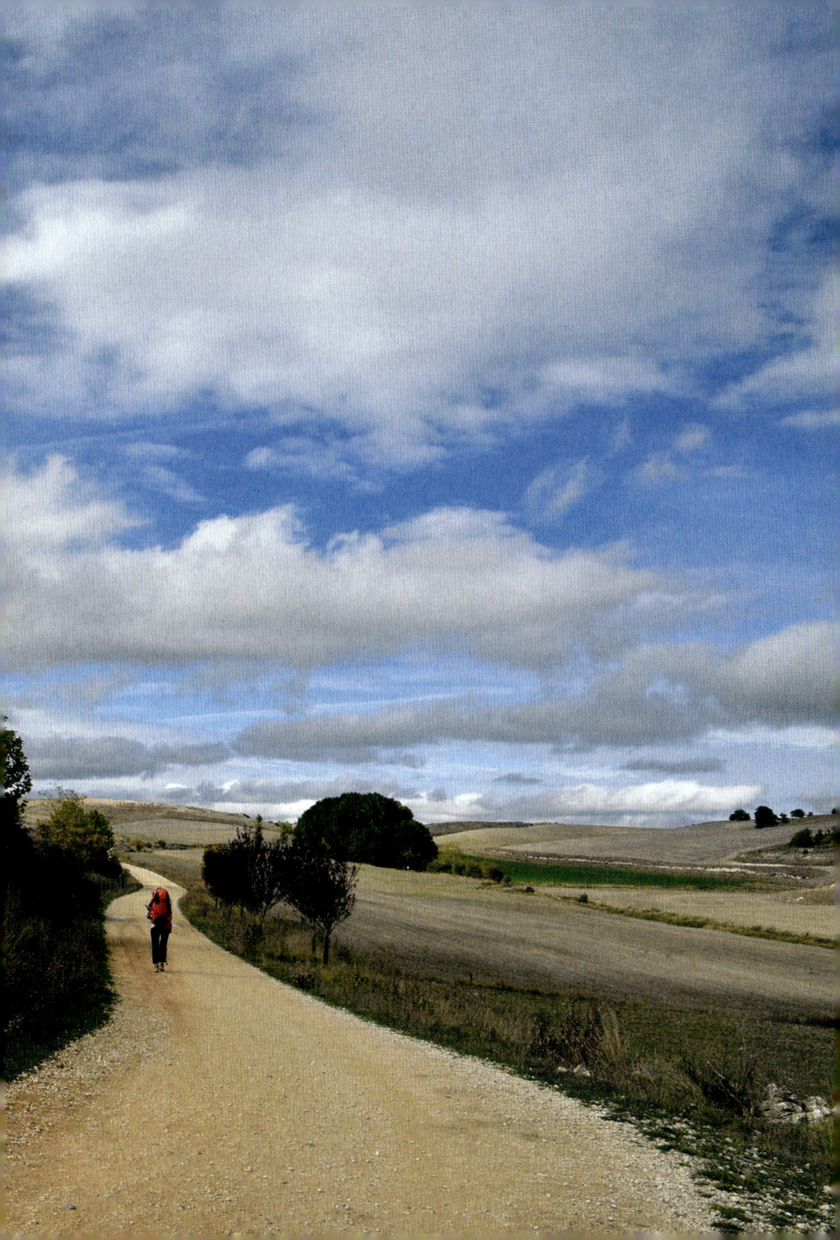

Camino Aragonés – vom Somport-Pass bis Obanos

Die Provinz Huesca, durch die der Camino Aragonés führt, ist die am dünnsten besiedelte Region aller Jakobswege (inklusive Vía de la Plata). Nur 14 Menschen leben hier pro Quadratkilometer (Spanien: 94 EW/km^2). Entsprechend still und naturverbunden ist der aragonesischen Weg. Jaca (13.600 EW) und Sangüesa (4800 EW) sind die einzigen größere Ortschaften an dieser Route. Viele Dörfer wirken wie aus einer anderen Zeit. Das Angebot an Herbergen ist kleiner als auf dem Camino Francés, aber in der Regel ausreichend, das Pilgeraufkommen bleibt meist überschaubar. Wer einsame Wanderungen durch fast menschenleere Landstriche liebt, ist hier richtig.

Auftakt ist am 1640 m hohen Pyrenäenpass Somport an der französisch-spanischen Grenze. Die teils bis in den Frühsommer mit Schnee bedeckten Granitgipfel kontrastieren mit den Wäldern und Wiesen zu ihren Füßen. Entlang des noch jungen Río Aragón geht es hinab in die charmante Vorpyrenäenstadt Jaca und von dort nach Westen durch den Canal de Berdún, wie sich das breite, fruchtbare Tal des Río Aragón hier nennt.

Im Frühling präsentieren sich die Getreidefelder als grünes Meer, im Sommer und Herbst als Flickenteppich aus Gelb- und Brauntönen. Anstrengend, aber empfehlenswert ist der Umweg über das Felsenkloster San Juan de la Peña (Etappe 2). Die dritte Etappe verläuft am Ende am Yesa-Stausee mit der bis zu 1300 m hohen Sierra de Leyre im Hintergrund und endet in einer der schönsten Stationen des aragonesischen Wegs: Neben dem gänzlich ausgestorbenen Ruesta ist nur noch die Herberge bewohnt.

Kurz nach dem Somport-Pass: Granitgipfel über grüner Landschaft.

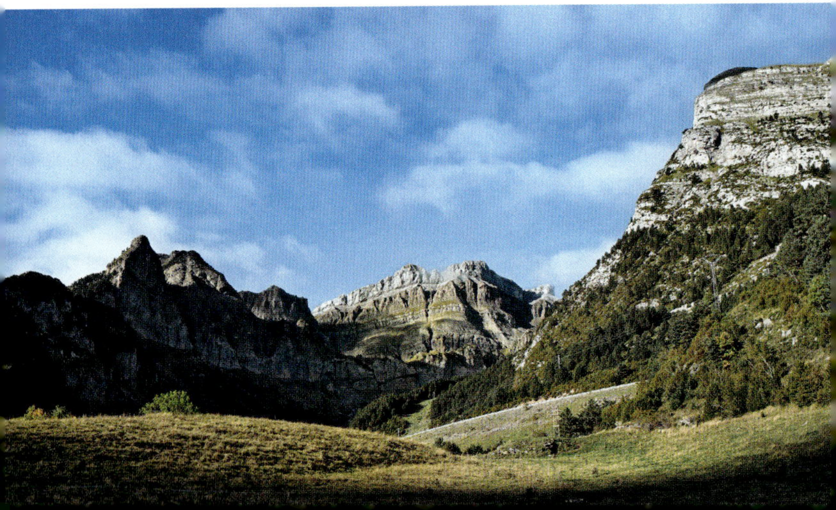

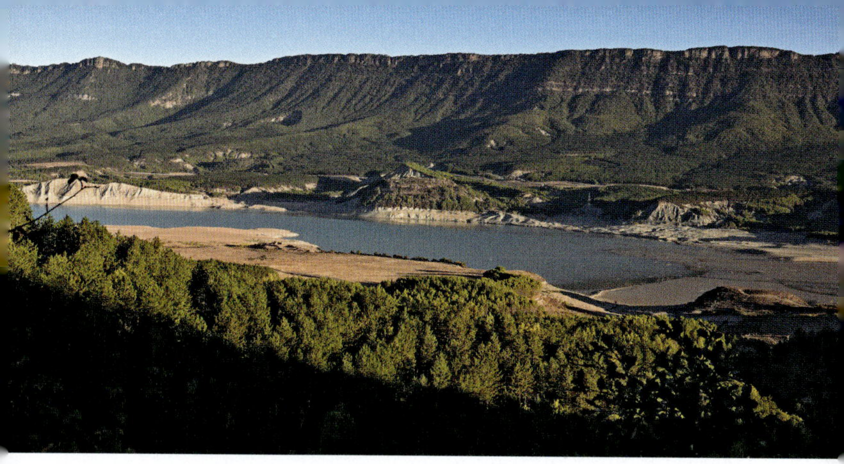

Im Aufstieg kurz hinter Ruesta: Blick über den Yesa-Stausee auf die Sierra de Leyre.

Kurz nach Undués de Lerda beginnt die Region Navarra. Nach der Kleinstadt Sangüesa kehrt der Weg wieder in die Natur zurück. Mit etwas Glück kann man Geier kreisen sehen, die hier noch eine fast ungestörte Heimat finden. Nach 160 km sowie 2040 Hm Auf- und 3280 Hm Abstieg trifft der Camino Aragonés in Obanos bzw. Puente la Reina auf den von Saint-Jean-Pied-de-Port über Roncesvalles kommenden Camino Francés.

Die Autonome Gemeinschaft Aragón gliedert sich in die drei Provinzen Huesca, Teruel und Zaragoza. Auf ihrer Fläche von 47.720 km² leben gut 1,3 Mio. Einwohner (27,5 EW/km²); Hauptstadt ist Zaragoza.

Bekannt ist Aragón vor allem durch den Nationalpark Ordesa und Monte Perdido in den Pyrenäen. Dabei reichte sein Einflussgebiet einst weit über die heutigen Grenzen hinaus. Im 11. Jh. gründete Ramiro I. das Königreich Aragón mit Jaca als Hauptstadt und San Juan de la Peña als religiösem Zentrum. Während der Reconquista, der Rückeroberung der von den Mauren besetzten Gebiete Spaniens (711–1492), gewann Aragón an Bedeutung. Um das Jahr 1400 umfasste es in seiner größten Ausdehnung Teile Südfrankreichs, Katalonien, das Land Valencia, die Balearen, Sardinien und Sizilien. Die Heirat von Fernando II. von Aragón mit Isabel I. von Kastilien im Jahr 1469 und die Vereinigung der beiden Königreiche legten den Grundstein für den spanischen Gesamtstaat. Mitte des 18. Jh. verlor Aragón den Status als eigenständiges Königreich und fiel unter die Verwaltung von Kastilien. Im Spanischen Bürgerkrieg 1936–1939 verlief die Front zwischen Republikanern und den nationalistischen Truppen Francos mitten durch Aragón, die Provinz Teruel war lange hart umkämpft. Berühmtester Sohn Aragoniens ist Francisco de Goya (*1746 Fuendetodos, †1828 Bordeaux/Frankreich), einer der bedeutendsten Maler Spaniens.

1 Somport – Jaca

8.00 h	30,6 km
↗ 170 m	↘ 1000 m

Der erste Schritt von vielen Tausend

Gleich der Beginn des Camino Aragonés weckt Wanderlust: Vom 1640 m hohen Somport-Pass wandern wir aus den majestätischen Bergen hinunter in das reizvolle Pyrenäenvorland. Der noch junge Río Aragón, schöne Laubmischwälder, Felder und Weiden begleiten uns dabei. Nur die vielen Stromleitungen und die Straßennähe trüben den Wandergenuss anfangs etwas.

Der Weg: Bis Villanúa mittelschwer. Teils steinige und steile Abstiege, danach vorwiegend ebene Fahrwege. Gelbe Pfeile und rot-weiße Markierung des Fernwanderwegs GR 65.3 bzw. GR 65.3.1. **Kritische Stellen:** Anfang 2024 war hinter Canfranc Estación nach dem Tunnel links unten die Fußgängerbrücke über den Bach kaputt und wurde bis zur Reparatur durch ein Provisorium ersetzt. **Tipp:** Morgens ab Jaca mit dem ersten Bus (8.25 Uhr, Ankunft ca. 9 Uhr, rund 3 €; Tickets im Bus) oder mit Taxi (ca. 45 €, nachts/feiertags ca. 55 €, Info auf taxisjaca.com, taxijaca.com oder taxisenjaca.com) auf den Somport-Pass.

Ausgangspunkt – Puerto de Somport (spanisch-französischer Grenzpass; 1640 m)

- TH **Alb. Aysa**, 40 B/29 € MF (HP 46 €), Tel. +34 974 373 023 (Reservierung notwendig). Bar/Rest., kl. Laden. Einfache Ski-/Wanderherberge, schöner Talblick von der Caféterrasse. 14.30–22.15 Uhr. Juni–März, im Mai nur Mo–Fr. albergueaysa.com

0,8 km → Candanchú (1535 m, 100 EW)

- TH **Alb. Refugio El Águila**, 58 B/ab 26 € (EZ/DZ ab 50 €). 400 m rechts des Wegs. Tel. +34 974 373 291. Skihütte. Bar/Rest., W/T. Check-in 10–14 und 17–20 Uhr, ganzjährig außer Mai und 15. Okt.–15. Nov. albergueelaguila.com

6,2 km → Canfranc Est. (1192 m, 520 EW)

Avda. Arañones, Tel. +34 974 373 013.

- TH **Alb. Río Aragón**, 40 B/20 € (EZ 30 €, DZ 44 €). Tel. +34 608 229 576. Küche, Mahlzeiten, W/T. 14–22 Uhr, Dez.–Okt. alberguerioaragon.com

4,4 km → Canfranc Pueblo (1045 m, 80 EW)

- TH **Alb. Municipal de Peregrinos Elias Valiña**, 16 B/Spende. Ortsmitte. Tel. +34 974 372 088 (Reservierung möglich). Küche, Frühstück, W/T; schöne Herberge in ehem. Pfarrhaus, gute Betten. 14–22 Uhr, April–Okt.
- **Casa Rural La Cabaña** (EZ 40 €, DZ 55 €), Tel. +34 974 372 119. lacabañacasarural.com

4,7 km → Villanúa (950 m, 550 EW)

- TH **Alb. Villanúa**, 230 B/39 € MF. Ortsanfang links, zweites Gebäude an der N-330. Tel. +34 974 378 136. Vor allem für Gruppen, unbedingt über Homepage reservieren: alberguevillanua.es
- **Hostal Alto Aragón** (EZ ab 36 €, DZ ab 45 €). Tel. +34 974 378 175. hostalaltoaragon.cat

6,8 km → Castiello de Jaca (913 m, 240 EW)

- TH **Alb. A'Noguera** (nördl. des Orts), 14 B/28 € (DZ 76 €, EZ 60 €). Tel. +34 693 006 186 (Reserv. mind. 24 Std. vorher notwendig). Schönes Steinhaus, Garten. Frühstück, Abendessen (eigenes Essen ist nicht gestattet). Check-in 16–20.30 Uhr, ganzjährig. anoguera.com

1,1 km → Camping Solopuent (837 m)

⛺ Camping mit Hostel für kl. Gruppen, Tel. +34 974 350 046. solopuent.com

3,0 km → Hotel-Bar Charlé (804 m)

DZ ab 80 €. Tel. +34 974 360 097. hotelcharlejaca.com

3,6 km → Jaca (815 m, 13.600 EW)

Iglesia de Santiago Mo–Fr 12.30 u. 20 Uhr, Sa 18 und 20 Uhr, So 11.30, 12.30, 18 und 20 Uhr.

Paseo de la Constitución, Tel. +34 974 362 586.

TH **Alb. Casa Mamré**, ◈◈◈, 26 B/20 € (EZ 20 €, DZ 40 €). C/ del Arco 1, Tel. +34 628 406 687 (Reserv. notwendig). W/T, Frühstück. Check-in 13–15 und 17–20 Uhr, ganzjährig.

SH **Alb. Municipal**, ◈◈◈, 32 B/11 €. C/ Conde Aznar 9 (Zentrum, der Markierung folgen), Tel. +34 974 360 848 (keine Reserv.). Küche. Kein Frühstückscafé in der Nähe. 15–22 Uhr, März–Nov.

An der Treppe unterhalb der Herberge Aysa am Pass von **Somport** ❶ zeigt der erste Wegstein 857,9 km bis Santiago an. Der Weg führt uns in gut 15 Min. zu den Ruinen des ehemaligen Pilgerhospitals **Santa Cristina** ❷ am Ostrand von **Candanchú**. 1928 entstanden, gilt er als der älteste Wintersportort Spaniens, romantisches Flair sucht man jedoch vergeblich.

Schon die Römer und Araber benutzten den 1640 m hohen ***Somport-Pass*** *(lat. »Summus Portus«, höchster Pass), der auch die Wasserscheide zwischen Atlantik und Mittelmeer bildet. Im Mittelalter überquerten ihn die aus Ostfrankreich und Italien kommenden Pilger, während die drei anderen großen französischen Pilgerrouten im französischen Saint-Jean-Pied-de-Port weiter im Westen zusammentrafen. Um 1104 entstand das* ***Pilgerhospital Santa Cristina****. Laut dem mittelalterlichen Pilgerführer Codex Calixtinus zählte es neben dem Hospital Mont-Joux in den Alpen*

Alpiner Auftakt: Abstieg vom Somport-Pass nach Candanchú.

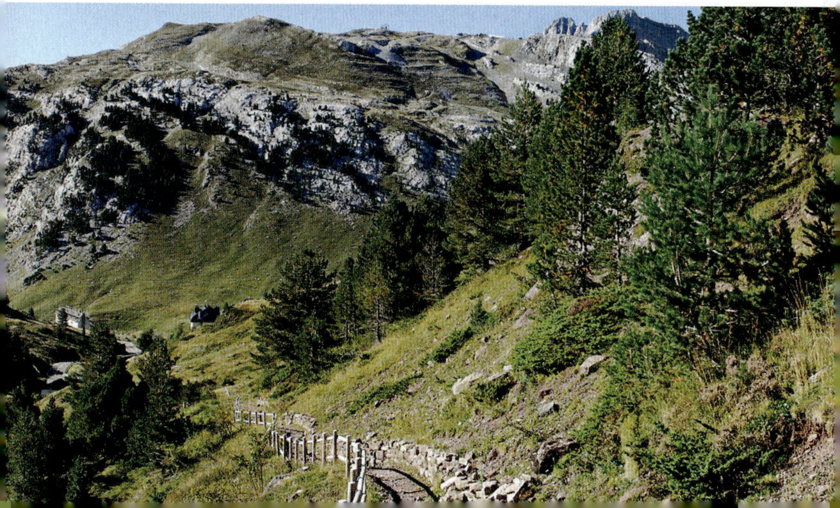

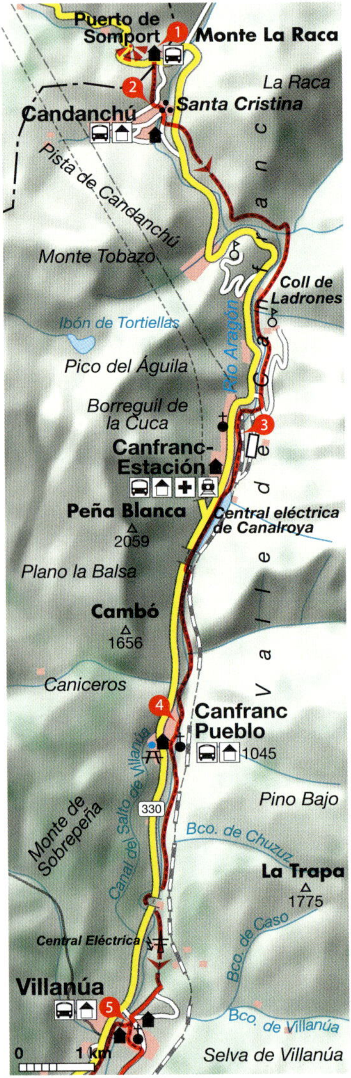
Puerto de Somport
Monte La Raca
La Raca
Santa Cristina
Candanchú
Pista de Candanchú
Monte Tobazo
Coll de Ladrones
Ibón de Tortiellas
Pico del Águila
Río Aragón
Borreguil de la Cuca
Canfranc-Estación
Peña Blanca
2059
Central eléctrica de Canalroya
Valle de Canfranc
Plano la Balsa
Cambó
1656
Caniceros
Canfranc Pueblo
1045
Canal del Salto de Villanúa
Monte de Sobrepeña
330
Pino Bajo
Bco. de Chuzuz
La Trapa
1775
Bco. de Caso
Central Eléctrica
Villanúa
Bco. de Villanúa
Selva de Villanúa
0
1 km

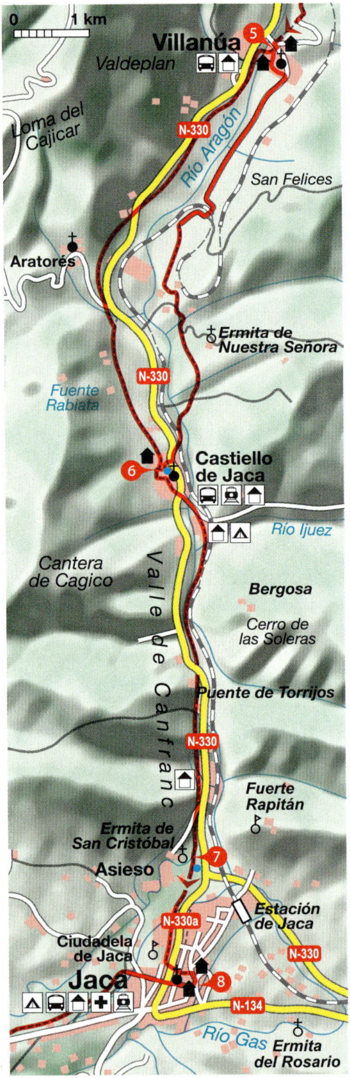
0
1 km
Villanúa
Valdeplan
Loma del Cajicar
N-330
Río Aragón
San Felices
Aratorés
Ermita de Nuestra Señora
Fuente Rabiata
Castiello de Jaca
Río Ijuez
Cantera de Cagico
Valle de Canfranc
Bergosa
Cerro de las Soleras
Puente de Torrijos
Fuerte Rapitán
Ermita de San Cristóbal
Asieso
Estación de Jaca
N-330a
Ciudadela de Jaca
Jaca
N-134
Río Gas
Ermita del Rosario

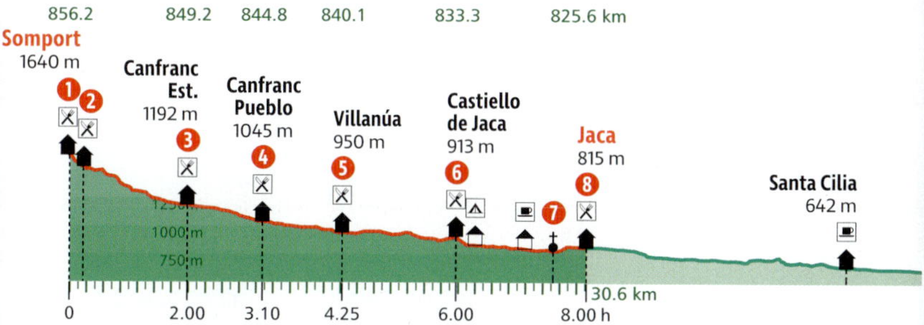

und dem Hospital von Jerusalem zu den drei »von Gott geschaffenen« Pfeilern christlicher Nächstenliebe. Im 13. Jh. erlebte es seinen Höhepunkt, im 15. Jh. begann der Niedergang, 1706 fiel es einem Brand zum Opfer.

Danach geht es nach links (geradeaus: Candanchú) zur Straße, nach der Kurve am Hang entlang und über die N-330. Wir folgen dem Asphalt- bzw Kiesweg, dann dem Trampelpfad nach links teils sehr steinig bergab. Er nähert sich der N-330 (blaue Leitplanke) und schwenkt kurz darauf links. Bei der T-Kreuzung nach dem Haus links und mit der Markierung weiter bergab durch Laubmischwald. Beim Schild »Camping Canfranc« (geschlossen) zwängen wir uns durch das enge Holzgatter. Schilder weisen auf die Gefahr durch plötzlich ansteigende Wasserpegel in Nähe des Bachufers hin (»peligro variaciones bruscas de agua«). Nach dem zweiten Gatter links und im Auf und Ab über Weiden und durch Wälder. Nach 1.45 Std. werden wir an der Fuente Pequeña und dem alten Somport-Tunnel vorbei zum ehemaligen internationalen Bahnhof von **Canfranc Estación** ❸ geleitet. Die Herberge befindet sich ein Stück weiter.

ℹ *Bei der Eröffnung 1928 war der 241 m lange, neoklassizistische **Bahnhof** (estación) von **Canfranc** der größte Spaniens und der zweitgrößte Europas. 1970 wurde der Zugverkehr nach Frankreich eingestellt. Voraussichtlich 2025 sollen wieder Züge nach Pau (Frankreich) rollen. Ein Gebäudeteil beherbergt ein Luxushotel sowie ein Informationszentrum für Pilger (30-minütige Führungen durch den Bahnhof, 4 €, Reservierung notwendig, online: canfranc.es unter »Venta online« oder telefonisch: Touristenbüro Tel. +34 974 373 141). Vom Turm auf dem **Coll de Ladrones** (16. Jh.; dt. Räuberhügel) kurz vor Canfranc wurde nach Schmugglern Ausschau gehalten. Denselben Zweck hatte der Wehrturm **Torre de Fusileros** (15. Jh., im 19. Jh. restauriert) am rechten Ortsausgang. Hinter Canfranc Pueblo führt der Weg über eine mittelalterliche **Pilgerbrücke**.*

Wir gehen an der Straße aus dem Ort und am kleinen Stausee vorbei durch den Tunnel. Unmittelbar danach führt links eine Treppe ins Bachtal. Un-

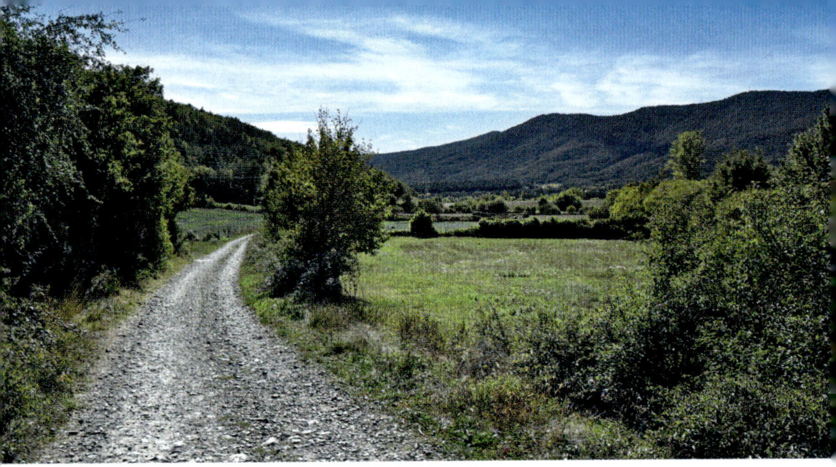

Nach dem langen Abstieg wird der Weg ab Villanúa ganz gemütlich.

ten biegt der Weg scharf rechts ab, nach einigen Schritten an der Gabelung links über die Brücke (ab Frühjahr 2024 während Reparatur der Brücke provisorischer Steg). Dann wandern wir durch das Tal hinunter nach **Canfranc Pueblo** ❹ (knapp 1.15 Std.; am Ortsende rechts oben ein kleiner schattiger Sitzplatz mit Brunnen). Ein schöner Pfad oberhalb des Flüsschens bringt uns nach 1.15 Std. zum Eingang der Cueva de las Güixas (schon vor 3000 Jahren bewohnte Höhle, turismovillanua.es unter »Qué hacer«). Rechts geht es nach Castiello de Jaca (s. u. Variante West).

Variante Ost (7,4 km/1.45 Std. bis Castiello de Jaca, GR 65.3.1, rot-weiß markiert und gelbe Pfeile; landschaftlich reizvoll): Geradeaus über die Brücke (links: Alb. Villanúa) gelangen wir in **Villanúa** ❺ zum kleinen Platz mit Brunnen. Links durch die C/ Iglesia geht es zum Ortsrand und dort nach rechts auf der kleinen Straße weiter. Nach knapp 30 Min. liegt rechts unten ein Brunnen, kurz darauf geht der Asphalt in Kies über. 200 m weiter beschreibt der Fahrweg eine Schleife über die Bahntrasse, bei der Gabelung wenig später halten wir uns links. Nach 20 Min. zweigen wir scharf rechts ab; der teils steinige Fahrweg bringt uns hinunter zum Río Aragón. Danach hinauf zum Kreisverkehr und jenseits der N-330 links auf dem von Laternen gesäumten Sträßchen hoch zur Kirche im Oberdorf von **Castiello de Jaca** ❻. Wir gehen links bergab und dann links in das Sträßchen mit Brunnen (zur Herberge: nach rechts aus dem Ort). Hier treffen die beiden Varianten zusammen.

Variante West (6,5 km/knapp 1.45 Std. bis Herberge am Nordrand von Castiello, GR 65.3; ebener; gelbe Pfeile; folgt rund 3 km der N-330): Der Weg schlägt neben der N-330 einen Bogen nach rechts. Nach 45 Min. verlassen wir die N-330 nach rechts, berühren sie nach knapp 30 Min. nochmals kurz am Abzweig nach San Adrián, Aratorés und Borau und gelangen 30 Min. später zum Oberdorf von **Castiello de Jaca** ❻.

Wir gehen hinunter ins Unterdorf und überqueren die N-330. Wenig später passieren wir den Seiteneingang des Campings Solopuent, danach führt eine Brücke über einen Zufluss des Río Aragón. Nach rund 30 Min. unterqueren wir die N-330 nach rechts. Auf dem Kiesweg neben der N-330 kommen wir am Hotel Charlé (15 Min. Reitzentrum, Bar) und nach 20 Min. an der **Ermita de San Cristóbal** ❼ vorbei. Danach kommt ein kurzer, steiler Anstieg. Wir bleiben bis zur Zitadelle (rechts; 15 Min.) auf der rechten Straßenseite und folgen dann den Pfeilen nach links zur nahen Kathedrale. Zur städtischen Herberge von **Jaca** ❽ am Portal im Rechts-links-Schwenk über den Kirchplatz in die C/ Bellido; am Ende kurz links und rechts in die C/ del Hospital, am Ende rechts (5 Min. ab Kathedrale).

*i Obwohl das hübsche Städtchen **Jaca** ein ganzes Stück außerhalb der Pyrenäen liegt, lebt es vorwiegend vom (Ski-)Tourismus. Als eine der ersten spanischen Städte setzte es sich 758, nach nur 44-jähriger Dauer, gegen die maurische Herrschaft durch. Im 11. Jh. wurde Jaca zur ersten Hauptstadt des neu gegründeten Königreiches Aragón. Im weiteren Verlauf der Geschichte spielte die kleine Bischofsstadt Jaca keine Rolle mehr.*

*Die bedeutendste Sehenswürdigkeit ist die 1077–1139 erbaute **Catedral de San Pedro**. Sie gilt als das älteste romanische Bauwerk Spaniens. Bemerkenswert sind das Hauptportal mit dem Christusmonogramm im Bogenfeld, das erste dieser Art an einer spanischen Kirche, das Südportal, die romanischen Kapitelle sowie der schachbrettartige Bortenschmuck im Kircheninnern. Unter dem Hochaltar ruhen die Gebeine der Santa Orosia, der Schutzpatronin Jacas (tgl. 9–13.30 und 17–20 Uhr; Diözesanmuseum Di–Sa 10–13.30 und 16–19 Uhr (Juli/Aug. und Sa bis 20 Uhr), So 10–13.30 Uhr; Führung durch die Kathedrale 2,50 €, mit Museum 7,50 €, nur Museum 6 €).*

*Ebenfalls auf das 11. Jh. geht die **Iglesia de Santiago** zurück. Die ab 1592 als Schutz gegen die Franzosen gebaute **Ciudadela** (Zitadelle) dient heute als Kaserne der Gebirgsjäger (tgl. 10.30–13.30 und 15.30/16–20.30 Uhr (Winter 19.30/20 Uhr), Aug./feiertags 10.30–20 Uhr, ab 8 €, ciudadeladejaca.es). Im Wehrgraben lebt eine Herde von Hirschen. Bemerkenswerte zivile Gebäude sind das **Ayuntamiento** (Rathaus, 16. Jh.) und der **Torre de Reloj** (Uhrenturm, 15. Jh.) mit schönen gotischen Fenstern.*

***Feiertage:** Anfang Mai: **Moros y Cristianos**, prächtige Kostümumzüge und stilisiertes Nachspielen der Kämpfe zwischen Mauren und Christen. 25. Juni: Patronatsfeiern zu Ehren von Santa Orosia.*

***Kulinarisches:** Jaqueses (mit Creme gefülltes Gebäck mit Honigguss und Mandeln), Corazones de Jaca (Blätterteigherzen mit Cremefüllung).*

***Oficina de Turismo:** Plaza de San Pedro, Mo–Sa 9–13.30 und 16.30–19.30 Uhr, So 9–13.30 Uhr, Tel. +34 974 360 098, jaca.es und visitjaca.es.*

2 Jaca – Arrés

6.00 h	25,0 km
↗240 m	↘360 m

Mit oder ohne Umweg, das ist hier die Frage

Heute können wir es uns leicht machen und auf direktem Weg in das kleine Dörfchen Arrés wandern. Oder wir nehmen einen anstrengenden, aber sehr lohnenden Umweg über das Felsenkloster San Juan de la Peña in Kauf. Einsame Wege, schöne Fernblicke aus 1000 m Höhe bis zu den Pyrenäen, am Himmel kreisende Geier und das über 1000 Jahre alte, unter einen riesigen Fels gebaute Kloster entschädigen für die Mühen.

Der Weg: Einfach. Meist unbefestigte Wege neben bzw. nahe der N-240; bis Puente la Reina de Jaca eben, kurz danach etwas steilerer kurzer Pfadanstieg, dann auf Hangpfad nach Arrés.
Kritische Stellen: Keine.
Variante: Über San Juan de la Peña nach Santa Cilia (insgesamt 29 km/9.15 Std., 990 Hm Auf- und 1150 Hm Abstieg; vgl. Profil S. 55). Sehr anspruchsvoll, als erste oder zweite Etappe nur geübten Wanderern zu empfehlen! Steile An- und Abstiege bis zum Kloster, dann steiler Abstieg auf teils sehr unbequemen Pfaden mit losem Gestein nach Santa Cruz de la Serós. Zeitig aufbrechen! Ausreichend Proviant und Wasser mitnehmen (Brunnen in Atarés und beim neuen Kloster, dort auch Bar). **Jaca–altes Kloster:** 19 km/6 Std., 810 Hm Auf- und 440 Hm Abstieg. **Altes Kloster–Santa Cruz de la Serós:** 3,5 km/1.15 Std., 60 Hm Auf- und 450 Hm Abstieg; Pension. **Santa Cruz de la Serós–Santa Cilia:** 6,5 km/2 Std., 120 Hm Auf- und 260 Hm Abstieg. Am nächsten Tag **Santa Cilia–Arrés:** 10 km/2.30 Std., 150 Hm Auf- und 100 Hm Abstieg oder **Santa Cilia–Artieda:** 27,5 km/6.45 Std., 30 Hm Auf- und 280 Hm Abstieg.
Alternativ ab Jaca per Taxi zum Kloster (rund 35 €, So/Fei rund 38 €, taxijaca.com). Im Juli und Aug. sowie an Feiertagen fährt evtl. ab Jaca/Busbahnhof ein Kleinbus nach San Juan de la Peña. Info in der Oficina de Turismo von Jaca.
Hinweise: 1. In Jaca bzw. mit Abstecher in Puente la Reina de Jaca letzte gute Einkaufsmöglichkeit, Banken und Apotheken bis Sangüesa (80 km).
2. Die Bar in Santa Cilia bietet nur einfache Gerichte. Etwas außerhalb liegt die Taberna D'o Salazar.
3. Ab Puente la Reina de Jaca entlang der N-240 über Berdún zum Monasterio de Leyre (10 km), ab dort rund 16 km über Javier oder Liédana nach Sangüesa. Das Kloster aus dem 10.–12. Jh. ist sehenswert, der straßenlastige Umweg lohnt aber eher für Radfahrer.

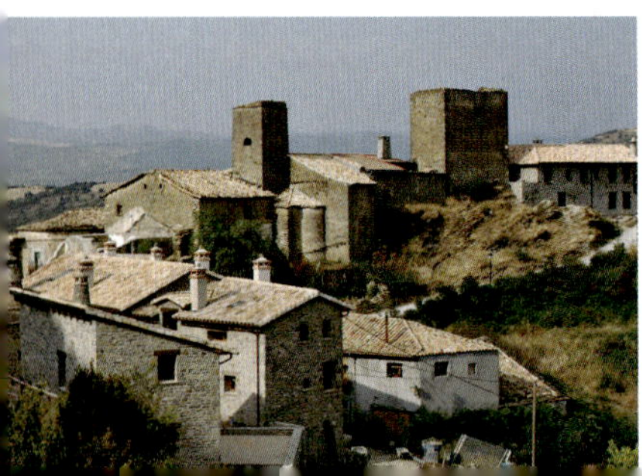

Ab Jaca (815 m, 13.600 EW)
15,3 km → **Santa Cilia** (642 m, 250 EW)

Taberna D'o Salazar (Di Ruhetag; tabernaelsalzar.com)
Bäcker
Juli/Aug. mit Bar

Das Dörfchen Arrés.

SH **Alb. de Santa Cilia**, ,
18 B/10 €. C/ Sol 8 (bei Platz mit Brunnen geradeaus, bei der Bar rechts), Tel. +34 722 608 760. Kein WLAN; Aufenthaltsraum, Teeküche; manchmal Abendessen. Frauen und Männer schlafen getrennt. Bei Besuch von San Juan de la Peña zwei Nächte möglich. Ab 17 Uhr, April–Okt.

3,6 km → **Centro de Vacaciones Pirineos** (625 m)

2,5 km → **Abzweig Puente la Reina de Jaca** (300 m bis in den Ort; 605 m, 280 EW)

Tankstelle mit Shop, WC

Hotel Anaya (EZ ab 30 €, DZ ab 46 €), hotelanaya.com

3,3 km → **Arrés** (694 m, 70 EW)

VH **Alb. de Arrés**, , 22 B/Spende. Küche, gemeins. Abendessen. Kein WLAN. Ganztags, März–Okt. betreut, restl. Zeit Schlüssel in Bar/Rest. El Granero del Conde (s. u.).

Posada El Granero del Conde, Tel. +34 974 348 643.

Variante ab Jaca:

17,8 km → **Monasterio Nuevo** (1218 m)

4,6 km → **Santa Cruz de la Serós** (788 m, 200 EW)

Hostelería Santa Cruz (EZ ab 50 €, DZ ab 70 €), Tel. +34 974 361 975. santacruzdelaseros.com

6,6 km → **Santa Cilia** (642 m, 250 EW)

Aus der städtischen Herberge von **Jaca** ❶ kommend, gehen wir rechts und in die zweite Straße rechts (C/ Mayor). Wir folgen ihr am Rathaus (links) vorbei bis zur breiten Hauptstraße, gehen links, dann an der Ampel rechts über die Straße und geradeaus am Park entlang. An dessen Ende biegen wir links in einen Fußweg ein. Wir tangieren kurz die N-240, umgehen eine Autobahnauffahrt, wechseln auf die andere Straßenseite und gelangen nach insgesamt 1.15 Std. bei einem Baustoffhandel (»Prefabricados Aneto«) zum **Abzweig** ❷ links nach San Juan de la Peña (Beschreibung s. ab S. 52).
Direkter Weg nach Santa Cilia: Am Abzweig vorbei, dann rechts über die Straße zu einem Rastplatz. Dort wandern wir links entlang der Pappelreihe und passieren eine verlassene Militärbasis. Wenig später überquert der Weg links die N-240 und wird oberhalb der Straße zu einem netten Waldpfad. Kurz darauf trifft er auf einen Bach mit Steg. Danach folgen wir rechts ca. 100 m der Straße bis zum Wegweiser »GR 65.3 Santa Cilia« (nach links der Straße folgend: 4 km/gut 1 Std. bis Atarés, Anschluss an die Variante über San Juan de la Peña). Der unbefestigte Waldweg steigt später leicht

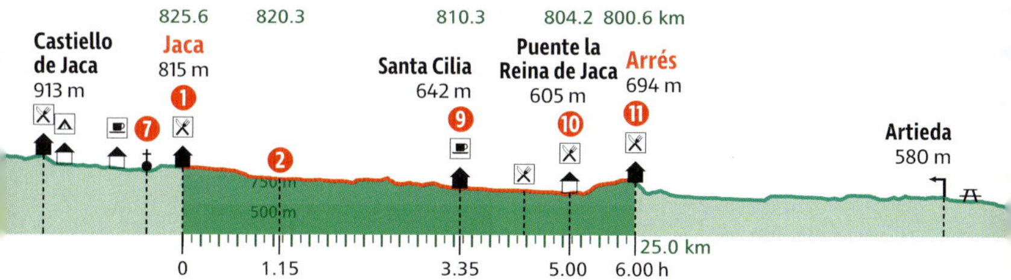

bergan. Oben bieten sich schöne Ausblicke über den Canal de Berdún bis zu den Pyrenäen. Dann geht es wieder leicht bergab und über die aus Santa Cruz de la Serós kommende Straße (1.30 Std. ab Prefabricados Aneto). Nun wandern wir links der N-240 nach **Santa Cilia** ⑨ (gut 45 Min.).
Weiter neben der N-240 passieren wir den Camping Pirineos (gut 45 Min.; während Saison mit Bar/Rest.) und gut 30 Min. später die **Brücke** ⑩, über die man nach rechts ins 300 m entfernte **Puente la Reina de Jaca** gelangt. Wir bleiben neben der N-240 und gehen dann geradeaus auf der kleinen Straße weiter. 15 Min. nach der Brücke zweigt links der Weg nach Arrés ab (folgt man weiter dem Sträßchen, wandert man unterhalb von Arrés direkt nach Artieda). Er steigt erst bergan und führt dann als Höhenpfad am Fuß des 866 m hohen Hügels Brasanés nach **Arrés** ⑪ (45 Min. ab Pfadbeginn).

Variante Jaca – San Juan de la Peña – Santa Cilia:
Von **Jaca** ① folgen wir dem Jakobsweg bis zum **Abzweig** ② am Baustoffhandel (1.15 Std.) und gehen nach links, an der Info-Tafel zur Variante vorbei auf dem Fahrweg bergan. Wo dieser eine scharfe Linkskurve beschreibt, nehmen wir geradeaus den Sandweg; bei der unscheinbaren Dreiergabelung gleich darauf wählen wir den mittleren, steinigen Pfad (Steinmännchen). Bei der folgenden Gabelung gehen wir rechts (gelber Pfeil an Baum). Der Pfad fällt in eine Senke ab und steigt dann wieder teils steinig und steil im Wald an (Steinmännchen, rechts die Stromleitung). Wieder unter der

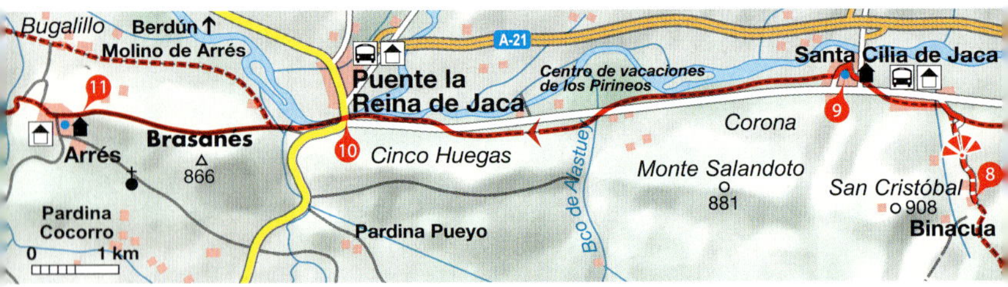

Stromleitung biegen wir links ab. Der Weg wird flacher, schwenkt vor einem Feld scharf nach links und erreicht nach gut 1 Std. (ab N-240) eine erste **Anhöhe** ③, 1030 m. Kurz bergab und bergauf treffen wir auf ein GR Schild an einem Fahrweg. Nach rechts unten gelangen wir zu einem Feldweg. Wir gehen rechts und schlagen schon nach wenigen Schritten den Weg nach links ein (Schild Reitweg »Ruta del Santo Grial«, 2,1 km bis Atarés). Dieser schlängelt sich bald steil und steinig bergab durch lichten Eichenwald und führt dann bequemer nach **Atarés** ④ (knapp 1 Std. ab Anhöhe).
Wir gehen links in den Ort (Ronda Norte, dann Avda. Sandines), überqueren den Kirchplatz (Brunnen), passieren das Haus mit der gerundeten Ecke und zwei Bänken links, folgen dem Graspfad um die Häuser herum bergab

und steigen jenseits des Dorfes die Schotterstraße bergan. Bei der Gabelung nach 20 Min. nehmen wir den Fahrweg rechts (falls kurz danach der Wasserstand zu hoch ist: über die Brücke und links). Nach 10 Min. zweigt links ein Pfad ab, der anfangs neben einem Rinnsal nochmals steil ansteigt. Nach gut 1.30 Std. ab Atarés stehen wir auf einem **Pass** ❺, 1152 m, mit Steinmann. Kurz darauf stößt der Pfad weiter unten auf die Landstraße, die wir nach rechts einschlagen. Ein Pfad nach rechts kürzt eine Kurve ab; wieder auf der Straße, erreichen wir gut 45 Min. nach der Anhöhe das neue Kloster (Monasterio Nuevo). (Etwa auf halber Strecke rechts grünes Schild: direkter Weg nach Santa Cruz de la Serós; ignorieren.) Vor dem monumentalen Gebäude folgen wir links der Straße; beim Müllhäuschen links, gleich wieder rechts und sehr steil und steinig (teilweise mit Handseilen gesichert) durch den Wald bergab; kurz nach Überqueren der Straße an der T-Kreuzung links zum alten Kloster **San Juan de la Peña** ❻ (20 Min.).

i *Der Legende nach soll im alten Kloster **San Juan de la Peña** (Monasterio Viejo) von 1071 bis 1399 der **Heilige Gral** (sp. Santo Grial) aufbewahrt worden sein. Seit 1437 befindet sich der Kelch in der Kathedrale von Valencia. Inzwischen beansprucht jedoch auch die Basílica de San Isidro in León für sich, mit dem Cáliz de Doña Urraca im Besitz des einzig wahren Grals zu sein. Noch streiten die Gelehrten, wer recht hat. Gegründet wurde das Kloster im 10. Jh., im 11. Jh. war es das religiöse Zentrum des jun-*

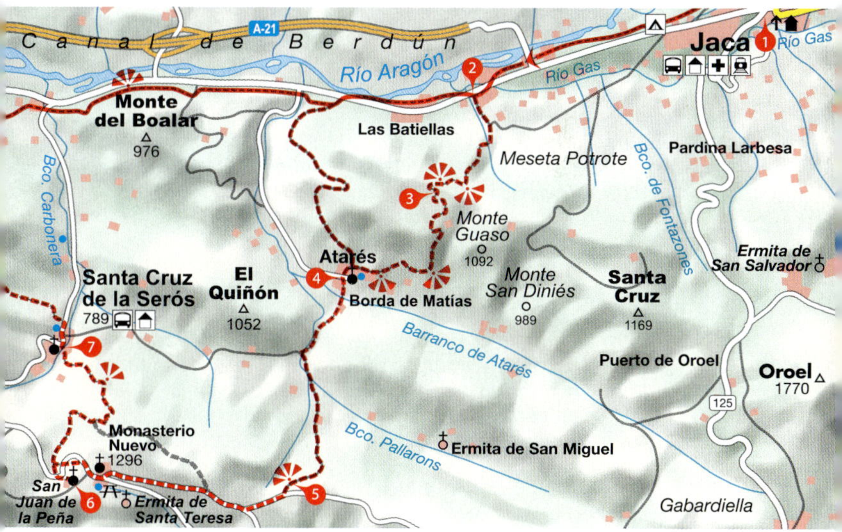

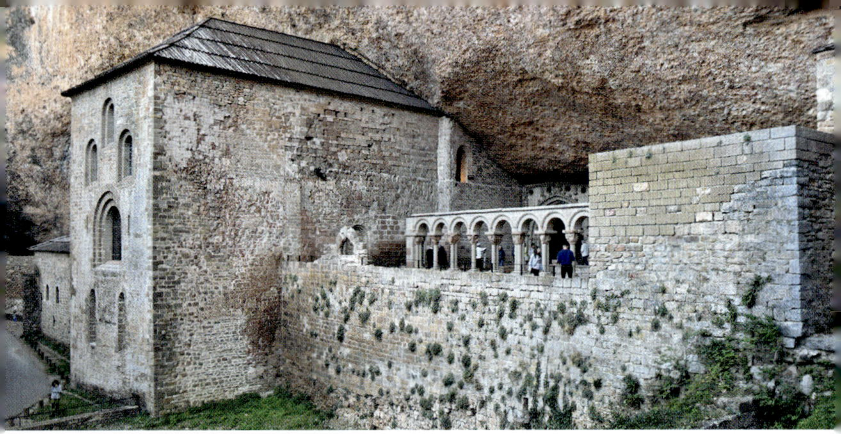

Das alte Felsenkloster San Juan de la Peña.

gen Königreiches Aragón. Nach mehreren Bränden wurde es 1675 aufgegeben. Die noch erhaltenen Teile (Kapitelsaal, die obere Kirche und die mozarabische Krypta mit der Grabstätte der Könige von Aragón) stammen aus dem 10. bis 12. Jh. Einzigartig ist der unter dem Felsvorsprung (»peña«) angelegte Kreuzgang mit meisterlichen Säulenkapitellen aus dem 11. und 12. Jh. (Öffnungszeiten: 16. März–Mai und Sept./Okt. tgl. 10–14 und 15.30–19 Uhr, Juni–Aug. tgl. 10–14 und 15–20 Uhr, Nov.–15. März Mo–Fr und So 10–14 Uh, Sa 10–17 Uhr; mehrsprachige Führungen, 45 Min.; Tickets online: monasteriosanjuan.com; Pilger: 7,50 €, berechtigt auch zur Besichtigung der Kirche in Santa Cruz de la Serós). Das ***Monasterio Nuevo*** *(neues Kloster, mit Bar und Informationszentrum, Juni–Aug. 10–20 Uhr, Sept.–Mai 10–19 Uhr) stammt aus dem 17.–18. Jh. Während des Unabhängigkeitskriegs (1808–1814) wurde der Gebäudekomplex größtenteils zerstört, nach Auflösung der Klöster (1836/37) gab man das Kloster ganz auf. Am letzten Sonntag im Mai gibt es eine Wallfahrt zum Kloster. Nördlich der riesigen Anlage führt ein rund 500 m langer Fußweg zum* ***Balcón de los Pirineos****, einem herrlichen Aussichtspunkt an der Abbruchkante mit Blick bis zu den Pyrenäen.*

Der Naturpark ***Sierra de San Juan de la Peña*** *steht seit 1920 unter Naturschutz. Er beheimatet u. a. Geierarten wie den Buitre Leonado (Gänsegeier), den Alimoche (Schmutzgeier) oder den mit einer Spannbreite von bis zu 2,8 m größten hier vorkommenden Geier, den Quebrantahuesos (Bartgeier, wörtlich übersetzt Knochenbrecher), aber auch Wildschweine und Damwild sowie eine reiche Flora. Vogelfreunde können von Sangüesa aus (Etappe 5) einen Umweg über die 1,3 km lange und bis zu 150 m tief eingeschnittene Schlucht* ***Foz de Lumbier*** *machen, die eine bedeutende Geierkolonie beheimatet.*

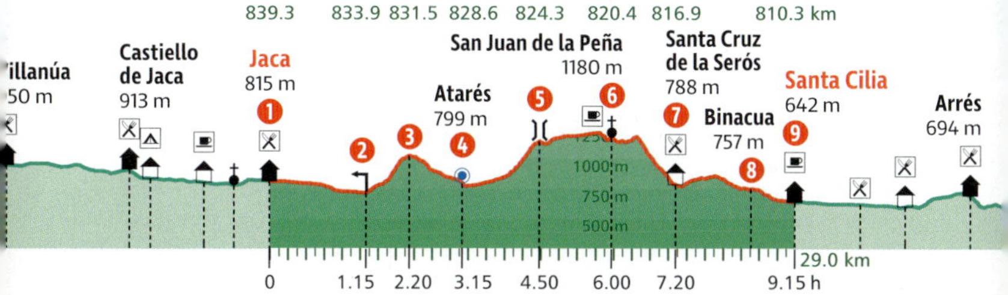

Wir gehen auf dem Zuweg zum Kloster zurück und geradeaus am Abzweig zum Monasterio Nuevo vorbei. Der Fußweg führt erst leicht bergab, steigt dann wieder teils unbequem steinig an und beschreibt eine Rechts-links-Kehre. Bei der mit Schildern markierten Wegkreuzung gehen wir links (von schräg rechts kommt der oben erwähnte direkte Weg). Der Pfad ist steinig, wird kurz zum angenehmen Waldpfad und zieht sich dann sehr steil und steinig den sonnigen Hang hinunter. Vor uns sehen wir die Pyrenäen. Nach 1.15–1.30 Std. gelangen wir nach rechts nach **Santa Cruz de la Serós** 7.

i ***Santa Cruz de la Serós*** *wird von der romanischen* ***Iglesia de Santa María*** *dominiert (Ende 11. Jh.; gleiche Öffnungszeiten wie San Juan de la Peña). Sie ist das letzte erhaltene Gebäude des einst ältesten Nonnenklosters Aragóns (17. Jh. aufgegeben). Die romanische Kapelle* ***San Caprasio*** *am Ortsausgang wurde Anfang 11. Jh. im lombardischen Stil erbaut. Durch die offene Tür kann man in den Innenraum schauen (Lichtschalter links). Im Ort sind einige für die Region typische konische Kaminanbauten mit* ***Espantabrujas*** *(Hexenvertreiber) genannten Aufsätzen erhalten. In diesen Anbauten spielte sich früher im Winter das Familienleben ab.*

Wir verlassen den Ort auf der Hauptstraße. Beim Feldbrunnen schlagen wir die Kiesstraße nach links oben ein (gelber Pfeil). Nun geht es nochmals gut 45 Min. bergauf, erst geraume Zeit auf der Kiesstraße, dann auf einem Pfad. Nach der Anhöhe wird es flacher, zuletzt bringt uns ein Fahrweg hinunter nach **Binacua** 8 (1.15 Std. ab Santa Cruz). Wir gehen auf der Straße am Ort vorbei, verlassen sie geradeaus auf dem steinigen Pfad, schwenken unten nach links und kommen nach **Santa Cilia** 9 (knapp 45 Min.).

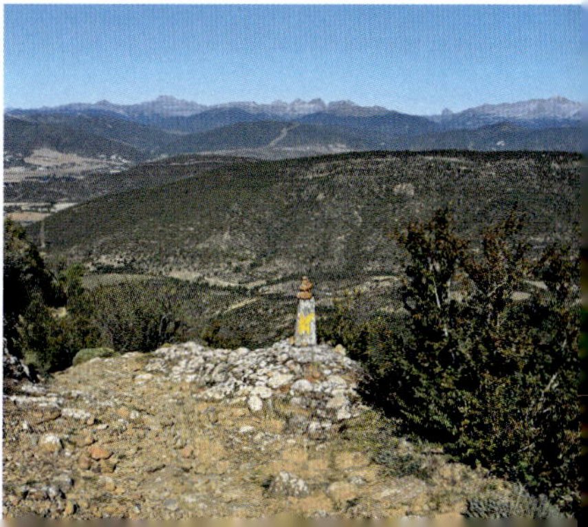

Abstieg nach Santa Cruz de la Serós.

3 Arrés – Ruesta

6.45 h	27,2 km
↗250 m	↘400 m

Durch menschenleere Landstriche in ein ausgestorbenes Dorf

Diese Etappe ist ein kleiner Vorgeschmack auf die Meseta, die karge Hochebene zwischen Burgos und León: Abseits von Verkehr und Ortschaften wandern wir im Canal de Berdún, dem breiten Tals des Río Aragón, durch einen Flickenteppich aus Feldern. Weit im Norden verabschieden sich die Pyrenäen, ab Artieda sehen wir den Stausee von Yesa mit der nördlich angrenzenden Sierra de Leyre. Ruesta ist vielleicht die schönste Station am Camino Aragonés: Nur noch die beiden Gebäude der Herberge sind bewohnbar, das in den 1960er-Jahren verlassene Dorf wirkt wie eine märchenhafte Ruinenkulisse.

Der Weg: Einfach. Bis Artieda vorwiegend breite Feldwege in flachem Gelände; zwischen Artieda und Ruesta 4 km/1.15 Std. auf stillgelegter Landstraße, danach knapp 4 km/1.15 Std. Waldpfad. Viele schattenlose Abschnitte.
Kritische Stellen: Keine.
Hinweis: Reichlich Wasser und Proviant mitnehmen! Keine Einkehrmöglichkeit bis Artieda (von Arrés bis Abzweig 17 km). Auf der gesamten Strecke keine Brunnen.

Ab Arrés (694 m, 70 EW)
16,9 km → **Abzweig Artieda** (800 m bis Herberge; 642 m, 80 EW)

TH **Alb. de Artieda**, 16 B/12 €

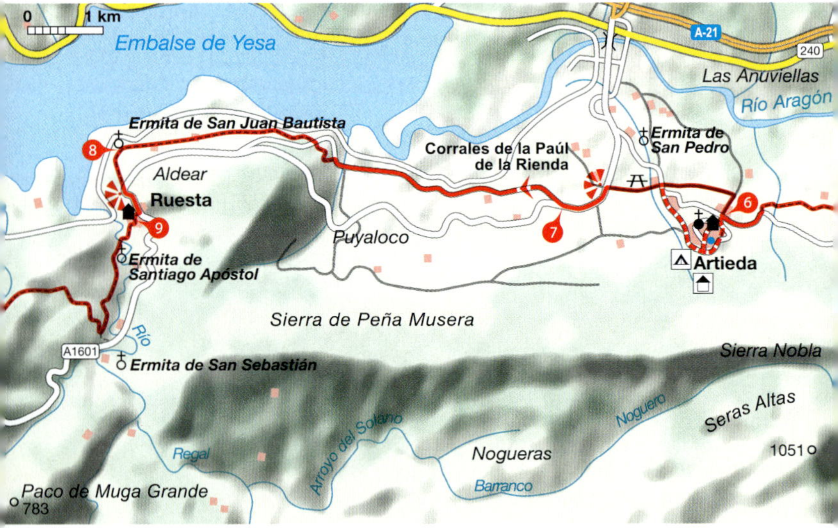

(2er-Zi. 45 €). Tel. +34 948 439 316 (Reserv. empfholen). W/T, Bar/Rest., Aussichtsterrasse. Check-in 11–16 Uhr, 15. März–15. Dez. alberguedeartieda.com

- **Camping Municipal** (Bungalow mit bis zu 5 B 15–90 €). Info in Herberge.

10,3 km → Ruesta (547 m, 0 EW)

- TH **Alb. de Ruesta**, 60 B/12 € (1 EZ 20 €, 2 DZ 30–40 €). Tel. +34 948 398 082 (Reservierung empfohlen). Außergewöhnliche und sehr ruhige Lage beim verfallenen Dorf. Bar, Mahlzeiten (13.30–15.30 und 20–21.30 Uhr). 9–21 Uhr, ganzjährig (Winter vorher anfragen ob offen). ruesta.com

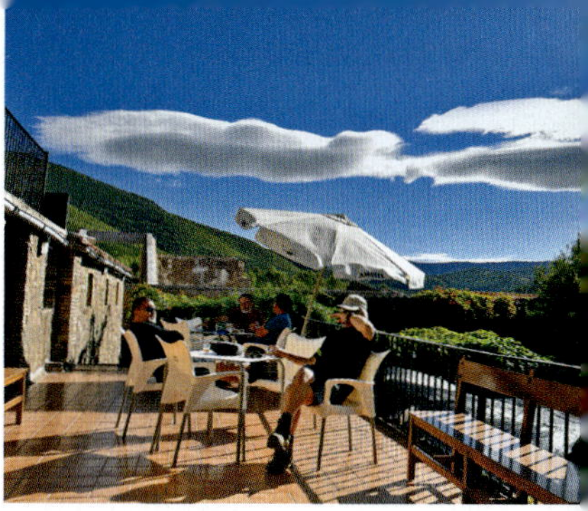

Herrlicher Herbsttag auf der Terrasse der Herberge von Ruesta.

In **Arrés** ❶ gehen wir einige Schritte auf der Hauptstraße abwärts in Richtung Aragón-Tal und achten auf den gelben Pfeil nach links in den Fußweg. Diesem folgen wir bis zur Schotterstraße steil abwärts, biegen dort links ab und nehmen gleich den Fahrweg nach rechts unten. Auf ihm bleiben wir, bis er auf den parallel zum Fluss verlaufenden Feldweg stößt. Wir schlagen ihn links ein und gehen nun immer geradeaus. Kurz nach einem Gehöft liegt links des Wegs ein schattiger Rastplatz. Wenig später knickt der Weg

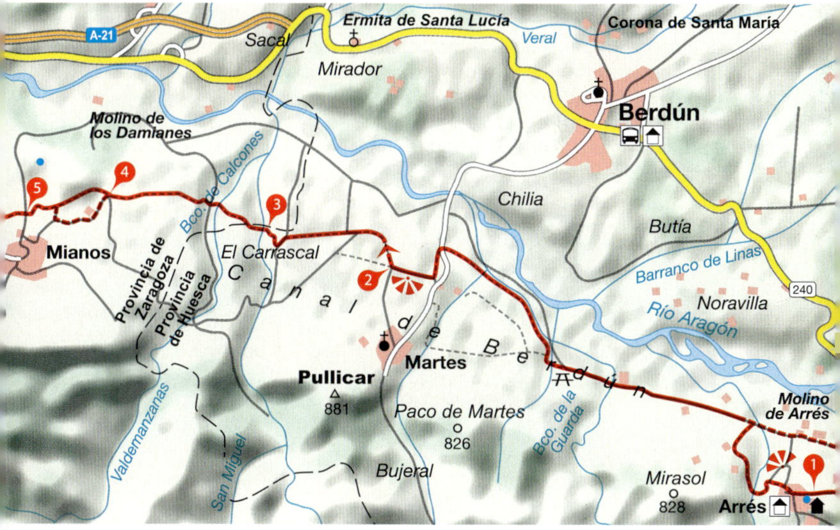

nach rechts ab, nähert sich dem Río Aragón und stößt bei einem Infopanel auf eine Landstraße. Wir gehen links und gleich rechts den Pfad hinauf auf eine grüne Halle zu. Nach der Halle biegen wir rechts in den schnurgeraden Feldweg ein. Nach dem Abzweig nach Martes (Schild »1,2 km«) achten wir auf den rechts abzweigenden **Erdweg** 2 (gut 2 Std. ab Arrés). Wenig später schwenkt der Weg wieder nach Westen, verläuft kurz auf Asphalt und folgt dann einem Feldweg hinunter in eine recht bizarre Mondlandschaft aus grauen, kegelförmig erodierten Erdhügeln. Wir queren eine **Brücke** 3 (30 Min.) und nach 10 Min. eine zweite. Dann verlassen wir das Karstgebiet bergan und stoßen auf eine **Asphaltstraße** 4 mit Infotafel und Holzschildern (rund 20 Min. ab zweiter Brücke); der Camino, Artieda und Ruesta sind geradeaus angeschrieben (etwas längerer Weg). Wir nehmen aber rechts den Feldweg und steuern auf eine Hausruine zu. Ein Stück vor dieser achten wir auf den schmalen Erdpfad nach links unten. Nach dem kurzen Abstieg schwenkt er rechts, passiert eine Art Kieshalde und verläuft dann recht schön durch dichtes Buschwerk. Schließlich stoßen wir wieder auf einen **Fahrweg** (von links der eigentliche Weg) und gelangen zum **Abzweig** 5 (knapp 30 Min.) nach Mianos (Schild »700 m«).
Ab nun wandern wir auf dem Fahrweg immer nach Westen, stoßen nach einem markanten Linksschwenk auf eine Landstraße und kommen auf dieser nach rechts zum Abzweig nach **Artieda** 6 (knapp 45 Min.; in den Ort geht es links steil bergauf. Zurück zum Jakobsweg: bei der Infotafel am Ortsrand auf der Hauptstraße bergab, dann links in den Hauptweg). Wir folgen der Markierung rechts, dann scharf links, queren die von Artieda kommende Landstraße und finden gleich nach den landwirtschaftlichen Gebäuden rechts am Weg einen überdachten Picknickplatz (20 Min. ab Abzweig Artieda). Wenig später biegen wir links in die Landstraße A-1601 ein, verlassen sie aber nach rund 20 Min. nach rechts 7, um auf der stillgelegten alten Landstraße weiterzuwandern. Nach rund 45 Min. zweigt ein Pfad

Manch schönes Wegstück hält die Etappe bereit; im Hintergrund die Sierra de Leyre.

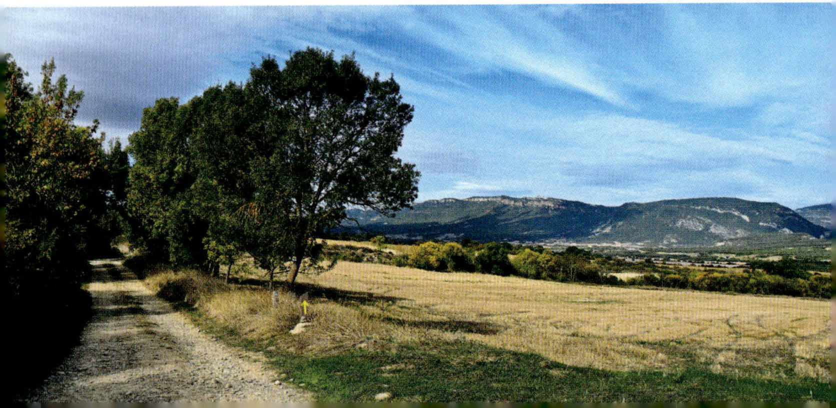

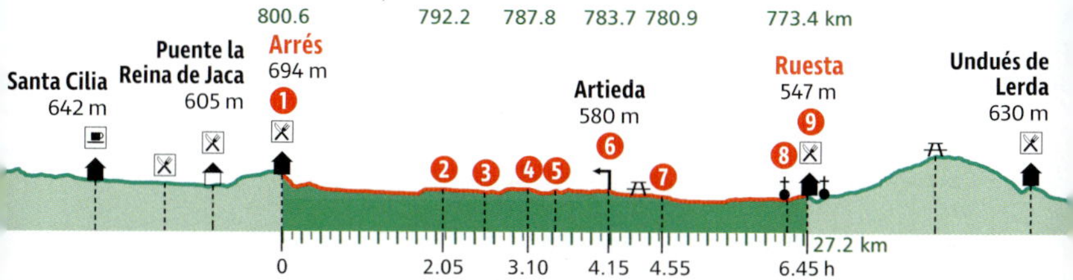

nach links oben ab. Er überquert kurz darauf erneut die Straße und bringt uns auf einen Pfad oberhalb des Embalse de Yesa zur Ruine der **Ermita de San Juan Bautista** 8 (45 Min.; einziger Rest des Klosters von San Juan de Maltray). Hier macht der Weg einen Linksschwenk und führt uns mit einem kurzen Anstieg zum malerischen verfallenen **Ruesta** 9 (20 Min.).

*i El **Mar de los Pirineos**, das Meer der Pyrenäen, wird der über 10 km lange Stausee **Embalse de Yesa** auch genannt. Der 1959 fertiggestellte Stausee hat seine Licht- und Schattenseiten. 2400 ha Land, davon fast die Hälfte gutes Ackerland, und die römischen Thermen bei Tiermas fielen dem See zum Opfer. Die Bewohner von **Ruesta**, **Escó** und **Tiermas** wanderten ab und hinterließen Geisterdörfer. Mit dem Wasser werden u. a. Felder bewässert und die Landeshauptstadt Zaragoza mit Trinkwasser versorgt. Zudem kann man auf dem See und in seiner Umgebung Wassersport betreiben, Angeln, Wandern sowie Mountainbike-Touren machen.*

Einst verzweigte sich der Jakobsweg kurz vor Ruesta: Die nördliche Route über Tiermas und das Kloster Leyre direkt nach Pamplona fiel dem Stausee zum Opfer. Übrig blieb der südliche Weg über Ruesta, Undués de Lerda und Sangüesa. Derzeit wir die Staumauer von 75 m auf 108 m angehoben, um die Kapazität des Sees zu erhöhen. Dies stößt auf heftigen Widerstand. Kritisiert werden u. a. die negativen Auswirkungen auf die Umwelt sowie die Zerstörung von Ackerland und von Kulturschätzen, allen voran des Jakobswegs – immerhin ein UNESCO-Weltkulturerbe – zwischen Artieda und Ruesta. Im Jahr 2006 rutschten 3,5 Mio. Kubikmeter Erdmasse am linken Ufer ab, zum Glück in ein noch nicht geflutetes Erweiterungsgebiet, sodass eine verheerende Flutwelle ausblieb.

*1992 überließ der Wasserverbund Ebro (CHE) der kommunistischen Gewerkschaft CGT für 50 Jahre den Ort **Ruesta**. Diese sanierte u. a. zwei Gebäude für die heutige Herberge und ein Kulturzentrum. Ein jahrelanger, erst 2019 zugunsten der Gewerkschaft beendeter Rechtsstreit mit der CHE blockierte weitere Projekte wie etwa die Restaurierung der Iglesia Santa María (16. Jh.). Die imposante Burgruine ist arabischen Ursprungs (Ende 10. Jh.). Im Mittelalter beherbergte Ruesta das älteste Judenviertel Aragóns. Wegen Einsturzgefahr ist das Betreten der Ruinenstadt verboten.*

4 Ruesta – Sangüesa

6.00 h | 22,0 km
↗420 m | ↘570 m

Aus der zeitlosen Einsamkeit zurück in die Gegenwart

Trotz der Kürze der Etappe wechselt der Camino heute dreimal sein Aussehen: Erst steigt er durch lichten Kiefernwald bergan, dann bringt er uns mit wunderbaren Weitblicken hinab in das mittelalterlich anmutende Undués der Lerda. Die letzten rund 7 km bis Sangüesa, der ersten Stadt in Navarra, verläuft der Weg dann etwas monoton über breite, schattenlose Kiesstraßen.

Der Weg: Einfach. Bis Undués de Lerda erst 6,5 km/360 Hm bergauf, dann 5 km/290 Hm bergab. Ab Undués de Lerda nach kurzem Abstieg ebene Kiesstraßen.
Kritische Stellen: Keine.
Hinweise: 1. Während der Fiestas im September sind die Herberge und andere Unterkünfte in Sangüesa rasch belegt. 2. Günstige Menüs bietet in Sangüesa die Cafetería San Salvador (nahe Herberge), morgens ab 6–6.30 Uhr offen.

Ab Ruesta (547 m, 0 EW)

11,6 km → **Undués de Lerda** (630 m, 60 EW)

So nachmittags und Mo geschl., Pilger erhalten aber Abendessen

SH **Alb. Municipal**, 24 B/12 €. Tel. +34 948 888 105. Palast aus 16. Jh., nahe Kirche. Küche, W/T; Mahlzeiten; viel Platz. 12–21 Uhr, Dez.–Okt. unduesina.com

10,4 km → **Sangüesa** (401 m, 4800 EW)

Igl. de Santiago Mo–Sa 19 Uhr, So 12.30 Uhr; Igl. de Santa María la Real Mo–Sa 11 und 13 Uhr

C/ Cantolagua, Tel. +34 948 871 441

SH **Alb. Municipal**, 14 B/5 €. Tel. +34 948 871 411 (Tourist-Info) und +34 679 432 348. Küche, Essraum, W/T; einfach, aber ordentlich. Check-in ca. 12–18 Uhr, Pilger erhalten Schlüssel, Ostern.–Okt.

Abstieg zum mittelalterlich anmutenden Undués de Lerda.

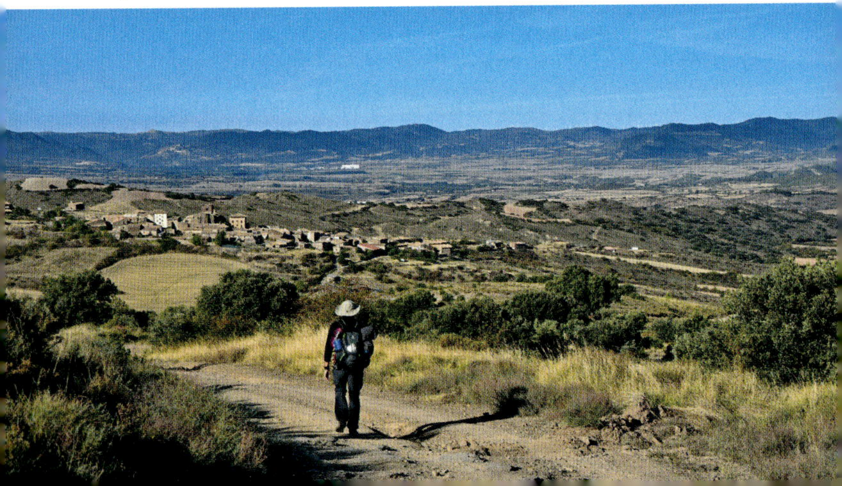

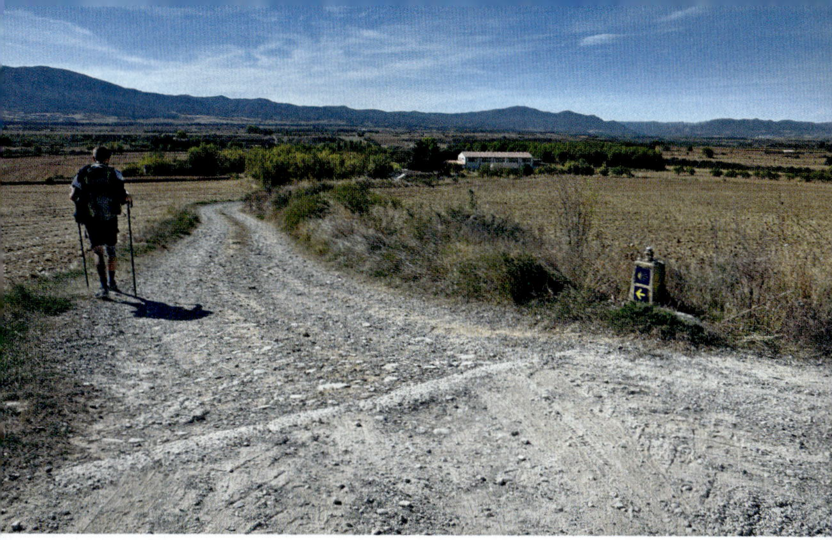

Die letzten Kilometer der Etappe ziehen sich durch eine weite, flache Landschaft.

- **Hotel Yamaguchi** (EZ 60 €, DZ 73 €, Nebensaison EZ 48,40 €/56,60 €, DZ 70 €), nahe NA-127 nördl. des Wegs, Tel. +34 948 870 127. hotelyamaguchi.com
- **Hostal JP** (EZ ab 55 €, DZ ab 65 €) am Weg aus der Stadt, jenseits des Río Aaragón, Tel. +34 650 669 547. hostalruraljp.com

Ab **Ruesta** ❶ führt uns ein gepflasterter Weg bergab. Unten durchqueren wir den verfallenen Campingplatz, folgen dem Pfad in den Wald und gelangen nach 15 Min. zur romanischen **Ermita de Santiago** ❷ (11. Jh.). Kurz darauf treffen wir auf eine unbefestigte Forststraße und wandern nach links bergauf. Nach rund 1.45 Std. endet der Aufstieg auf 858 m ❸. Bald zeichnet sich die markante Silhouette von Undués de Lerda am Horizont ab, die zahlreichen Windparks in der Ferne gehören zu Navarra. Teils sehr steinige Wege und Pfade ziehen sich nun durch die hügelige Landschaft bergab. Ein kurzer Aufstieg bringt uns zu einem alten Waschplatz; hier links, dann geradeaus und nach rechts zur Kirche und Herberge von **Undués de Lerda** ❹ (1.30 Std.). Hier durch die Gasse, nach rechts an der Bar vorbei und beim kleinen Platz nach links aus dem Ort. Die Markierung lenkt uns abwechselnd über Pfade und Feldwege durch die landwirtschaftlich genutzte Ebene. Nach gut 45 Min. markiert ein **Grenzstein** ❺ den Beginn von Navarra (baskisch: Nafarroa). Nun geht es auf breiten, etwas eintönigen, aber aussichtsreichen Schotterstraßen bis zum Stadtrand von Sangüesa. Dann gehen wir geradeaus an der Stierkampfarena vorbei (links: zum Campingplatz), beim nächsten Kreisverkehr schräg rechts in die Pflasterstraße; nach knapp 100 m sehen wir links den Eingang zur Herberge von **Sangüesa** ❻ (knapp 1.45 Std.).

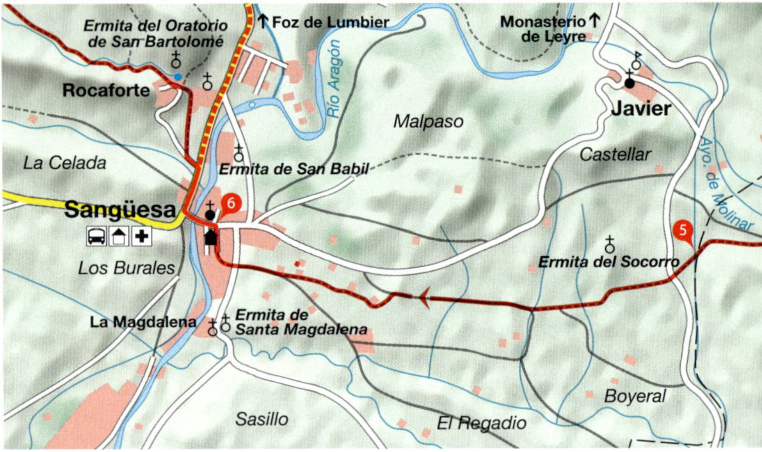

i *Die am Río Aragón gelegene Kleinstadt **Sangüesa** (baskisch: **Zangoza**) holt uns sanft in die Realität zurück. Bedeutung erhielt die Siedlung ab dem 12. Jh., unter Alfonso I., König von Aragón und Pamplona. Die für den Handelsverkehr wichtige Brücke über den Fluss und die mittelalterliche Pilgerbewegung brachten der Stadt Prestige und Reichtum. Viele Adelspaläste zeugen noch heute davon, wie etwa der gotische **Palacio del Príncipe de Viana** (13. Jh., früher Königsresidenz, heute Bibliothek) und der barocke **Palacio de Vallesantoro** (18. Jh., heute Casa de Cultura/ Kulturhaus). Bemerkenswert ist das kunstvoll holzgeschnitzte Vordach. Das bedeutendste religiöse Bauwerk ist die **Iglesia de Santa María la Real** (12./13. Jh.). Ein Meisterwerk der Romanik ist das mit rund 300 Heiligendarstellungen und teils schaurigen Fratzen verzierte Südportal (siehe Foto rechts). Im Kirchenraum sind der vergoldete Hochaltar (16. Jh.) und der gotische Hostienbehälter (15. Jh.) sehenswert (Di–Sa 11–13 Uhr, Info zur Führungen im Touristenbüro gegenüber der Kirche).*

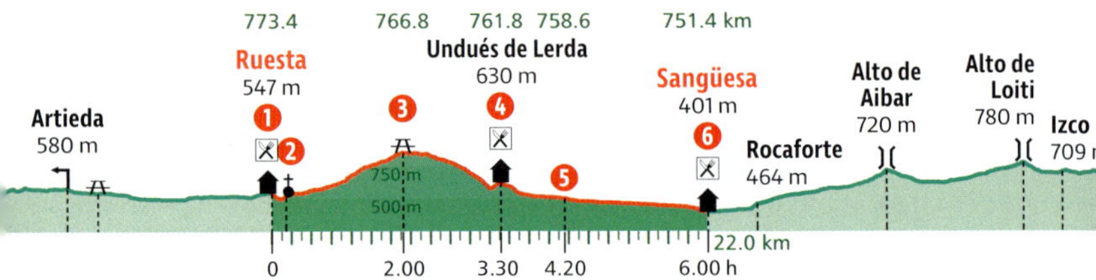

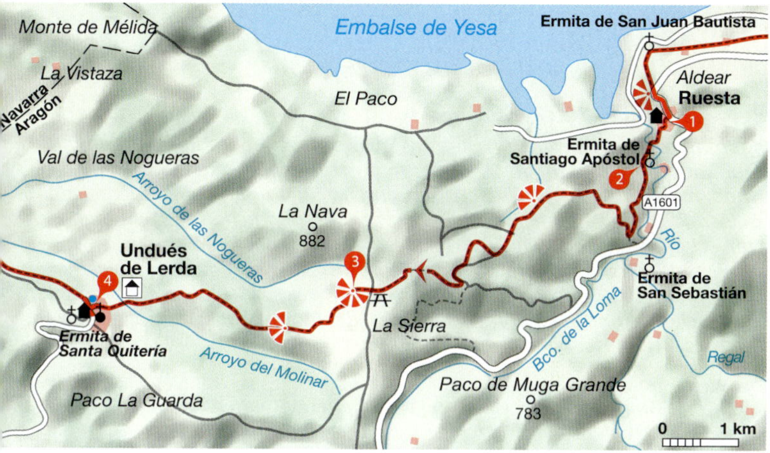

Sehenswert: Iglesia de Santiago *(12./13. Jh.) mit farbiger Jakobsfigur (16. Jh.) über dem Eingang und burgartigem Kirchturm (tgl. 9–13.30 und 17–21 Uhr).* **Iglesia de San Salvador** *(Ende 13. Jh.).* **Convento de San Francisco de Asís***, das Franz von Assisi nach seiner (historisch nicht belegten) Wallfahrt nach Santiago 1213 als erstes Franziskanerkloster Spaniens gegründet haben soll (geöffnet 30 Min. vor der Messe: Mo–Fr 11.30 Uhr, Sa 11 und 20 Uhr, So/Fei 11 und 19 Uhr).*

Feiertage: *11.–17. Sept.: Patronatsfeier zu Ehren von San Sebastián, u. a. mit Stierläufen (neben Pamplona, Tafalla und Tudela einziger Ort, in denen dafür Stiere und keine Jungkühe verwendet werden).*

Wochenmarkt: *Freitags auf der Plaza de las Arcadas.*

Oficina de Turismo: *Bei Igl. de Santa María la Real, Mo–Sa 10–14 und 16–19 Uhr, So 10–14 Uhr (Winter Mo–Do und So 10–14 Uhr, Fr/Sa 10–17 Uhr); www.sanguesa.es.*

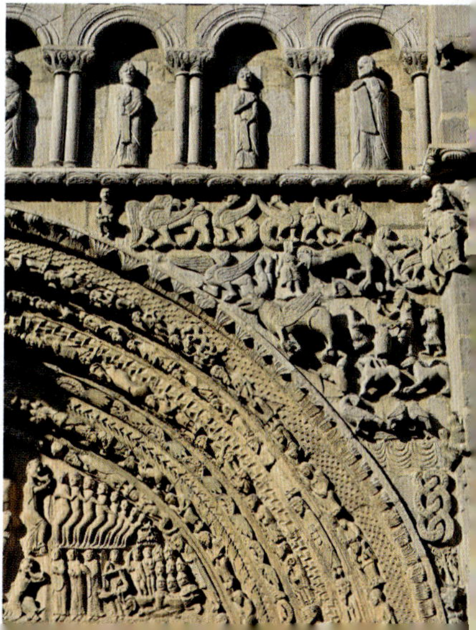

Portal der Iglesia de Santa María la Real.

5 Sangüesa – Monreal

7.15 h	27,3 km
↗ 580 m	↘ 430 m

Bergauf, bergab durch viel Natur

Kaum haben wir Sangüesa hinter uns gelassen, verwöhnt uns der Camino Aragonés einmal mehr mit wunderbaren Natureindrücken. Stundenlang wandern wir abseits von Ortschaften durch Felder und Wälder. Die beiden kleinen Pässe fallen dabei kaum ins Gewicht. In der archaisch anmutenden Landschaft wirken die Windkraftanlagen fast wie moderne Widersacher Don Quijotes. Wer Zeit und Lust hat, kann einen Abstecher zur Foz de Lumbier machen: Rund 200 Gänsegeierpaare sind in der kleinen Schlucht beheimatet. Einen schönen und entspannten Abschluss der Etappe bildet das mittelalterliche Städtchen Monreal.

Der Weg: Mittelschwer bis einfach. Vorwiegend Feldwege und Trampelpfade. Durch ständiges Auf und Ab etwas ermüdend. Ab Izco flacher.
Kritische Stellen: Keine.
Variante: Foz de Lumbier (Schlucht mit Geierkolonie): von Sangüesa nach Liédena (5,3 km) und durch die 1,3 km lange Schlucht nach Lumbier (6,4 km). Dann über Nardués-Aldunate zum Jakobsweg (6,1 km) und nach Izco (5,7 km). Mit gelben Pfeilen markiert. Oder von Sangüesa mit dem Bus bis Lumbier und 6 km zu Fuß zurück zum Jakobsweg.
Hinweis: Keine Einkehrmöglichkeit unterwegs! An Proviant und ausreichend Wasser denken.

Ab Sangüesa (401 m, 4800 EW)
18,0 km → **Izco** (709 m, 50 EW)
Becken bei Spielplatz
6,8 km → **Salinas de Ibargoiti** (556 m, 150 EW)

Kurz nach Abínzano, links hinten der 1295 m hohe Monte Higa.

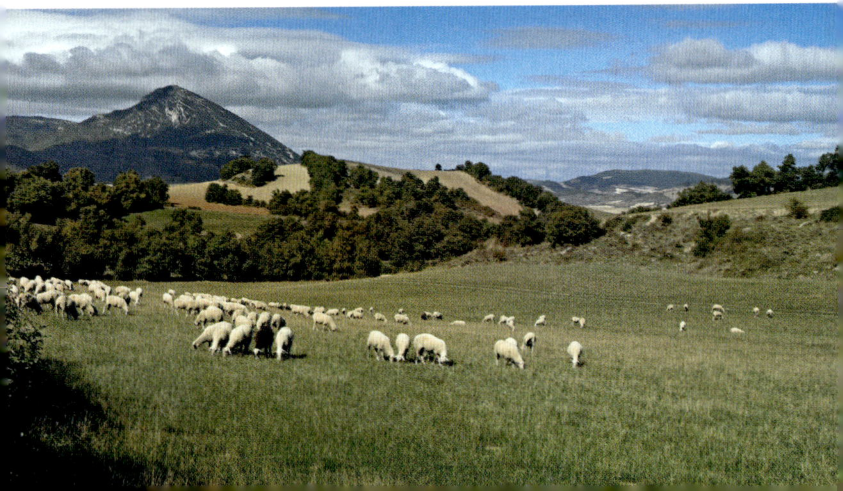

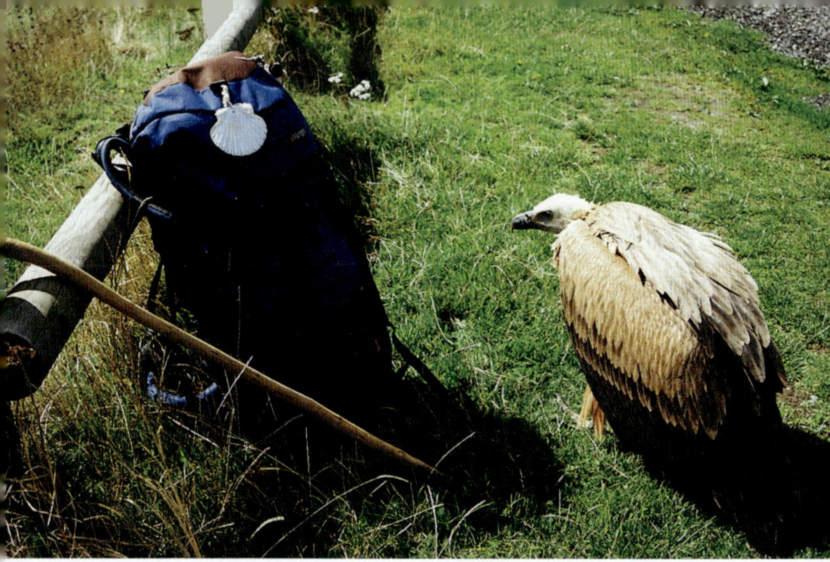

Eher unüblich: ein Gänsegeier, der neugierig Menschen beobachtet.

2,5 km → Monreal (550 m, 480 EW)

in Casa Parroquial Mo–Fr 20 Uhr (Winter 19 Uhr), So 12.30 Uhr

SH **Alb. Municipal**, 20 B/10 €. Tel. +34 690 024 701 (keine Reserv.). Zentrum, unterhalb der Kirche. Küche, Waschm.; kein WLAN; einfach, aber akzeptabel. Für Abendessen in Bar El Centro (an Platz oberhalb der Herberge) anmelden. Frühstück in Bar El Cipri (C/ del Mercado). Ganztags, März–Okt.

Casa Rural Etxartenea (EZ 40 €, DZ 60 €, während San-Fermin-Fiestas Mitte Juli teurer), Tel. +34 948 362 177. etxartenea.com

Wir gehen aus der städtischen Herberge von **Sangüesa** 1 kommend nach links bis zum Ende der Straße, dort links an der Iglesia de Santa María la Real vorbei, über den Río Aragón und nach rechts neben der Straße weiter. Nach der Tankstelle biegen wir links (geradeaus: Variante Foz de Lumbier)

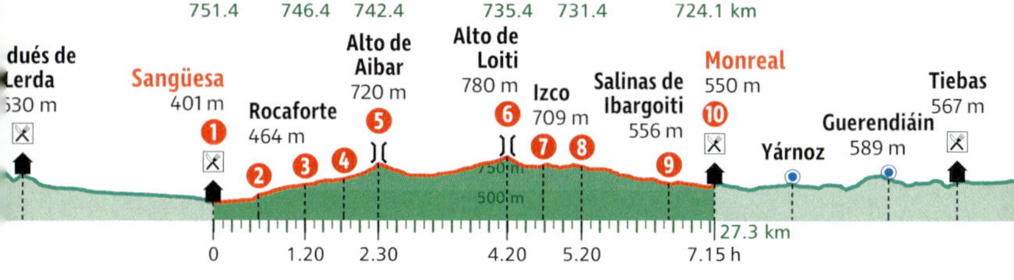

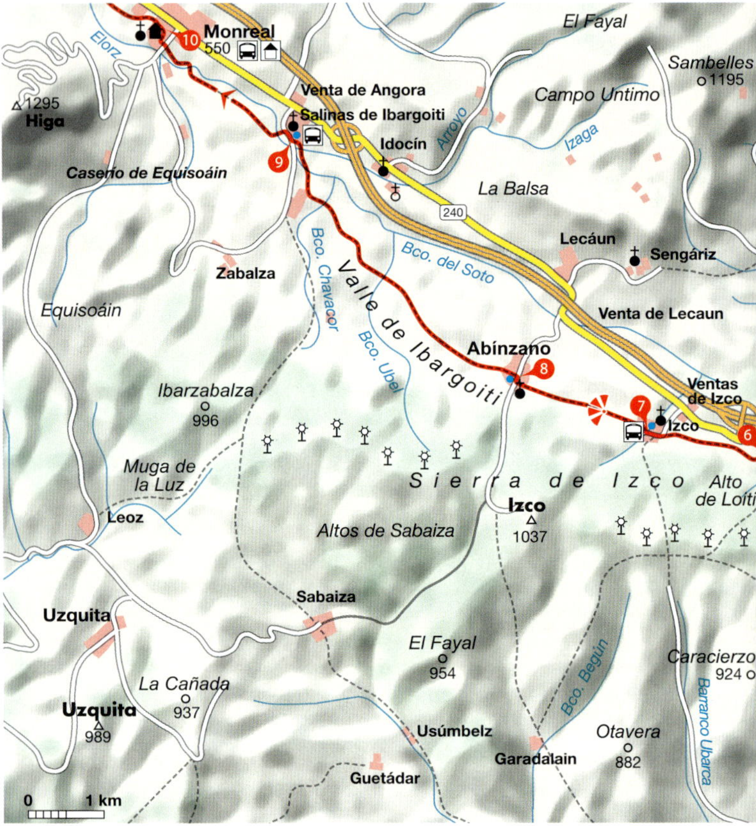

und gleich wieder rechts ab. Auf Höhe der hässlichen Fabrik dreht der Weg nach links hinauf nach **Rocaforte** ❷ (knapp 45 Min.). Beim Schild »Izco 17 km« verlassen wir den Ort nach rechts und wandern am Grillplatz bei der Fuente de San Francisco vorbei in das weite Hochtal. Zwei **Viehtränken** (❸ und ❹; Wasser besser nicht trinken) werden am Weg zum **Alto de Aibar** ❺ (gut 1.45 Std. ab Rocaforte) passiert.

ℹ *Zahlreiche Arten von **Sing- und Greifvögeln** fühlen sich in der wenig besiedelten Gegend wohl. Mit ein bisschen Glück lassen sich sogar **Geier** (buitres) blicken, denn in den einige Kilometer entfernten Schluchten **Foz***

***de Lumbier** (vgl. Variante) und **Foz de Arbayún** leben einige der bedeutendsten Kolonien des **Gänsegeiers** (Buitre leonado) in Spanien. Auch **Schmutzgeier** (Alimoche) und **Bartgeier** (Quebrantahuesos, wörtl. Knochenbrecher) sind dort beheimatet.*

Kurz vor dem unscheinbaren Pass wird der Weg steiler. Danach folgen wir dem Trampelpfad links bergab und gelangen durch Kiefernwald zu einer Forststraße. Mäßig steil und meist auf Fahrwegen leitet uns die Markierung durch das weite Tal hinauf zum **Alto de Loiti** ❻ (gut 1.45 Std.). Nach kurzem, unbequemem Abstieg kommen wir auf einem Fahrweg nach **Izco** ❼ (30 Min.). Ab jetzt wandern wir auf breiten Kies- und Betonfahrwegen. In der Ferne ist der Kegel des 1295 m hohen Monte Higa zu sehen, an dessen Fuß Monreal liegt. Nach 30 Min. gelangen wir nach **Abínzano** ❽, nach weiteren 1.15 Std. **nach Salinas de Ibargoiti** ❾. Vor der Kirche verlassen wir das Dorf nach links. Bald darauf führt uns ein schöner, schattiger Waldweg nach Monreal. Wir gehen geradeaus am Schwimmbad vorbei auf die Kirche zu, dann rechts in die C/ Santa Bárbara und links die steile Treppe hoch zur Herberge (Eingang links) von **Monreal** ❿ (knapp 45 Min.).

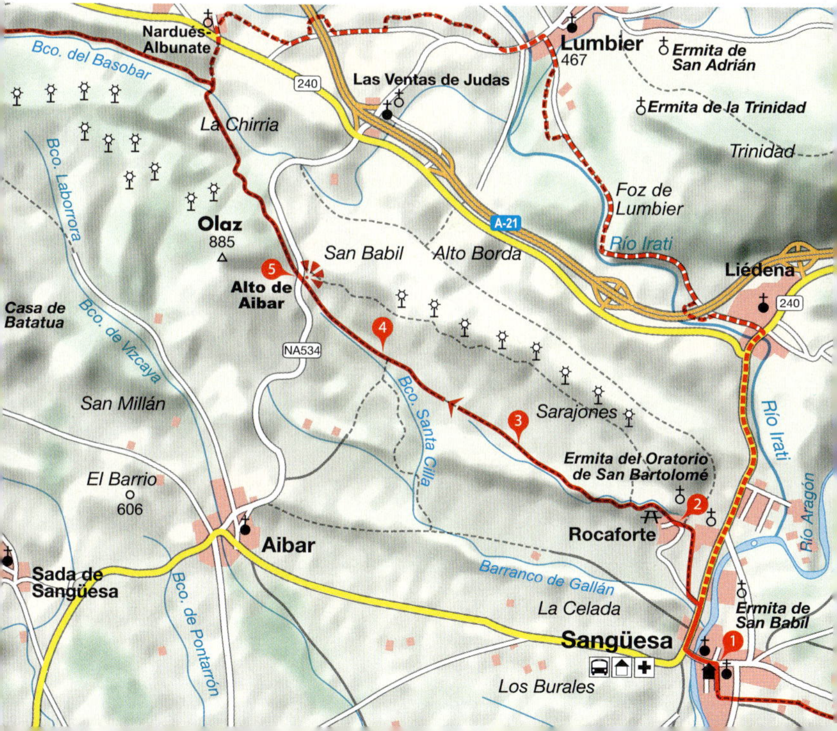

6 Monreal – Obanos

7.15 h	28,6 km
↗ 380 m	↘ 520 m

Abschied vom ruhigen Camino Aragonés

Der heutige Tag beginnt nochmals denkbar beschaulich, bis Pamplona mit seinem Einzugsgebiet in der Ferne zu sehen ist. Bei Tiebas sind die riesigen Steinbrüche und die Autobahn ein richtiger kleiner Schock. Kurz vor dem Highlight, dem achteckigen Kirchlein Santa María de Eunate, geben Weinreben, Feigen- und Olivenbäume dem Weg einen mediterranen Anstrich.

Der Weg: Bis Tiebas mittelschwer. Pfade und Feldwege durch hügeliges Gelände. Danach einfach: breite Wege durch eine offene, flache Landschaft.
Kritische Stellen: Keine.
Hinweise: 1. Bis Tiebas keine Einkehr-/Einkaufsmöglichkeit. In Tiebas an den gleichen Terminen wie in Sangüesa Fiestas, die Läden sind dann geschlossen.
2. In Obanos gab es zuletzt keine Pilgerherberge, erst wieder in Puente la Reina (ab Eunate entlang der Straße gut 4 km; Etappenlänge dadurch rund 30,5 km).

Ab Monreal (550 m, 480 EW)
13,1 km → **Tiebas** (567 m, 430 EW)

☗ SH **Alb. Municipal**, ●●●, 14 B/10 €. Tel. +34 600 941 916. W/T, Küche; Verkauf von einfachen Lebensmitteln.

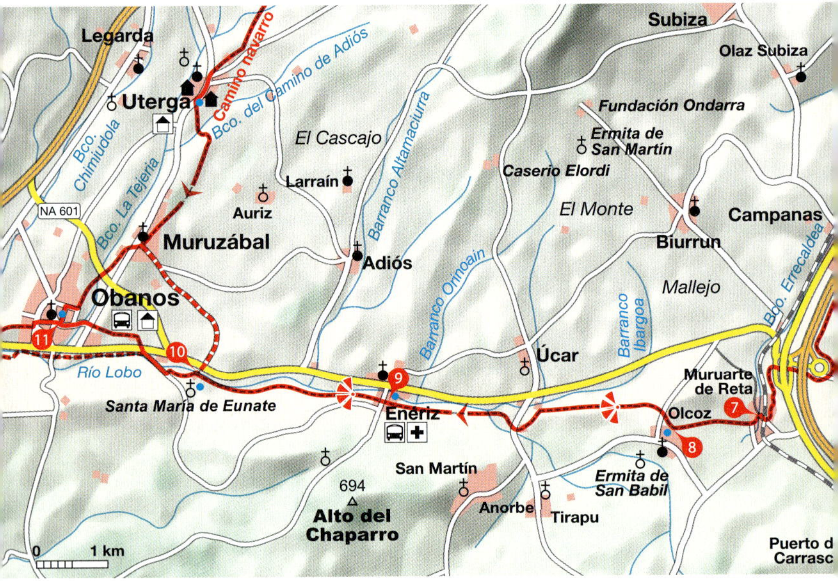

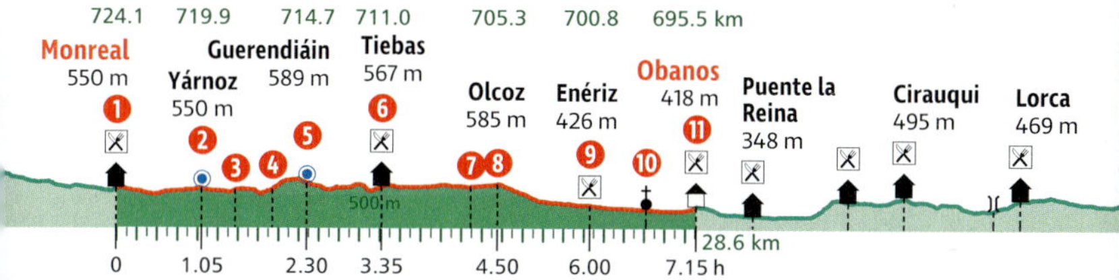

11–22 Uhr, ganzjährig.

10,2 km → Enériz (426 m, 300 EW)

5,3 km → Obanos (418 m, 920 EW)

19 Uhr

Hostal Rural Mamerto, Tel. +34 649 139 611.

Wir gehen von der Herberge von **Monreal** ❶ über den Kirchplatz und links bergauf. Nach knapp 2 km/30 Min. nehmen wir den Weg links über den Bach (Río Elorz) und gehen im Bogen um den Monte Higa. Die störende Autobahn entfernt sich bald. Nacheinander liegen die Dörfer **Yárnoz** ❷ (gut 1 Std.), **Otano** ❸ (30 Min.) und **Ezperun** ❹ (30 Min.) am Weg. In Richtung Norden ist nun Pamplona in der Ferne zu erkennen. Gut 30 Min. später wird **Guerendiáin** ❺ passiert. 1 Std. später gelangen wir nach **Tiebas** ❻

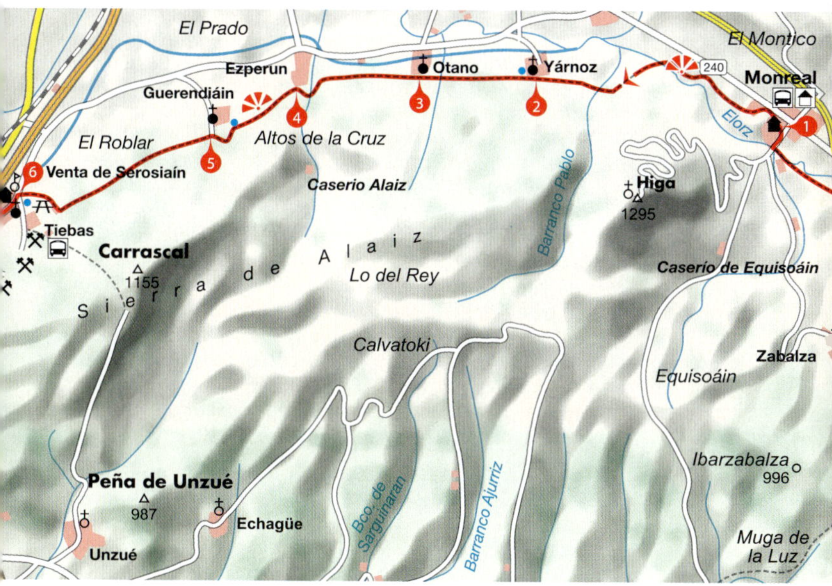

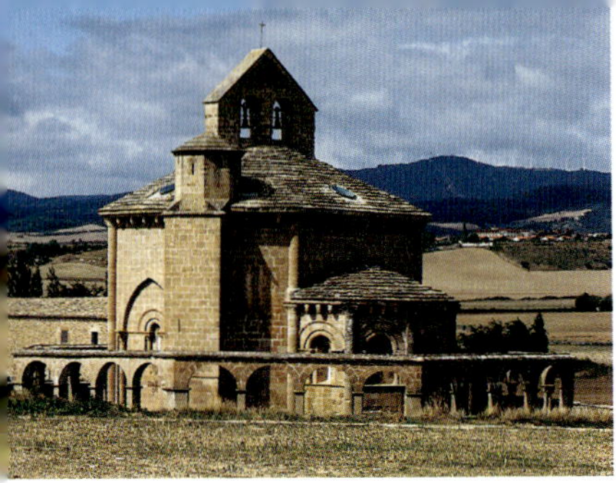

Santa María de Eunate.

(Ortsanfang: Burg, 13. Jh.). Hier endet die Weltabgeschiedenheit des Camino Aragonés. Wir gehen geradeaus durch den Ort, bei der Gabelung links, kurz darauf erneut links, dann nach rechts und am Fußballplatz vorbei. Nun verläuft der Weg ein gutes Stück links der A-15 bis zu einem großen Kreisverkehr. Dort gehen wir rechts, durch den linken Tunnel unter der Autobahn und beim nächsten Kreisverkehr geradeaus unter der N-121 hindurch auf den Fußweg. Das Gelände wird flacher. Nach 1 Std. erreichen wir **Muruarte** 7 und auf einer kleinen Straße **Olcoz** 8 (15 Min.; Dorfmitte: Renaissance-Wohnturm, 15. Jh.). Ein Feldweg führt uns hinunter ins Tal des Río Lobo. Weinfelder, Oliven- und auch Feigenbäume zeugen von einem milderen Klima. Nach knapp 1.15 Std. gelangen wir nach **Enériz** 9, nach weiteren knapp 45 Min. zum hübschen Kirchlein **Santa María de Eunate** 10.

*i Das achteckige Kirchlein **Santa María de Eunate** (Bauzeit ca. 1170–1210; 1943 restauriert) gehört zu den schönsten und merkwürdigsten Beispielen romanischer Baukunst am Jakobsweg. Sein Ursprung liegt bis heute im Dunkeln. Wegen Ähnlichkeiten mit dem Felsendom von Jerusalem wurde sie dem Orden der Tempelritter zugeschrieben. Vermutlich jedoch diente sie als Grabkapelle einer Fürstin oder Königin. Als sicher gilt, dass sie als Pilgerhospital diente und neben der Kapelle Sancti Spiritus in Roncesvalles und der Kirche Santo Sepulcro in Torres del Río eine von drei Begräbniskirchen am Pilgerweg in Navarra war. Ursprünglich hieß sie Onat/Onate, was u. a. als »100 Türen« (bask. ehun – 100, ate – Tür, in Anspielung auf den achteckigen Bogengang um das Gebäude) gedeutet wird. Einziger Schmuck sind die Säulenkapitelle mit menschlichen und tierischen Zügen, Fabelwesen und Pflanzenmotiven. Die Marienfigur im Kircheninnern ist eine Nachbildung des verschollenen romanischen Originals. Ihre schönste Wirkung entfaltet die kleine Kirche zu Sonnenuntergang (ungefähre Öffnungszeiten: April–Sept. tgl. 10–14 und 15–19 Uhr, Okt. Info vor Ort, Nov.–März geschl., Pilger 1,50 €, Änderungen der Öffnungszeiten möglich, aktuelle Info auf santamariadeeunate.es).*
***Wallfahrten:** Ostermontag, 1. Mai und 24. Aug.*

Von Eunate aus gehen wir geradeaus, über die Landstraße und links nach **Obanos** 11 (gut 30 Min.; Kulturinfo zu Obanos: vgl. 4. Etappe Camino Francés, S. 95). **Alternativ:** links auf der Straße weiter (Vorsicht, Verkehr!), nach ca. 1,5 km in den Feldweg links (Wegstein) und auf dem Feldweg direkt bis **Puente la Reina** (insg. gut 4 km/gut 1 Std.; Pfeile, Wegsteine).

Camino Francés in Navarra: von Saint-Jean-Pied-de-Port bis Logroño

Schon auf den ersten Kilometern lassen es die gepflegten Dörfer mit den stattlichen Häuser erahnen: Navarra gehört neben Katalonien und dem Baskenland zu den reichsten und auch teuersten Regionen Spaniens. Ab Roncesvalles führt der Jakobsweg knapp 140 km durch Navarra und überwindet dabei rund 2300 Hm im Auf- und 2900 Hm im Abstieg. Bis Pamplona bestimmt das Pyrenäenbergland mit dichten Wäldern und ausgedehnten Weiden das Landschaftsbild. In den Ausläufern wird das Gelände flacher, das Klima milder. Bis auf den Großraum Pamplona überwiegen die ländlichen Gebiete, in denen Acker- und Weinbau betrieben wird. Im Gegensatz zum Camino Aragonés wartet der Weg in Navarra mit einer ganzen Serie an historisch bedeutenden Orten auf wie etwa Roncesvalles, Pamplona, Puente la Reina, Estella-Lizarra oder Viana. Dank vieler Pilgerherbergen lassen sich die Etappen sehr flexibel gestalten – ideal für alle, die zu Beginn des Weges ihre Kräfte noch nicht ganz sicher einzuschätzen wissen.

Die Region Navarra (Comunidad Foral de Navarra, baskisch Nafarroa) erstreckt sich über 10.390 km^2. Knapp ein Drittel der insgesamt 660.000 Einwohner (63,4 EW/km^2) lebt in der Hauptstadt Pamplona. Eigenwilligkeit und Selbstbestimmung prägen die Geschichte. Um 75 v. Chr. nahm der römische Feldherr Pompejus die größte baskische Siedlung, das künftige Pamplona, ein. Nach dem Untergang des Römischen Reiches setzte sich die baskische Bevölkerung erfolgreich gegen westgotische und fränkische Invasoren durch, und auch die nordafrikanischen Mauren konnten nie wirklich in der Region Fuß fassen. Im 11. Jh. erlangte das Königreich Pamplona (ab dem 12. Jh. Königreich Navarra) unter König Sancho Garcés III. seine größte Ausdehnung: Es reichte von Castilla y León bis zur

Eine liebliche Landschaft prägt den Auftakt der Pyrenäenetappe.

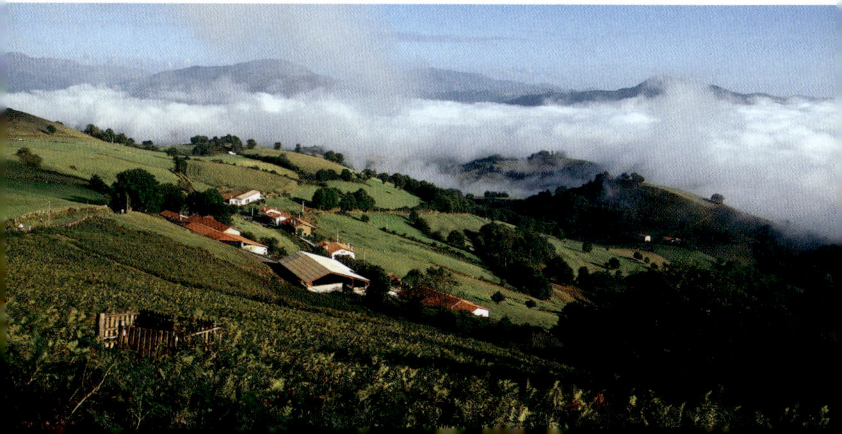

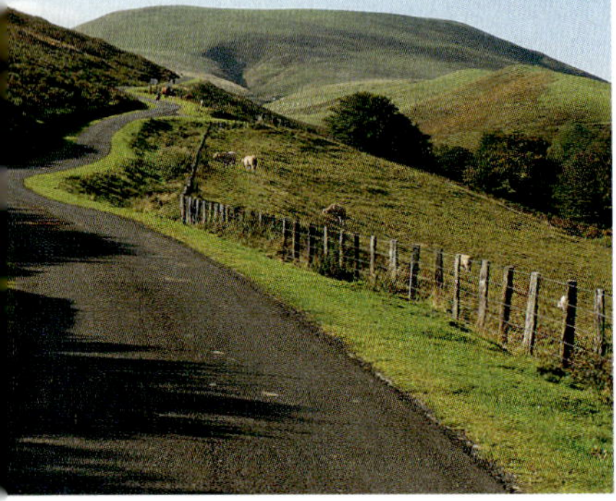

Die spröde Seite der Pyrenäen beim Aufstieg auf der Route Napoléon.

Grafschaft Barcelona, im Norden bis in die französische Gascogne. Sancho Garcés war zudem ein Förderer der frühen Pilgerbewegung. Mit dem Tod von Sancho VII. im 13. Jh. endete die Dynastie. Navarra büßte einen Großteil seiner Territorien ein und geriet unter französischen Einfluss. Im 16. Jh. fielen die südlich der Pyrenäen gelegenen Gebiete an die kastilische Krone. Der Teil nördlich der Pyrenäen (franz. Basse Navarre, Nieder-Navarra) ging an Frankreich. Navarra wurde nun zwar von einem Vizekönig regiert, erhielt aber umfangreiche Sonderrechte (fueros) wie eigene politische Institutionen und eine eigene Gesetzgebung.

Unabhängigkeitsbestrebungen wie im benachbarten Baskenland hat es in Navarra nie gegeben. Die 1959 gegründete ETA (»Euskadi Ta Askatasuna« – das Baskenland und seine Freiheit) hatte in den 60er-Jahren den bewaffneten Kampf gegen die Unterdrückung und für die Unabhängigkeit des Baskenlandes aufgenommen. In den folgenden 40 Jahren kamen bei ETA-Attentaten 858 Menschen ums Leben. 2011 verkündete die ETA die Waffenruhe, 2018 löste sie sich auf.

Wirtschaftliche Standbeine Navarras sind der Dienstleistungssektor (u. a. im touristischen Bereich, besonders in den Pyrenäen), die Landwirtschaft und zunemend auch die Erzeugung erneuerbarer Energien.

Das baskische Erbe ist in Navarra deutlich spürbar. Zweite Amtssprache ist wie im Baskenland (Euskadi/País Vasco) neben dem Castellano (Hochspanisch) Baskisch (Euskera). Viele Ortschaften tragen Doppelnamen (z. B. Roncesvalles/Orreaga, Pamplona/Iruña, Estella/Lizarra). Obwohl viele Menschen baskisch sprechen, kommt man mit Spanisch und/oder Englisch bestens durch.

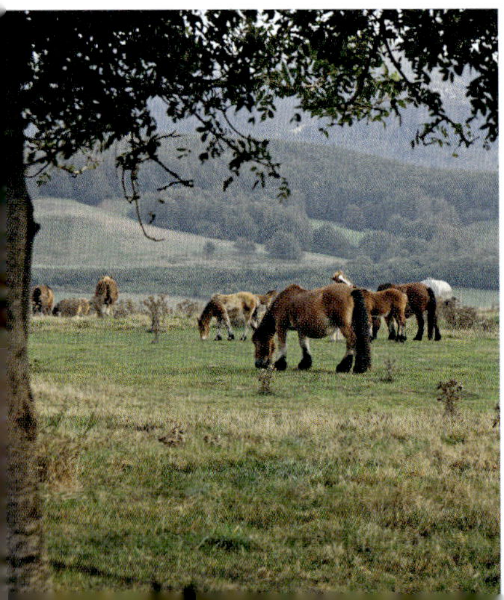

Idylle im Pyrenäenvorland auf dem Weg von Roncesvalles ins Tal (Etappe1).

8.15 h	25,1 km
↗1330 m	↘560 m

Saint-Jean-Pied-de-Port – Roncesvalles/Orreaga 1

Zu Fuß über die Pyrenäen – was für ein Aufakt!

Diese Etappe ist gewiss kein Spaziergang, aber eine der schönsten auf dem Camino Francés. Ab dem beschaulichen Städtchen Saint-Jean-Pied-de-Port erklimmt der Camino seit Hunderten von Jahren die Pyrenäen, führt in raue Gefilde jenseits der Baumgrenze und dann hinunter in das Kloster von Roncesvalles, das seit fast 900 Jahren Pilgernden aus aller Welt Schutz bietet.

Der Weg: Je nach persönlicher Kondition mittelschwer bis schwer. Der enorme Höhenunterschied wird meist auf guten Wegen überwunden. In Frankreich rotweiße Markierung des GR 65 (Chemin de St. Jacques de Compostelle/Route Napoléon), ab Spanien gelbe Pfeile.
Kritische Stellen: Vom 1. Nov. bis 31. März ist die Route Napoléon aus Sicherheitsgründen gesperrt und die Route über Valcarlos (7.30 Std./23,2 km sowie 1150 m im Auf- und 380 m im Abstieg) ist obligatorisch. Wer das Verbot missachtet, bringt im Notfall sich und die Rettungskräfte in Gefahr. Auch bei schlechtem Wetter (Starkwind/Schnee/Nebel) wird der Weg über Valcarlos empfohlen bzw. er kann wegen Sperrung der anderen Route zwingend sein, Hinweise vor Ort beachten. Die Valcarlos-Route verläuft auf Asphaltsträßchen bzw. entlang der D-933/N-135, nur ca. 8 km auf Waldwegen.
Hinweise: 1. Die Route Napoléon ist dank guter Wege auch von durchschnittlich geübten Menschen gut zu meistern, vorausgesetzt, man plant reichlich Zeit ein. Weniger Geübte sollten die Etappe auf zwei Tage aufteilen.
2. Die angegebene Gehzeit kann individuell länger sein.
3. Im Sommer die Hitze nicht unterschätzen! Auf der Route Napoléon ist man meist schattenlos der Sonne ausgesetzt. Unbedingt genügend Wasser und Proviant mitnehmen!
4. Kein Geldautomat in Roncesvalles, erst in Auritz/Burguete!
5. Mahzeiten gibt es in Roncesvalles in den Rest. Casa Sabina und La Posada.

Ausgangspunkt – Saint-Jean-Pied-de-Port/Frankreich (190 m, 1600 EW)

🏠 SH **Refuge municipal Ospitalia**, 32 B/12 € MF (1 DZ 30 € MF). Rue de la Citadelle 55 (Anmeldung, Pilgerpass im Pilgerbüro/Accueil, Hausnr. 39), Tel. +33 617 103 189 (auch WhatsApp; ab 15 Uhr; keine Reservierung möglich). Schönes Altstadthaus. Mikrowelle, W/T. Check-in März–Dez. ab 14 Uhr, sonst ab 16 Uhr, ganzjährig. terresdenavarre.fr

🏠 TH **Gîte de la Porte Saint-Jaques**, 6 B/29 € MF. Rue de la Citadelle 51, Tel. +33 630 997 561. Küche; normale Betten; Garten. 14–21 Uhr, April–Okt.

🏠 PH **Gîte Beilari**, 14 B/43 € HP. Rue de la Citadelle 40 (ggü. Accueil), Tel. +33 630 028 667. Schönes Altstadthaus, Garten. Gemeins. Abendessen, Frühstück; Wegproviant. Kein WLAN. 15–22 Uhr, 15. März–22. Okt. beilari.info

🏠 TH **Gîte Le Lièvre et La Tortue**, 12 B/23 € (DZ 70–90 €). Rue de la Citadelle 30, Tel. +33 659 135 225. W/T; normale Betten; gemeins. Abendessen, Frühstück. Garten. 16–22.30 Uhr, April–Mitte Okt.

🏠 TH **Gîte Bidean**, Rue d'Espagne 11, Tel. +33 648 980 522. Gemeins. Abendessen, Frühstück. 15–22.30 Uhr, ganzjährig.

- TH **Gîte Le Chemin vers l'Etoile**, ◈◈◈, 50 B/22 und 25 €. Rue d'Espagne 21, Tel. +33 670 208 213. Küche, Frühstück, Abendessen ab 15 Personen; geräumiger Altbau. 16–22 Uhr, März–Okt. pelerinage-saint-jacques-compostelle.com
- KH **Refuge Accueil Paroissial Maison Kaserna**, ◈◈◈, 14 B/25 € HP. Rue d'Espagne 43, Tel. +33 559 376 517. Gemeins. Abendessen, Frühstück. Check-in 15–19 Uhr, April–Okt.

1,6 km → La Coquille Napoleón (263 m)

- TH, ◈◈◈, 10 B/ab 20 € (DZ ab 60 €). Tel. +33 662 259 940. Abendessen, Frühstück. W/T. Ab 16 Uhr, ganzjährig.

3,7 km → Honto/Huntto (492 m)

- TH **Ferme Ithurburia**, ◈◈, 22 B/22 € HP 44 € (2 DZ 92 € HP). Reservierung: jeanne.ourtiague@orange.fr (nur französisch). W/T, Küche, Abendessen, Frühstück; normale Betten. Check-in 15–19 Uhr, April–Okt.

2,4 km → Refuge Orisson (800 m)

- PH, ◈◈◈, 24 B/45 € HP (2 DZ 114 € HP). Tel. +33 559 491 303 und +33 638 269 738 (frühzeitige Reservierung empfohlen, Formular auf refuge-orisson.com). W/T, Rest. (Abendessen um 18.30 Uhr), kein Internet, keine Kartenzahlung! 8–21 Uhr, Anfang April–Okt.

0,9 km → Auberge Borda (875 m)

- TH, ◈◈◈, 12 B/45 € HP (1 DZ 114 € HP), Tel. +33 661 929 743. W/T, gemeins. Abendessen, Frühstück (HP obligatorisch); normale Betten mit Privatsphäre. Check-in 14.30–18.30 Uhr, April–20. Okt. aubergeborda.com.

16,5 km → Roncesvalles/Orreaga (962 m, 20 EW)

Gottesdienst mit Pilgersegen Mo–Fr 20 Uhr, Sa/So 18 Uhr

- PH **Alb. de Roncesvalles**, ◈◈◈, 183 B/ 14 € (mit Frühstück 20 €, mit Abendessen 27 €, HP 33 €). Tel. +34 948 760 000. Reservierung (bis 19 Uhr gültig, spätere Ankunft anmelden: alberguederoncesvalles.com »Reserva tu cama«. W/T, Küche/Mikrowellen, Snack- und Getränkeautomaten, Schließfächer. Pilgerpass. 10–22 Uhr, ganzjährig. alberguederoncesvalles.com
- **Casa Sabina**, Tel. +34 948 760 012. casasabina.roncesvalles.es
- **Hotel Roncesvalles**, Tel. +34 948 760 105. hotelroncesvalles.com.

Weg über Valcarlos:

Ab Saint-Jean-Pied-de-Port (190 m, 1600 EW)

11,6 km → Luzaide/Valcarlos (361 m, 300 EW)

- SH **Alb. Municipal**, ◈◈◈, 24 B/15 €. Tel. +34 685 510 435. Küche, Waschm. 12–21 Uhr, ganzjährig.

11,6 km → Roncesvalles/Orreaga (s. o.)

*In der Kleinstadt **Saint-Jean-Pied-de-Port** (bask. **Donibane Garazi**) im französischen Baskenland treffen die drei durch Frankreich verlaufenden Pilgerwege ein, bevor es über die Pyrenäen nach Spanien geht. Schon die Kelten benutzten die Route durch das enge Tal des Río Luzaide über Valcarlos und den **Ibañeta-Pass**. Auch die Römer führten die Verbindungsstraße zwischen Frankreich und Spanien über diesen **Summus Pyrenaeus**. Für den Einmarsch nach Spanien erschlossen Napoleons Truppen den zwar schwierigeren, aber strategisch günstigeren Weg über den **Lepoeder-Pass**, heute bekannt als **Route Napoléon**.*

*Ab dem 12. Jh. gehörte die **Basse Navarre** zum Königreich Navarra, 1589 fiel die Region an Frankreich. Grenzübergreifend ist die baskische Sprache lebendig und man pflegt die gleichen Traditionen wie etwa das Ballspiel Pelote (span. Pelota, eine mit der Hand gespielte Mischung aus Ten-*

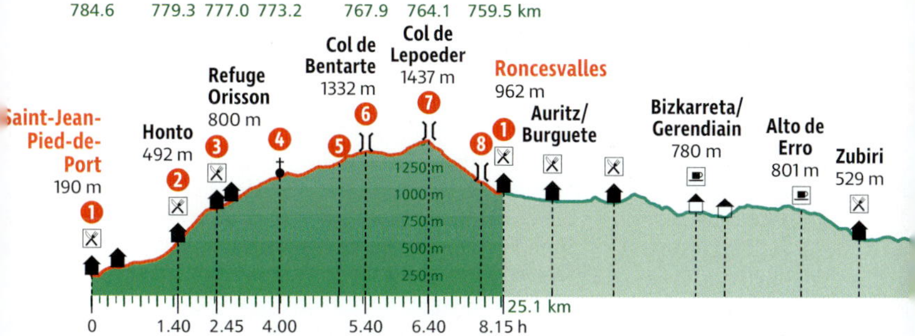

nis und Squash). ***Saint-Jean-Pied-de-Port*** *ist seit 1988 Weltkulturerbe der UNESCO. Die Pilger betreten die Altstadt mit ihren gepflegten Altbauten und gepflasterten Gassen seit dem Mittelalter durch die* ***Porte de St. Jacques*** *und durchqueren sie auf der* ***Rue de la Citadelle****, benannt nach der Wehranlage (Zitadelle, 17. Jh.) hoch über der Stadt. Die* ***Église Notre-Dame du Bout du Pont*** *(13./14. Jh.) am Ausgang der Altstadt ist nach der Kathedrale von Bayonne das bedeutendste gotische Bauwerk im französischen Baskenland.*
Feiertage*: Mitte August Patronatsfeiern. Ende September Kulturtage.*
Kulinarisches: *Fromage de Brebis oder Ossau-Iraty (Schafskäse), Pipérade (Omelette mit Bayonner Schinken und Paprikaschoten), Truite (Forelle), Weine der AOC Irouléguy, aus dem kleinen baskischen Dorf Irouléguy.*
Information: *st-jean-pied-de-port.fr und en-pays-basque.fr.*

In **Saint-Jean-Pied-de-Port** ❶ gehen wir auf der Rue de la Citadelle bergab, durch das Stadttor und über den Fluss Nive in die Rue d'Espagne. Nach der Porte d'Espagne (etwa 10 Min. ab Start) finden wir das Hinweisschild »Chemin de St. Jacques«. Bei gutem Wetter gehen wir geradeaus und nehmen die steil ansteigende Rué du Maréchal Harispe. (Vom 1. Nov. bis 31. März und bei schlechtem Wetter, vor allem bei Schnee, muss man nach rechts der Valcarlos-Route folgen.) Ab nun weisen die rot-weißen Markierungen des Fernwanderwegs GR 65 den Weg. Nach gut 1 Std. gemäß dem Straßenschild »Roncevaux/Orreaga« nach rechts die Straße hinauf in den Weiler **Honto/Huntto** ❷ (gut 30 Min. ab Straßenschild).
Wenige Minuten danach nimmt der Weg eine kleine Abkürzung über einen Graspfad, stößt aber nach 30 Min. wieder auf das Sträßchen. Nach nochmals knapp 30 Min. lädt das Aussichtscafé des **Refuge Orisson** ❸ zu einer Pause ein. Weiter der Straße bergauf folgend passieren wir nach 20 Min. die **Aubergue Borda** und gelangen knapp 1 Std. später zu einer kleinen Straßenkreuzung; etwas weiter links steht die Statue der **Vierge de Biakorri** ❹, 1095 m, auf einer schroffen Felsformation.

i *Ganz in der Nähe die kleinen Marienstatue* ***Vierge de Biakorri*** *(auch Vierge d'Orisson) befand sich im Mittelalter ein Pilgerhospital. Unweit davon liegen die Ruinen des* ***Château Pignon****, von dem aus Spanien im 16. Jh. das Gebiet kontrollierte.*
Auf dem weiten Weideland werden die schönen langhaarigen ***Manech-Schafe*** *gehalten. Aus ihrer Milch wird der würzige Ossau-Iraty-Käse hergestellt. Die Schafe (auch Pferde, Ziegen und Rinder) bewegen sich frei, Weidezäune sind die Ausnahme. Die Tiere nicht anfassen oder stören!*

An der Kreuzung folgen wir der kleinen Asphaltstraße nach rechts bergauf. Nach gut 1 Std. verlässt der Weg die Straße und passiert als Trampelpfad das Steinkreuz **Croix Thibaut** ❺, an dem Pilger Erinnerungsstücke hinterlassen. Der Pfad überquert einen kleinen Pass (danach rechts eine winzige steinerne Schutzhütte), knapp 30 Min. später kommen wir – entlang der französisch-spanischen Grenze – in einem kleinen Waldstück zum Rolands-

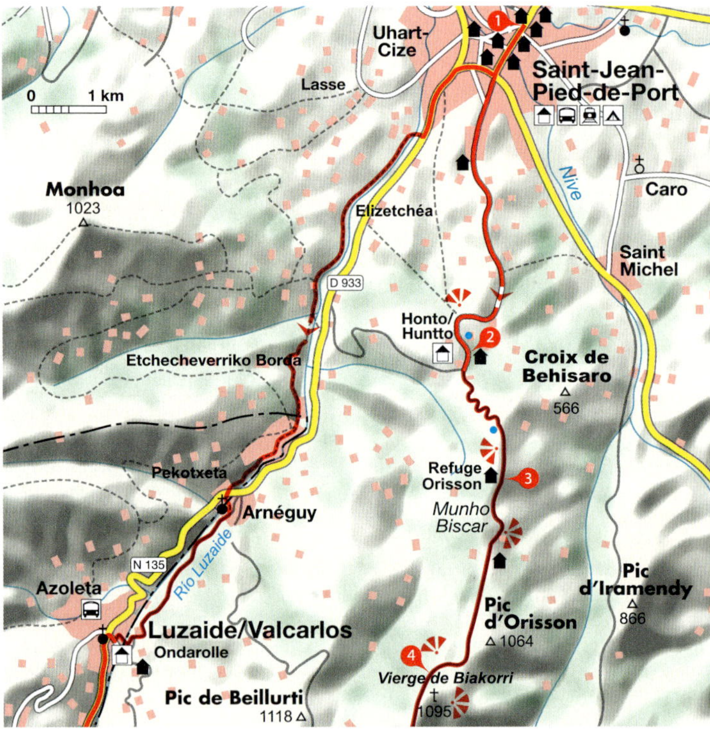

brunnen und über die Grenze nach Spanien/Navarra zum nahen **Col de Bentarte** ❻, 1326 m. Ab nun wird der gelbe Pfeil unser ständiger und verlässlicher Begleiter auf dem Weg nach Santiago de Compostela sein.
Über zunächst recht eben verlaufende, dann ansteigende Wald- und Forstwege erreichen wir 1 Std. später die höchste Stelle der Etappe, den **Col de Lepoeder** ❼, 1437 m. Der Blick reicht weit in die Ebene südlich von Roncesvalles. Nach dem kurzen Hohlweg markieren Schilder zwei Wegvarianten nach Roncesvalles: Der Weg geradeaus führt durch herrlich schattigen Buchenwald. Er ist anfangs sehr steil und steinig, dann aber flacher und bequemer. Der Weg nach rechts ist zwar 800 m länger, aber bequemer und bietet an klaren Tagen wunderschöne Fernsichten: Über die Asphaltstraße und abkürzende Trampelpfade bringt er uns zum **Puerto de Ibañeta** ❽, 1057 m (1.15 Std, ab Col de Lepoeder). Auf einem schönen Waldweg sind es nur noch rund 20 Min. bis nach **Roncesvalles/Orreaga** ❾.

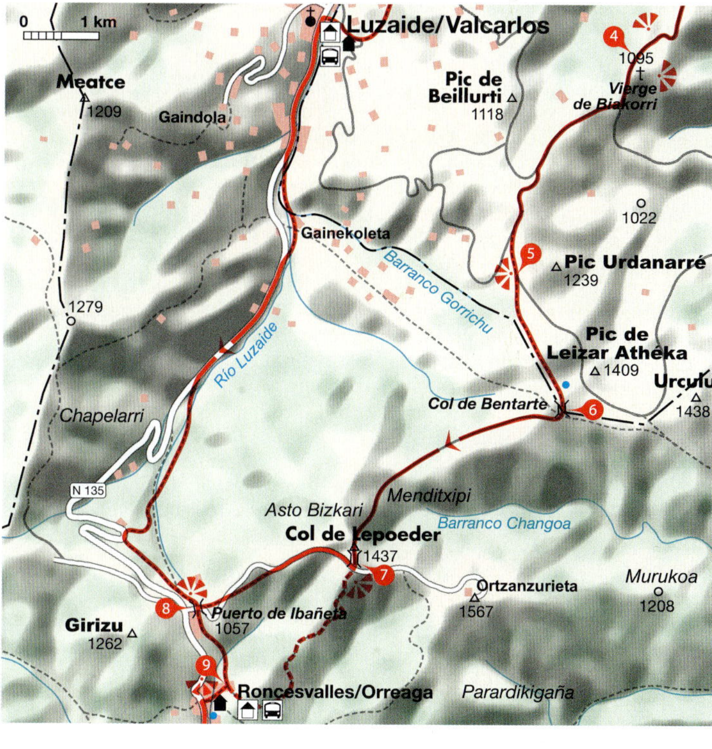

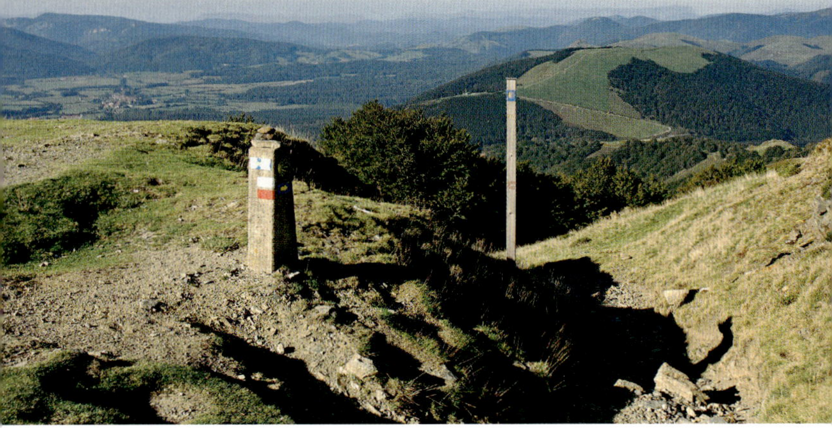

Blick vom Col de Lepoeder nach Navarra.

ⓘ *Der Weg durch das Tal des Río Luzaide über den 1057 m hohen* ***Puerto de Ibañeta*** *(auch Puerto de Roncesvalles) war im Mittelalter die Hauptroute über die Pyrenäen, auch, weil sie einfacher war als der Weg über den 1640 m hohen Somport-Pass. Am* ***Ibañeta-Pass*** *fand 778 die Schlacht statt, auf der das im 12. Jh. entstandene* ***Rolandslied*** *(franz. Chanson de Roland, span. Canción de Roldán) basiert. Nach seinem missglückten Feldzug gegen die Mauren in Zaragoza zog sich das Heer* ***Karls des Großen*** *(742–814) aus Spanien zurück. Am Ibañeta-Pass wurde die vom Ritter Roland angeführte Nachhut von einem baskischen Heer angegriffen. Roland und etliche weitere Ritter kamen dabei ums Leben. In der späteren Heldensaga werden die baskischen Angreifer zu Mauren, Roland zum tapferen Helden und Karl der Große zum Retter der Christenheit stilisiert – diese Version passte gut in das Weltbild des christlichen, gegen die maurischen Heere kämpfenden Spaniens.*

Auf der Passhöhe erinnern die moderne ***Capilla del Salvador*** *(1965) und der Rolandsmonolith an die Ereignisse. Im 11. Jh. befanden sich hier ein Kloster und das Pilgerhospital, das später nach Roncesvalles verlegt wurde. Eine Glocke diente den Pilgern bei Nebel zur Orientierung, denn die Gefahr, sich im Wald zu verirren und Opfer von Wölfen zu werden, war groß.*

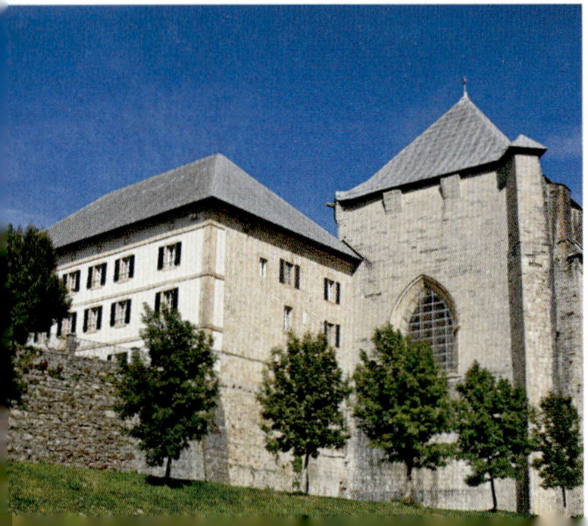

Das Kloster von Roncesvalles.

7.15 h	27,2 km
↗ 440 m	↘ 900 m

Roncesvalles/Orreaga – Larrasoaña

2

Vom geschichsträchtigen Kloster bergab durch grüne Landstriche

Dichte Wälder, Kühe und Pferde auf sanft gewellten Weiden, kleine Pyrenäendörfer – Navarra entspricht so gar nicht dem Bild des mediterranen Urlaubslandes Spanien. Umso schöner lässt es sich hier wandern. Das Beste ist: Bis Zubiri geht es fast nur bergab und dann im Tal des Río Arga eben weiter.

Der Weg: Mittelschwer. Wald- und Feldwege, teils Asphalt. Kleine Anstiege vor dem Alto de Mezkiritz, 922 m, und dem Alto de Erro, 801 m, danach nur noch bergab.
Kritische Stellen: Keine.
Hinweise: 1. Weidepforten stets wieder schließen!
2. In Zubiri letzte gute Einkaufsmöglichkeiten bis Villava.

Ab Roncesvalles/Orreaga (962 m, 20 EW)
3,0 km → **Auritz/Burguete** (890 m, 230 EW)

✚ C/ Berexi, Tel. +34 948 760 300

- TH **Lorentx Aterpea**, ●●●, 36 B/15 €. Tel. +34 623 286 129 129 und 948 032 127. Küche, W/T; Frühstück; solide Betten, geräumig. 15–22 Uhr, April–Okt. lorentxaterpea.com
- ⛺ **Camping Urrobi** (abseits des Wegs, 2,5 km nach Auritz/Burguete/1,5 km vor Espinal). Mehrbettzimmer 14,50 €. Tel. +34 948 760 200. Rest., Laden, W/T. April–Okt. campingurrobi.com

3,7 km → **Aurizberri/Espinal** (868 m, 250 EW)

- TH **Hostal Haizea**, ●●●, 33 B/ab 15 € (DZ ab 76 €). Tel. +34 948 760 379. Ca. 300 m links des Wegs. W/T, Mahlzeiten. 8–23 Uhr, ganzjährig (Winter vorher anfragen). hostalhaizea.com
- TH **Alb. Irugoienea**, ●●●, 21 B/15 € (2 DZ 45 €, 3er-Zi. 65 €). Ca. 500 m links des Wegs. Tel. +34 622 606 196 (Reservierung empfohlen). Ruhig gelegen. W/T; Terrasse. Check-in bis 21 Uhr, Mai–15. Sept. irugoienea.com

5,0 km → **Bizkarreta/Gerendiain** (780 m, 80 EW)

1,8 km → **Lintzoain** (735 m, 80 EW)

- **Posada El Camino** (EZ/DZ 44 €, April–Nov. auch Mehrbettzimmer 22 €), Abendessen, Frühstück. Tel. +34 622 688 535. posadaelcamino.com

4,5 km → **Alto de Erro** (803 m)

Food Truck (Sa/So evtl. geschl.)

3,6 km → **Zubiri** (529 m, 470 EW)

- PH **Alb. Río Arga Ibaia**, ●●●, 18 B/17 € (1 DZ 45 €). Tel. +34 680 104 471. Küche, Bar/Rest., W/T, Terrasse. 13–22 Uhr, ganzjährig. alberguerioarga.com
- TH **Alb. Zaldiko**, ●●●, 24 B/15 € (1 EZ 45 €, 2 DZ 45 €, 1 3er-Zi. 65 €). Tel. +34 609 736 420 (auch WhatsApp). W/T, Frühstücksküche. Check-in 12–19 Uhr, März–Okt. alberguezaldiko.com
- TH **Alb. El Palo de Avellano**, ●●●, 47 B/ 19 € MF (DZ 62 € MF). Nach Brücke nach rechts, an der Hauptstr. Tel. +34 666 499 175. W/T; Abendessen, Frühstück. Check-in 13–18 Uhr, Mitte März–Mitte Okt. elpalodeavellano.com
- SH **Alb. Municipal**, ●●◐, 72 B/14 €. Tel. +34 621 150 718 (Reservierung via Homepage möglich). An der Hauptstraße. Mikrowelle, Essraum, W/T. Ab ca. 12 Uhr. März–Okt. concejodezubiri.es
- PH **Alb. Segunda Etapa**, ●●●, 12 B/15 € MF. An der Haupttraße. Tel. +34 697 286 560. W/T, Garten. Check-in 13–19 Uhr, März–Okt. alberguesegundaetapa.com

TH **Alb. Suseia**, ◎◎◎, 6 B/18 € (3 DZ 44 und 54 €). C/ Murelu 12 (fast am Ortsende links der Haupttraße), Tel. +34 679 667 603. W/T; Frühstück, gemeins. Abendessen (nur April, Mai, Sept.); Garten. Check-in 13.30–18 Uhr, Ende März–Okt. alberguesuseia.com

2,7 km → Urdániz (bei Ilarratz; 550 m, 100 EW)

Hostel Acá y Allá (im Mehrbettzimmer ab 20 €), Tel. +34 615 257 666, April–Okt. alojamientosacayalla.com

2,9 km → Larrasoaña (497 m, 160 EW)

TH **Alb. San Nicolás**, ◎◎◎, 36 B/16–18 €. Tel. +34 619 559 225. Im Ort nach rechts. Küche, W/T, gemeins. Abendessen; gute Betten, wohnlich. Check-in 13.30–21 Uhr, 15. März–Okt. alberguesannicolas.com

SH **Alb. Municipal**, ◎◎, 32 B/15 €. Im Ort nach links. Tel. +34 626 718 417. Check-in 13.30–17.30 Uhr, April–Okt.

*i Das Pilgerhospiz im 1127 gegründeten Kloster von **Roncesvalles** (baskisch **Orreaga**) war schon im Mittelalter wegen seiner Fortschrittlichkeit äußerst beliebt. Auch ein zwischen 1199 und 1215 entstandenes Lobge-*

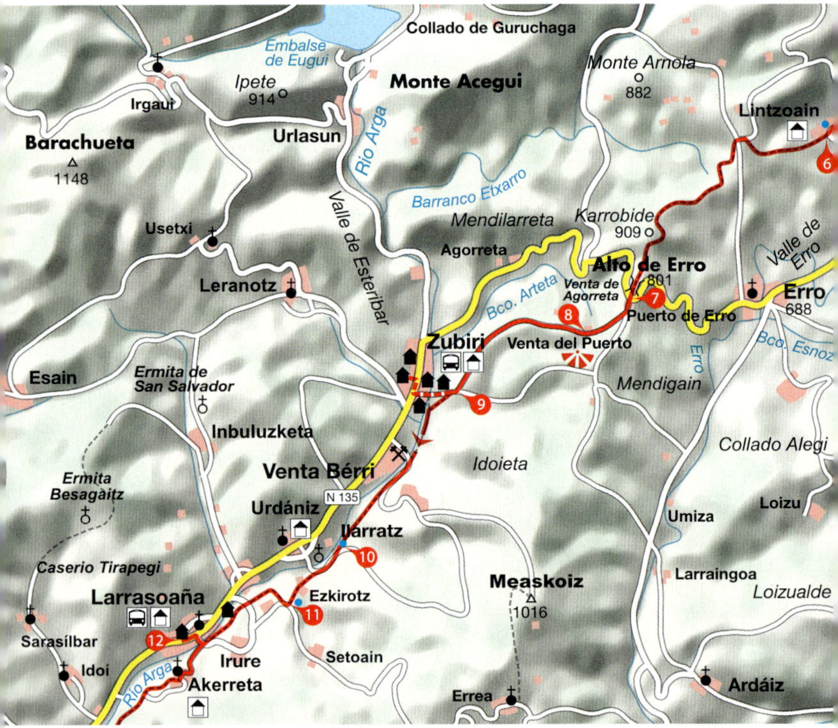

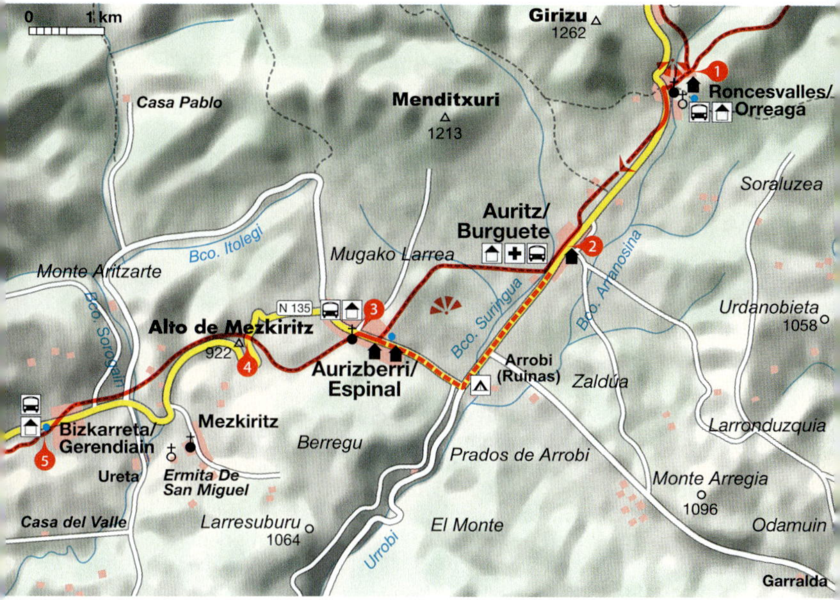

dicht vergab eine 5-Sterne-Bewertung: Männer und Frauen schliefen getrennt, die Betten seien bequem und sauber und sogar Sandalen würden repariert. Kranke erhielten Pflege, und die Essensrationen seien üppig. Die Pilger betreten den Gebäudekomplex über den Hof des Anfang des 18. Jh. errichteten neuen Hospitals, heute die Pilgerherberge. Durch einen Durchgang gelangt man zur gotischen Stiftskirche ***Real Colegiata de Santa María*** *(13./14. Jh., geöffnet 8–20.30 Uhr). Beeindruckend ist der Hauptaltar mit der gotischen, reich in Gold und Silber gekleideten Marienfigur, der Nuestra Señora de Roncesvalles. Der* ***Claustro*** *(Kreuzgang), stammt aus dem 17. Jh., der Vorgänger aus dem 12. Jh. war unter zu großer Schneelast eingestürzt. Dahinter befindet sich die* ***Capilla de San Agustín****, der ehemalige gotische Kapitelsaal, in dem die Gebeine des Königs Sancho VII. ruhen. Die über 15.000 Bände umfassende* ***Bibliothek*** *ist nur zu Studienzwecken zugänglich. Eines der wertvollsten Stücke des* ***Museums*** *ist das prachtvolle Schachbrett* ***Ajedrez de Carlomagno*** *(14. Jh., wegen der Spielfeldaufteilung nach Karl dem Großen benannt). Das Gebäude dahinter beherbergt ein Hotel. Unterhalb des Klosters steht die gotische* ***Capilla de Santiago*** *(13. Jh.). Die* ***Capilla del Espíritu***

***Santo** (12. Jh., auch Silo de Carlomagno genannt) daneben gilt als das älteste Gebäude des Komplexes. Angeblich wurde sie unter Karl dem Großen als Grab für die in der Schlacht am Pass gefallenen Ritter errichtet, gesichert ist die Funktion als Beinhaus für verstorbene Pilger.*
***Besichtigung:** Nur mit Führung (Dauer ca. 50 Min.): 6 €, Pilger, die in der Herberge von Roncesvalles übernachten 3,50 €, Besichtigung nur Kreuzgang und Mausoleum König Sánchez: 2,70 €, Pilger 1,70 €; Jan. geschl.; aktuelle Öffnungszeiten auf visitaroncesvalles.blogspot.com unter »Planifica tu visita. Horarios y precios para particulares«, Tel. +34 670 289 997 (Anfragen bevorzugt per WhatsApp), roncesvalles.es.*
***Feiertage: Virgen de Roncesvalles** am 8. Sept. (Geburtstag der Muttergottes). An den Sonntagen im Mai gibt es aus den umliegenden Orten Marien-Wallfahrten (sp. Romerías) nach Roncesvalles. Bei der Tradition aus dem 12. Jh. tragen einige Wallfahrer Büßergewänder.*
***Kulinarisches:** Die Quesería Roncesvalles–Orreaga Aspace Biointegra produziert und verkauft konventionellen und Bio-Schafskäse, aspacebiointegra.org.*

Beim Kloster von **Roncesvalles** ❶ beginnt ein Fußweg neben der Straße. Nach ca. 300 m steht links am Straßenrand ein steinernes Pilgerkreuz (14. Jh.). Durch einen dichten Laubmischwald gelangen wir nach **Auritz/Burguete** ❷ (knapp 45 Min.). Im Ort verlässt der Camino die Hauptstraße nach rechts (Camping Urrobi: geradeaus) und schlängelt sich teils unbefestigt, teils auf Asphalt durch idyllisches Wald- und Weideland. Nach einer kleinen Passhöhe geht es bergab und rechts nach **Aurizberri/Espinal** ❸ (1 Std.; Herbergen: bei Hauptstraße nach links). Der Ort wird gleich wieder nach links verlassen. Wald- und Feldwege leiten uns über eine Anhöhe (950 m) zum **Alto de Mezkiritz** ❹, 922 m (30 Min.). Wir überqueren die N-135 und wandern erst auf weichem Waldboden, dann auf grobem Natursteinpflaster durch einen dichten Buchenwald, in den selbst bei Sonnenschein wenig Licht fällt. Kurz nach **Bizkarreta/Gerendiain** ❺ (knapp 1 Std.) führt uns ein unbefestigter Weg nach **Lintzoain** ❻ (knapp 30 Min.).

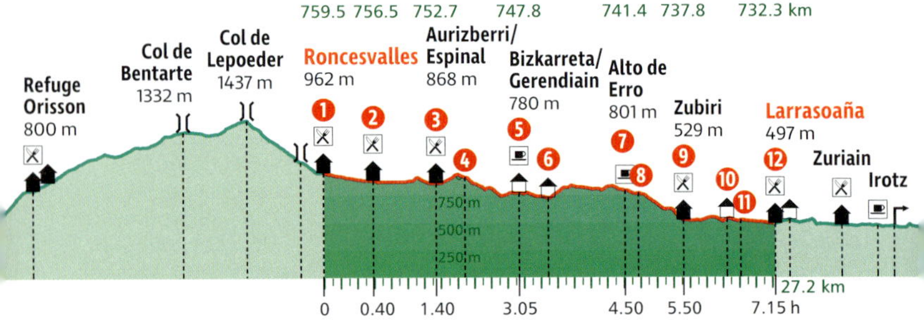

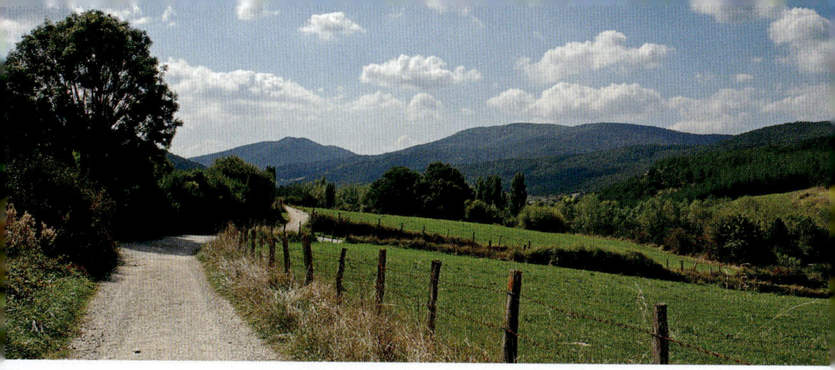

Nach dem langen Abstieg klingt die Etappe gemütlich im Tal des Río Arga aus.

Auf einem Betonweg überwinden wir eine erste steile Rampe, danach wechseln unbequeme mit angenehmen, steile mit flachen Abschnitten. Zuletzt fällt der Weg ab zum **Alto de Erro** 7, 801 m (1.15 Std.) und überquert die N-135 geradeaus. Auf einem abschüssigen Waldweg passieren wir die Ruinen der **Venta del Puerto** 8 (10 Min.) und wandern, zuletzt steil und steinig, hinunter nach **Zubiri** 9 (gut 45 Min.). In den Ort und zu den Herbergen geht es nach rechts über die Brücke.

i ***Puente de la Rabia**, Brücke der Tollwut, wird die Brücke bei **Zubiri** von den Einheimischen auch genannt. Man glaubte nämlich, von der Krankheit befallene Tiere würden geheilt, wenn sie die Brücke dreimal überquerten. Für die Pilgernden war Zubiri im Mittelalter einfach »das Dorf mit der Brücke«, wo sie den gefährlichen Fluss überqueren konnten. Zubiri ist Geburtsort des Sängers und Sportlers **Serafín Zubiri** (eigentlich: Serafín Lizoaín Vidondo, 20. April 1964). Der seit Kinderjahren blinde Künstler vertrat Spanien 1992 und 1999 beim Eurovision Song Contest. Der begeisterte Sportler (Mittelstrecke und Marathon, Bergsteigen u. a. auf den Montblanc und Kilimandscharo, Radfahren, Tauchen, Kajak, Gleitschirmfliegen) will die Botschaft vermitteln, dass die im Kopf selbst gesetzten Grenzen uns oft viel mehr behindern als körperliche Einschränkungen. Den Jakobsweg hat er zu Fuß und per Tandemrad mehrfach absolviert. Auch ohne zu sehen, könne er die Unterschiede der Regionen fühlen, riechen und hören, sagt er. Eine schöne Anregung für den Weg: Mehr auf die eigenen Stärken achten und vertrauen und den Weg mit allen Sinnen erleben. **Fiesta:** Anfang August zu Ehren von San Esteban.*

Geradeaus an Zubiri vorbei, passieren wir eine Magnesiumfabrik und deren Abraumgelände. Dann geht es über **Ilarratz** 10 (45 Min.) und **Ezkirotz** 11 (15 Min.) zu einer Weggabelung. Nach rechts über die Brücke. Nach rechts geht es zur privaten Herberge, nach links zur öffentlichen Herberge von **Larrasoaña** 12 (30 Min.).

3 Larrasoaña – Pamplona

4.00 h | 15,5 km | ↗ 210 m | ↘ 260 m

Gute Motivation: Am Etappenende warten leckere Pintxos

Im Ausland ist Pamplona vor allem wegen seiner spektakulären, aber auch umstrittenen Stierläufe bekannt. Seine eigentliche Attraktion ist eine andere: Die einwohnerstärkste Stadt am Jakobsweg soll spanienweit die höchste Lebensqualität bieten. Nach der kurzen Etappe bleibt Zeit für einen Bummel durch die Altstadt. Besonders hübsch ist die Umgebung der Kathedrale mit der ehemaligen Stadtmauer. Vom Platz oberhalb des Portal de Francia sieht man bis zu den Pyrenäen. Die Verkostung des einen oder anderen leckeren Pintxos, andernorts Tapa genannt, darf natürlich auch nicht fehlen.

Der Weg: Einfach. Bis Villava teils unbefestigte Wege. In Pamplona u. a. in den Boden eingelassene Metallmuscheln.
Kritische Stellen: Keine.
Hinweise: 1. In Pamplona gibt es vom 15. April bis 13. Okt. (außer evtl. 1.–15. Juli) die »Acogida Cristiana al Peregrino« (christlicher Pilgerempfang). Treffpunkt ist Mo–Sa 18 Uhr vor der Oficina de Turismo (beim Rathaus). Dann Besichtigung der Igl. de San Saturnino, um 18.30 Uhr Andacht im Oratorio de San Felipe Neri, um 19 Uhr Gottesdienst mit Pilgersegen in der der Igl. de San Saturnino.
2. Während der Sanfermines (6.–14. Juli) herrscht Ausnahmezustand in Pamplona, ohne langfristige Reservierung ist kaum eine Unterkunft zu bekommen und die Übernachtungspreise schießen in die Höhe. Alternative: der aragonesische Weg (aber auch dort gibt es lokale Sanfermines, Termine beachten).

Ab Larrasoaña (497 m, 160 EW)

0,9 km → **Akerreta** (531 m, 10 EW)

Hotel Akerreta (EZ 94/100 €, DZ 118/128 €), Tel. +34 948 304 572. hotelakerreta.com

3,1 km → **Zuriain** (480 m, 70 EW)

TH **Alb. La Parada de Zuriain**, 6 B/15 € (2 DZ 70 €, 1 EZ 40 €). Tel. +34 699 556 741. W/T, Bar. Ganztags, Ostern–Mitte Okt.

3,2 km → **Abzweig Zabaldika** (507 m, 40 EW)

KH **Alb. Parroquial**, 18 B/Spende. 300 m rechts des Wegs an Variante. Tel. +34 699 617 559 (keine Reservierung). 8 normale Betten, W/T; gemeins. Abendessen. 20.30 Uhr Andacht und Pilgersegen. 14.30–22 Uhr, 15. April–15. Okt.

3,6 km → **Arre/Villava/Burlada** (431 m, 20.000 EW)

Pl. Miguel Indurain, Tel. +34 948 335 075

KH **Alb. Trinidad de Arre**, 32 B/ab 10,50 €. Ordensgemeinschaft Hermanos Maristas, besteht seit 900 Jahren, Tel. +34 691 619 028 (Reservierung über Homepage). Küche, W/T, Garten; Messe in Ordenskirche: So 11 Uhr. Check-in 15–20 Uhr, ganzjährig. alberguetrinidadearre.com

3,7 km → **Puente de la Magdalena** (420 m)

VH **Alb. Casa Paderborn**, 26 B/7,50 €. Vor der Altstadt von Pamponla, am Flussufer 300 m nach links. Freundeskreis Jakobuspilger Paderborn, Tel. +34 948 395 423 (keine Reservierung!). W/T. Frühstück 6–7.30 Uhr. Rucksacklagerung ab 10 Uhr. Check-in 13–22 Uhr. März–Okt. (während Sanfermines geöffnet). jakobusfreunde-paderborn.eu

1,0 km → **Pamplona** (448 m, 205.800 EW)

alles, sowie:

Kathedrale Mo–Fr 9.30 Uhr, Sa 9.30 u. 20 Uhr, So 10, 11.30 u. 12 Uhr

Busbhf. C/ Yanguas y Miranda 2, Tel. +34 948 203 566. Autobuses Artieda (Pamplona–Roncesvalles), Tel. +34 948 300 287, autocaresartieda.com

Pl. de la Estación, renfe.es

national, Tel. +34 948 168 700

u. a. Centro de Salud Casco Antiguo, C/ Compañía 8 (Altstadt, nahe städtischer Herberge), Tel. +34 948 206 633

TH **Alb. Casa Ibarrola**, ⊛⊛⊛, 20 B/Pilger 20 €. C/ del Carmen 31 (kurz nach Portal de Francia am Weg), Tel. +34 948 223 332 (Reservierung nur online: casaibarrola.com). Küche, W/T; Schlafkojen. 12–22 Uhr (Gäste erhalten Zugangscode), März–Okt.

TH **Alb. de Pamplona – Iruñako Aterpea**, ⊛⊛⊛, 24 B/Pilger 19 € (zu Sanfermines wesentlich teurer). C/ Carmen 18 (am Weg), Tel. +34 948 044 637. Küche, W/T, Frühstück; Kojenbetten, Terrasse. Check-in 11–20 Uhr, März–Jan. alberguedepamplona.info

TH **Alb. Plaza Catedral**, ⊛⊛⊛, 42 B/ab 17 € (1 DZ 60 €). Bei der Kathedrale. Tel. +34 620 913 968. Küche, W/T. Check-in 11.30–19 Uhr, ganzjährig. albergueplazacatedral.com

SH **Alb. Jesús y María**, ⊛⊛, 112 B/11 €. C/ Compañía 4 (in ehem. Kirche nahe der Kathedrale), Tel. +34 948 222 644 (Reservierung nur Sept.–April, im Sommer nicht möglich). Küche, W/T. 12–23 Uhr, ganzjährig außer 5.–14. Juli und 22. Dez.–8. Jan.

KH **Alb. diocesano Betania**, ⊛⊛⊛, 21 B/Spende. C/ Recoletas 1 (beim Rathaus in die C/ Mayor und an ihrem Ende nach rechts). Gemeins. Abendessen, Frühstück. Gemeins. Andacht. Familäres Ambiente. Ab ca. 13 Uhr, Ostern–Okt. betaniaencamino.com

Von **Larrasoaña** ❶ kehren wir zur Brücke über den Arga zurück und wenden uns danach nach rechts. Ein steil ansteigendes Sträßchen führt uns nach **Akerreta** ❷ (15 Min.). Auf einem schönen Waldweg wandern wir dann wieder bergab zum Bach. Neben ihm gelangen wir zum Weiler **Zuriain** ❸ (45 Min.). Am Ortsende geht es rechts über die Brücke und hinauf zur N-135. Wir gehen ein kurzes Stück auf dem Randstreifen, verlassen die Straße nach links und gelangen, wieder in Ufernähe, nach **Irotz** ❹ (30 Min.). Nach dem Ort überqueren wir erneut den Arga nach rechts und schlagen nach links

Der kleine Weiler Arleta kurz nach Zabaldika.

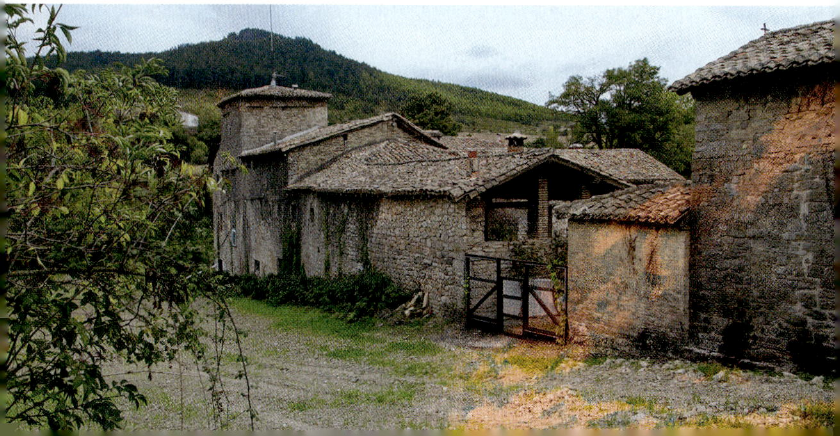

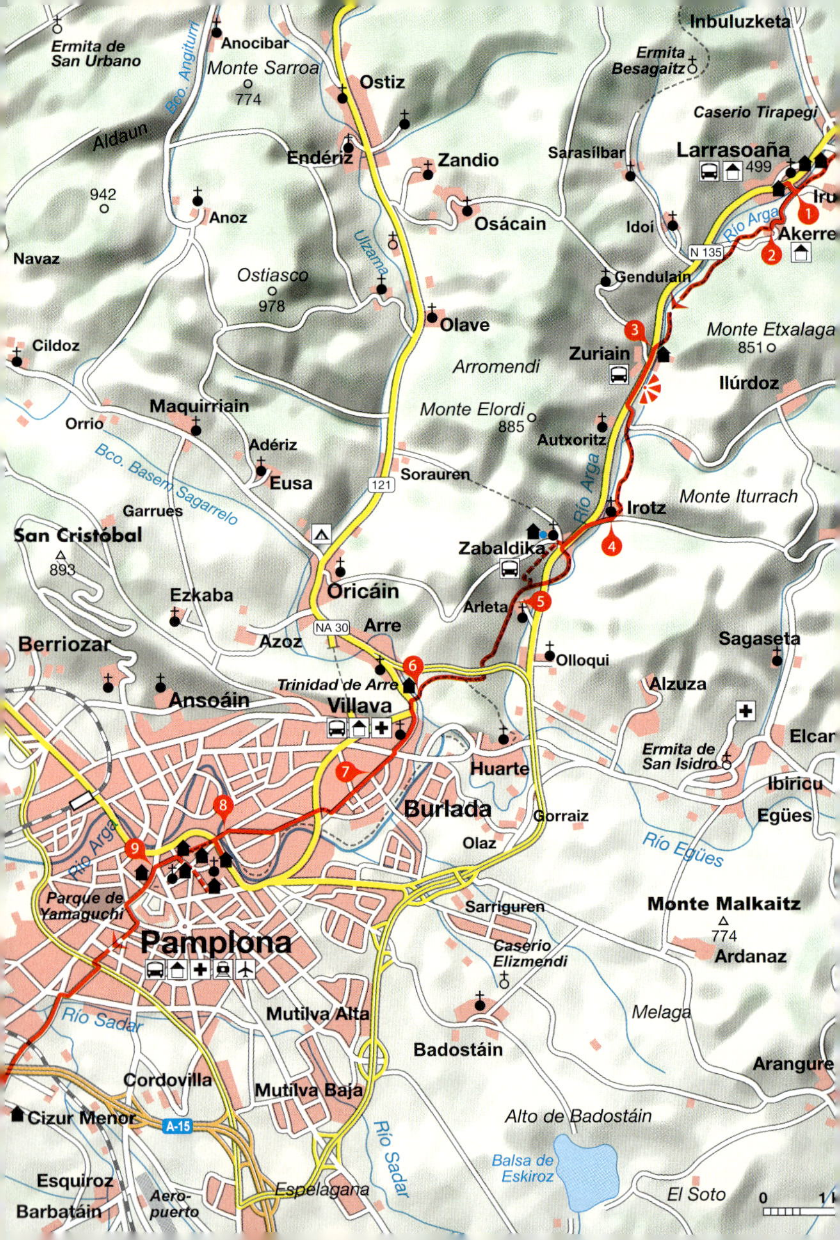
Inbuluzketa
Ermita de San Urbano
Anocibar
Monte Sarroa
774
Ostiz
Ermita Besagaitz
Caserio Tirapegi
Bco. Angiturri
Aldaun
Endériz
Zandio
Sarasíbar
Larrasoaña
499
942
Anoz
Osácain
Idoi
Iru
Río Arga
Akerre
Navaz
Ulzama
N 135
Ostiasco
978
Gendulain
Olave
Monte Etxalaga
851
Cildoz
Zuriain
Arromendi
Ilúrdoz
Maquirriain
Monte Elordi
885
Orrio
Autxoritz
Adériz
Bco. Basem Sagarrelo
Eusa
Sorauren
121
Río Arga
Monte Iturrach
Irotz
Garrues
San Cristóbal
893
Zabaldika
Oricáin
Ezkaba
Arleta
NA 30
Arre
Berriozar
Azoz
Olloqui
Sagaseta
Trinidad de Arre
Alzuza
Ansoáin
Villava
Elcar
Ermita de San Isidro
Huarte
Ibiricu
Burlada
Gorraiz
Egües
Olaz
Río Egües
Río Arga
Parque de Yamaguchi
Sarriguren
Monte Malkaitz
774
Pamplona
Caserio Elizmendi
Ardanaz
Mutilva Alta
Melaga
Río Sadar
Badostáin
Arangure
Cordovilla
Mutilva Baja
Alto de Badostáin
Cizur Menor
A-15
Río Sadar
Balsa de Eskiroz
Esquiroz
Espelagana
El Soto
Aero-puerto
Barbatáin
0

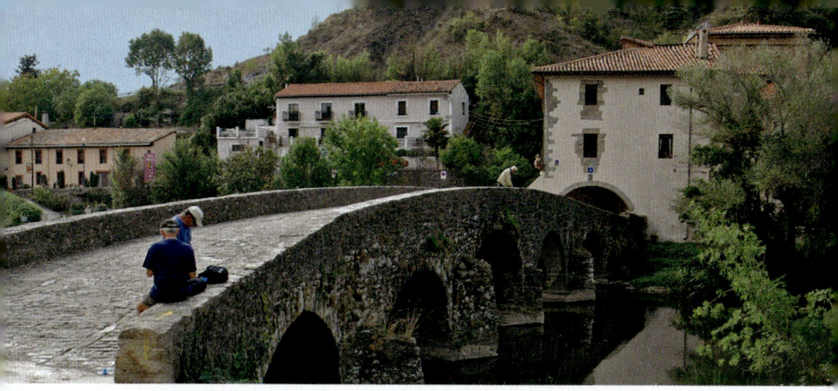

Die mittelalterliche Brücke vor der Iglesia de la Santísima Trinidad in Arre.

den oberhalb des Fußwegs verlaufenden Pfad ein (oder bleiben auf dem Fußweg, unterwegs Schild nach rechts nach Zabaldika hinauf). Nach knapp 15 Min. weist ein Schild nach rechts hinauf zur **Herberge** von **Zabaldika**.

Variante über Zabaldika (etwa gleich lang wie Hauptweg): Nach rechts über die N-135 und in 5 Min. hinauf nach **Zabaldika** mit der Iglesia de San Esteban (12. Jh., bis ins 18. Jh. mehrfach umgebaut, Altar aus dem 17. Jh.; für Besichtigung in der Herberge im Haus daneben fragen, Eingang zweimal rechts um die Ecke). Von der Kirche folgen wir den Pfeilen und schlagen bei der scharfen Linkskurve den Pfad geradeaus ein. Er verläuft am Hang oberhalb der Straße. Bei dem weißen Häuschen nach etwa 600 m bleiben wir geradeaus auf dem Weg (man könnte nach links absteigen; da aber sehr steil und steinig, nicht empfehlenswert). Ca. 100 m weiter geht es in einer scharfen Linkskehre hinunter zum Hauptweg. Auf diesem weiter nach **Arleta** 5 (20 Min. ab Zabaldika).
Der **Hauptweg** stößt nach links auf den Uferweg und folgt ihm nach rechts. Nach wenigen Minuten geht es unter der N-135 hindurch, am WC-Häuschen des Rastplatzes vorbei bergauf und nach links auf dem nun ebeneren Weg nach **Arleta** 5 (knapp 30 Min.).

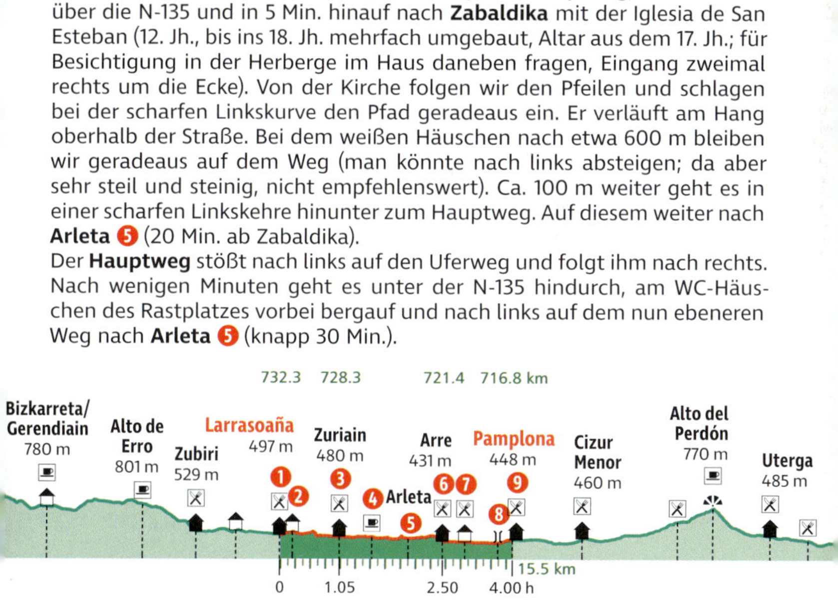

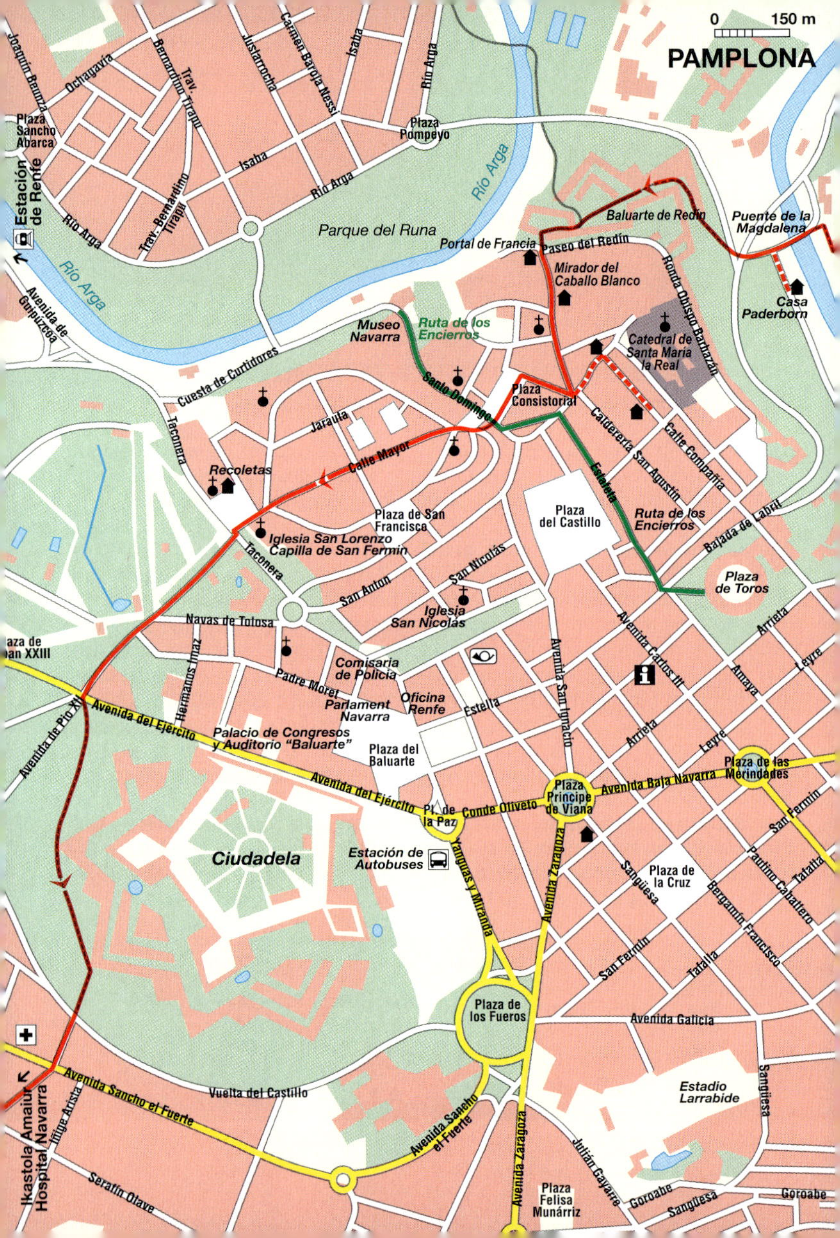

PAMPLONA
0
150 m
Parque del Runa
Río Arga
Plaza Pompeyo
Plaza Sancho Abarca
Estación de Renfe
Portal de Francia
Paseo del Redín
Baluarte de Redín
Puente de la Magdalena
Casa Paderborn
Mirador del Caballo Blanco
Catedral de Santa María la Real
Museo Navarra
Ruta de los Encierros
Santo Domingo
Plaza Consistorial
Calle Mayor
Recoletas
Plaza de San Francisco
Iglesia San Lorenzo Capilla de San Fermín
Plaza del Castillo
Estafeta
Calderería
San Agustín
Calle Compañía
Bajada de Labrit
Plaza de Toros
Iglesia San Nicolás
San Nicolás
San Antón
Navas de Tolosa
Taconera
Cuesta de Curtidores
Jarauta
Comisaría de Policía
Padre Moret
Parlament Navarra
Oficina Renfe
Estella
Palacio de Congresos y Auditorio "Baluarte"
Plaza del Baluarte
Avenida del Ejército
Avenida de Pío XII
Hermanos Imaz
Pl. de la Paz
Conde Oliveto
Plaza Príncipe de Viana
Avenida Baja Navarra
Plaza de las Merindades
Avenida San Ignacio
Avenida Carlos III
Arrieta
Amaya
Leyre
San Fermín
Ciudadela
Estación de Autobuses
Yanguas y Miranda
Avenida Zaragoza
Sangüesa
Plaza de la Cruz
Bergamín Francisco
Paulino Caballero
Tafalla
Plaza de los Fueros
Avenida Galicia
Estadio Larrabide
Vuelta del Castillo
Avenida Sancho el Fuerte
Julián Gayarre
Goroabe
Plaza Felisa Munárriz
Serafín Olave
Iñigo Arista
Ikastola Amaiur Hospital Navarra
Avenida de Guipúzcoa
Joaquín Beunza
Ochagavía
Trav. Bernardino Tirapu
Jusiarrocha
Carmen Baroja Nessi
Isaba
Río Arga
Ronda Obispo Barbazán

Der Weg verläuft weiter an der Hangflanke, unterquert die N-121 und gelangt nach gut 30 Min. zur mittelalterlichen Brücke über den Río Ulzama zur Santísima-Trinidad-Kirche in **Arre** ❻, einem Ortsteil von **Villava**.

i *Seit 900 Jahren nehmen die Hermanos Maristas in ihrem Konvent bei der **Iglesia de la Santísima Trinidad** (13. Jh.; Kirche der heiligen Dreifaltigkeit) Pilgernde auf. Ganz ohne Schnickschnack, aber mit viel Herzlichkeit und Pilger-Spirit. Das direkt anschließende **Villava** ist die Geburtsstadt von Spaniens großem Radsportler **Miguel Indurain** (*1964). Der fünfmalige Gewinner der Tour de France ist Ehrenbürger der Stadt, die ihm bereits ein Denkmal widmete und einen Platz nach ihm benannte.*

Ab nun wird der Camino städtisch. Übergangslos kommen wir der Hauptstraße folgend nach **Burlada** ❼ (30 Min.). Beim Kreisverkehr bei dem Eckhaus mit der Michelin-Werkstatt (Talleres Garysa) folgen wir dem gelben Pfeil nach rechts in die C/ Larrainzar und gehen nach dem zweiten Wohnblock nach links zur und über die N-121. Vor dem Gartencenter gehen wir rechts und dann links auf den baumbestandenen Fußweg neben dem Sträßchen (Camino de la Magdalena bzw. Carretera de Burlada). Anfangs erstrecken sich rechts von uns noch Felder, dahinter erhebt sich ein flacher Bergzug, dann bietet sich ein erster Blick, über Schrebergärten und Bäume hinweg, auf die mittelalterliche Silhouette Pamplonas. Über die **Puente de la Magdalena** ❽ (30 Min.; danach nach links zur Herberge Casa Paderborn) gelangt man durch den alten Befestigungsgraben direkt in die Altstadt und zum Rathaus von **Pamplona** ❾ (15 Min.).

i *Sechs riesige Stiere und sechs noch mächtigere Leitochsen, die mitten in engen Straßen durch eine weiß-rot gekleidete, dicht gedrängte Menschenge hetzen. Jeden Juli gehen diese Bilder anlässlich der **Sanfermines** in **Pamplona** um die Welt. Die Tradition der Stierläufe ist alt. Aber erst **Ernest Hemingway** machte sie mit seinem Roman »The Sun Also Rises« (dt. »Fiesta«, 1926) international bekannt. Im Mittelalter brachten die Hirten die Stiere noch ganz gesittet zum Stierkampf in die Stadt. Ab dem 16. Jh. machten sich junge Männer einen Spaß daraus, vor den Tieren herzurennen. 1856 tauchte der Name **Encierro** (etwa »Gehege«) auf, nach den Absperrungen entlang der 848,6 m langen Laufstrecke von der Plaza de Santo Domingo durch die Altstadt bis zur Stierkampfarena (als Ruta de los Encierros im Stadtplan grün eingezeichnet). Die für Mensch und Tier lebensgefährlichen Läufe sind jedoch nicht unumstritten.*
*Jeweils am 6. Juli um 12 Uhr verwandelt sich die Stadt mit dem Chupinazo, dem Abfeuern von Böllerraketen vom Balkon der **Casa Consistorial** (Rathaus, Fassade 18. Jh.), in einen euphorischen Hexenkessel. Aufwendige Prozessionen, zahlreiche Konzerte, prächtige Feuerwerke und viel Folklore stehen auf dem Programm der Sanfermines (sanferminespamplona.es). Vom 7. bis zum 14. Juli gibt es um 8 Uhr einen Encierro.*

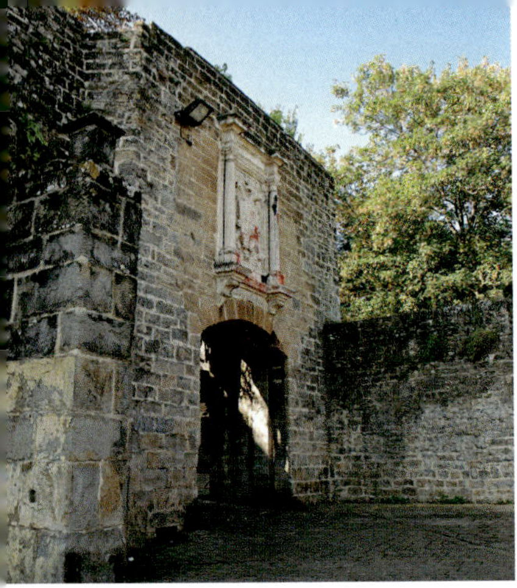

Portal de Francia.

Namensgeber der Fiesta ist der aus Pamplona stammende hl. Firmin, Pfarrer in Toulouse und später erster Bischof Pamplonas. Am 25. Sept. 303 wurde er in Amiens (Frankreich) geköpft, im 12. Jh. brachten französische Einwanderer seine Gebeine nach Pamplona. Die Reliquien befinden sich in der ***Iglesia de San Lorenzo*** *in der* ***Capilla de San Fermín*** *(8.15–12.30 und 17.30–20.30 Uhr, auf capillasanfermin.com Infos zu Gottesdiensten). Die Feierlichkeiten zu Ehren des Heiligen fanden anfangs noch um den 10. Oktober statt, im 16. Jh. wurden sie in den wärmeren Juli verlegt. Jeweils am Wochenende um den 25. Sept. wird mit dem Altstadtfest* ***Sanfermin Txikito*** *(kleiner Sanfermin) an den Todestag des Heiligen erinnert.*

Der römische Feldherr Pompeius (Gegenspieler von Julius Cäsar) nannte die um 75 v. Chr. gründete Stadt Pompeiopolis, daraus wurde Pampaelo. Es folgten Eroberungen durch die Westgoten (5. Jh.), die Franken (6. Jh.) und schließlich die Araber (732). Bereits 755 endete die maurische Herrschaft. Im Jahr 778 ließ Karl der Große, nach einem missglückten Feldzug gegen die Araber bei Zaragoza, die baskische Festung schleifen, damit sie nicht in die Hände der maurischen Verfolger falle. Die folgende Schlacht am Ibañeta-Pass ging im Rolandslied in die Geschichte ein. Ab 905 formierte sich das Königreich Navarra mit Pamplona (baskisch Iruña) als Hauptstadt.

Die Pilger betreten das Altstadtviertel ***Navarrería*** *durch das* ***Portal de Francia*** *(auch* ***Zumalacárregui*** *genannt). Ganz in der Nähe erhebt sich die wuchtige* ***Catedral de Santa María la Real****. Hinter der Fassade aus dem 18. Jh. verbirgt sich ein*

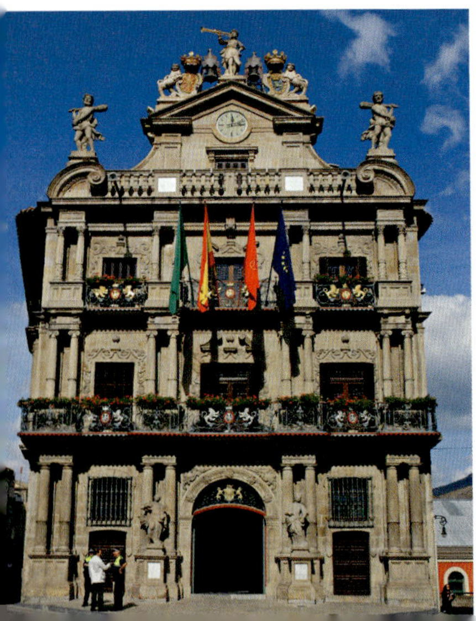

Das Rathaus von Pamplona.

schöner gotischer Kirchenbau aus dem 15. Jh. Die Stifter der Kathedrale, das Königspaar Carlos III., der Noble, und Leonora de Trastámara, sind im Chor in alabasternen Sarkophagen (um 1420) bestattet. Bemerkenswert sind das Chorgestühl (um 1530) und der Hauptaltar in der Capilla Mayor. Durch ein prunkvoll vergoldetes Portal gelangt man vom rechten Seitenschiff in einen der schönsten Kreuzgänge (Claustro) Spaniens (Bauzeit 1286–1419). Hohe gotische Bögen verleihen ihm eine lichte Eleganz. Neben dem Kreuzgang befindet sich das **Museo Diocesano**, das u. a. einen französischen Reliquienschrein vom Heiligen Grab sowie ein Lignum Crucis, angeblich ein Stück des Kreuzes Jesu, besitzt (Kathedrale, Museum und Kreuzgang: Ende März–Ende Okt. Mo–Sa 10.30–19 Uhr, Ende Okt.–Ende März Mo–Sa 10.30–17 Uhr; Einlass bis je 1 Std. vorher; 5 €, Pilger 3 €; catedraldepamplona.com).

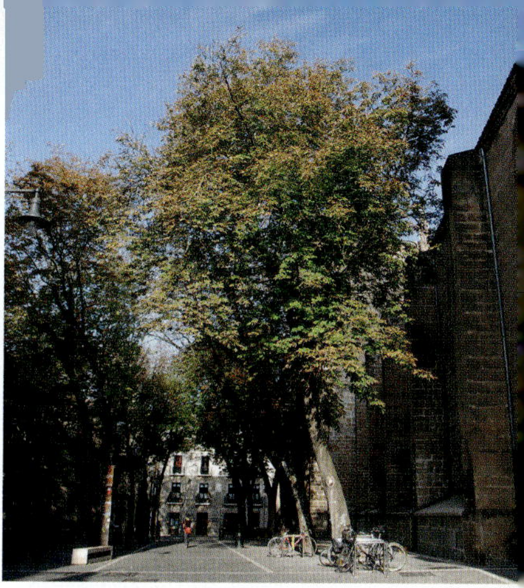

Platz an der Nordseite der Kathedrale.

Einen schönen Eindruck von der **Altstadt** erhält man bei einem Bummel durch die Straßen zwischen dem Rathaus und der Kathedrale und über die Reste der Stadtmauer. In den Arkaden rund um die **Plaza del Castillo** laden zahlreiche Restaurants und Cafés zum Verweilen ein. Bis zur Fertigstellung der neuen **Ciudadela** (Zitadelle, erbaut zwischen 1571 und 1645) befand sich hier die Stadtfestung.

Der 280.000 m^2 große **Park** um die Ciudadela ist eine der beliebtesten Grünflächen Pamplonas. Sehenswert ist südwestlich davon (rechts des Jakobswegs) der im Stil eines traditionellen japanischen Gartens angelegte **Parque de Yamaguchi**. Dort befindet sich auch das **Planetarium** (Pamplonetario, pamplonetario.org).

Kulinarisches: Die schönste Tradition der Pamplonesen ist **Ir de Pintxos**, d. h., beim Kneipenbummel (besonders in der C/ Estafeta, rund um die Plaza del Castillo und westlich davon in der C/ San Nicolás) möglichst viele der fantasievollen Häppchen-Kreationen (andernorts Tapas genannt) zu probieren. Allein schon bei den üppigen Auslagen in den Vitrinen läuft einem das Wasser im Mund zusammen …

Oficina de Turismo: C/ San Saturnio 2, Tel. +34 948 420 700, Juli–15. Sept. tgl. 10–14 u. 15–19 Uhr, 16. März–Juni u. 16. Sept.–Okt. Mo–Sa 10–14 u. 15–18 Uhr, So 10–14 Uhr, Nov.–15. März Mo–Sa 10–14 u. 15–17 Uhr, So 10–14 Uhr, www.pamplona.es.

4 Pamplona – Puente la Reina

6.30 h	24,1 km
↗450 m	↘650 m

Ohne Pardon über den Puerto del Perdón

Pamplona ist erfreulich schnell und angenehm durchquert. Mit dem 770 m hohen Puerto del Perdón, dem Pass des Verzeihens, wartet aber schon die nächste Hürde. Der Aufstieg ist jedoch weniger schlimm, als es den Anschein haben mag. Von der Passhöhe bietet sich bei klarem Wetter eine wunderbare Aussicht. Danach wandern wir durch eine wunderbar weite, sanft gewellte Landschaft nach Puente la Reina mit seiner hübschen Alstadt.

Der Weg: Bis Cicur Menor einfach, erst Asphalt, danach meist Feldwege und Wanderpfade. Mittelschwerer, längerer Anstieg auf den Alto del Perdón (770 m), der Abstieg ist auf 1 km Länge recht steil und steinig. Danach wieder einfach.
Kritische Stellen: Keine.
Variante: In Muruzábal zweigt links ein Sträßchen zur Iglesia de Santa María de Eunate ab (45 Min., von dort in 45 Min. nach Obanos oder in 1 Std. Puente la Reina, vgl. Etappe 6, Camino Aragonés)
Hinweis: An ausreichend Wasser und Sonnenschutz denken!

Ab Pamplona (448 m, 205.800 EW)

4,6 km → **Cizur Menor** (460 m, 2400 EW)

Iglesia Parroquial Mo–Fr 19.30 Uhr, Sa 20 Uhr, So 11, 13, 20 Uhr

KH **Alb. Orden de Malta**, 27 B/7 €. Malteserorden, Tel. +34 616 651 330 (keine Reservierung). Geräumig, Küche, Frühstück, Getränkeautomat. 12–22 Uhr, Mai–Sept. ordendemalta.es

6,3 km → **Zariquiegui** (633 m, 160 EW)

So 11.30 Uhr

2,4 km → **Alto del Perdón** (770 m)

ca. Ostern–Mitte Okt. Imbisswagen

3,8 km → **Uterga** (485 m, 170 EW)

TH **Alb. Camino del Perdón**, 16 B/15 € (5 DZ, Preis auf Anfrage). Tel. +34 690 841 980 (WhatsApp). W/T, Bar/Rest. (Abendessen nur für Übernachtungsgäste). Check-in 12–19.30 Uhr, März–Okt. caminodelperdon.es

TH **Alb. Casa Baztán**, 24 B/14 € MF (DZ 45 € MF). Tel. +34 948 344 528 und +34 689 357 550 (nur WhatsApp). Küche, Bar/Rest., gemeins. Abendessen, W/T, Garten; großer Schlafsaal. Check-in 12–20.30 Uhr, ganzjährig.

2,5 km → **Muruzábal** (443 m, 260 EW)

1,7 km → **Obanos** (418 m, 920 EW)

19 Uhr

Hostal Rural Mamerto, Tel. +34 649 139 611

2,8 km → **Puente la Reina** (348 m, 2900 EW)

Igl. del Crucifico So/Fei 11 Uhr, Igl. de Santiago tägl. 19.30 Uhr

C/ San Pedro, Tel. +34 948 348 003

TH **Alb. Hotel Jakue**, 20 B + 18 B Glamping/20–25 €. 500 m vor dem Ort. Tel. +34 948 341 017. W/T; Abendessen, Frühstück. Check-in 14–20 Uhr, Ostern–Okt. jakue.com

KH **Alb. Padres Reparadores**, 94 B/9 €. Ortsanfang. Tel. +34 663 615 795 (Reserv. per WhatsApp). Küche, W/T. Großherberge, schöner Garten. Check-in 12–20 Uhr (Winter 14–18 Uhr), ganzjährig. dehonianospuentelareina.es

TH **Alb. Gares**, 40 B/15 € (1 DZ 55 €). C/ Cortes de Navarra 11, Tel. +34 722 198 134. Küche, Waschm.; Frühstück. Neu, viel Platz. Check-in 12–15 u. 17–19 Uhr, April–Okt. alberguegares.com

- TH **Alb. El Puente**, ◎◎◎, 32 B/ab 16 € (DZ 43 €). Paseo de los Fueros 57, Tel. +34 661 705 642. Küche, W/T, schöne Terrasse. Check-in 12–18 Uhr, April–Nov. alberguepuente.com
- PH **Alb. Estrella Guía**, ◎◎◎, 12 B/20 € (DZ ab 50 €, 3er-Zi. 70 €). C/ Población 2, Tel. +34 622 262 432. W/T; Frühstück. Check-in 13–20 Uhr, Jan.–Ende Dez.
- TH **Alb. Santiago Apóstol**, ◎◎◎, 72 B/15 € (2er-Kabine 35 €, für 1 Person 25 €). Außerhalb gelegen, 650 m ab Ortsmitte. Tel. +34 948 340 220 und +34 631 309 064 (WhatsApp). W/T, Pool, Bar/Rest. Check-in 12–19 Uhr, Ostern–15. Okt.

Vom Rathaus von **Pamplona** ❶ gelangen wir über die C/ Mayor rasch zum Zitadellenpark. Danach geht es auf der C/ Fuente del Hierro zur **Universität** ❷ (gut 30 Min.). Beim Kreisverkehr vor dem Parkplatz halten wir uns rechts, gehen dann nach links über die alte Brücke und auf dem Fußweg neben der Landstraße nach **Cizur Menor** ❸ (gut 30 Min.).

*i Die festungsartige romanische **Iglesia de San Miguel Arcángel** am Ortsanfang von **Cizur Menor** (bask. Zizur Txikia) war einst Teil eines Klosters des Johanniterordens, dessen Mönche ab dem 12. Jh. hier Pilgernde betreuten. Sehenswert sind das Kirchenportal aus dem 13. Jh. sowie der schlichte Kirchenraum. Die den Märtyrern Emeterio und Celedonio geweihte **Iglesia Parroquial** in der Dorfmitte zeigt ein schönes romanisches Portal aus dem 12. Jh.*

Danach verläuft der Weg erst flach in der Ebene, ehe er langsam als Feldweg ansteigt. Schon von Weitem ist der Windpark auf dem Bergkamm zu sehen. Vorbei an den Ruinen des Burgpalastes der Grafen von Guenduláin (15. Jh.) auf einem Hügel rechts erreichen wir das am Hang der Sierra de Perdón liegende **Zariquiegui** ❹ (1.45 Std.; Kirche 13. Jh.). Dann steigt der Weg nach rechts an der Bergflanke hinauf zum **Alto del Perdón** ❺ (45 Min.) mit oft fotografierter Pilgerskulptur und wunderbarer Aussicht.

*i Eine buntgemischte Pilgertruppe aus Metal stemmt sich auf der luftigen Passhöhe des **Alto del Perdón** gegen den Wind. Daneben erinnert ein Gedenkstein an die Kapelle und das Pilgerhospital Nuestra Señora del Perdón (auch de Astrain). Kurz unterhalb des Passes entspringt die **Fuente de la Reniega** (dt. Quelle der Verleugnung oder des Fluchs). Der Legende nach bot der Teufel hier einigen Pilgern zu trinken an, so sie Gott, die Heilige Jungfrau oder zumindest den heiligen Jakob verleugneten. Fromme Pilger lehnten das Angebot freilich entschieden ab.*

Der Abstieg ist anfangs befestigt, dann sehr steinig und steil. Nach

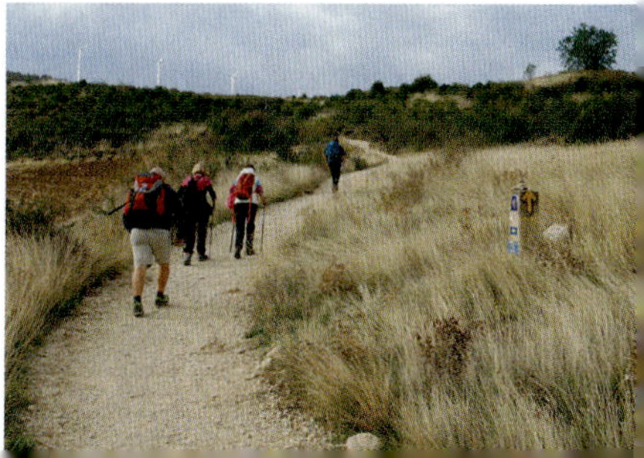

Am Aufstieg zum Alto de Perdón

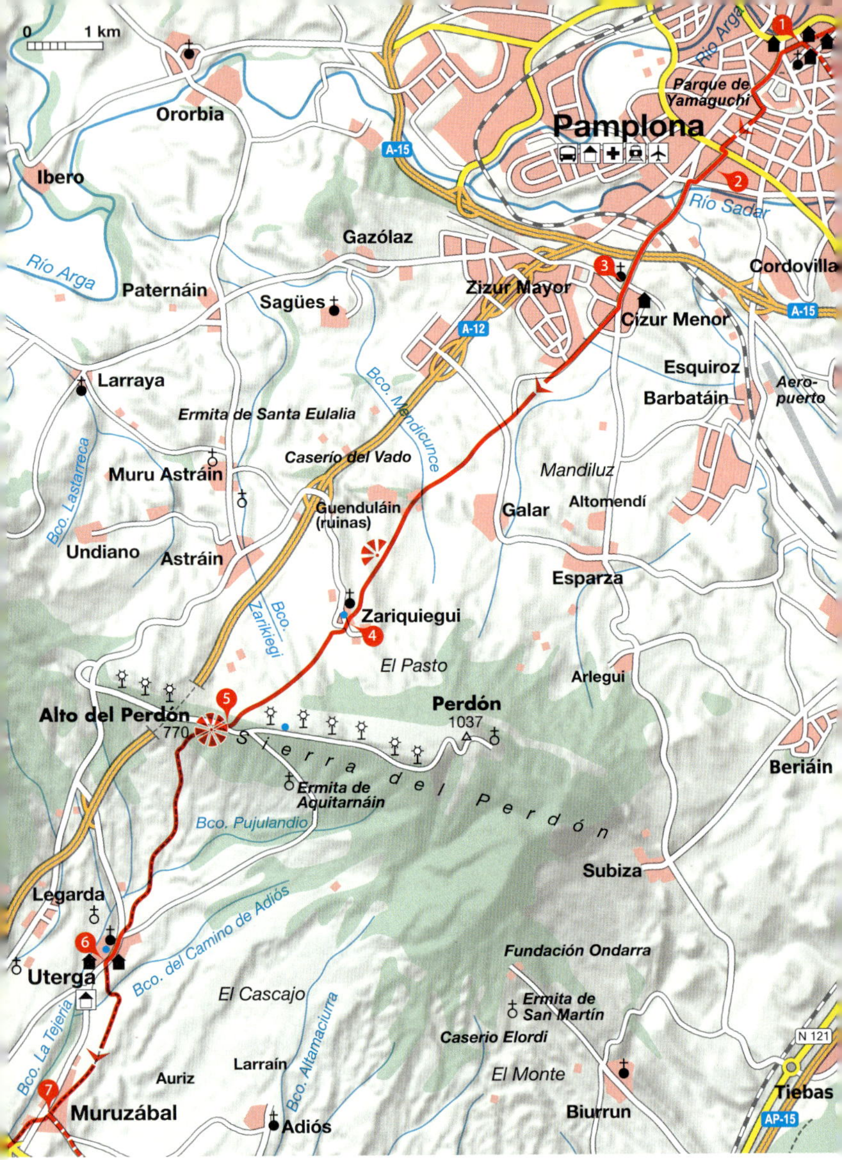

0
1 km
Pamplona
Parque de Yamaguchi
Río Arga
Río Sadar
A-15
A-12
Ororbia
Ibero
Gazólaz
Río Arga
Paternáin
Sagües
Zizur Mayor
Cizur Menor
Cordovilla
Esquiroz
Barbatáin
Aero-
puerto
Larraya
Ermita de Santa Eulalia
Bco. Mendicunce
Caserío del Vado
Mandiluz
Muru Astráin
Bco. Lastarreca
Guenduláin
(ruinas)
Galar
Altomendi
Undiano
Astráin
Esparza
Bco. Zarikiegi
Zariquiegui
El Pasto
Arlegui
Alto del Perdón
770
Perdón
1037
Sierra del Perdón
Ermita de Aquitarnáin
Beriáin
Bco. Pujulandio
Subiza
Legarda
Bco. del Camino de Adiós
Fundación Ondarra
Uterga
El Cascajo
Ermita de San Martín
Bco. La Tejería
Bco. Altamaciurra
Caserio Elordi
N 121
Auriz
Larraín
El Monte
Tiebas
Muruzábal
Adiós
Biurrun
AP-15

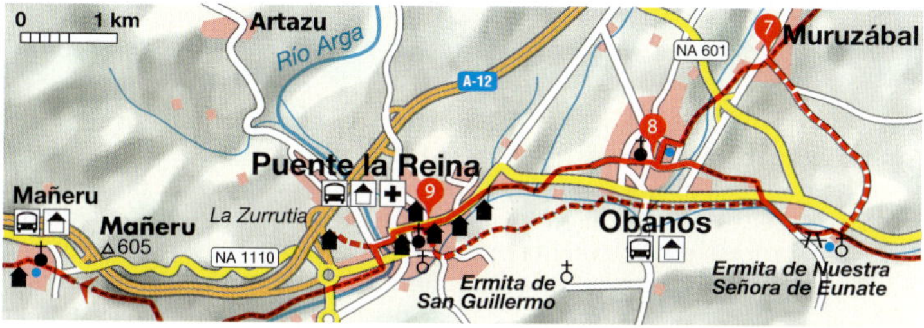

gut 1 km bringt uns ein angenehmer Weg nach **Uterga** ❻ (knapp 1.15 Std.) und **Muruzábal** ❼ (gut 30 Min.). Im Ort zweigt links ein Sträßchen zur **Iglesia de Santa María de Eunate** ab (vgl. Variante). Geradeaus geht es nach **Obanos** ❽ (30 Min.)

*i Sowohl **Obanos** als auch Puente la Reina nehmen für sich in Anspruch, der Treffpunkt von Camino Aragonés mit der Roncesvalles-Route zu sein – ein bisschen stimmt wohl beides. Obanos besaß im 12./13. Jh. eine der ältesten demokratischen Einrichtungen Spaniens: die **Junta de Infanzones**, ein gewählter Rat aus Mitgliedern des Klerus, des Niederadels, Landwirten und Händlern. Er fungierte als Gericht und vertrat die Bürgerrechte gegenüber der Monarchie – bis diese die Institution wieder abschaffte. Alle zwei Jahre wird der gesamte Ort zum Freilufttheater: Unter Beteiligung fast aller rund 900 Dorfbewohner wird das **Misterio de Obanos**, die Geschichte des adligen Geschwisterpaares Felicia und Guillermo, aufwendig nachgespielt. Nach einer Wallfahrt nach Santiago de Compostela entsagte Felicia dem irdischen Titel und Reichtum und ging ins Kloster. Als sie sich Guillermos Befehl, heimzukehren und zu heiraten, widersetzte, tötete er sie. Doch aus Reue pilgerte auch er nach Santiago, wurde bekehrt und lebte fortan als frommer Einsiedler in der **Ermita de Arnotegui** auf einem Berg nahe Obanos. Auch wer kein Spanisch versteht, dürfte an der lebendigen Darstellung im mittelalterlichen Ambiente von Obanos Gefallen finden (nächste Termine: Juli 2024 und 2026).*

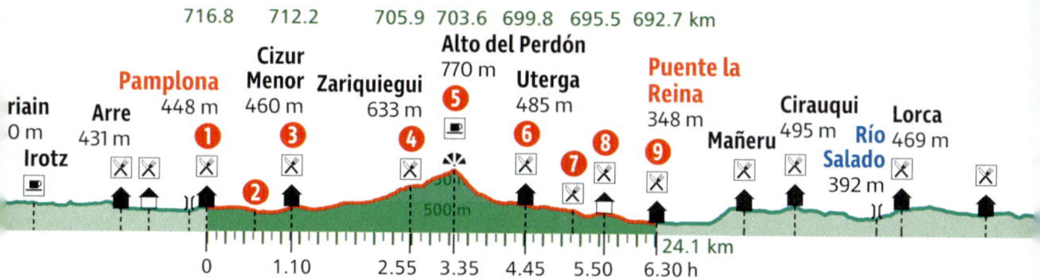

Der Schädel Guillermos wird als Reliquie in einer silbernen Nachbildung aufbewahrt. Jeden Gründonnerstag werden mit ihm Wasser und Wein gesegnet, indem beides durch den Schädel gegossen wird.

Wir verlassen Obanos links an der Kirche vorbei. Danach nicht links die Straße bergab, sondern rechts an der Hausfront entlang und auf einem Pfad bergab. Unten überqueren wir die Straße und kommen durch Schrebergärten zum **Hotel Jakue** (mit Herberge). Vorbei an der Herberge der Padres Reparadores geht es rechts in die C/ del Crucifijo und geradeaus zum Hauptplatz im Zentrum von **Puente la Reina** 9 (knapp 45 Min. ab Obanos). (Zur Herberge Santiago Apóstol geradeaus und über die mittelalterliche Brücke, danach das Sträßchen schräg rechts hoch; 20 Min.)

i *Brücken (sp. puente) sind für uns heute selbstverständlich. Im Mittelalter waren sie Luxus. Ab Mitte des 11. Jh. konnten die Pilgernden bei* ***Puente la Reina*** *den Río Arga gefahrlos auf der geschwungenen Brücke überqueren. Der Beiname Königin (Reina) soll auf die königliche Stifterin zurückgehen. Das Stadtrecht und die attraktiven Privilegien lockten Händler und Handwerker an. Wer konnte, eröffnete sein Geschäft direkt am Pilgerweg. Bis heute zieht sich die Calle Mayor schnurgerade durch die gesamte Altstadt zur Brücke. Anfang des 19. Jh. soll ein auf Baskisch* ***Txori*** *genanntes Vögelchen das damals auf der Brücke stehende Marienbildnis regelmäßig mit Flusswasser gereinigt haben.*
Die ehemalige Templerkirche ***Iglesia del Crucifijo*** *(11. Jh., April–Okt. Mo–Fr 9–20 Uhr, Sa/So 10–20 Uhr; Winter bis 18 Uhr; Messe So/Fei 11 Uhr) ist nach dem ungewöhnlichen Kruzifix in Y-Form (12./13. Jh.) benannt. Es soll eine Schenkung rheinländischer Pilger sein. Dieses und ein zweites in Carrión de los Condes sind die einzigen dieser Art in Spanien. Im Ortszentrum ist in der* ***Iglesia de Santiago*** *(12.–14. Jh., im 16. und 18. Jh. umgestaltet) die Skulptur des* ***Santiago Beltza****, des »schwarzen« Jakobus, wegen seiner dunklen Gesichtsfarbe, zu sehen (tgl. 10.30–19.30 Uhr).*
Fiesta und Markt: *24.–29. Juli große Patronatsfeier zu Ehren von Santiago. Letztes Septemberwochenende* ***Jahrmarkt*** *und* ***Carrera de Layas*** *(Stelzenwettlauf auf Heugabeln).*
Kulinarisches: *Sept.–Anfang Dez. werden auf dem Markt am Stadtrand vor allem* ***Pimientos del Piquillo*** *verkauft. Die in urigen »Feuertrommeln« oder auf dem Grill gerösteteten Paprikaschoten verströmen einen rauchig-aromatischen Duft.*

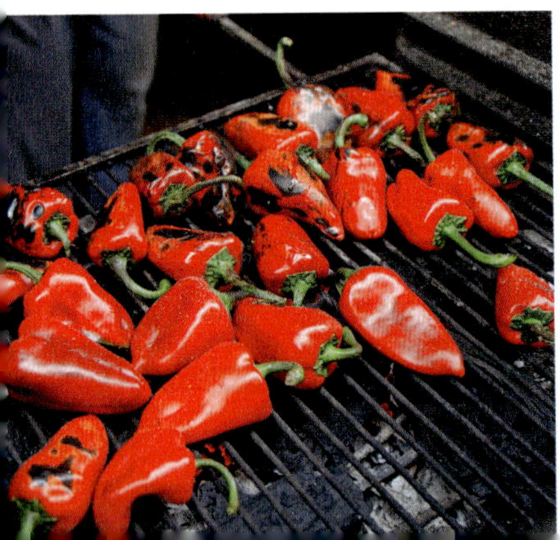

Auf dem Paprikamarkt.

5.45 h	21,5 km
↗ 400 m	↘ 320 m

Puente la Reina – Estella-Lizarra

5

Weinfelder und mittelalterliche Dörfer

Heute zeigt sich Navarra von seiner ländlichen Seite: Der Camino führt uns durch ein reizvolles Hügelland, das mit seinen Wäldern und üppig wucherndem Buschwerk fast mitteleuropäisch anmutet, wären da nicht die durchaus mediterranen Olivenplantagen und Weinberge am Wegesrand. Dörfer wie Mañeru oder Cirauqui entführen uns ins Mittelalter. Lediglich die nahe Autobahn trübt das Wandererlebnis etwas.

Der Weg: Mittelschwer. Vorwiegend Feldwege und (teils steinige) Pfade in stetem Auf und Ab. Wenig Schatten.
Kritische Stellen: Keine.
Hinweis: Im neueren Zentrum von Estella-Lizarra (nördlich des Wegs, jenseits des Flusses) gibt es Läden, Bars, Restaurants und weitere Unterkünfte.

Ab Puente la Reina (348 m, 2900 EW)
4,7 km → **Mañeru** (450 m, 440 EW)

- TH **Alb. El Cantero**, ◎◎◎, 26 B/15 € (1 EZ 45 €, 3 DZ 50 €). Tel. +34 948 342 142. Küche, Garten, Bar, Mahlzeiten; Andachtskapelle. 14–22 Uhr, März–Okt. albergueelcantero.com

2,7 km → **Cirauqui** (495 m, 470 EW)

So 11 Uhr

- PH **Alb. Cirauqui Casa Maralotx**, ◎◎◎, 26 B/15–17 € (2 DZ 66–68 €, als EZ 60 €). Tel. +34 678 635 208, reservas@alberguemaralotx.com. W/T, Bar, Mahlzeiten. Check-in 13–20 Uhr, Ende März–Anfang Okt. alberguecirauqui.com

5,7 km → **Lorca** (469 m, 130 EW)

- PH **Alb. de Lorca**, ◎◎◎, 12 B/14 € (DZ 32 €). Tel. +34 948 541 190. Küche, W/T; Bar/Rest. Einfach, aber nett. Ganztags, 15. März–Okt.
- PH **Alb. Bodega del Camino**, ◎◎◎, 26 B/16,50 € (EZ 45–65 €, DZ 55–75 €). Tel. +34 948 541 327. W/T, Küche, gemeins. Abendessen, Frühstück. Check-in bis 21 Uhr, Ostern–15. Okt.

4,5 km → **Villatuerta** (422 m, 1300 EW)

So 12 Uhr

+ C/ Otzalder, Tel. +34 948 536 007

- PH **Alb. La Casa Mágica**, ◎◎◎, 34 B/18 € (DZ 70 €). Nach der Brücke rechts. Tel. +34 948 439 689 und +34 602 259 283 (WhatsApp). W/T, keine Stockbetten, gemeins. Abendessen, Frühstück, kleiner Pool; charmantes altes Herrenhaus. Check-in 12–20 Uhr, April–10. Juni und 20. Aug–15. Okt. alberguelacasamagica.com
- TH **Alb. Etxeurdina**, ◎◎◎, 8 B/18 € (3 DZ 55 € MF). Tel. +34 621 267 282 (WhatsApp; Reservierung empfohlen). Küche, W/T; Frühstück. Check-in 13–20 Uhr, 18. März–13. Okt. (Juli/Aug. je 3 Tage geschl.). etxeurdina.com

3,9 km → **Estella-Lizarra** (420 m, 14.200 EW)

Igl. San Pedro de la Rúa So 12.30 Uhr; Igl. des San Juan Mo–Fr 19 Uhr, Sa/So 20 Uhr (jeweils mit Pilgersegen)

+ Paseo de la Inmaculada, Tel. +34 948 556 350

- TH **Alb. La Hostería de Curtidores**, ◎◎◎, 32 B/18 € (EZ 45 €, DZ 55 €). Ortsanfang, am Weg. Tel. +34 663 613 642. W/T, Küche (1 €), Frühstück. Check-in 11–18 Uhr, ganzjährig. lahosteriadelcamino.com
- VH **Alb. Anfas**, ◎◎◎, 24 B/10 €. C/

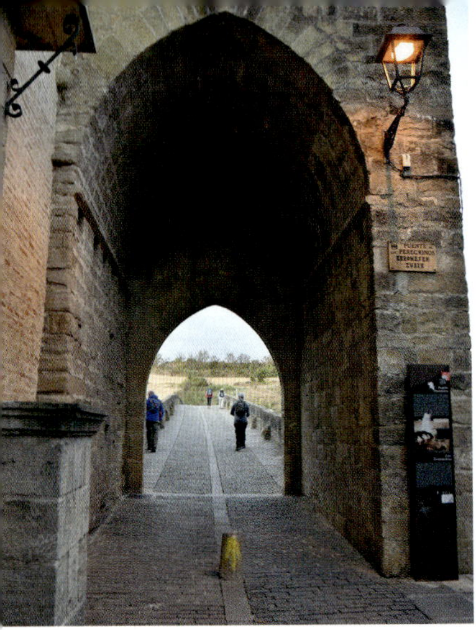

Blick durch das alte Stadttor auf die berühmte Brücke von Puente la Reina.

Cordeleros 7 (kurz vor SH Wegweiser nach rechts). Verein zur Unterstützung geistig beeinträchtigter Personen, die auch die Pilger betreuen, Tel. +34 639 011 688 (Reservierung). Küche, W/T. 12–22 Uhr, 10. Mai–22. Sept. alberqueanfas.org

- SH **Hospital de Peregrinos**, 78 B/8 €. Am Weg. Tel. +34 948 550 200 (keine Reservierung). Mikrowelle, W/T; etwas beengt. 12–22 Uhr, Mitte Jan.–Mitte Dez. caminodesantiagoestella.org
- TH **Ágora Hostel**, 20 B/19–21 €. C/ Callizo de Pelaires 3 (jenseits des Flusses, nahe Iglesia de San Miguel Arcángel), Tel. 681 346 882 (WhatsApp). Küche, W/T; Kojenbetten; Frühstück. Check-in 13–19 Uhr, März–Okt. agora-hostel.com
- KH **Alb. Parroquial San Miguel**, 28 B/Spende. Nahe Ágora Hostel. Tel. +34 654 480 239. Küche, Frühstück; Waschm., Terrasse, Garten. Ab 13 Uhr, April–Okt.
- TH **Alda Estella Hostel**, 34 B/ ab 12 € (24 DZ ab 40 €, 1 EZ ab 35 €). Plaza de Santiago (westlich von Parroquia de San Miguel), Tel. +34 948 030 137. W/T, Küche; Betten etwas eng gestellt. Ganztags, ganzjährig. aldahotels.es
- TH **Alb. de Capuchinos Rocamador**, 20 B/14 € (DZ 36 und 48 €). Mit Weg durch die Altstadt, nach 1. Kreisverkehr li. hoch, Tel. +34 948 550 549. W/T, Küche; Garten. Check-in 12–20 Uhr, März–Dez. alberguescapuchinos.org
- **Camping Lizarra**. 2 km südllich der Stadt. Tel. +34 948 551 733. campinglizarra.com

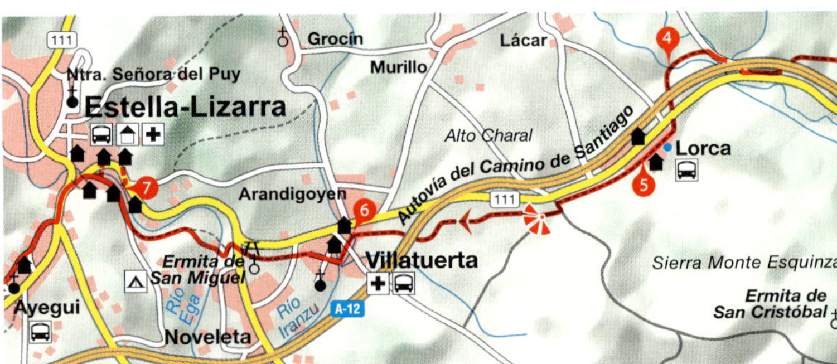

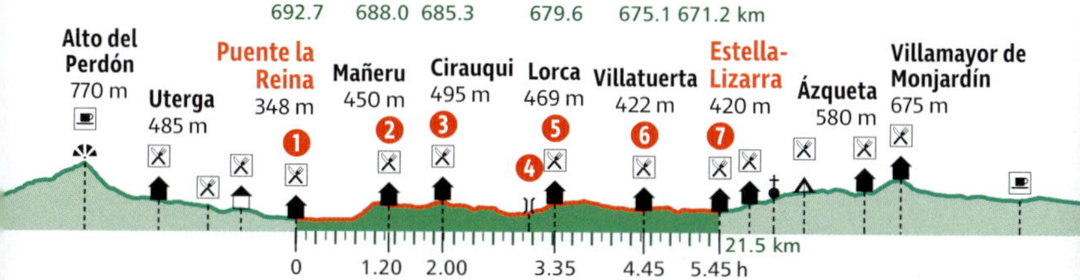

Wir verlassen **Puente la Reina** ❶ über die berühmte Brücke, wenden uns am Ende nach links und schlagen nach rechts einen Fahrweg zwischen dem Río Arga und der N-111 in Richtung Logroño ein. Nach einem längeren Flachstück beginnt nach rechts oben ein recht steiler Aufstieg in Richtung Autobahn. Oben schlagen wir nach links den Kiesweg neben der Autobahn ein und gelangen nach **Mañeru** ❷ (gut 1.15 Std.; am Ortseingang Pilgerkreuz, 16. Jh.). Durch Getreidefelder und Weinberge wandern wir nach **Cirauqui** ❸ (knapp 45 Min.). Schon von Weitem hebt sich das kegelförmige, mittelalterlich anmutende Dorf vom Horizont ab. Im Ort geht es steil hinauf zum Rathausplatz (im Durchgang: WC; nach rechts: zur Herberge und zur Igl. de San Román, 13. Jh., Portal dem der Igl. de Santiago von Puente la Reina nachempfunden).

Nach dem Dorf geht es auf einem kurzen, aber sehr unbequemen Rest einer alten Römerstraße (»Calzada Romana«) hinunter zur verfallenen Römerbrücke und über steile Treppenstufen wieder hoch. Dann überqueren wir die Autobahn nach rechts. In stetem Auf und Ab wandern wir durch Felder und Weinberge. Dann nach links unter der Autobahn (A-12) hindurch, ein kurzes Stück neben der alten Nationalstraße und nach rechts erneut unter der A-12 durch. Wir folgen dem Pfad links der Straße und achten nach 500 m auf den Abzweig links zur zweibogigen mittelalterlichen Brücke

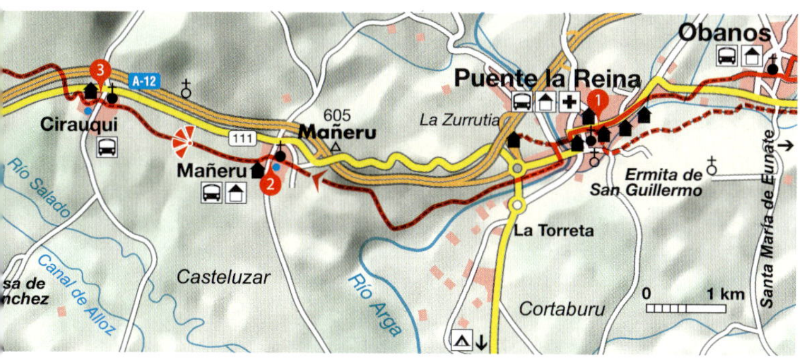

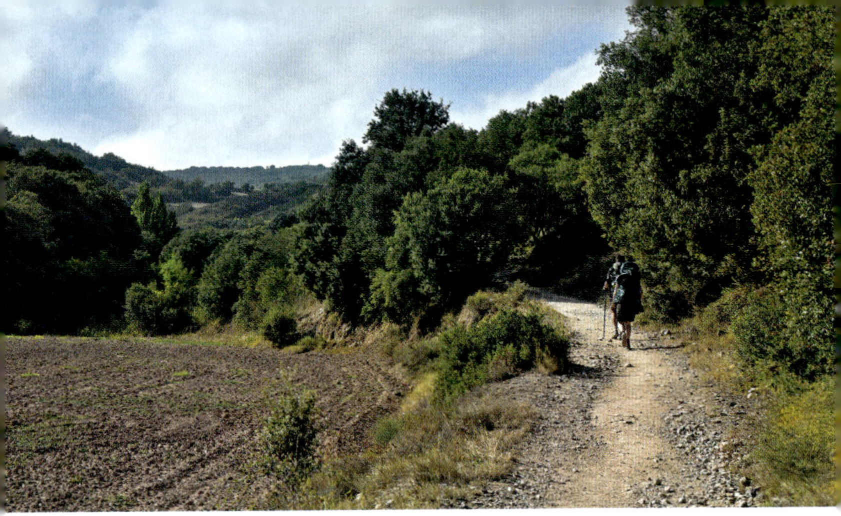

Üppiges Grün verschönert den Aufstieg nach Lorca.

über den **Río Salado** ❹ (knapp 1.15 Std.; dt.: salziger Fluss). Im Codex Calixtinus heißt es, das giftige Wasser töte »jedes Pferd auf der Stelle«. Danach nehmen wir den Aufstieg in Angriff. Kurz nach der Autobahnunterführung auf den Abzweig des Fußwegs links achten! Dieser bringt uns hinauf nach **Lorca** ❺ (30 Min.). Im Ort laden der schattige Dorfplatz mit kühlem Brunnenwasser und kleine Bars zum Verweilen ein. Danach verläuft der Weg ein Stück neben der N-111, bis er sich wieder links auf einem Feldweg von ihr entfernt. Nach Südwesten bietet sich ein schöner Blick auf den 1044 m hohen Montejurra. Nach einer gemütlichen Wanderung durch flaches Gelände gelangen wir in den kleinen Ort **Villatuerta** ❻ (1.15 Std.).

ⓘ *Die einst romanische **Iglesia de la Asunción** in **Villatuerta** wurde nach der Zerstörung 1378 im gotischen Stil wieder aufgebaut. Einen schönen Kontrast zum schlichten Kirchenraum mit dem eleganten Deckengewölbe bildet der goldverzierte Hauptaltar (Mitte 17. Jh.). Die **Ermita de San Miguel** (10. Jh.) kurz hinter Villatuerta gehörte einst zu einem Kloster.*

Von Villatuerta leiten uns bequeme Feldwege in das Tal des Río Ega und nach **Estella-Lizarra** ❼ (knapp 1 Std.).

ⓘ *Zu Beginn des Jakobswegs wurde nichts dem Zufall überlassen. Im Jahr 1090 verlieh König Sancho Ramírez **Estella** (baskisch **Lizarra**) die Stadtrechte, rief vor allem französische Siedler in den am Río Ega gelegenen Ort und lenkte den ursprünglich weiter südlich verlaufenden Pilgerweg um. Die Maßnahmen zeigten Wirkung, im 13. Jh. war der Reichtum der*

Stadt nur mit Burgos vergleichbar. Die vielen zivilen und religiösen Prachtbauten brachten Estella Beinamen wie »Toledo des Nordens« und »Estella, die Schöne« (Estella la bella) ein. Aimeric Picaud lobte Estella im Codex Calixtinus als gastfreundliche Stadt, in der es »gutes Brot, exzellenten Wein und Fleisch und Fisch im Überfluss« gibt. Während des Unabhängigkeitskriegs im 19. Jh. ging der Stern Estellas jedoch unter.
Die einschiffige, frühgotische **Iglesia del Santo Sepulcro** (14. Jh.). am Ortseingang ist bis auf das schöne Portal in bedauernswertem Zustand, seit 1881 dient sie nicht mehr als Kirche. Prunkbau Estellas ist die spätromanische **Iglesia San Pedro de la Rúa**, seit 1256 die Hauptkirche der Stadt. Eine elegante Treppe führt zum über der Stadt thronenden Gotteshaus empor. Sehenswert sind das Kirchenportal (13. Jh.) und der Kreuzgang (12. Jh.; ungefähre Zeiten: Mo–Fr 10–13 (Sa ab 11 Uhr) und 17–19 Uhr, So 11–13.30 Uhr, Okt.–Feb. evtl. nur 30 Min. vor Messe geöffnet: Messe: Mo–Sa 19 Uhr, So/Fei 12.30 Uhr; Information zu Führungen: visitarestella.com oder in der Oficina de Turismo). Ein schönes romanisches Portal ziert die **Iglesia de San Miguel** (12.–14. Jh.). Der **Palacio de los Reyes de Navarra** (spätes 12. Jh., früher Königspalast, heute **Museo Gustavo de Maeztu**) ist das einzige Beispiel ziviler romanischer Architektur in Navarra (April–16. Okt. Di–Sa 9.30–13.30 u. 16–19 Uhr, So/Fei 11–14 Uhr, 17. Okt.–Mai Di–Sa 9.30–13.30 Uhr, So/Fei 11–14 Uhr, Eintritt frei). Daneben, auf der Plaza San Martín, sprudelt der Renaissancebrunnen **Fuente de los Chorros** (16. Jh.). Der **Palacio del Gobernador** (17. Jh.; ehemaliger Regierungspalast) beherbergt das **Museo del Carlismo**, das sich der Zeit des Karlismus (19. Jh. bis 1939) widmet (Di–Sa 10–14 und 16–19 Uhr, So/Fei 11–14 Uhr, 2 €).

Feiertage: Ab dem 1. Freitag im Aug. einwöchige Patronatsfeiern (San Andrés), u. a. mit Kuhtreiben, dem Baile de Era (Folkloretanz), der La Pañuelada (Umzug des Stadtrats).

Kulinarisches: Rocas del Puy (mit Schokolade überzogene geröstete Haselnüsse), Conchas del Camino (Jakobsmuscheln aus Schokolade).

Oficina de Turismo: C/ San Martín 4, häufig wechselnde Zeiten, Kernzeiten Mo–Sa 10–14 und 15.30–18.30 Uhr, So ganzjährig 10–14 Uhr, estellaturismo.com.

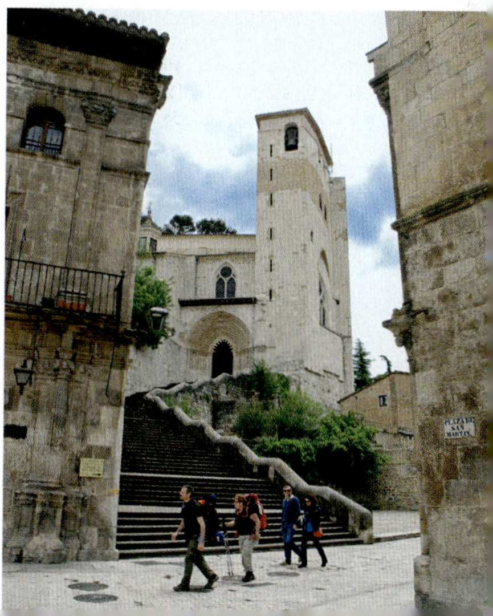

San Pedro de la Rua.

6 Estella-Lizarra – Torres del Río

7.00 h | 29,1 km | ↗ 470 m | ↘ 430 m

Weinbrunnen, Weinfelder und ein achteckiges Kirchlein

Was als Werbegag gedacht war, ist längst ein Klassiker am Jakobsweg: Ob für ein Foto oder um sich einen Schluck Wein vom Hahn zu zapfen, der kleine Zwischenstopp am Weinbrunnen von Irache gehört einfach dazu. Danach warten eine abweschslungsreiche Landschaft und das letzte Highlight des Tages: das rund 900 Jahre alte achteckige Kirchlein in Torres del Río.

Der Weg: Anfangs welliges Gelände und steilerer Anstieg nach Villamayor de Monardin. Danach einfach. Meist breite, ebene Kieswege. Wenig Schatten.
Kritische Stellen: Keine.
Hinweise: 1. Am Ortsausgang von Estella gibt es ein Decathlon-Sportgeschäft. 2. Zwischen Villamayor de Monjardín und Los Arcos steht nach 6 km während der Saison evtl. eine Imbissbude, dennoch an Wasser und Proviant denken!
Variante: Nach dem Kloster von Irache zweigt links die Variante »Los Arcos via Luquín« ab (Muscheln, gelbe Pfeile; ca. 1 km kürzer, 200 Hm mehr Auf- und Abstieg). Sie führt durch Luquín (Herberge, Bar, Freibad) und trifft nach der Autobahn auf den Hauptweg. Ayegui–Luquín 8 km, Luquín–Los Arcos knapp 11 km.

Ab Estella-Lizarra (420 m, 14.200 EW)
1,5 km → **Ayegui** (477 m, 2500 EW)

SH **Alb. San Cipriano**, ◎◎◎, 44 B/12 €. In Sporthalle links des Wegs. Tel. +34 948 554 311 (Reserv.). Küche, W/T. 13–22 Uhr, immer außer 25. Dez. und 1. Jan.

2,8 km → **Camping Iratxe** (570 m)

▲ **Camping Iratxe**, Tel. +34 948 555 555

3,1 km → **Ázqueta** (580 m, 50 EW)

PH **Casa de Peregrinos La Perla Negra**, ◎◎◎, 8 B/nur HP 45 €. Tel. +34 627 114 797. Normale Betten, Waschm.; veg. Essen. Vorab informieren, ob offen.

1,8 km → **Villamayor de Monjardín** (675 m, 120 EW)

Mi/Fr 9.30 Uhr, So 13 Uhr

TH **Alb. Villamayor de Monjardin**, ◎◎◎, 20 B/14 € (2er-Zi. 40 €). Tel. +34 948 537 139. W/T, Küche, Abendessen, Frühstück. Check-in 12–20 Uhr, März–10. Nov.

CH **Alb. Oasis Trails**, ◎◎◎, 21 B/12 € (1 Zi. als EZ 35 €, als DZ 40 €, als 3er-Zi. 45 €). Niederländische protestantische Stiftung Oasis Trails, Reserv. Tel. +34 623 428 216, albergue@oasistrails.org. Schöner Altbau, schöner Blick von der Terrasse. Gemeins. Abendessen, Früh-

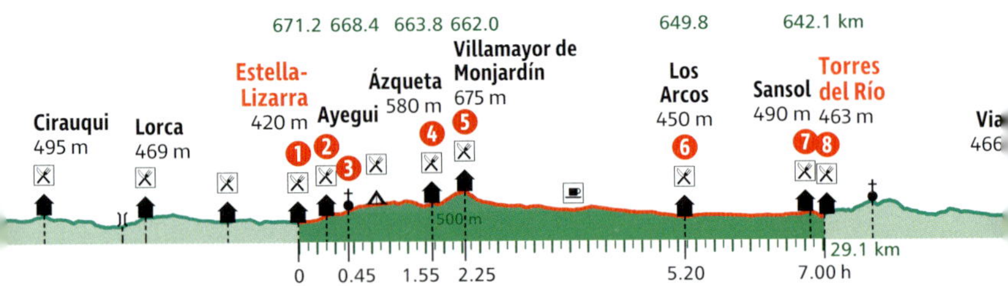

stück; 20.30 Uhr Jesus-Meditation. 14–22 Uhr (Mi und So 15 Uhr), April–Okt. albergueoasistrails.com

12,2 km → Los Arcos (450 m, 1100 EW)

Igl. de Santa María Mo, Do, Sa 20.15 Uhr (Winter 19.30 Uhr), So ganzjährig 13 Uhr

C/ del Peso 4, Tel. +34 948 640 860

PH **Alb. La Fuente/Casa de Austria**, 45 B/12 €. Am Weg. Tel. +34 948 640 797 und +34 622 184 325 (WhatsApp). Küche, W/T; Frühstück. Innenhof, Kamin. Check-in 12–19 Uhr, März–Okt. lafuentecasadeaustria.com

PH **Alb. Casa de la Abuela**, 28 B/15 € (4 DZ 40–50 €). Pl. de la Fruta 8, Tel. +34 630 610 721. W/T, gemeins. Abendessen, Frühstück. 13–22 Uhr, März–Okt. casadelaabuela.com

SH **Alb. Isaac Santiago**, 70 B/8 €. Ortsausgang. Flämischer Jakobswegverein, Tel. +34 948 441 091 (keine Reserv.). Küche, W/T; viel Platz (alte Schule), Garten. 12–22 Uhr, Ostern–Okt.

6,9 km → Sansol (490 m, 90 EW)

TH **Alb. Sansol**, 26 B/12 €. Tel. +34 948 648 473. Dorfhaus, Innenhof. W/T, Bar/Rest. 6–22 Uhr, Ostern–Okt.

TH **Alb. Palacio de Sansol**, 28 B/11–15 € (DZ 50 €). Alb. Tel. +34 617 641 852. Alter Barockpalast. Küche, Waschm. März–Okt. palaciodesansol.com

Casa Rural El Olivo, Tel. +34 649 750 815. elolivodesansol.com

0,8 km → Torres del Río (463 m, 120 EW)

Mo, Mi, Fr 11–12 Uhr

TH **Alb./Hostal rural San Andrés**, 20 B/15 € (EZ 55 €, DZ 70 €, 3er-Zi. 105 €). Tel. +34 692 179 692 (WhatsApp). W/T, Bar/Rest. Check-in 13–18 Uhr, März–Nov. sanandreshostal.com

PH **Alb. Casa Mariela**, 42 B/15 €. Tel. +34 948 648 251 und +34 640 516 620. W/T, Bar/Rest., Laden. Check-in 12.30–18 Uhr, März–Nov.

TH **Alb. La Pata de Oca**, 34 B/15–20 € (EZ 80 €, DZ 80–90 €). Tel. +34 948 378 457. W/T, Abendessen, Frühstück, Terrasse, kl. Pool. Check-in 12–21.30 Uhr, ganzjährig. alberguelapatadeoca.com

Variante ab Ayegui:

8,2 km → Luquín (608 m, 130 EW)

TH **Alb. Casa Tiago**, 14 B/13 € (1 DZ 40 €). Tel. +34 626 240 862. Küche, Waschm., Frühstück. 12–22 Uhr, ganzjährig. alberguecasatiago.com

13,2 km → Los Arcos (450 m, 1100 EW)

Wir verlassen **Estella** ❶ geradeaus und gelangen übergangslos nach **Ayegui** ❷ (knapp 30 Min.). Gut 200 m nach der Herberge schräg links, nach der Kirche (davor: WC) über die N-111 und nach rechts zum Weinbrunnen kurz vor dem **Kloster Irache** ❸ beim gleichnamigen Weingut (20 Min.).

*Das **Monasterio de Santa María la Real de Irache** (bask. Iratxe, bzw. iratze, Farn) ist eine der ältesten kirchlichen Institutionen Navarras, erst 1985 wurde das Kloster aufgegeben. Vermutlich gab es hier schon im 8. Jh. eine Mönchsgemeinschaft, die erste schriftliche Erwähnung stammt aus dem Jahr 958. Seine Blütezeit erlebte der Konvent Ende des 11. Jh., als Abt Veremundo hier eines der ersten Pilgerhospitäler am Jakobsweg gründete und ihm sein ganzes Leben widmete. Heute ist der heilige Veremundo Schutzpatron des Jakobswegs in Navarra. Der monumentale Klosterbau vereint Romanik (Hauptportal und Portal de San Pedro), Renaissance (der 32 x 37 m große Kreuzgang) und Barock (Kirchenfassade). Ein Teil-*

bereich begerbergt ein ethnographisches Museum. (Besichtigung Kloster: April–Okt. Mi–So 10–13.30 und 16–19 Uhr, Nov.–März Mi–So 10–13.30 und 16–18 Uhr, Eintritt durch die Kirche; Messe: So/Fei 11 Uhr.)

Das ehemalige Klosterweingut ***Bodegas Irache*** *erfand in den 1990er-Jahren den Weinbrunnen (****Fuente de Vino****). Er soll an die alte Tradition anknüpfen, nach der die Pilger mit einem Schluck Wein im Kloster empfangen wurden (Weinverkauf im Weinmuseum/Museo del Vino, Mi–So 9–14 und 16–19 Uhr; Führungen durch das Weingut: Mi–Sa 12 Uhr; nur mit Anmeldung Tel. +34 948 551 932, irache.com).*

Beim Kloster folgen wir dem leicht ansteigenden Fußweg und gehen beim Schild »Los Arcos 17,9 km« rechts (geradeaus: Variante). Wir überqueren die Nationalstraße und passieren den **Campingplatz** (20 Min.). Etwas bergan, durch ein Wäldchen und bergab erreichen wir **Azqueta** 4 (gut 45 Min.). Dann folgt ein kurzer, aber steiler Aufstieg vorbei am Brunnen Fuente de los Moros (13. Jh.) nach **Villamayor de Monjardín** 5 (30 Min.).

i *Auffällig ist in* ***Villamayor de Monjardín*** *der barocke Kirchturm der romanischen* ***Iglesia de San Andrés*** *(12. Jh.; offen). Über dem Ort thront auf dem 894 m hohen* ***Pico de Monjardín*** *die Ruine der Wehrburg (10. Jh.). Die* ***Bodega Castillo de Monjardín*** *ist für ihre Weißweine bekannt.*

Wir verlassen Monjardín bergab in südliche Richtung. Nach gut 20 Min. findet sich links ein Hinweis zu einer Bar (»200 m«, tatsächlich gut 500 m) und zur Herberge in **Luquín** (gut 1 km). Anfangs sind wir noch nahe der

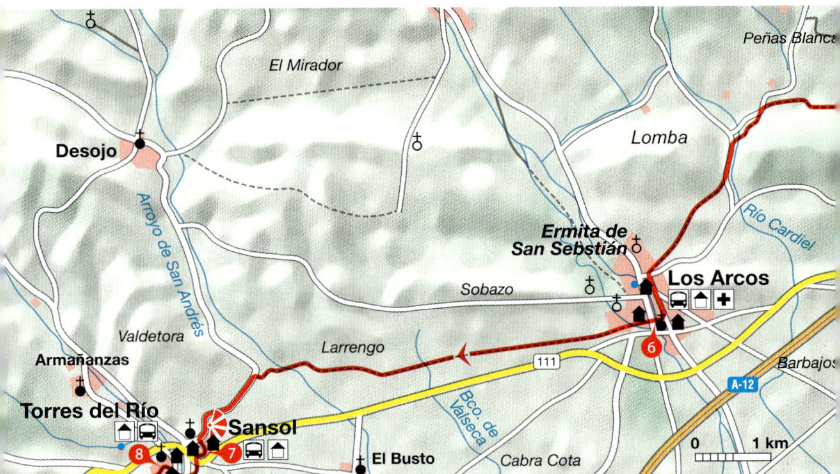

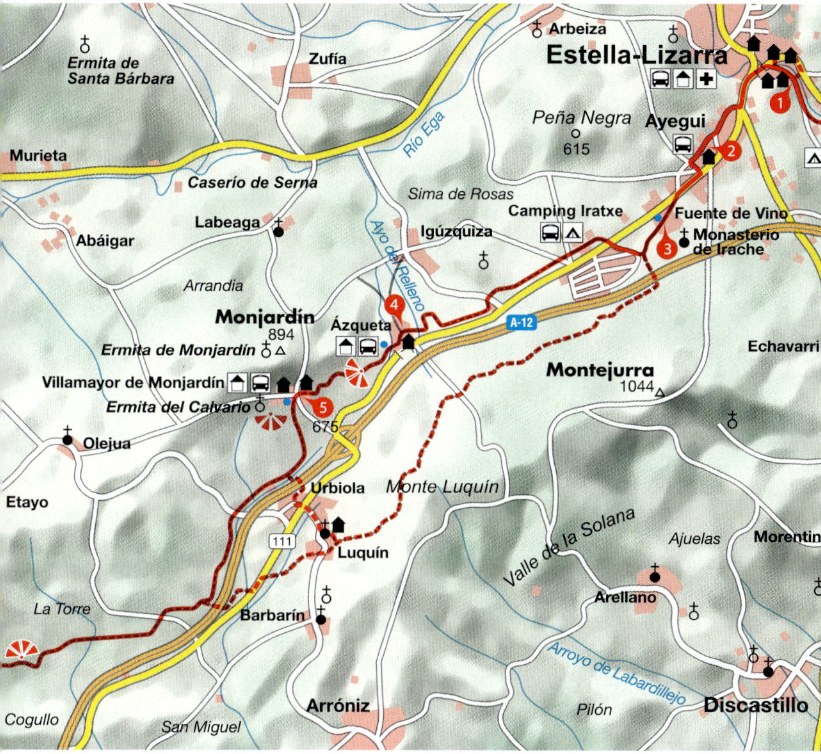

Autobahn, dann wandern wir über breite, einsame und gut markierte Feldwege durch eine sanft hügelige Landschaft mit Getreidefeldern, Weinbergen und Wäldern. Je nach Jahreszeit wechselt das Farbenspiel von frischen Grüntönen im Frühjahr und Sommer zu erdigen Brauntönen im Herbst und Winter. Nach insgesamt rund 3 Std. sind wir in **Los Arcos** **6**.

i *Das bedeutendste Bauwerk von **Los Arcos** ist die **Iglesia de Santa María** (12.–18. Jh.) am gleichnamigen zentralen Platz. Sie vereint Baustile von romanisch und gotisch bis zu barock. Sehenswert sind das platereske (mit fein gemeißelten Ornamenten verzierte) Kirchenportal, der gotische Kreuzgang, der aufwendig gestaltete Innenraum mit dem Chorgestühl aus dem 16. Jh., dem barocken Hochaltar und der Rokoko-Orgel (geöffnet: Mai–Okt. Mo–Sa 12–14 und 17–19.30 Uhr, So 17.30–19 Uhr; Audiogui-*

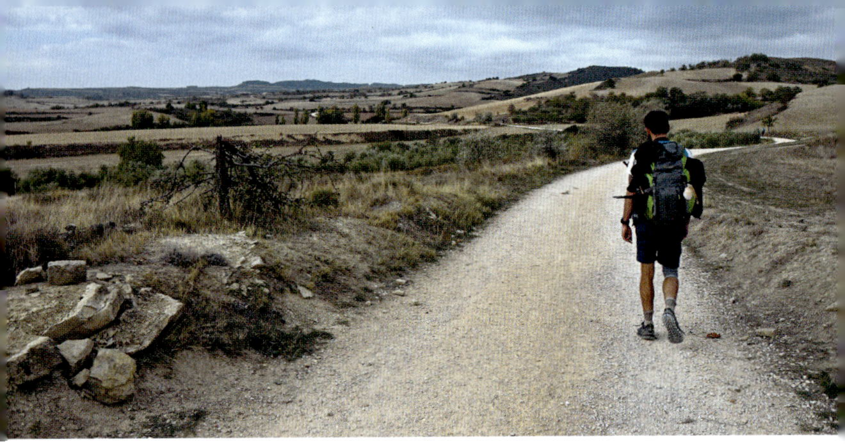

Die weite Landschaft kurz vor Sansol.

*de, Dauer 20 Min., 2 €). Bei den zivilen Bauten fällt unter den vielen herrschaftlichen Häusern besonders das **Ayuntamiento** (Rathaus, 18. Jh.) mit Barockfassade auf.*
***Feiertage:** Montag vor Pfingsten kleine Fiesta mit Stiertreiben und Straßenfest; 14.–20. Aug. Patronatsfeiern.*
***Kulinarisches:** Rosquillas de Los Arcos (in Olivenöl frittiertes Gebäck aus Mehl, Eiern, Zucker und Orangensaft).*

Weitgehend schattenlos wandern wir über Feldwege durch die sehr offene und recht ebene Landschaft. Den auf einer Anhöhe gelegenen Ort schon in Sichtweite, biegen wir links in eine wenig befahrene kleine Landstraße ein und wandern hinauf nach **Sansol** 7 (1.30 Std. seit Los Arcos). Von der Terrasse der Iglesia de San Zoilo (17. Jh.) hat man einen schönen Blick auf das unten am Río Linares liegende **Torres del Río** 8 (10 Min.). Ein Weg links der Nationalstraße führt uns durch ein kleines Tal in das Dörfchen.

i *In den kleinsten Dörfern verstecken sich zuweilen die größten Schätze. In **Torres del Río** ist es die **Iglesia del Santo Sepulcro** (Ende 12. Jh.). Obwohl es keine gesicherten Quellen gibt, wird die Heilig-Grab-Kirche dem Templerorden zugeschrieben. Wie Santa María de Eunate hat das turmartige Bauwerk einen achteckigen Grundriss. Der Innenraum ist von schlichter Schönheit. Nur durch wenige kleine Fensterschlitze fällt Licht in den schmucklosen hohen Raum. Die Kirchenkuppel mit den sternförmig zulaufenden Rippenbögen zeigt eindeutig maurische Einflüsse. Das Kreuz über dem Altar stammt aus dem 13. Jh. Die Kirche befindet sich im Originalzustand, lediglich während des Spanischen Bürgerkrieges wurden einige Gemälde und Wandsäulen entwendet (Besichtigung ca. 9–13 und 16.30–19 Uhr, Infos vor Ort, 1 €).*

5.15 h	20,0 km
↗ 330 m	↘ 420 m

Torres del Río – Logroño 7

Nüchterner Auftakt in der der Weinregion La Rioja

Bis Viana wäre es eine recht nette Etappe, wäre da nicht die Nähe zur Nationalstraße. Das kleine, aber feine Viana, die letzte Stadt in Navarra, lädt zu einer kurzen Pause ein. Danach empfängt uns die berühmte Weinregion La Rioja wenig romantisch mit dem Großraum von Logroño. Bei Wein und Tapas in der Altstadt ist aber auch das bald vergessen.

Der Weg: Mittelschwer bis einfach. Anfangs viel Auf und Ab auf großteils breiten Fahr- und Fußwegen, kurze Stücke an der Landstraße. Wenig Schatten, kein Brunnen. Ab Viana einfach, mit Beginn der Weinregion La Rioja rund 11 km bis weit hinter Logroño auf Asphalt.
Kritische Stellen: Keine.
Hinweis: Für die Strecke bis Viana an Wasser denken!

Ab Torres del Río (463 m, 120 EW)
10,6 km → **Viana** (466 m, 4400 EW)

Igl. de Santa María de la Asunción Mo–Sa 20 Uhr, So 12 Uhr
Plaza Oroz, Tel. +34 948 646 375

- PH **Alb. Izar**, 38 B/15 € (4 DZ 40 €). C/ El Cristo 6, Tel. +34 660 071 349. Küche, Snackautomaten, W/T. Recht geräumig, Terrasse. 12–22 Uhr, März–Okt. albergueizar.com
- CH **Hospital Santa María**, 16 M/ Spende. Pfarramt neben Kirche. Küche, gem. Abendessen mit Tischgebet. Klein, aber fein; Matratzenlager. 2024 wegen Renovierung geschlossen.
- SH **Alb. Andrés Muñoz**, 46 B/ 8 €. C/ San Pedro (mit Weg durch die Altstadt, dann Hinweis nach links). Küche, Essraum, W/T; Betten mit drei Etagen. 12–22 Uhr, 15. März–15. Okt., Tel. +34 948 645 530 (16. Okt–14. März: 13–16 Uhr, Tel. +34 681 129 035 16 –20 Uhr, Tel. +34 609 141 798).

9,4 km → **Logroño** (377 m, 150.600 EW)
alles, sowie:
Avda. de España, Tel. +34 941 235 983
Pl. de Europa, Tel. Renfe 912 320 320
siehe Kulturinfo ab S. 111
Hospital General de la Rioja, Avda. de Viana, Tel. +34 941 298 000

- PH **Alb. Albas**, 26 B/16 € (ein 2er-Zi. 48 €). Pl. Martínez Flamarique 4 (östl. des Wegs), Tel. +34 941 700 832. W/T, Mikrowelle. Check-in 13–17 Uhr, März–15. Dez. albasalbergue.com
- TH **Alb. Logroño Centro**, 18 B/ ab 10 € (nur für Gruppen) und ab 18 € (Apartmentes ab 20 €/Person). C/ Marqués de San Nicolás 31 (vor städtischer Herberge links durch die Tra-

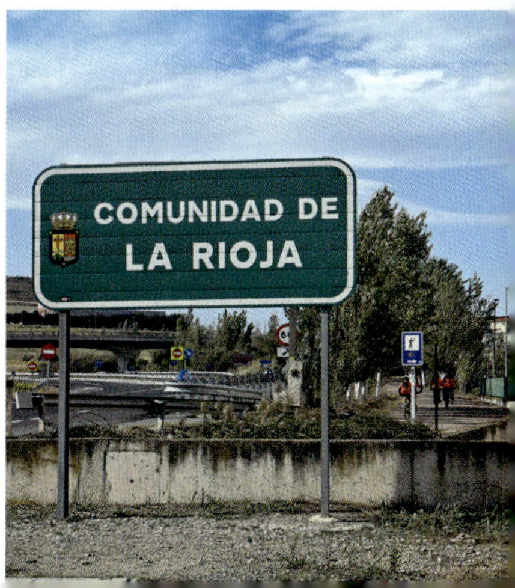

Wenig berauschend: der Beginn der Weinregion La Rioja.

vesía de Palacio), Tel. +34 678 495 109. Mikrowelle; modern und geräumig, aber keine W/T! 14–24 Uhr, ganzjährig. apartamentoslogronocentro.com

- S/VH, **Alb. Municipal de Logroño**, , 68 B/10 €. Rúavieja 32 (am Weg), Tel. +34 672 247 333 und +34 941 248 686 (keine Reservierung möglich). Küche, W/T; Bar/Rest, Terrasse; eigener Schlafsack obligatorisch. 13–22 Uhr, ganzjährig. asantiago.org
- TH **Hostel-Alb. Winederful**, , 40 B/ab 20 €. C/ Herrerías 2–14 (nahe Kathedrale), Tel. +34 600 904 703. Küche, Cafetería, Betten mit Privatsphäre, viel Platz; keine W/T! 15–22 Uhr, ganzjährig. winederful.es
- TH **Alb. Logroño–Pensión La Bilbaína**, , 30 B/ab 15 € (+ EZ/DZ, 3er- und 4er-Zi. mit Bad). C/ Capitán Gallarza 10 (nahe Kathedrale), Tel. +34 941 254 226. Küche, W/T; einfach, aber ordentlich. 10–22 Uhr, immer außer 25. Dez.–1. Jan.
- KH **Alb. Parroquial Santiago El Real**, , ca. 30 M/Spende. Am Weg in Iglesia de Santiago. Einfache Herberge im christlichen Sinn, Matratzenlager. Gemeins. Abendessen, Frühstück. 12 (Okt.–Juli ab 14)–22 Uhr, ganzjährig. santiagoelreal.org
- **Pensión Saint Mateo** (EZ ab 25 €, DZ ab 37 €), C/ Marqués de Murrieta 35, Tel. +34 620 63 71 91 pensionsaintmateo.com

Hinter **Torres del Río** 1 geht es zunächst auf eine Hochebene. Nach 45 Min. überqueren wir die N-111 nach rechts. Wenig später stehen unzählige Steinmännchen am Weg, gleich danach gelangen wir zur Kapelle der **Virgen del**

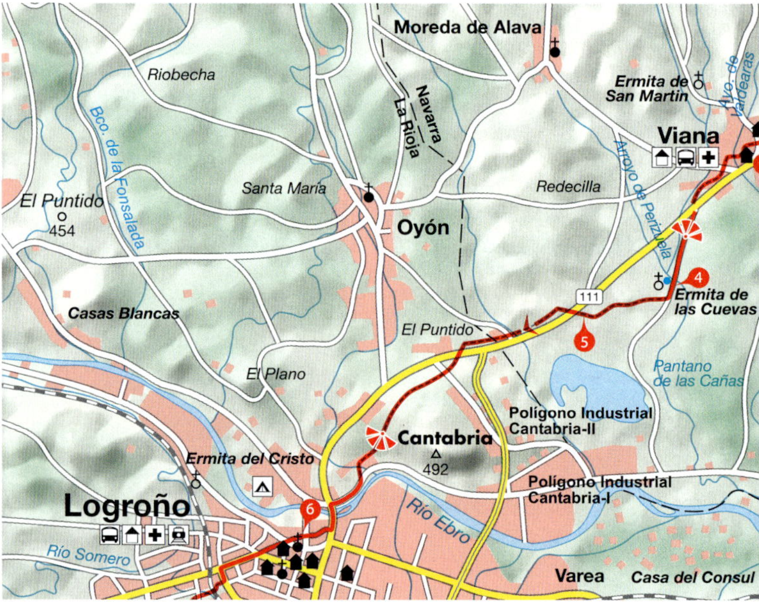

Poyo ❷ (auch: Ermita de Nuestra Señora del Poyo). Im 12. Jh. befand sich hier ein Pilgerhospital, die kleine Kapelle stammt aus dem 16. Jh. (im 19. Jh. restauriert). Der Legende nach scheiterten alle Versuche, die in der Kapelle verehrte Marienskulptur (14./15. Jh.) nach Viana zu bringen, sodass man sie an Ort und Stelle beließ. 1949 fiel sie jedoch einem Brand zum Opfer.
Nach der Kapelle gehen wir kurz neben der N-111 bergab und schlagen nach der Linkskurve den nach rechts ansteigenden Fußweg ein. Oben überqueren wir eine Landstraße, steigen auf dem teils recht steilen Weg in den Barranco de Cornava ab und wandern ein Stück durch das hübsche,

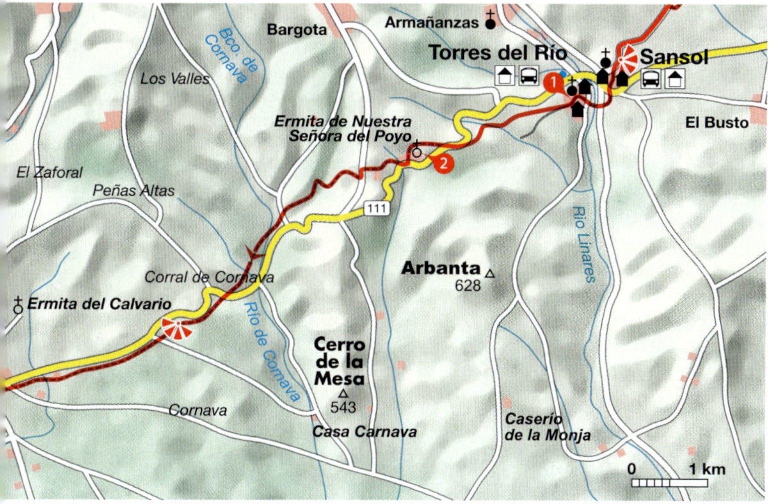

grüne Tälchen, ehe der Weg nochmals ansteigt. Erneut überqueren wir die N-111 und stoßen gleich wieder auf sie. Das Gelände ist nun flacher, dafür müssen wir nun mit einer kurzen Unterbrechung auf dem Randstreifen der viel befahrenen N-111 gehen, ehe uns ein Pfad links neben der Straße nach **Viana** ❸, der letzten Stadt Navarras, bringt (gut 2 Std. ab Virgen del Poyo).

ℹ *Kein geringerer als der Sohn eines Papstes fand im beschauliche Städtchen* ***Viana*** *seine letzte Ruhe: Anfang des 16. Jh. starb hier Cesare Borgia, Sohn des späteren Papstes Alexander VI. Sein Grab befindet sich in der* ***Iglesia de Santa María de la Asunción*** *(13.–18. Jh.; Besichtigung 30 Min. vor der Messe; Beginn vgl. »Infrastruktur« S. 107; Information zu Führungen im Fremdenverkehrsbüro, ggü. der Kirche). Im Mittelalter war die an der Grenze zu Kastilien liegende Stadt eine wichtige Station am Jakobs-*

weg. Im 15. Jh. wurde das Fürstentum Viana gegründet, dessen Oberhaupt bis heute die spanischen Thronfolger sind. Seit 2014 trägt Kronprinzessin Leonor den Titel Fürstin von Viana. Viele Barock- und Renaissancepaläste zeugen von Vianas wirtschaftlicher und kultureller Blütezeit vom 16. bis 18. Jh. Schönstes ziviles Gebäude ist das Rathaus (Casa consistorial) mit barocker Fassade (17. Jh.) am Kirchplatz. Die älteste Kirche der Stadt, Iglesia de San Pedro (13. Jh.), ist seit dem Einsturz 1844 eine Ruine. ***Fiesta:*** *Ende Juli Patronatsfeier Santa María Magdalena und Santiago.*

Die ersten Kilometer hinter Viana gestalten sich angenehm. Der Weg führt eben durch Schrebergärten, nach 45 Min. lädt bei der Kapelle **Virgen de las Cuevas** ❹ ein Rastplatz zum Verweilen ein (Brunnen vor dem alten Gebäudeteil). Kurz danach schwenkt der Weg nach rechts und führt gut 20 Min. später nach rechts durch ein Kiefernwäldchen zur **Fußgängerbrücke** ❺ über die N-111. Danach wandern wir rechts der N-111 und erreichen nach gut 15 Min. bei einer Industriehalle die Grenze zur **Autonomen Region La Rioja**. Hier beginnt ein asphaltierter Fußweg, der uns bis ins noch rund 4 km entfernte Logroño bringen wird. Der Weg unterquert die N-111 nach links und verläuft durch Felder bergauf und wieder bergab. Gut 30 Min. ab Beginn von La Rioja und kurz vor Erreichen der Stadtgrenze drückte viele Jahre lang Doña Felisa den schönen Stempel mit der Inschrift »Higos – agua y amor« (Feigen – Wasser und Liebe) in die Pilgerpässe. 2002 verstarb sie 92-jährig, danach übernahm ihre Tochter María bis zu ihrem Tod im Jahr 2021. Inzwischen setzt Felisas Urenkelin Patricia die Tradition in vierter Generation fort. Kurz danach gehen wir parallel zum Ebro und überqueren ihn nach links. Am Ende der Brücke gehen wir schräg rechts auf der Rua vieja in die Altstadt von **Logroño** ❻ (20 Min. ab Felisa).

Auf dem Weg nach Viana.

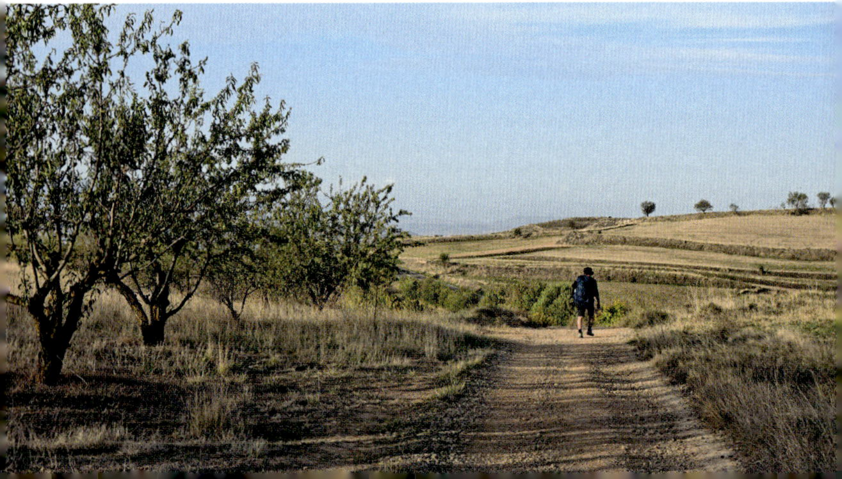

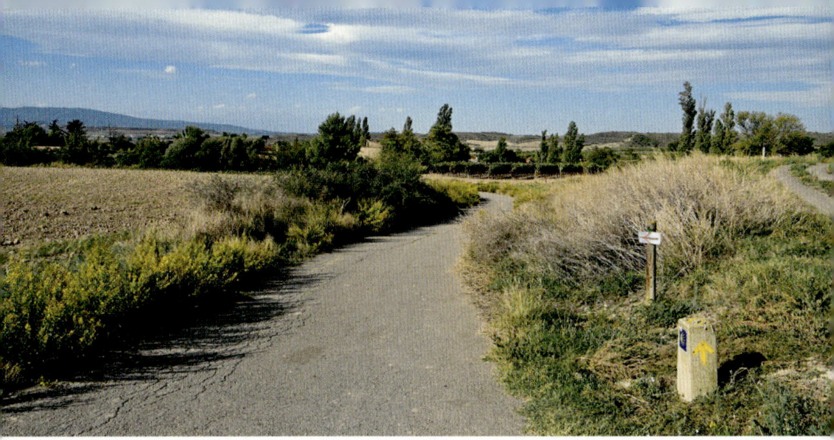

Hinter Viana verläuft der Camino bis Logroño eben durch die weite Landschaft.

i *»Hauptstadt der Weinregion La Rioja« klingt romantisch, auf dem Weg nach* ***Logroño*** *fällt aber vor allem der wenig idyllische Industriegürtel ins Auge. Als die Kelten und Römer an den Ufern des Río Ebro, des wasserreichsten Flusses Spaniens, siedelten, sah das noch ganz anders aus. Aus »gronio«, dem keltischen Begriff für Furt, soll der heutige Stadtname entstanden sein. Im 11. Jh. führte Sancho Ramírez, König von Aragón, den Jakobsweg durch die Stadt und gab damit die Initialzündung für den wirtschaftlichen und kulturellen Aufschwung.*

Zum Glück blieb die Altstadt von modernen Bausünden weitgehend verschont. Den einst mit dem Wein erworbenen Wohlstand merkt man ihr durchaus noch an. Am Zentralen Platz steht die ***Concatedral de Santa María de la Redonda*** *(16./18. Jh.) mit barocker Fassade. Interessant sind die zwei sehr schön geschnitzten Altäre (16./17. Jh.) und das Chorgestühl (16. Jh.); (tgl. 10–13 und 17–20 Uh; Bereich für Gottesdienste tgl. 8.30–13 und 17–21 Uhr; Gottesdienst tgl. 9, 11, 12 und 20 Uhr, So auch 10 und 13 Uhr; laredonda.org). Neben der städtischen Herberge steht die* ***Iglesia Imperial de Santa María de Palacio*** *(12./13. Jh.). Ihr spitzer, pyramidenförmiger Turm – »Aguja« (Nadel) genannt – ist das Wahrzeichen der*

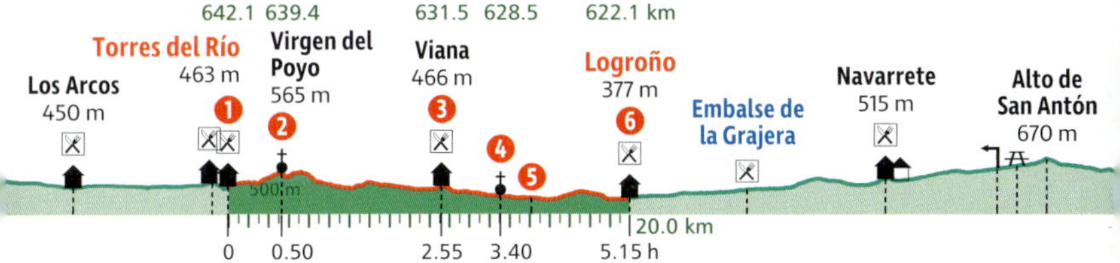

Stadt (tgl. 9–13.30 und 18.30–20.30 Uhr, Gottesdienst: Mo–Sa 9.30 und 19.45 Uhr, So 10 und 12 Uhr).

*Über dem Hauptportal der **Iglesia de Santiago el Real** (16. Jh.) reitet ein kämpferischer, wenn auch heute politisch nicht mehr korrekter Santiago Matamoros (Jakobus, der Maurentöter) auf seinem weißen Ross. In der Kirche ist er, weitaus friedlicher, als Pilger dargestellt (tgl. 8.15–13.15 und 18–20 Uhr; Gottesdienst: Mo–Sa 12 und 19 Uhr, So/Fei 10.30, 12.30 und 19.30 Uhr; santiagoelreal.org). Das riesige **Juego de la Oca** (Gänsespiel) auf dem Kirchplatz ist ein in Spanien bis heute sehr populäres Kinderspiel. Sein Ursprung wird u. a. mit dem Jakobsweg in Verbindung gebracht – ist es doch ebenso mühsam, das Spiel zu gewinnen, wie nach Santiago de Compostela zu pilgern.*

***Museen:** Das **Museo de la Rioja** widmet sich Kunst und Geschichte der Rioja von der Prähistorie bis zur Gegenwart. Es befindet sich im barocken Palacio del Espartero (18. Jh.) und einem neuen Gebäude (Plaza de San Agustín s/n, Mo–Sa 10–20.30 Uhr, So/Fei 10–14 Uhr, Eintritt frei; museodelarioja.es). Außerhalb, im Industriegebiet El Sequero, zeigt das **Museo Würth La Rioja** des deutschen Unternehmens Würth Werke zeitgenössischer und avantgardistischer Kunst (Di–Sa 10–19 Uhr, So 10–14.30 Uhr, Sonderöffnungszeiten auf museowurth.es unter »Visita«, Eintritt frei; Anfahrt mit Buslinie M7 (Logroño–Arrúbal), mehrmals täglich, Fahrzeit ca. 45 Min.).*

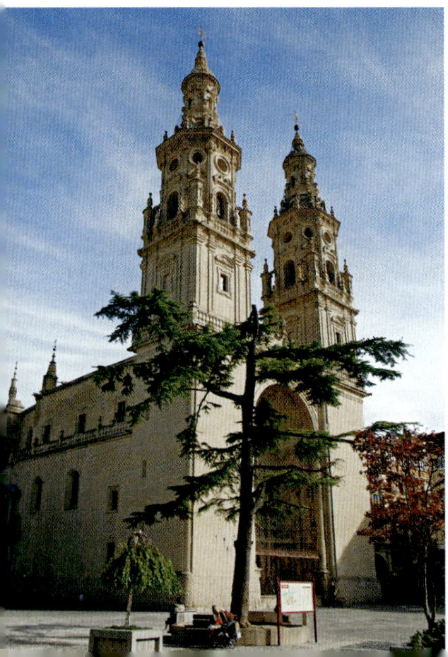

***Feiertage:** Um den 11. Juni werden beim **San Bernabé** Fisch, Brot und Wein verteilt. Davon ernährten sich die Einwohner Logroños während der französischen Belagerung 1521 – den Fisch angelten sie im Ebro, Wein gab es ohnehin im Überfluss – und machten sich so über die Franzosen lustig. Um 21. Sept. **San Mateo**, großes Fest zur Weinlese, das bis auf das 12 Jh. zurückgeht, seit 1956 trägt es den Beinamen **Fiestas de la Vendimia Riojana** (Weinlesefest der Rioja).*

***Kulinarisches:** Typisch sind **verduras** (Gemüse), **pimientos rellenos** (gefüllte Paprika), **chorizo** (Paprikawurst), **cordero** (Lamm) und natürlich **vino tinto**, Rotwein aus der Rioja. Beliebter Treffpunkt ist die **Calle Laurel** mit ihren vielen Tapas-Bars.*

Die Kathedrale von Logroño.

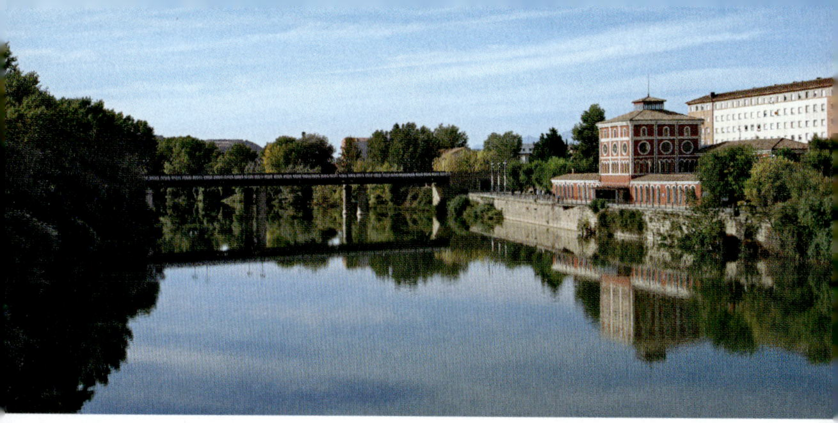

Der Río Ebro bei Logroño.

Punto de información turística Espacio Lagares: *C/ Ruavieja, April–Nov. tgl. 10–14 Uhr, 16–20 Uhr, Nov.–März Mi–Sa 10–13.30 und 17–19 Uhr, So 10–13 Uhr, logrono.es (Link »Temas – Turismo«), lariojaturismo.com und visitalogrono.com.*

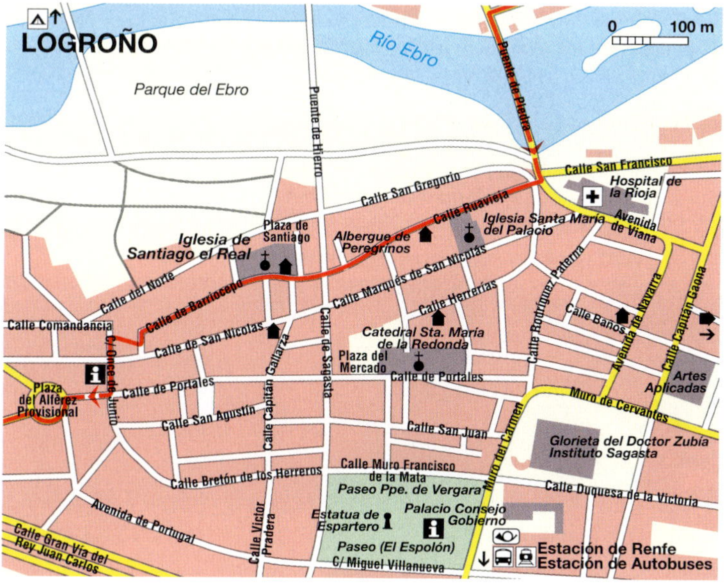

Die autonome Gemeinschaft La Rioja

Die Weinregion La Rioja ist eine der bekanntesten am Jakobsweg. Leider verweilen wir hier nur gut 60 km. Erst nach dem wenig malerischen Großraum Logroño beginnt ab dem Naherholungsgebiet La Grajera der ländliche Teil. Durch die von Weinbergen und roter Erde bestimmte Rioja Baja (Nieder-Rioja) geht es über Navarrete in die ehemalige Residenzstadt Nájera. In der Rioja Alta (Obere Rioja) treten die Weinberge zurück und die Getreidefelder um Santo Domingo de la Calzada geben einen Vorgeschmack auf die Weiten der kastilischen Meseta. Knapp 1150 m im Auf- und 750 m im Abstieg kommen in der Rioja auf das Pilgerkonto.

La Rioja (316.200 EW, 5046 km^2, 62,7 EW/km^2, Hauptstadt Logroño) ist praktisch ein Synonym für spanischen Wein. Zusammen mit der Landwirtschaft und der Konservenindustrie beschert er der Rioja, neben dem Baskenland und Navarra, eines der höchsten Pro-Kopf-Einkommen Spaniens. In der politischen Geschichte Spaniens war das kleine Agrarland nur ein Nebendarsteller. Nach langen Gebietsstreitigkeiten mit Navarra fiel es im 11. Jh. unter die kastilische Krone. Nach dem Ende der Franco-Diktatur wurde La Rioja 1982 eine eigenständige Autonome Gemeinschaft. Zur Herkunft des Namens gibt es verschiedene Theorien. Die gängigste lautet, er leite sich vom Fluss Río Oja (bei Santo Domingo de la Calzada, Etappe 9) ab.

Interessanter liest sich die 2000-jährige Erfolgsgeschichte des Weinbaus. Phönizier und Römer brachten den Wein in das sowohl vom atlantischen als auch vom mediterranen Klima begünstigte obere Ebrobecken. Erste schriftliche Zeugnisse stammen aus dem 11. Jh. Im Jahr 1102 erhielten die Rioja-Weine erstmals per Gesetz die offizielle Anerkennung. Auch bei der Entstehung des Schriftspanischen scheint der Wein eine gewisse Rolle gespielt zu haben. Rund 300 Jahre vor Martin Luthers Übersetzung der Bibel in deutsche Sprache verfasste der Laienpriester und Poet Gonzalo de Berceo im 13. Jh. im riojaner Kloster Yuso bei San Millán de Cogolla sein Werk »Die Wunder

Die zwei Gesichter der Region La Rioja: grüne Weinstöcke in der Rioja Baja …

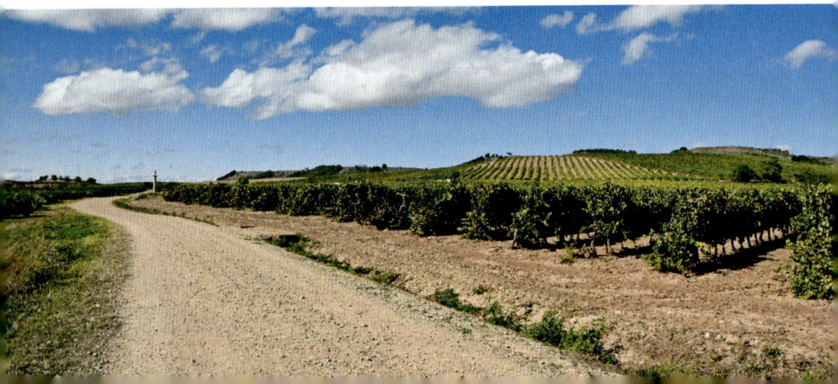

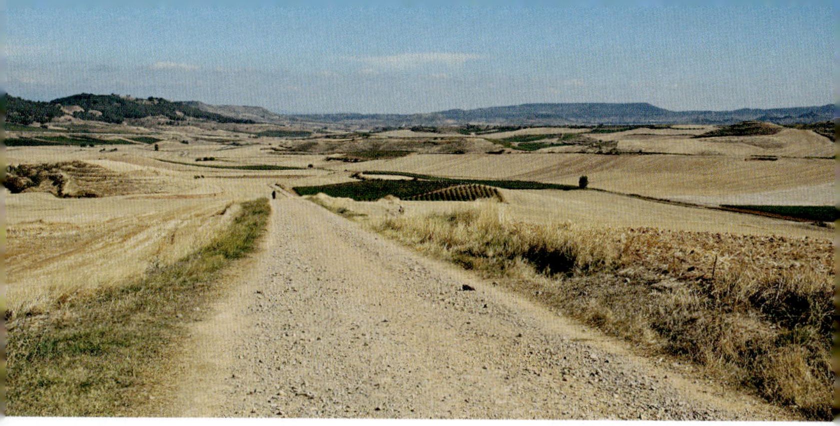

... und goldgelbe Getreidefelder in der Rioja Alta.

der Jungfrau Maria« erstmals auf Spanisch, der Sprache des Volkes. Seine Begründung: »Ich möchte eine Erzählung in der Sprache schreiben, in der die Menschen untereinander sprechen. Denn ich bin nicht so gelehrt, um es auf Latein zu tun. Deshalb, so denke ich, verdiene ich ein gutes Glas Wein.« 1560 versahen Winzer aus Logroño ihre für den Export bestimmten Weinschläuche erstmals mit einem Herkunftssiegel, ein Novum der damaligen Zeit. Da bald eine Überproduktion den Markt zu überschwemmen drohte, wurde im 17. Jh. das Anpflanzen neuer Reben verboten. Zum Schutz der Qualität verlangten die Winzer 1632 in Logroño ein Fahrverbot für eisenbeschlagene Karren, da »die Vibrationen dem Wein schaden«. Nach einem Mehltaubefall Mitte des 19. Jh. pflanzte man resistentere Rebsorten, was zu einer engen Zusammenarbeit mit den durch die Reblausplage ruinierten französischen Winzern führte. Seit 1892 werden Qualität und Export zentral kontrolliert, 1925 entstand die Herkunftsbezeichnung D.O. La Rioja, 1991 erhielten sie als erste spanische Weine die höchste Qualitätskategorie DOC. Jährlich werden auf knapp 67.000 ha (der Großteil in der Region La Rioja, der Rest in Álava im Baskenland und in der Region Navarra) knapp 300 Mio. Liter Wein der D.O. La Rioja produziert, 85 % davon als Rotwein; mehr als ein Drittel wird exportiert, vor allem nach Großbritannien und Deutschland. Auf 80 % der Anbaufläche wächst die autochthone Tempranillo-Traube.
Inzwischen vermarkten immer mehr Winzer ihre Weine nicht mehr als D.O. La Rioja, sondern als eigene Autoren-Weine (Vino de Autor).
Der Jahrgang (sp. »añada«) 2019 gilt als exzellent und von historisch guter Qualität, die Jahrgänge 2020, 2021 und 2022 waren jeweils sehr gut (auf riojawine.com unter »La Denominación – Añadas« sind alle Jahrgänge ab 1925 aufgeführt). Mit Sorge blicken die Winzer auf den Klimawandel: Die zunehmend heißen und trockenen Sommer wie zuletzt 2023 setzen auch den Weinreben in der Rioja zu.

8 Logroño – Nájera

7.00 h | 29,0 km | ↗420 m | ↘310 m

Weinfelder säumen unseren Pilgerweg

Die Rioja macht es spannend, ehe sie uns ihre berühmten Weinfelder zeigt. Erst am Stausee La Grajera endet der lange Marsch durch Logroño und seine Peripherie. Direkt nach dem hübschen Naherholungsgebiet wandern wir erstmals durch die Rioja-typischen Weinstöcke auf roter Erde. Sie begleiten uns über Navarrete bis nach Nájera, leider aber auch die Autobahn.

Der Weg: Einfach. Bis Navarrete fast nur Asphalt, dann vor allem Feldwege, moderate Anstiege. Etwas störend ist die nahe am Weg verlaufende Autobahn.
Kritische Stellen: Keine.
Hinweis: In Navarrete Carrefour-Express-Supermarkt (an der Plaza del Coso): Mo–Sa 9–21 Uhr und So 9.30–14.30 Uhr (im Sommer evtl. So auch abends).

Ab Logroño (377 m, 150.600 EW)

5,8 km → **Embalse de la Grajera** (348 m)

morgens und außerhalb der Saison evtl. Mo–Fr geschl.

6,9 km → **Navarrete** (515 m, 3000 EW)

€ A

Mo–Sa 20 Uhr (Winter 19.30 Uhr), So 9.30 (Winter 10 Uhr) u. 13 Uhr

Ctra. de Entrena, Tel. +34 941 297 729

TH **Alb. Camino de las Estrellas**, 38 B/15 € (DZ 50 €). Vor Ortseingang links, Tel. +34 941 641 000. W/T, Bar/Rest. 13–22 Uhr, März–15. Nov.

PH **La Casa del peregrino Ángel**, 18 B/15 € (1 EZ/DZ 40 €). Nach Ortsanfang rechts, Tel. +34 630 982 928. Mikrowelle, W/T. 11–21.30 Uhr, April–Okt. alberguenavarrete.com

S/VH **Alb. Municipal**, 34 B/10 €. Im Zentrum, nahe Kirche. Tel. +34 941 440 722 (keine Reserv.). Küche, W/T; eigener Schlafsack obligatorisch. 13–22 Uhr, Mitte März–Okt. asantiago.org

TH **Alb. Buen Camino**, 6 B/12 € (2 DZ 35 €, als EZ 25 €). C/ La Cruz 2, Tel. +34 941 440 318. Waschm. 12–22.30 Uhr, März–Okt.

PH **El Cántaro**, 12 B/15 € (EZ 28/35/45 €, DZ 38/50 €, 3er-Zi 50/69 €). C/ Herrerías 16, Tel. +34 941 441 180. Küche, W/T. 11–22.30 Uhr, ganzjährig. albergueelcantaro.com

Hostal A la Sombra del Laurel (700 m ab Ortsmitte), Tel. +34 639 861 110. alasombradellaurel.com

5,5 km → **Abzweig Ventosa** (1,4 km bis Herberge; 645 m, 200 EW)

A

kl. Laden in Herberge

PH **Alb. San Saturnino**, 40 B/14 €. Tel. +34 657 823 740. Küche, W/T, gemeins. Abendessen, Frühstück. 13–22 Uhr, März–Okt. jacobeos.net

10,8 km → **Nájera** (488 m, 8100 EW)

€ i A

Parroquia de Santa Cruz Mo–Sa 20 Uhr, So/Fei 9.30/13 Uhr

Avda. de la Rioja, Tel. +34 941 279 000

TH **Alb. El Peregrino Najerino** , 28 B/ 11 €. Am Weg, 700 m vor dem Zentrum. Tel. +34 613 251 499. Mikrowelle, gemeins. Abendessen, Frühstück, W/T. 12–22 Uhr, ganzjährig.

TH **Alb. Puerta de Nájera**, 32 B/15 und 20 € (DZ 40 und 45 €). Nach der Brücke schräg rechts. Tel. +34 941 362 317. W/T, Mikrowelle, Getränke-/Snackautomaten. Schönes altes Stadthaus, viel Platz. 12/13–22 Uhr, März–13. Nov. alberguedenajera.com

SH **Alb. Municipal**, 50 B/6 €. Nach der Brücke gut 300 m nach links am Ufer entlang. Jakobsverein Nájera. Küche, ein großer Schlafraum, W/T; kein

WLAN. Ca. 14–22 Uhr, März–Mitte Dez.

- PH **Alb. Nido de Cigüeña**, ◎◎◎, 8 B/15 € (DZ 35 €, 3er-Zi. 54 €). C/ Cuarta San Miguel 4 (in der Altstadt), Tel. +34 611 095 191. Küche, W/T, normale Betten. 13–22.30 Uhr, April–Okt. alberguenajera.es
- PH **Alb. Las Peñas**, ◎◎◎, 6 B/ab 12 € (DZ/EZ ab 30 €). Am Weg aus der Stadt hinaus. Tel. +34 621 209 432. Waschm., Küche, Frühstück, schönes altes Stadthaus, viel Platz. 12–23 Uhr, ganzjährig.
- **Pensión San Lorenzo**, Tel. +34 941 363 722. pensionsanlorenzo.es
- **Hostal Hispano**, Tel. +34 941 363 615. hostalhispanonajera.com

Der Jakobsweg zieht auf der Ruavieja durch die Altstadt von **Logroño** ❶. An der Iglesia de Santiago vorbei geht es in die C/ de Barriocepo, nach dem Rest der alten Stadtmauer links und bei der Tourist-Info rechts. Geradeaus über den großen Kreisverkehr (Plaza del Alférez) gelangen wir auf die breite Ausfallstraße C/ del Marqués de Murrieta. Wir bleiben auf der linken Straßenseite, bis bei einem weiteren Kreisverkehr die Pfeile nach links in die C/ Duques de Nájera zeigen (großes Backsteingebäude mit rotem Zaun: Guardia Civil). Nach gut 200 m biegen wir rechts in den **Parque de San Miguel** ❷ ein. Wir durchqueren ihn der Länge nach und wandern danach durch Felder zum **Embalse de la Grajera** ❸ im gleichnamigen Naherholungsgebiet. Nach insg. gut 1.15 Std. liegt die Stadt hinter uns.
Ein Wanderweg führt am teils bewaldeten Seeufer entlang, bis er in ein Sträßchen mündet. Wir wandern durch Weinfelder, steigen zur N-120 auf, gehen kurz parallel zu ihr und dann durch die Ebene auf das sich kegelförmig vor uns erhebende **Navarrete** ❹ zu (knapp 1.45 Std. ab La Grajera; wer rechts dem Hinweis »A la Sombra del Laurel« folgt, kommt nicht ins Zentrum! Die Herbergen sind im Ort ausgeschildert).

ℹ *Kurz vor **Navarrete** liegen die Ruinen des Pilgerhospitals **San Juan de Acre** (gegründet 1185) am Weg. In der kleinen, hübschen Altstadt von Navarrete steht am platanenbestandenen zentralen Platz mit Brunnen die **Iglesia de la Asunción** (16. Jh). Sehenswert ist der riesige, verschwende-*

Kurz vor dem Alto de San Antón.

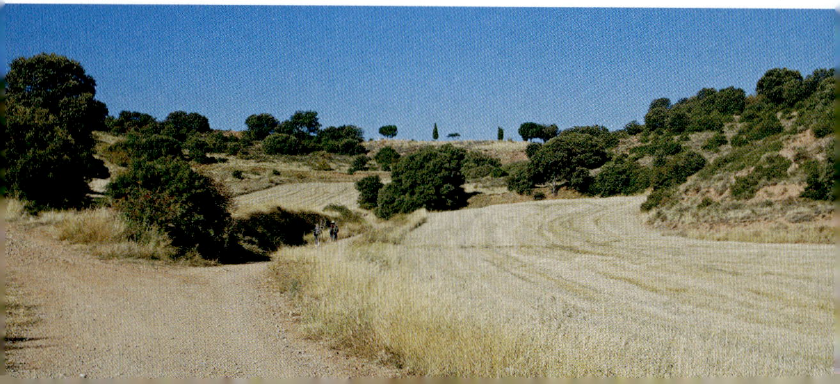

risch vergoldete Barockaltar (Mo–Sa 9–13 Uhr u. 17–20 Uhr, So 9–13 Uhr). ***Information:*** *navarrete.es (die Tourist-Info öffnet nach Bedarf).*

Wir verlassen Navarrete zunächst entlang der N-120. Nach der **Ermita de Santa María de Jesús** 5 (16. Jh., romanisches Portal aus dem 12. Jh.) gehen wir nach links und wandern durch Weinfelder mit den typischen knorrigen Weinreben. Der Weg wendet sich bald nach rechts und überquert ein Sträßchen. Bei der T-Kreuzung rechts und direkt vor (!) der Autobahn links. Nach insg. knapp 1.30 Std. zweigt links der Weg nach **Ventosa** ab 6 (bis Ventosa 1,4 km, von dort zum Camino 1,2 km). Geradeaus wird nach einem Picknickplatz eine Autobahnzufahrt überquert, danach kommt von links der Weg von Ventosa. Wenig später geht es kurz unbequem steinig hinauf zum **Alto de San Antón** 7 (knapp 30 Min.). Nach dem Haus (Aufschrift »Dinastía Vivanco«) gehen wir nach links unten und unter der N-120 hindurch. Erst nahe, später weiter nördlich der N-120 treffen wir auf eine Kiesfabrik. Wir gehen rechts, unter dem Autobahnzubringer durch und beim Picknickplatz links. Rund 20 Min. später überqueren wir die N-120, kommen am Polideportivo (Sporthalle) vorbei in die Neustadt und geradeaus zum Río Najerilla. Zur städtischen Herberge geht man nach der Brücke links 300 m am Ufer entlang. Der Jakobsweg biegt nach der Brücke schräg rechts ab, führt nach der Herberge Puerta de Nájera nach links und durch das alte Tor, danach rechts und links zum Kloster in der Altstadt von **Nájera** 8 (2 Std. ab Alto de San Antón).

i *Die Altstadt von* ***Nájera*** *liegt ausgesprochen hübsch zwischen dem grünen Ufer des Río Najerilla und wuchtigen, roten Sandsteinklippen. Die kleine Flusspromenade lädt sofort zum Verweilen ein. Nach der Zerstörung Pamplonas durch die Mauren 924 verlegten die Könige von Navarra ihre Residenz nach Nájera. 1045 gründete König García Sánchez III. nach dem wundersamen Fund eines Marienbildnisses das* ***Kloster Santa María la Real*** *als Bischofssitz und königliche Grabstätte, 1079 wurde es dem Orden von Cluny unterstellt. Der Ort des Wunders und der* ***Panteón Real*** *(königliche Krypta) sind die einzigen Reste des ursprünglichen Baus. Besonders kostbar ist der romanische Sarkophag von Doña Blanca de Navarra (12. Jh.). Ab 1432 entstand die Kirche. Beeindruckend sind das feingeschnitzte Chorgestühl (15. Jh.) und der Kreuzgang mit filigran gearbeite-*

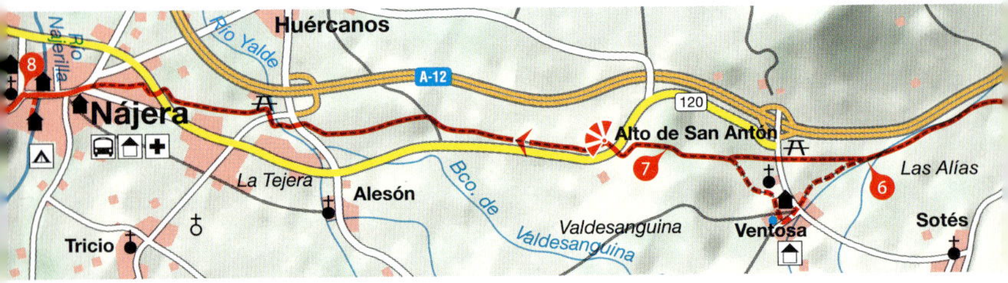

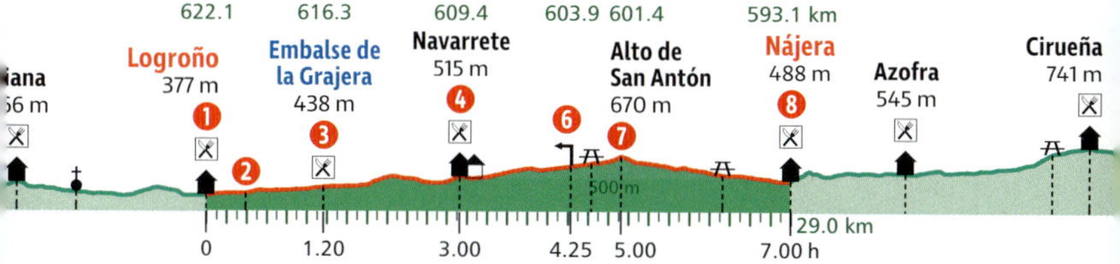

tem gotischem Maßwerk (16. Jh.). (Di–Sa 10–13.30 und 16–19 Uhr* (Nov.–März bis 17.30 Uhr*), So/Fei 10–13.30* und 16–18 Uhr* (Nov.–März bis 17.30 Uhr*). *Danach noch 30 Min. für Besichtigung; Aug.–Sept. auch Mo geöffnet; 5 €, santamarialareal.net). Ab dem 17. Jh. verlor Nájera an Bedeutung. Während des Unabhängigkeitskriegs (1808–1814) zerstörten französische Truppen große Teile der Stadt.*

***Feiertage:** 24.–29. Juni **San Juan** und **San Pedro**, populärste Fiesta Nájeras, Höhepunkt sind die **Vueltas**, bei denen der ganze Ort auf der Straße zu Blasmusik tanzt und singt. Zweite Julihälfte: **Evocaciones**, aufwendige Theaterdarbietungen zur Stadtgeschichte. 16.–19. Sept. Patronatsfeier **San Juan Martír** und **Santa María la Real**. **Info:** najeraturismo.es.*

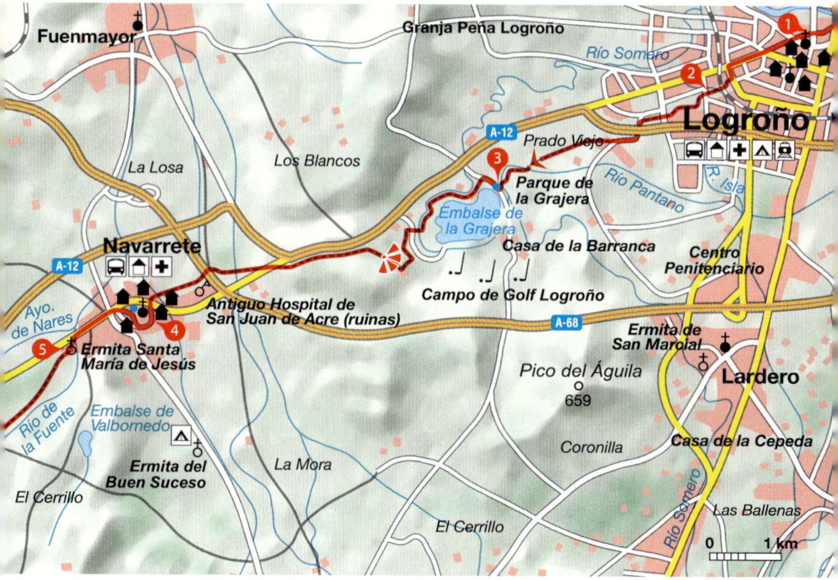

9 Nájera – Santo Domingo de la Calzada

5.15 h	20,9 km
↗370 m	↘220 m

Durch Meere aus Getreidefeldern zu einer Kirche mit Hühnerstall

»Con pan y vino se anda el camino«, mit Brot und Wein geht es sich einfacher, verspricht ein spanisches Sprichwort sinngemäß. Nachdem wir erst durch die Weinreben gewandert sind, zeigt uns die Rioja heute ihre Getreidekammer. Ab Azofra schmückt sich das sanft gewellte Land zu jeder Jahreszeit mit einer anderen Farbe, mal frühlingshaft grün, dann sommerlich golden, im Herbst und Winter in Rot und Braun. Santo Domingo de la Calzada ist einer der berühmtesten Orte am Jakobsweg. Einen (Wetter-)Hahn auf dem Kirchturm kann jeder – hier hält man die Hühner in der Kirche.

Der Weg: Einfach. Feldwege, wenig Asphalt. Kurzer Anstieg hinter Nájera auf die Hochebene und langer Anstieg vor Cirueña, sonst flach.
Kritische Stellen: Keine.
Hinweis: Kein Schatten! Ausreichend Wasser und Sonnenschutz wichtig.

Ab Nájera (488 m, 8100 EW)
5,7 km → **Azofra** (545 m, 210 EW)

- SH **Alb. Municipal**, 100 B/15 €. Tel. +34 941 379 325. Drei Gebäude, Haupthaus 60 normale Betten in 2er-Zi.; W/T, Küchen; Garten. Check-in 13.30–20 Uhr, Ende März–Okt.
- **Pensión La Plaza** (EZ 40 €, DZ 55 €), Tel. +34 630 557 911 (WhatsApp). pension-la-plaza-azofra.com

9,1 km → **Cirueña** (741 m, 200 EW)

- PH **Alb. Virgen de Guadalupe**, 13 B/15 €. Tel. +34 638 924 069. W/T; Andachtsraum; älteres, aber charmantes Haus, normale Betten in EZ u. DZ; Abendessen/Frühstück optional. Ab ca. 12.30 Uhr, 15. März–Okt.
- TH **Alb. Turístico Victoria**, 12 B/14 € (DZ 42 und 46 €, 1 EZ 30 €). Tel. +34 628 983 351. W/T, Abendessen, Frühstück, Garten. Check-in 12–20 Uhr, April–Okt. casavictoriarural.com

6,1 km → **Santo Domingo de la Calzada** (640 m, 6300 EW)

Ermita de la Plaza (ggü. Kathedrale) Mo–Fr 9.30 und 19.30 Uhr, Sa 9.30 Uhr, Iglesia del Convento de San Franciso Sa 20 Uhr, So 13 Uhr

C/ Winnenden, Tel. +34 941 279 050

- KH **Alb. de la Cofradía del Santo**, 132 B/13 € (DZ 17 €/Person). Bruderschaft des Heiligen, Tel. +34 941 343 390 und +34 649 013 394 (Reservierung möglich). Älteste Herberge am Weg. Küche; Kapelle. 11 (Winter 13–)22 Uhr, ganzjährig. albergueofradiadelsanto.com
- **Abadía Cisterciense** (Zisterzienserinnenkloster), in Hospedería/Gästehaus EZ 43 €, DZ 60 €, 3er-Zi. ab 80 €, Tel. +34 941 340 700. cister-lacalzada.com
- **Parador Nacional**, paradores.es

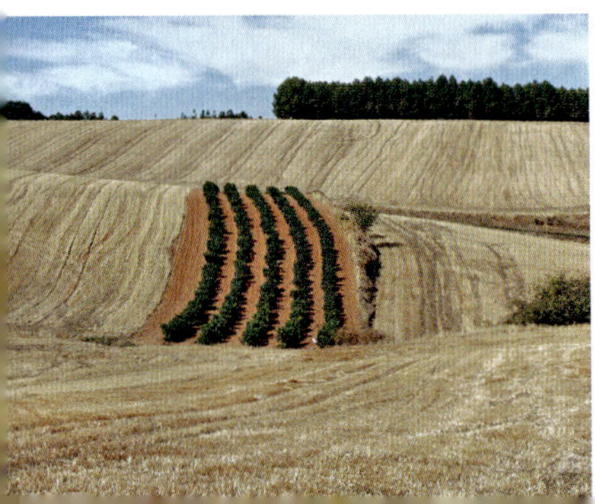

Weinreben umzingelt von Getreideäckern.

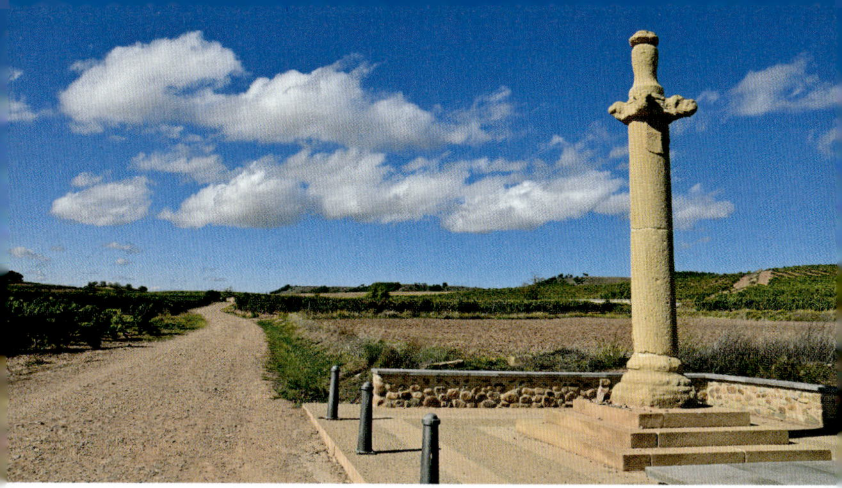

Das Cruz de los Peregrinos diente früher als Pranger und als Wegzeichen.

Am Kloster von **Nájera** ❶ vorbei, steigen wir rund 1 km durch einen bewaldeten Hang hinauf auf die Hochebene der Rioja Alta. Über Feldwege (kurz vor Azofra Asphalt) und ebenes Gelände wandern wir in 1.30 Std. in den kleinen Ort **Azofra** ❷. Hinter Azofra steht das steinerne »Cruz de los Peregrinos« (16. Jh., auch »picota«, früher Wegzeichen und Pranger) am Weg. Ein langer Anstieg führt hinauf zum Golfplatz (davor: Picknickplatz). Geradeaus durch die Neubausiedlung und am Ende links gelangen wir nach **Cirueña** ❸ (gut 2.15 Std.). (Beide Herbergen links des Wegs; Alb. Victoria am Südostrand des Orts, Schilder.) Der Camino biegt an der Hauptstraße rechts ab; beim Kreisverkehr und kurz danach jeweils links und hinunter nach **Santo Domingo de la Calzada** ❹ (1.30 Std.).

i *Im Mittelalter brauchte das **Hühnerwunder** von Santo Domingo keine digitalen Medien, um viral zu gehen. Der griffige Slogan dazu: »**Santo Domingo de la Calzada** – wo das Huhn auch nach dem Braten noch*

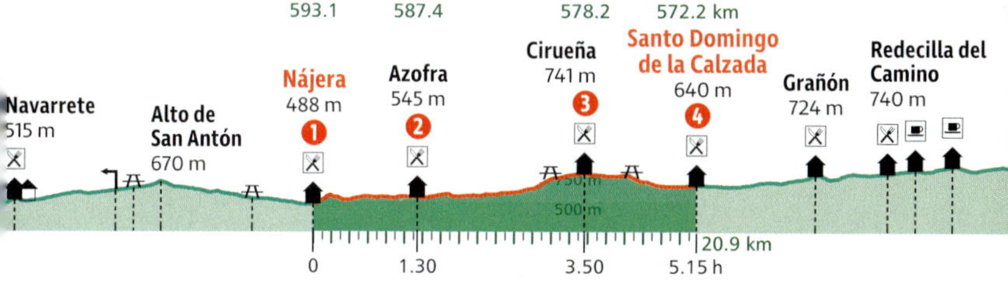

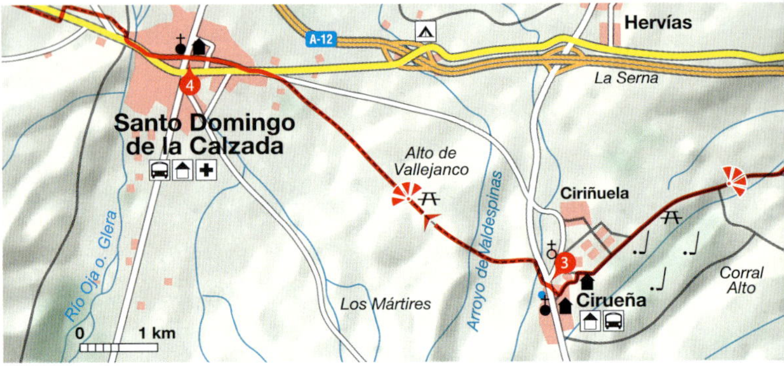

gackert.« Spätestens seit 1350 packte man jeweils zwei weiße Hühner in einen goldenen Käfig und stellte diesen in die Kathedrale. Das lebendige Aushängeschild einer der populärsten Legenden am Jakobsweg. Sie soll sich im 14. Jh. zugetragen haben, als der deutsche Pilger Hugonell und seine Eltern hier Station machten. Hugonell ließ die Wirtstochter abblitzen, als Rache unterstellte sie ihm Diebstahl. Im Schnellverfahren wurde er zum Tode verurteilt. Auf dem Rückweg von Santiago fanden die Eltern ihren Sohn lebend am Strick auf den Schultern des heiligen Domingo stehen. Sie liefen sofort zum Richter. »Euer Sohn ist so tot wie die Brathühner auf meinem Teller«, spottete er. Doch noch während er sprach, erhoben sich die Tiere mit lautem Gegacker. Die Richter des Ortes trugen als Mahnung lange Zeit einen Strick um den Hals, der später durch ein bequemeres Band ersetzt wurde. Die Hühner werden übrigens alle 7 Tage ausgetauscht; sonst leben sie im Hühnerstall in der Herberge der Cofradía del Santo, ihre Eier werden dem örtlichen Altenheim gespendet. In ähnlicher Form wird die Legende unter anderem auch in Barcelos am portugiesischen Jakobsweg erzählt. Dort wurde der Hahn zum Nationalsymbol Portugals.

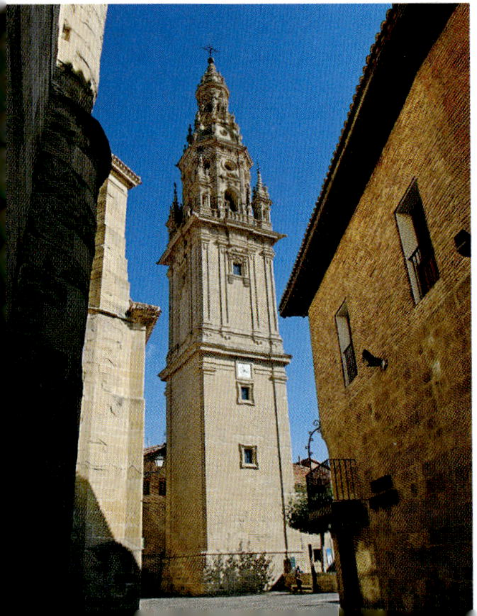

Der frei stehende Kirchturm der Kathedrale von Santo Domingo.

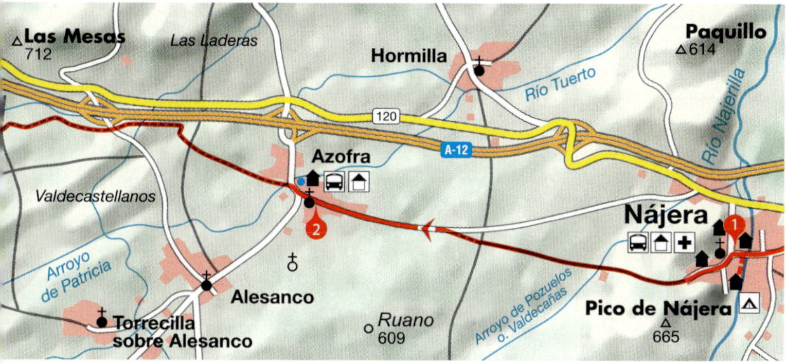

*Ortsgründer **Domingo de Viloria** (1019–1109), ein ehemaliger Eremit, widmete sein Leben dem Jakobsweg. Er rodete das dicht bewaldete Gebiet um den Rio Oja, errichtete eine Brücke und befestigte die Straße (Calzada), die bis heute das lang gestreckte Stadtbild prägt. In einer Herberge und einem Hospiz betreute er kranke Pilger. Schon kurz nach seinem Tode wurde Domingo heiliggesprochen. Sein Schüler Juan de Ortega führte sein Lebenswerk fort. Seit 1930 ist Santo Domingo der Schutzheilige der spanischen Straßen- und Brückenbauer, seit 1993 besteht eine Städtepartnerschaft mit Winnenden (Baden-Württemberg).*

*Die romanisch-gotische **Kathedrale** entstand zwischen 1158 und 1235, der frei stehende barocke Kirchturm kam im 18. Jh. hinzu (Mo–Fr 10–*13.30 und 16–*18.30 Uhr, Sa 10–*19 Uhr, So 10–*14.30 Uhr (*danach noch 30 Min. Verweildauer in der Kirche); 7 €, Pilger 4 €; nächtliche Führungen 10 € (aktuelle Zeiten auf der Homepage); catedralsantodomingo.org). Sehenswert sind der monumentale Hauptaltar, das Chorgestühl (beides 16. Jh., Renaissance) sowie das Grab des Stadtgründers – und natürlich die beiden **weißen Hühner** im **goldenen Käfig**.*

*Gegenüber der Kathedrale befinden sich das von Santo Domingo gegründete und bis ins 18. Jh. betriebene Pilgerhospital (heute **Parador Nacional**, staatliches Nobelhotel) und die **Ermita de la Plaza**, eine Kapelle aus dem 16. Jh., deren Ursprünge bis auf die Zeit des hl. Domingo zurückgehen. Das **Convento de San Francisco** (16. Jh.) hat einen sehenswerten Kreuzgang (April–Okt. tgl. 10–14 und 16–20 Uhr).*

***Feiertage:** Ende April–15. Mai: große Fiesta zu Ehren von Santo Domingo. Mitte August Theaterspektakel um die Stadtlegenden.*

***Kulinarisches: Ahorcaditos** (kleine Erhängte), mit Creme gefüllter Blätterteig in Form einer Pilgermuschel und einem gehängten Männchen.*

***Oficina de Turismo:** C/ Mayor, Juli/Aug. Di–Sa 10–14 u. 16–19 Uhr, So 10–14 Uhr, sonst Di–So 10–14 Uhr, Sa 10–19 Uhr, santodomingodelacalzada.org.*

Die autonome Gemeinschaft Castilla y León

Berühmt-berüchtigt ist Castilla y León vor allem wegen der Etappen durch die Meseta, die karge zentralspanische Hochebene. Viele Pilgernde schrecken davor zurück, doch gerade in den unendlichen Weiten zwischen Himmel und Erde kann man beim Wandern eine große innere Ruhe erleben. Die 200 km zwischen Burgos und León sind auch nur ein Aspekt der insgesamt 500 km, die der Jakobsweg in Castilla y León verweilt. Er führt durch überraschend vielfältige, auch grüne und bergige Landschaften – 4500 Hm im Auf- und Abstieg kommen dabei zusammen. In den Montes de León erreicht er beim Cruz de Ferro auf 1528 m seinen höchsten Punkt in Spanien. Eigenwillig karg ist die Region Maragatería, während die kleine Weinregion El Bierzo mit ihren Weinbergen stellenweise an die Toskana erinnert. Mit einer wunderbaren Etappe geht es zuletzt hinauf ins auf 1300 m hoch gelegene Dörfchen O Cebreiro. Kulturelle Highlights sind Burgos und León mit ihren prächtigen gotischen Kathedralen (beide UNESCO-Weltkulturerbe), aber auch Astorga, wo wir auf viel Schokolade und ein Bauwerk des berühmten Architekten Antoni Gaudí treffen. Ponferradas größter Stolz ist die mittelalterliche Templerburg.

Castilla y León (knapp 2,4 Mio. EW, 94.229 km^2, 25,3 EW/km^2) umfasst neun Provinzen (Ávila, Burgos, León, Palencia, Segovia, Salamanca, Soria, Valladolid und Zamora), Hauptstadt ist Valladolid. Die Region gilt als die Wiege des neuzeitlichen Spaniens und der spanischen Hochsprache, des »Castellano«. Bis dahin war es allerdings ein langer Weg. Ab 711 begannen die nordafrikansichen Mauren ihren Eroberungszug über die Iberische Halbinsel. Der erste chrichstliche Sieg über die muslimischen Eindringlinge

Himmel und Erde – sonst nichts.

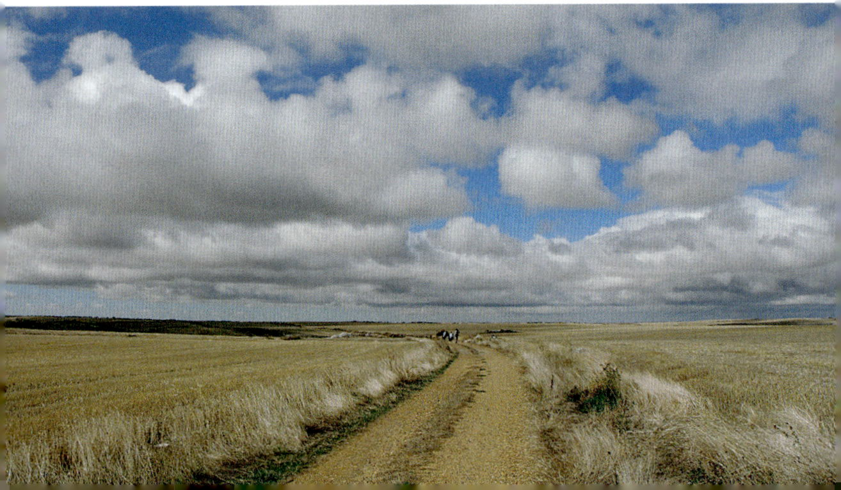

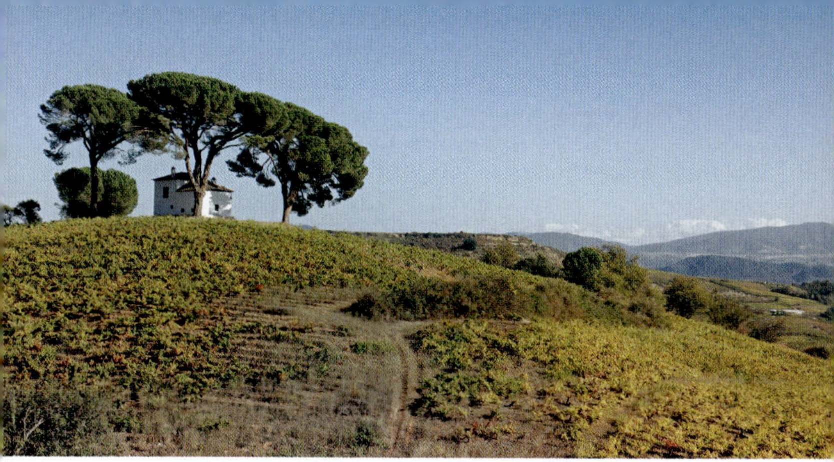

Auch das ist Castilla y León: ein Hauch von Toskana in der Weinregion El Bierzo.

im Jahr 722 gilt als Beginn der Reconquista, der Rückeroberung der muslimisch bestetzten Gebiete. Kurz darauf wurde das Reino de Asturias gegründet, das erste christliche Königreich Spaniens. Anfang 10. Jh. entstand das Königreich León. Wenig später spaltete sich die Grafschaft Burgos ab und nannte sich fortan Castilla (von castillo, Burg). Immer wieder vereinten und trennten sich die beiden Reiche, bis 1230 König Fernando III. endgültig das Königreich Castilla y León mit der Hauptstadt Burgos gründete. Vom 11. bis 13. Jh. waren der Jakobsweg und die durch ihn entstandenen Klöster und Ortschaften auch ein Mittel, um die kirchliche Macht in den rückeroberten Gebieten zu festigen. Durch die Heirat Isabels I. von Kastilien mit Fernando II. von Aragón (1469) wurde aus den beiden mächtigsten Königreichen des Landes der neue spanische Staat; 1492 war mit der Eroberung von Granada die Reconquista abgeschlossen. Die Entdeckung Amerikas durch Christoph Kolumbus im gleichen Jahr verlagerte das politische und wirtschaftliche Geschehen auf die internationale Ebene. Heute ist es die flächenmäßig größte Autonome Gemeinschaft Spaniens und eines der größten »Bundesländer« Europas.

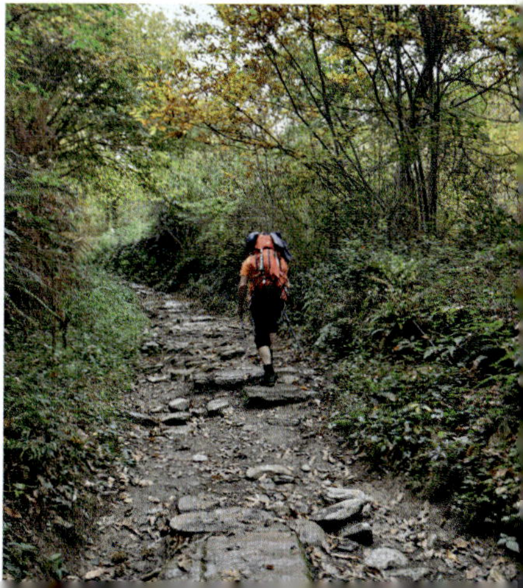

Aufstieg nach Galicien.

10 Santo Domingo de la Calzada – Belorado

5.30 h | 22,2 km | ↗340 m | ↘210 m

Ein erster Vorgeschmack auf die Weiten der Meseta

Nach dem kurzen Intermezzo in der Rioja wandern wir in die Kornkammer Spaniens. Tierra de Campos, Ackerland, nennt sich die weitläufige Landschaft mit ihren riesigen Getreide- und Sonnenblumenfeldern. Einige wenige Baumgruppen und Feldhecken sorgen für grüne Tupfer, etwas verloren wirken die wenigen kleinen Dörfer. Sehr beliebt ist die kirchliche Herberge von Grañón: Mit gemeinsamem Abendessen und Gebet wird hier der christliche Aspekt des Pilgerwegs gelebt. In Belorado kann der Tag auf einer der Caféterrassen rund um die Plaza Mayor ebenfalls entspannt ausklingen.

Der Weg: Einfach. Nur moderate Höhenunterschiede. Schotterwege, zum Teil etwas Asphalt, kaum Schatten. Vor Belorado verläuft der Weg auf einem Fußweg neben der N-120.
Kritische Stellen: Keine.
Hinweise: 1. An Wasser und Sonnenschutz denken.
2. Am Ortsausgang von Viloria de Rioja evtl. vorhandene gelbe Pfeile nach links ignorieren (nicht offizieller Umweg über San Pedro del Monte).

Ab Santo Domingo de la Calzada (640 m, 6300 EW)

6,5 km → **Grañón** (724 m, 230 EW)

- CH **Hospital de Peregrinos San Juan Bautista**, ca. 40 B/Spende. In der Kirche von Grañón, Tel. +34 633 915 800. Matratzenlager. Gemeins. Abendessen, Frühstück, Andacht. Kein Internet. Beliebte Herberge, daher recht schnell belegt. Ab 13 Uhr, ganzjährig.

3,9 km → **Redecilla del Camino** (740 m, 100 EW)

(mit WC)

- PH **Alb. Essentia**, 10 B/15 €. Tel. +34 606 046 298. W/T, gemeins. Abendessen, Frühstück; viel Platz; Klavier. Ab 13 Uhr, März–Okt.
- SH **Alb. San Lázaro**, 40 B/7 €. Tel. +34 947 585 221 und +34 686 563 548 (Reservierung möglich). 2 Küchen, Waschm.; Mahlzeiten. Check-in 9–13 und 16–21 Uhr, April–Nov.

1,5 km → **Castildelgado** (770 m, 40 EW)

(Bäcker)

- PH **Alb. Bideluze**, 16 B/15 €. Tel. +34 616 647 115. W/T; gemeins. Abendessen, Frühstück; schön renoviertes Dorfhaus. Check-in 12–20 Uhr, 15. März–20. Okt. alberguebideluze.com

2,0 km → **Viloria de Rioja** (795 m, 40 EW)

in Alb. Parada Viloria

- PH **Alb. Parada Viloria**, 14 B/9 €. Tel. +34 610 625 065. Küche, W/T, gemeins. Abendessen, Frühstück. Ab 12 Uhr, Feb.–Nov.
- PH **Refugio Acacio & Orietta**, 10 B/15 €. Im Zentrum, links des Wegs. Tel. +34 947 585 220. Schöner Ruheort, Infos zum Weg, gemeins. Abendessen, Frühstück. W/T. Der brasilianische Schriftsteller Paulo Coelho ist Pate der Herberge. Check-in 13.30–18 Uhr, April–Okt. acacioyorietta.com

3,5 km → **Villamayor del Río** (791 m, 30 EW)

4,8 km → **Belorado** (770 m, 1800 EW)

Capilla de Santiago (Igl. de Santa María, neben Herberge des Pfarramtes) 20 Uhr Pilgersegen

C/ Las Cercas 2, Tel. +34 947 580 660

- PH **Alb.-Hotel A Santiago**, ◎◎◎, 89 B/12–16 € (12 EZ 35 €, 12 DZ 45 €). Tel. +34 677 811 847. Rund 700 m vor Zentrum. Küche, W/T, Garten, Pool, Bar/Rest. Check-in ab 11 Uhr (DZ/EZ ab 12 Uhr), April–Okt. a-santiago.es
- S/TH **Alb. El Corro**, ◎◎◎, 43 B/12 € (1 EZ 17 €, 2 DZ 34 €). Tel. +34 636 634 459. W/T, Küche. Geräumig. Ganztags, ganzjährig. albergueelcorro.com
- KH **Alb. Parroquial**, ◎◎, 20 B/Spende. Schweizer Freiwillige, Tel. Pfarramt 947 580 085. Küche; enge Zimmer; einfache, aber charmante Herberge; kein WLAN. 13–22 Uhr, April–Okt.
- TH **Alb. El Caminante**, ◎◎, 22 B/ab 10 € (in Pension Zi. ab 25 €). C/ Mayor, Tel. +34 656 873 927. W/T, Kaminzimmer, kleiner Innenhof, Bar/Rest. Geräumig. 12–22 Uhr, März–Okt.
- PH **Alb. Cuatro Cantones**, ◎◎◎, 65 B/15 und 18 €. C/ Hipólito López Bernal 10, Tel. +34 947 580 591 und +34 686 906 492. Mikrowelle, Bar/Rest., Pool, Garten, W/T. 13–22 Uhr, März–Okt. cuatrocantones.com
- TH **Alb. Hostel Punto B**, ◎◎◎, 12 B/22 € (EZ 42 €, DZ 52 €, 3er-Zi. 75 €, 4er-Zi. 96 €). C/ Cuatro Cantones 4, Tel 699 538 565. W/T, Küche, Mahlzeiten, kleiner Laden. Viel Platz, normale Betten. Check-in 13–21 Uhr, ganzjährig. hostelpuntob.com
- **Casa Waslala** (Pension nur für Pilger), Juni–Sept. EZ 35 €, DZ 43 und 55 € (März–Mai und Okt./Nov. EZ 35 €, DZ 52 und 66 €), Hunde 5 €, Tel. +34 647 102 254 (WhatsApp). casawaslala.com

Wie seit fast 1000 Jahren zieht sich der Jakobsweg als Calle Mayor schnurgerade durch **Santo Domingo de la Calzada** ❶. Am Ortsausgang überquert er den meist ausgetrockneten Río Oja, verläuft danach ein Stück rechts der N-120, quert sie nach links und folgt einem Feldweg neben der Straße. Auf diesem wandern wir einen flachen Hügel hinauf. Am Weg erinnert das »Cruz de los Valientes« (45 Min. ab Zentrum) an einen mittelalterlichen Gebietsstreit zwischen Santo Domingo de la Calzada und Grañón, heute steht es für die Freundschaft der Gemeinden. Wieder leicht bergab und bergauf gelangen wir nach **Grañón** ❷ (45 Min.). In der Ortsmitte befindet sich die Iglesia de San Juan Bautista (14. Jh.) mit der Herberge des Pfarramtes.
Wir gehen auf der Hauptstraße geradeaus bis zum Ortsende (schöner Aussichtsplatz), dort links und gleich wieder scharf rechts in das Sträßchen. Unten werden wir im Rechts-links-Schwenk auf einen Feldweg geleitet und biegen kurz darauf nach links ab. Nach knapp 30 Min. markiert ein Grenzstein den Beginn der Autonomen Gemeinschaft **Castilla y León / Provinz Burgos** ❸. Nach weiteren 30 Min. gelangen wir (zuletzt auf einem betonierten Feldweg) nach **Redecilla del Camino** ❹. Sehenswert ist das kunstvoll gear-

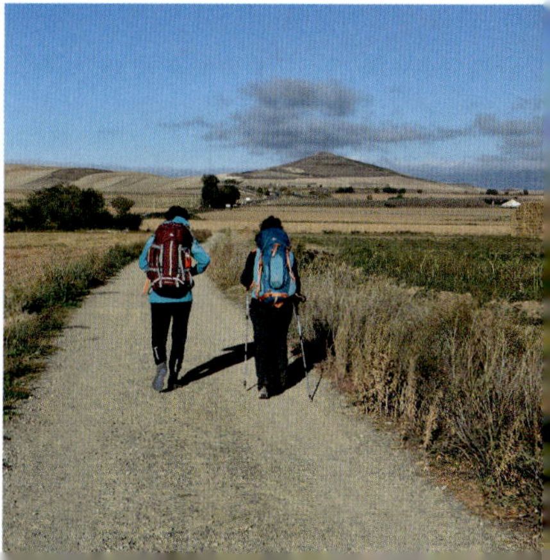

Kurz nach Santo Domingo de la Calzada.

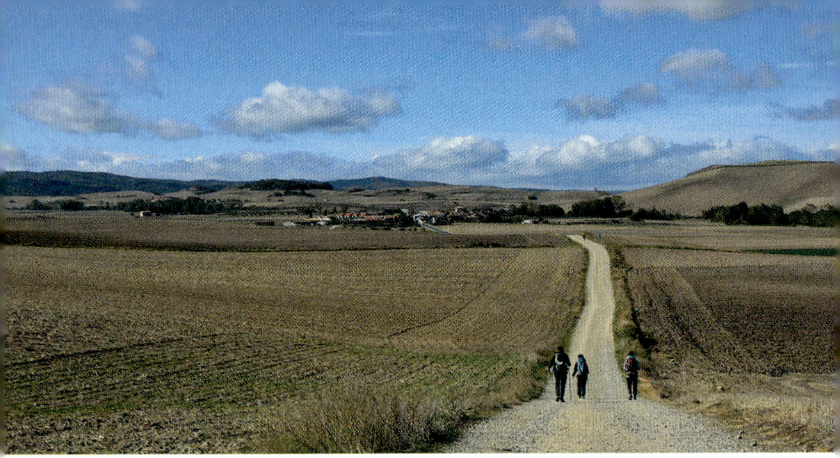

Die ersten Schritte in Castilla y León: auf dem Weg nach Redecilla del Camino.

beitete romanische Taufbecken (»Pila bautismal«, 12. Jh.) in der Pfarrkirche Santa María (gegenüber der städtischen Herberge).

In kurzen Abständen folgen nun die kleinen Ortschaften **Castildelgado** 5 (30 Min.) und **Viloria de Rioja** 6 (30 Min.). Hier erblickte Santo Domingo, der spätere Gründer von Santo Domingo de la Calzada, das Licht der Welt. Danach kommen wir bergab durch **Villamayor del Río** 7 (gut 45 Min.) und wandern neben der Straße gemütlich nach **Belorado** 8 (knapp 1.15 Std.).

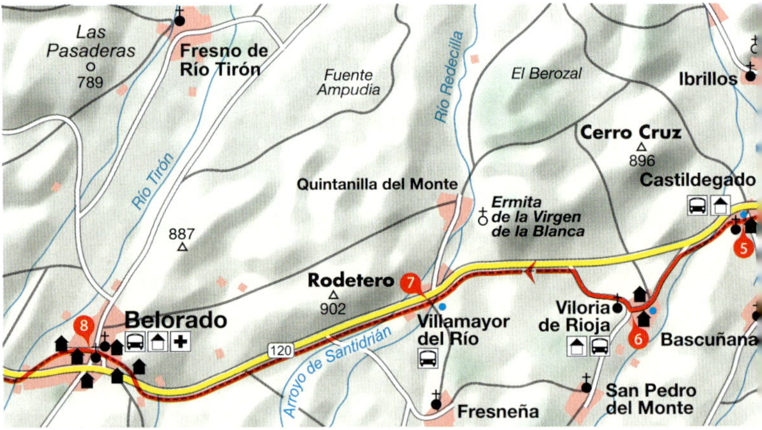

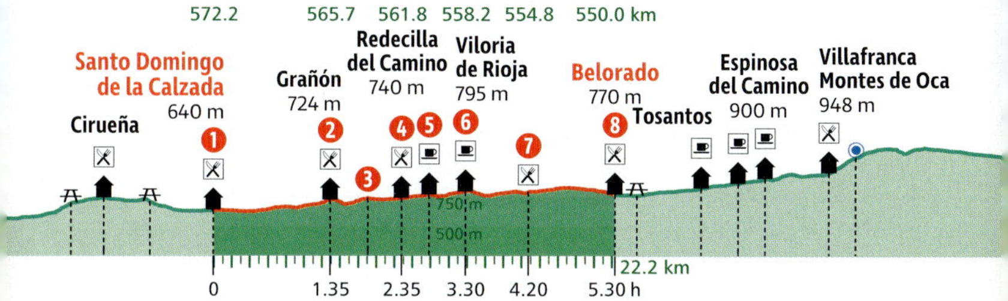

Früher warteten in ***Belorado*** *zwei Hospitäler und neun Kirchen auf die pilgernden Gläubigen. Davon noch erhalten sind nur noch die* ***Iglesia de Santa María*** *(neben der Pfarrherberge) aus dem 16. Jh. mit einigen sehenswerten Altären und die* ***Iglesia de San Pedro*** *(18. Jh.) an der* ***Plaza Mayor****. Dominiert wird der ehemalige Grenzort zwischen Navarra und Kastilien vom Burgberg mit den Resten der mittelalterlichen Festung. Am Ortsausgang befindet sich das im 14. Jh. wiedergegründete* ***Kloster Santa María de la Bretonera*** *des Klarissenordens.*
Einkauf: *Belorado ist bekannt für Lederwaren (peleterías). Montags gibt es auf der Plaza Mayor einen großen Wochenmarkt. Er wird seit der Erteilung der Stadtrechte im Jahr 1116 durch Alfonso I. veranstaltet und gilt damit als einer der ältesten Spaniens. Typisch für die Region sind Embutidos (Dauerwürste) und Morcilla (Blutwurst).*
Oficina de Turismo: *mit Information zum Pilgerweg, Pl. Mayor 1, Tel. +34 947 580 815, tgl. 10–14.30 und 16–18 Uhr, belorado.org.*

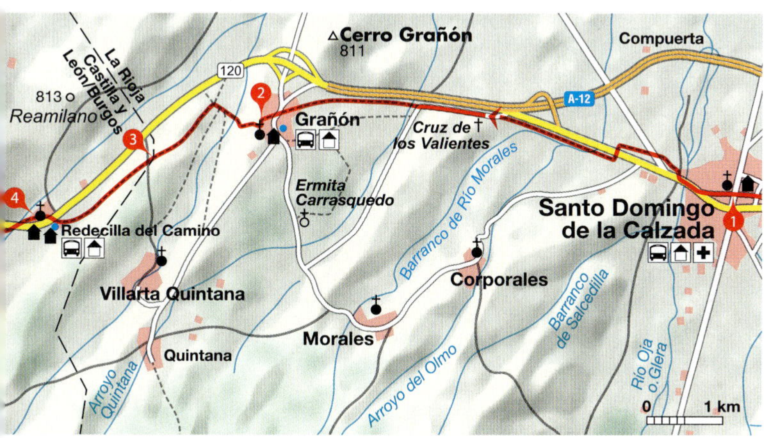

11 Belorado – San Juan de Ortega

6.15 h	23,9 km
↗ 490 m	↘ 250 m

Wälder voller Räuber und ein Lichtwunder

12 km Wald ohne menschliche Siedlungen – nur in wenigen Regionen Europas kann man noch derart abseits der Zivilisation wandern wie in den Montes de Oca. Moosbehangene Eichen und Farn verbreiten zu Beginn eine zauberhafte Stimmung, während der Weg auf über 1000 m Höhe ansteigt, danach zieht er sich kilometerweit durch Kiefernwald. Im Mittelalter verbreiteten hier Räuber Angst und Schrecken. Juan de Ortega bot ihnen die Stirn und errichtete mitten im Wald ein Kloster.

Der Weg: Einfach bis mittelschwer. Meist Feld- und Forstwege. Ab Villafranca Montes de Oca Anstieg auf über 1000 m Höhe und 12 km Waldweg (während der Saison Getränkestand »Oasis del Camino« auf halbem Weg).
Kritische Stellen: Keine.
Hinweise: 1. Bis Burgos bzw. Villafría kein Geldautomat!
2. Mit Wasser und Proviant vorsorgen.

Ab Belorado (770 m, 1800 EW)
4,8 km → **Tosantos** (821 m, 50 EW)

- CH **Alb. Parroquial San Francisco de Asís**, ca. 30 M/Spende. Tel. +34 947 580 371. Matratzenlager, gem. Kochen u. Aufräumen, kein WLAN, keine Reserv. Andacht. Ab 13 Uhr, Mitte März–Mitte Nov. (evtl. im Aug. geschl.).
- PH **Alb. Los Arancones**, 16 B/15 €. Jenseits der N-120. Tel. +34 693 299 063. W/T, Bar/Rest., Garten. Ab 11 Uhr, ganzjährig (Winter anfragen)

2,0 km → **Villambistia** (860 m, 40 EW)

- SH **Alb. San Roque**, 12 B/12 € MF. Tel. +34 687 669 734 (Reserv. nur per WhatsApp). Bei Kirche rechts in Dorfmitte. W/T, Mikrowelle, Bar. 10–22 Uhr, Mi geschl., März–Dez.

1,5 km → **Espinosa del Camino** (900 m, 40 EW)

(Bar zuletzt geschlossen)

- PH **Casa Las Almas**, 5 B/12 €. Tel. +34 618 568 845 (WhatsApp), Sabine u. Ulrich Schnepf (sprechen Deutsch). W/T; gemeins. Abendessen, Frühstück. Meditationsraum. 12–22 Uhr, ganzjährig, aber in Hauptsaison Mo Ruhetag! las-almas.es
- PH **Alb. La Taberna de Espinosa**, 22 B/12 €. Zuletzt geschl., Info vor Ort. Tel. +34 660 916 937. W/T, Küche, Bar/Rest. 7–22 Uhr, Anf. Jan.–Ende Dez.
- PH **Alb. La Campana**, 9 B/12 €. Tel. +34 678 479 361. Abendessen, Frühstück. 13–22 Uhr, März–Okt.

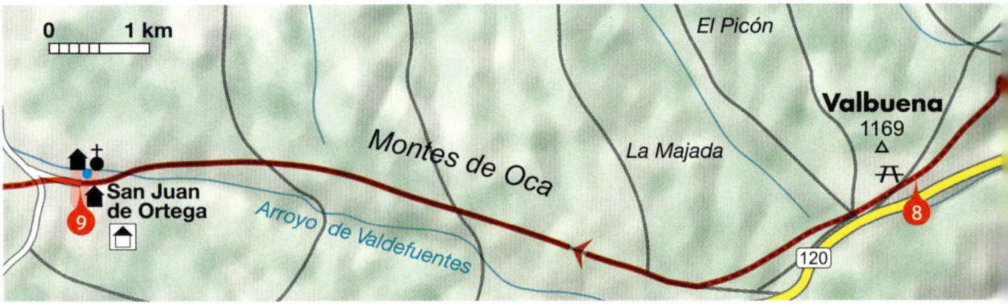

3,5 km → Villafranca Montes de Oca (948 m, 120 EW)

PH **Hotel San Antón Abad**, 60 B/15 € (EZ/DZ 40 und 50 €). Tel. +34 947 582 150. Bar/Rest.; normale u. Stockbetten. Keine W/T! 11–21.30 Uhr, 15. März–Nov. hotelsanantonabad.com

12,1 km → San Juan de Ortega (1008 m, 30 EW)

Mo–Sa 18 Uhr (Messe und Pilgersegen, danach gibt es für Pilger die traditionelle Knoblauchsuppe), So/Fei 13.15 Uhr (oder laut Aushang)

PH **Alb. El Descanso de San Juan**, 14 B/15 €. Tel. +34 690 398 024. Abendessen, Frühstück; sehr familiär. Bis 22 Uhr, Ostern–Okt.

PH **Alb. del Monasterio de San Juan de Ortega**, 60 B/15 €. Tel. +34 947 569 913 (keine Reserv.). Oft schnell voll. W/T. 13–22 Uhr, April–12. Okt. alberguesanjuandeortega.es

Wir gehen durch **Belorado** ❶, am Ortsende nimmt uns beim Río Tirón (Picknickplatz) ein Fußweg auf, der sich mehr oder weniger parallel zur N-120 hält. Nach den etwas eintönigen Wanderungen durch Getreidefelder ist der breite Weg bis **Tosantos** ❷ (knapp 1.15 Std.) links des vegetationsreichen Bachlaufs eine Wohltat. Kurz vor Tosantos lädt rechts ein schattiger Picknickplatz zur Rast ein. Etwas außerhalb (nördlich) des Ortes liegt die Einsiedelei Ermita de Nuestra Señora de la Peña mit einer Marienfigur aus dem 12. Jh. Von Tosantos aus wandern wir auf einem bequemen Feldweg leicht bergan. Zwar ist die N-120 stets in Hörweite, doch schöne Aussichten in das Umland lenken davon ab. Kurz hintereinander kommen wir durch **Villambistia** ❸ (30 Min.; Bar bei Herberge im Ort trotz evtl. anderer Infor-

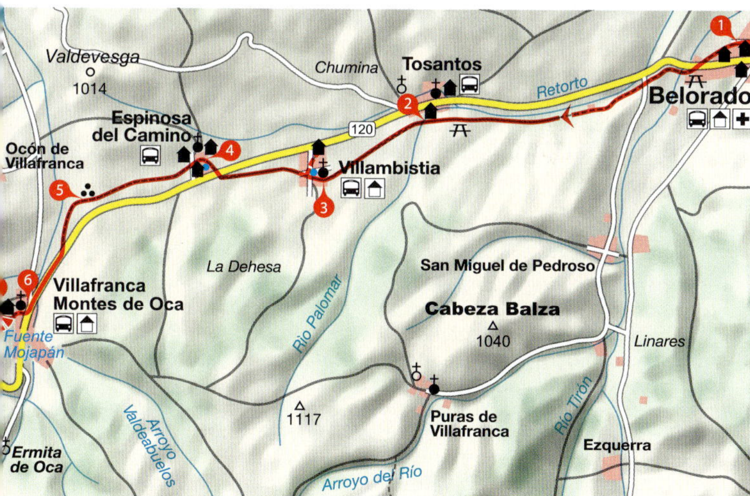

mation normalerweise geöffnet!), **Espinosa del Camino** ❹ (knapp 30 Min.) und an den Resten der Klosterkirche **San Félix de Oca** ❺ (30 Min.; 9. Jh.) vorbei nach **Villafranca Montes de Oca** ❻ (knapp 30 Min.).

*i In **Villafranca Montes de Oca** schöpften die Pilgernden früher Kraft für die lange und gefährliche Überquerung der Oca-Berge (»oca« auf Deutsch: Gans), in deren Wäldern skrupellose Banditen ihr Unwesen trieben. Bis 1075 war Villafranca Bischofsstadt, dann wurde der Sitz 1075 nach Burgos verlegt. Ende des 14. Jh. entstand auf Geheiß von Doña Juana Manuel, Gattin von König Enrique II. de Trastámara, das **Hospital de la Reina** (oder **de San Antonio Abad**). Wegen der großen Essensportionen war es bei den Pilgernden sehr beliebt. In der Dorfmitte steht die **Iglesia de Santiago el Mayor** (ursprünglich romanisch, Ende 18. Jh.). Im Kircheninnern fallen eine barocke Jakobus-Figur sowie das Taufbecken aus einer riesigen, von den Philippinen stammenden Jakobsmuschel auf (15. Juni bis 30. Sept., 10–14 und 17–20 Uhr).*

Bereits im Ort beginnt auf einem Wanderweg der anfänglich stramme, dann flachere Aufstieg in die Montes de Oca. Nach etwa 30 Min. können wir am kleinen Rastplatz **Fuente Mojapán** ❼ (1080 m) etwas Atem schöpfen. Früher sollen die Pilgernden hier gerastet und ihr trockenes Brot (»pan«) ins Quellwasser getunkt (»mojar«) haben. Nach weiteren gut 30 Min., jetzt mit moderaterem Anstieg, ist der höchste, rechts von uns mit einer Antenne gekrönte Punkt bei 1155 m erreicht. Auf der breiten Feuerschneise kommen wir kurz darauf zum **Denkmal** ❽ für 1936 im Bürgerkrieg erschossene Republikaner. Die Inschrift lautet: »Nicht ihr Tod war sinnlos, sondern ihre Erschießung. Mögen sie in Frieden ruhen.« Unmittelbar danach zwingt uns ein tiefer Taleinschnitt zu einem kurzen, aber steilen Ab- und wieder Aufstieg. Anschließend geht es bequem auf einem breiten Forstweg weiter. Nach etwa 45 Min. bietet während der Saison der Stand »Oasis del Camino« Getränke an, knapp 1.30 Std. später ist **San Juan de Ortega** ❾ erreicht.

*i Es gehörte schon gehöriges Gottvertrauen und Mut dazu, mitten in den von Räubern bevölkerten Wäldern eine Pilgerherberge zu eröffnen. **Juan de Ortega** (1080–1163) hatte beides. Von einer Wallfahrt nach Jerusalem zurückgekehrt, zog sich der Schüler Santo Domingos um 1115 in die unwirtlichen Oca-Berge zurück. Als Dank für seine Rettung während eines Sturms auf der Rückreise errichtete er dem heiligen Nikolaus von Bari die Capilla de San Nicolás. Gegen den Widerstand der Oca-Banditen gründete er eine Pilgerherberge und eine kleine Klostergemeinde. Wie sein Vorbild Santo Domingo legten auch Juan und seine Glaubensbrüder befestigte Straßen an und bauten Brücken. Im 15. Jh. setzte der Niedergang des Klosters ein. Derzeit wird der Klosterkomplex saniert.*
*Der Innenraum der **Iglesia Monacal** (ehem. Klosterkirche, 12.–19. Jh.) hat noch alte romanische Elemente wie die drei Apsiden mit sehr schönen*

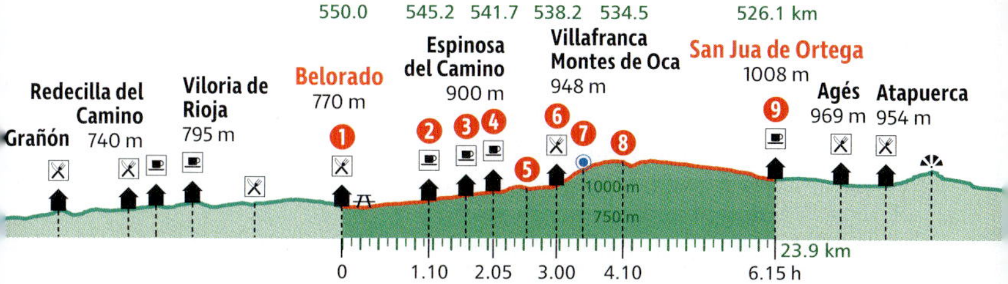

Kapitellen (12. Jh.). Das gotische ***Grabmal San Juans*** *stammt aus dem 14./15. Jh. Der fein gearbeitete gotische Baldachin (um 1464) zeigt Szenen aus dem Leben San Juans, wie etwa seine Pilgerreise nach Jerusalem. Der Sarkophag mit den sterblichen Überresten des Heiligen steht in einer Nische links davon, unter dem Säulenkapitell des Lichtwunders (Kirche tgl. ca. 10–19 Uhr). Von März bis Anfang Nov. informiert das kleine Centro de Interpretación über die Geschichte der Klostersiedlung.*

Das Lichtwunder, ***Milagro de la Luz****, ist eine architektonische Meisterleistung. Jeweils zur Tag- und Nachtgleiche fällt für wenige Minuten ein Sonnenstrahl auf das Kapitell links vom Altar, das die Weihnachtsgeschichte von der Verkündigung bis zu den Heiligen Drei Königen darstellt (21. März: 18 Uhr, 22. Sept.: 19 Uhr; je auch 1–2 Tage vor- und nachher). Eine Wallfahrt nach San Juan de Ortega war lange Zeit die letzte Hoffnung kinderloser Frauen. Der Legende nach brachte Königin Isabel von Kastilien, Ehefrau von Fernando von Aragón (genannt los Reyes Católicos, die katholischen Könige), nach ihrem Besuch drei Kinder zur Welt.*

Information zu Kloster und Herberge: *alberguesanjuandeortega.es.*

Das Kloster von San Juan de Ortega.

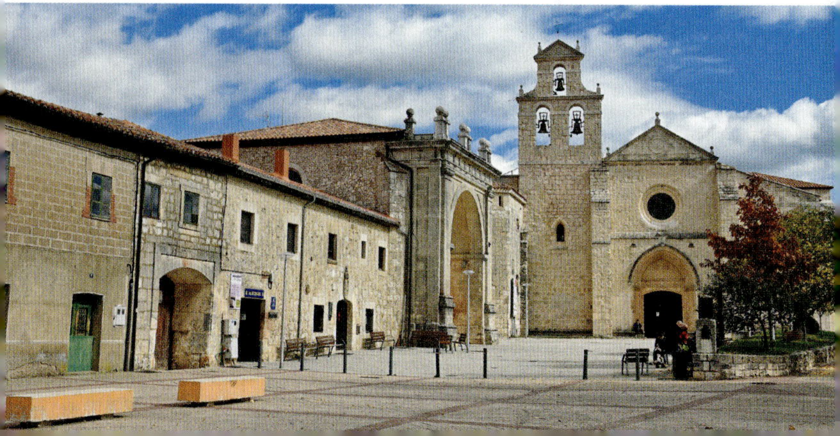

12 San Juan de Ortega – Burgos

6.15 h	25,9 km
↗150 m	↘290 m

Von der Prähistorie zur prachtvollen Kathedrale von Burgos

Seit dem Fund der Knochenreste des »ersten Europäers« gehört Atapuerca zu den wichtigsten archäologischen Stätten der Menschheit. Die Ausgrabungen liegen zwar nicht direkt am Jakobsweg, sie können mit etwas Organisation aber besichtigt werden. Das über 1000 Jahre alte Burgos mit seiner wunderbaren gotischen Kathedrale und der sehenswerten Altstadt bildet das Tor zur Meseta, der zentralspanischen Hochebene.

Der Weg: Einfach. Nur der kurze, teils steile und steinige An-und Abstieg hinter Atapuerca ist mittelschwer. Viel Asphalt. Nach Burgos hinein gibt es zwei Varianten: Die historische Route führt recht unattraktiv rund 10 km durch das Gewerbe- und Industriegebiet von Villafría (siehe »Variante«). Beschrieben wird daher der schönere Weg über Castañares und am Río Arlanzón entlang.
Kritische Stellen: Keine.
Variante: Ab dem Abzweig geradeaus nach Villafría (45 Min.) und durch das Gewerbe- und Industriegebiet nach Burgos. Nach ca. 1.30 Std. treffen beide Routen in der C/ Calzadas zusammen. Weiter in die Altstadt und zur städtischen Herberge bei der Kathedrale (20 Min.).
Hinweise: 1. Wer die Kathedrale von Burgos besichtigen möchte, sollte genügend Zeit einplanen.
2. Ggü. der städtischen Herberge von Burgos gibt es ein recht gutes und günstiges Restaurant.

Ab San Juan de Ortega (1008 m, 30 EW)
3,6 km → **Agés** (969 m, 50 EW)

- TH **Alb. El Pajar de Agés**, ●●●, 30 B/15 € (1 DZ 50 €). Tel. +34 686 273 322. Bar/Rest., W/T. Check-in 13–19 Uhr, April–Okt. elpajardeages.es
- SH **Alb. Municipal de Agés**, ●●◐, 36 B/15 €. Tel. +34 947 293 656 (keine Reservierung). Bar/Rest., W/T. Ab 13 Uhr, ganzjährig
- PH **Alb. El Fagus**, ●●●, 22 B/15 €. Tel. +34 647 312 996 (keine Reservierung). W/T, Mahlzeiten; neu und geräumig, gute Stockbetten. 13–22.30 Uhr, Mitte März–Okt. alberguefagus.com

2,5 km → **Atapuerca** (954 m, 180 EW)

- PH **Alb. El Peregrino**, ●●●, 30 B/12 € (6 DZ 40–50 €). Ortsmitte. Tel. +34 661 580 882 (Reservierung nur für DZ möglich). Küche, W/T, Garten; 5er-/6er-Zi., normale u. Stockbetten; kein WLAN. Check-in 13–20 Uhr, Ostern–Okt. albergueatapuerca.com
- TH **Alb. La Plazuela Verde**, ●●●, 17 B/15 € (1 DZ 55 €). Tel. +34 658 647 720. Küche, Waschm., Kojenbetten; kl. Laden; schönes Dorfhaus. Check-in 13–20 Uhr, ganzjährig.
- PH **Alb. INpulso**, ●●, 15 und 18 € (EZ 30/35 €, DZ 50/60 €). Alb. INpulso, Tel. +34 650 148 192. Küche, W/T; gemeins. Abendessen, Frühstück; schönes Haus, wohnlich. Check-in 13–21 Uhr, Ostern–10. Nov. (6.–8. Aug. geschl.). albergueatapuerca.online

6,0 km → **Cardeñuela-Riopico** (929 m, 110 EW)

- PH **Alb. Vía Minera**, ●●●, 44 B/8 € (DZ 60 € HP). Tel. +34 652 941 647. W/T, Bar/Rest.; kl. Pool. 10–22 Uhr, März–Okt.
- SH **Alb. La Parada**, ●●, 12 B/8 €. Tel. +34 661 438 093. W/T, Bar. 9–22 Uhr, ganzjährig, Nov.–März Mi geschl.

- PH **Alb. Santa Fé**, ◈◈◈, 15 B/10–12 € (DZ 50 und 60 €, EZ 30 €). Tel. +34 626 352 269. W/T, Bar/Rest. 7–23.30 Uhr, März–Jan. baralberguesantafe.com
- **Casa Rural La Cardeñuela**, Tel. +34 947 210 479

2,1 km → Orbaneja-Riopico (916 m, 360 EW)

- **Casa Rural Fortaleza**, Tel. +34 947 225 354. casaruralfortaleza.com

4,5 km → Castañares (892 m, 300 EW)

3,3 km → Camping (870 m)

- **Camping Fuentes Blancas**, Tel. +34 947 486 016. campingburgos.com

3,9 km → Burgos (870 m, 174.500 EW)

alles, sowie:

C/ Miranda 4, Tel. +34 947 288 855

Burgos-Rosa Manzano, Avda. Príncipe de Asturias (nördlich außerhalb der Stadt, Anfahrt mit Buslinien 2, 12, 16 und 23), Tel. +34 912 320 320

Kathedrale Mo–Sa 9, 10 u. 19.30 Uhr, So/Fei 9, 10.30, 12, 13.30 u. 19.30 Uhr

Centro de Salud Santa Clara, Pl. Santa Teresa, Tel. +34 947 274 799; Hospital San Juan de Dios, Paseo de la Isla 41, Tel. +34 947 257 730

- VH **Alb. Santiago y Santa Catalina**, ◈◈◈, 16 B/10 €. C/ Laín Calvo 10 (Zentrum), Tel. +34 947 207 952. Pilger zu Fuß haben Vorrang. Waschm. Tgl. 20 Uhr Messe mit Pilgersegen. 11–22 Uhr, April–Okt.
- SH **Alb. de peregrinos Casa del Cubo y de los Lerma**, ◈◈◈, 120 B/10 €. Kurz vor der Kathedrale rechts am Weg. Tel. +34 947 460 922 (keine Reservierung). W/T, Essraum. Ausstellung Pilgerpass. Gut organisiert, Kojenbetten; etwas wenig Duschen, aber geräumig. Ostern–Okt. 12–22.30 Uhr, sonst 14–22 Uhr. caminosantiagoburgos.com
- TH **Hostel Catedral Burgos**, ◈◈◈, 136 B/ab 20 € MF (EZ ab 50 €, DZ ab 60 €). Plaza Huerto del Rey 5 (nahe Kathedrale), +34 623 115 887. Küche, W/T; Bettzeug; Bar/Rest. 13–22 Uhr, März–Dez. hostelcatedralburgos.es

Von **San Juan de Ortega** ❶ wandern wir weiter durch den Wald. Nach dem Austritt öffnet sich der Blick in das weite Tal, in dem **Agés** ❷ (gut 45 Min.) und **Atapuerca** ❸ (gut 30 Min.) liegen.

*i Auch 100 Jahre nach den ersten Funden sorgt **Atapuerca** immer wieder für Aufsehen. Anfang des 20. Jh. waren in der **Sierra de Atapuerca** Höhlenmalereien entdeckt worden, in den 60er-Jahren stießen Forscher an der Trasse einer ehemaligen Minenbahn auf Fossilien. 1976 tauchten die ersten menschlichen Knochen auf. 1994 dann die Sensation: Mit 800.000 Jahre alten Knochenstücken glaubte man Reste des »ersten Europäers«, des Homo antecessor, entdeckt zu haben. 2007 fanden die Forscher einen 1,2 Mio. Jahre alten Kieferknochen, 2022 folgte das Fragment*

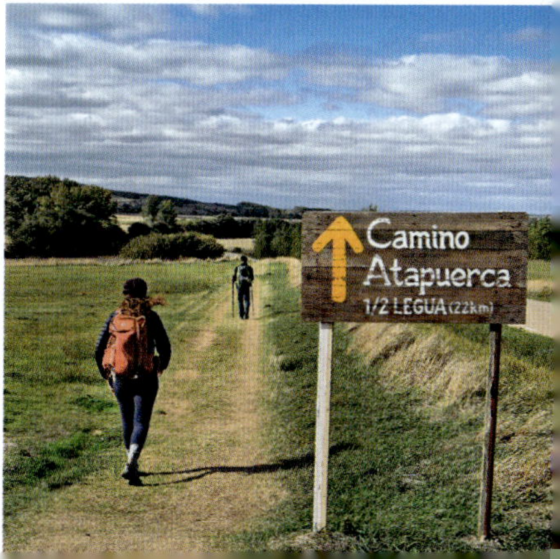

Ein Ort mit klanghaftem Namen.

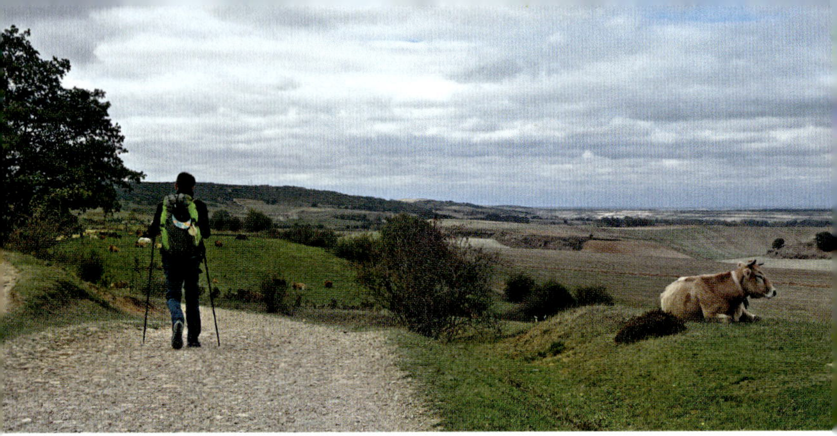

Die sanft gewellte Landschaft rund um Atapuerca.

eines 1,4 Mio. Jahre alten Wangenknochens, das die Atapuerca-Stiftung als »Gesicht des ersten Europäers« präsentierte. Die Knochen gelten als Beleg, dass wesentlich früher als bislang vermutet erste Frühmenschen auf dem europäischen Kontinent lebten. Die Ausgrabungsstätte (seit 2000 UNESCO-Weltkulturerbe) liegt 12 km vom Ort Atapuerca entfernt. Besichtigung nur mit Führung. Anmeldung erforderlich unter Tel. +34 947 421 000 (Mo–Fr 9–17 Uhr, Sa/So/Fei 9–14 Uhr) oder reservasatapuerca@fundacionatapuerca.es. Zu den Ausgrabungen gelangt man per Bus, Abfahrt ist am vor Atapuerca rechts des Wegs liegenden ***Centro de Ar-***

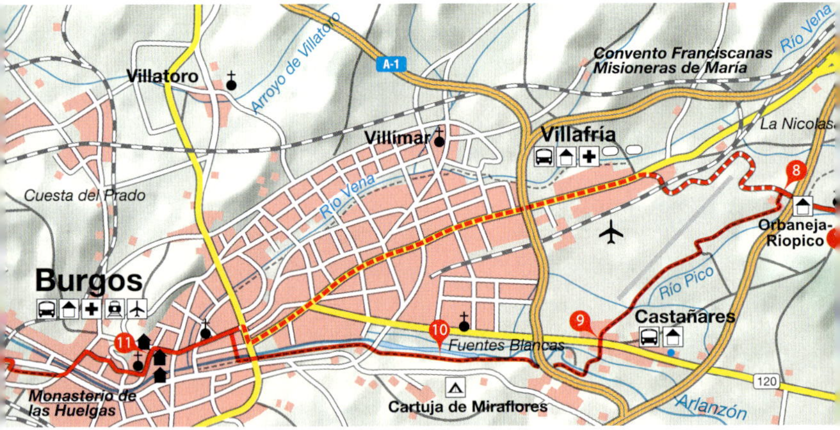

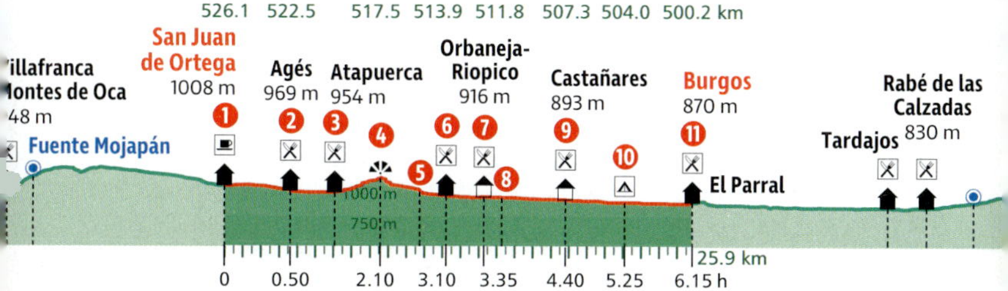

queología Experimental de Atapuerca (CAREX; Zentrum für experimentelle Archäologie; Di–Sa 9.30–17.30 Uhr, So 9.30–15 Uhr, Pilger 4 €; Ausgrabungen 6 €). Information zu den Besichtigungen der Ausgrabungen und des CAREX auf atapuerca.org unter »Visitas« – »Horarios« (Zeiten) und »Tarifas« (Preise).
*Das **Museo de la Evolución Humana** in Burgos widmet sich ebenfalls den Ausgrabungen (Paseo Sierra de Atapuerca, Di–Fr 10–14.30 u. 16.30–20 Uhr, Sa 10–20 Uhr, So/Fei 10–15 Uhr, 6 €, Pilger und Studenten 4 €, ab 65 Jahren gratis; Mi nachmittags, Di/Do ab 19 Uhr freier Eintritt; weitere Information auf www.museoevolucionhumana.com.*

Hinter Atapuerca wartet der teils beschwerliche, weil steinige, gut 45-minütige Aufstieg auf die Hochebene **Matagrande** 4 (1078 m). Kurz nach dem Holzkreuz öffnet sich der Blick bis Burgos. Nach einem steinigen Abstieg wird der Camino zu einem breiten Feldweg. Dann biegt er nach links ab und folgt ab **Villalval** 5 (30 Min.) der Landstraße nach **Cardeñuela-**

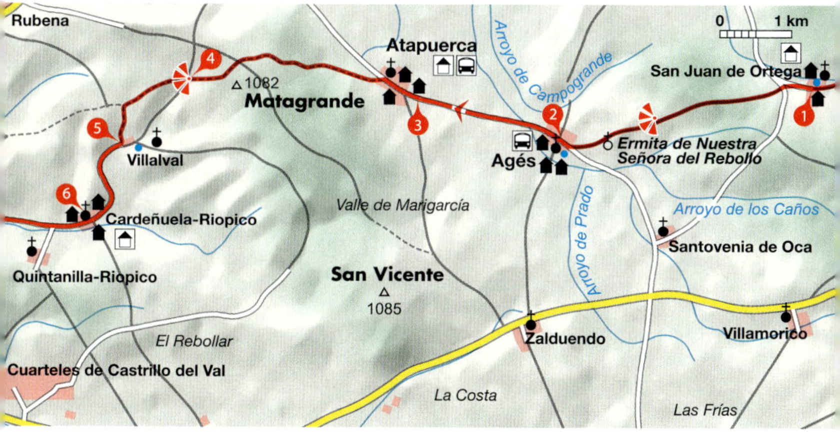

Riopico 6 (30 Min.) und **Orbaneja-Riopico** 7 (30 Min.). Nach der Überquerung der Autobahn muss man sich bei der Wohnsiedlung (kurz davor nach links abkürzender Pfad zur Route über Castañares) entscheiden 8 (15 Min.): Geradeaus verläuft die **Variante** über **Villafría** nach Burgos.
Wir gehen aber nach links, folgen dem Fahrweg durch die Rechtskurve und wandern dann am Flugfeld entlang nach **Castañares** 9 (45 Min.). Hier gehen wir geradeaus über die N-120 (gelbes Schild »Hotel Versus«; gelbe Pfeile und Schilder nach rechts an der N-120 entlang ignorieren!) in die C/ Óbidos (an Laterne rechts gelber Holzpfeil mit Aufschrift »by Park«) und folgen dieser geradeaus. Beim Kieswerk biegen wir rechts ab; bei der T-Kreuzung kurz danach nach links über die blaue Fußgängerbrücke und nach rechts neben der Autobahn durch den Wald. Nach ca. 600 m gehen wir links unter der Autobahn durch und danach gleich rechts. Nun halten wir uns immer parallel zum Río Arlanzón; bald wird der Weg zum Fuß- und Radweg durch das Naherholungsgebiet Fuentes Blancas. Vorbei am **Camping Fuentes Blancas** 10 (45 Min.) gelangen wir zum Flussbad Playa Fuente del Prior. Geradeaus am Strand vorbei, kommen wir unter einer Brücke hindurch, 20 Min. später unterqueren wir eine breite Straße. Kurz danach erreichen wir eine Fußgängerbrücke über den Fluss.
Wir gehen nach rechts über die Brücke, am Ende geradeaus in die C/ de Santa Casilda (entgegen dem gelben Pfeil besser auf der linken Straßenseite bleiben), dann in die zweite Straße links (C/ Calzadas; von rechts: Variante über Villafría) und nun praktisch immer geradeaus: über die Plaza de San Juan (Iglesia de San Lesmes) durch den Arco de San Juan in die Altstadt; am Abzweig zur Alb. Santiago y Santa Catalina (nach links, in der C/ de Laín Calvo) zur städtischen Herberge kurz vor der Kathedrale von **Burgos** 11 (gut 45 Min. ab Camping).

i ***Burgos*** *wirkt mehr nordisch als südländisch-spanisch. »La fría«, die Kalte, wird die auf rund 900 m gelegene Stadt genannt. Ihre Winter sind eisig und selbst im Hochsommer muss man sich oft warm anziehen. Wer im Mittelalter auf den kargen Böden ein Auskommen haben wollte, hielt sich genügsame Schafe. Nur sie gaben sich mit dem wenigen Gras zufrieden und produzierten dabei auch noch dicke Wolle. Das 884 gegründete Burgos wusste daraus Kapital zu schlagen: Es stieg zum Zentrum des kastilischen Wollhandels auf, ab 1037 war es Hauptstadt der Grafschaft Kastilien und bis zum Ende der Reconquista (1492) Residenzstadt des Königreiches Castilla y León. Die Verlegung der Hauptstadt nach Madrid im Jahr 1561 leitete den Niedergang ein. Im Spanischen Bürgerkrieg (1936–1939) war Burgos Sitz der nationalistischen Regierung Francos. Die während der Franco-Diktatur angesiedelten Textil-, Chemie- und Gummifabriken machen Burgos heute zu einem wichtigen Industriestandort.*
Kein anderes Bauwerk zeugt so eindrucksvoll vom einstigen Wohlstand wie die prächtige ***Catedral de Burgos****. 1221 begonnen, gilt sie als die ers-*

te gotische Kathedrale Spaniens. 1567 wurde über dem Mittelschiff das imposante, auf 59 m hohen, mächtigen Pfeilern ruhende Kuppelgewölbe (**Cimborrio**) vollendet. Seit 1984 zählt die Kathedrale zum Weltkulturerbe der UNESCO. Allein mit dem Entdecken der unzähligen, teils kuriosen Details im verschwenderisch ausstaffierten Innenraum mit seinen zahlreichen Seitenkapellen und Grabmälern kann man Stunden verbringen: 15 m über dem Westportal schlägt seit dem 16. Jh. der **Papamoscas**, der Fliegenfänger, die Stunden. Der Legende nach hatte König Enrique III das Bildnis in Auftrag geben: Es sollte das liebreizende Antlitz und Seufzen einer jungen Frau, in die er sich in der Kathedrale unglücklich verliebt hatte, wiedergeben. Heraus kam jedoch nur eine groteske Figur. In der **Capilla de los Condestables** schläft ein Pudel auf dem Marmorsarkophag, am Fuß einer Säule spielt ein Putto mit einem Totenschädel.
Internationale Baumeister wie Felipe de Borgoña (Burgund), Gil de Siloé (Flandern) und Juan de Colonia (Hans von Köln) sowie dessen Sohn Simón und Enkel Francisco schufen das architektonische und bildhauerische Gesamtkunstwerk. Die beiden 84 m hohen Türme der Westfassade, nach Plänen von Juan de Colonia gearbeitet, sind das Wahrzeichen von Burgos. Reich verziert sind die Portale **Puerta de la Coronería** (um 1250,

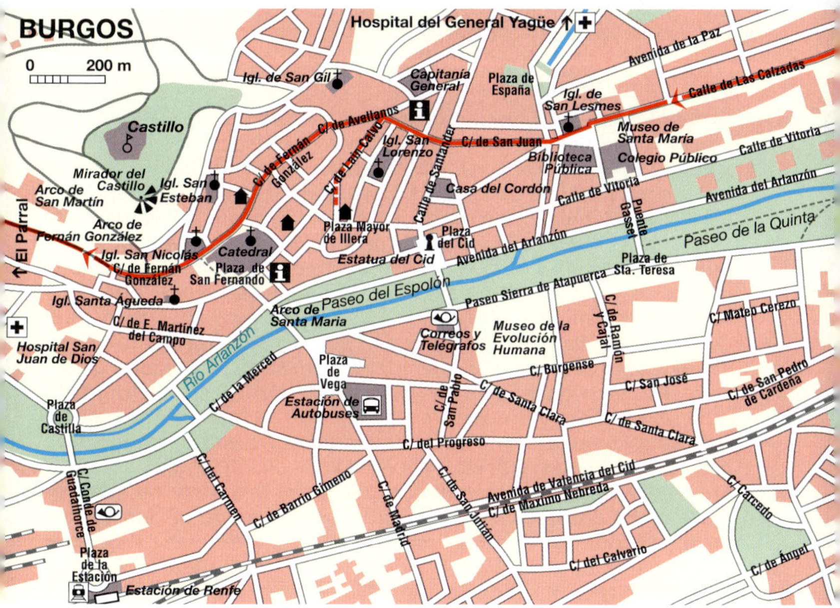

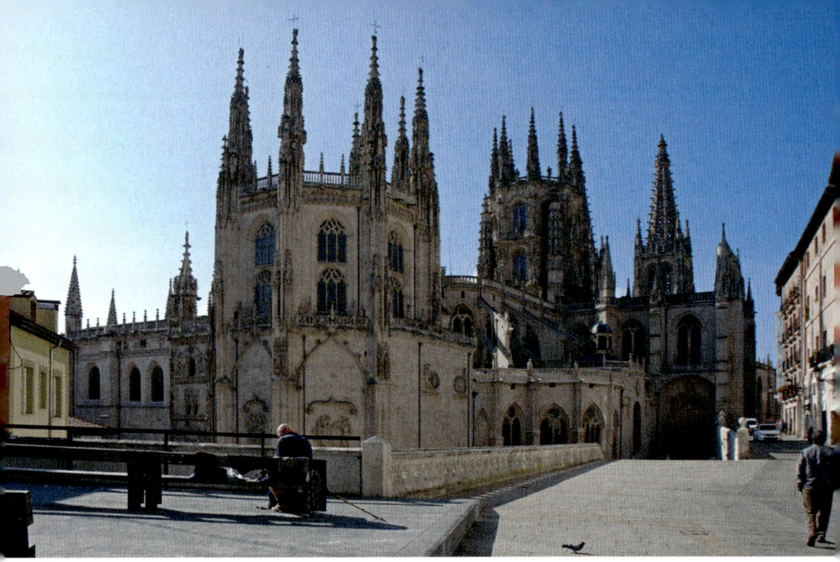

Die Imposante Ostseite der Kathedrale von Burgos.

nördliches Querschiff), die **Puerta de la Pellejería** (1516, Francisco de Colonia, nicht zu besichtigen) und am südlichen Querschiff die **Puerta de Sarmental** (um 1230). Der gewaltige Kircheninnenraum misst – ohne die **Capilla de los Condestables** (15. Jh., Simón de Colonia) hinter dem Chorumgang – 84 m. Kunstvoll geschmiedete Gitter trennen Chor und Hauptaltar. Unter der zentralen Kuppel ruhen seit 1921 die Gebeine des spanischen Nationalhelden Rodrigo Díaz de Vivar, kurz **El Cid** (1043–99), und seiner Ehefrau Doña Jimena. In der **Capilla del Santísimo Cristo de Burgos** wird der aus Holz, Leder und Echthaar gefertigte **Cristo de Burgos** (14. Jh.) verehrt. Die **Escalera dorada** (Goldene Treppe, wegen der vergoldeten Geländer) gleicht 8 m Höhenunterschied zur Puerta de la Coronería aus. Der **Kreuzgang** aus dem 13. Jh. ist wegen der Hanglage der Kathedrale zweistöckig; der untere Teil beherbergt eine Ausstellung zum Bau der Kathedrale (Nov.–18. März 10–19 Uhr, 19. März–Okt. 9.30–19.30 Uhr; Eintritt 10 €, Pilger 5 € (Verkauf bis 1 Std. vor Schließung); auf catedraldeburgos.es kann man unter »Entradas« Tickets kaufen, auch eine App zur Besichtigung gibt es, unter »Pastoral – Liturgias« Info zu Messen). Die Pilger betreten die Altstadt von Burgos seit Jahrhunderten über die **Calle de las Calzadas**. Sie führt vorbei an der **Iglesia de San Lesmes** (14. Jh.; Grabstätte von San Lesmes, im 11. Jh. Wohltäter der Pilger und Schutzpatron der Stadt). Im Adelspalast **Casa del Cordón** (15. Jh.) empfingen die Reyes Católicos, Fernando und Isabella, **Christoph Kolumbus** *nach seiner zweiten Amerikafahrt. Die äußerlich schmucklose* ***Iglesia de San Gil*** *(13.–15. Jh.) ist nach der Kathedrale das schönste gotische Bauwerk in Burgos. Schräg gegenüber der Kathedrale beherbergt die* ***Iglesia de San Nicolás de Bari*** *(15. Jh.) einen für Spanien ungewöhnlichen Hauptaltar aus farbigem Alabaster von Simón und Francisco de Colonia (Mo (Di geschl.)–Sa 11.30–13.30 und 17–19 Uhr, So 11.30–13.30 Uhr; Messen: Mo 9.30 und 19.30 Uhr, Do 19.30 Uhr, So 12 Uhr). In der* ***Iglesia de San Esteban*** *(13./14. Jh.) zeigt das Museo del Retablo Altaraufsätze aus dem 16.–18. Jh. (19. März–Okt. Di–Sa 10–14 u. 17–20 Uhr, Nov.–18. März Di–Sa 10–14 und 16–19 Uhr, So ganzjährig 10–14 Uhr, 3 €, Di 16–19 Uhr gratis, museodelretablo.com). Sehenswert ist die* ***Plaza Mayor*** *in der Altstadt. Der* ***Arco de Santa María*** *ist eines der ehemals zwölf Stadttore. Juan de Vallejo und Francisco de Colonia gestalteten es im 16. Jh. als Triumphbogen (Pharmazie-Museum Di–Sa 11–14 und 17–21 Uhr, So 11–14 Uhr, Mo/fei geschl., Eintritt frei). Dahinter beginnt die Flusspromenade* ***Paseo del Espolón****. Durch den* ***Arco de San Martín*** *(13./14. Jh.), den früheren Eingang ins jüdische Viertel, verlassen die Pilger Burgos. Nahe dem Stadtpark* ***El Parral*** *steht der gotische Klosterkomplex* ***Monasterio de Santa María la Real de las Huelgas****. Um 1187 widmeten Alfonso VIII. und Ehefrau Leonor von England (Schwester von Richard Löwenherz) das königliche Lustschloss (huelga, früher: Erholung, heute: Streik) in ein Zisterzienserinnenkloster um (Di–Sa 10–14 und 16–18.30 Uhr, So/Fei 10.30–15 Uhr, letzter Einlass 1 Std. vor Schließung, Eintritt 8 €). Das* ***Hospital del Rey*** *(Ende des 12. Jh.) war eine der größten Pilgerherbergen am Jakobsweg. Vom* ***Mirador del Castillo*** *bei der Burg (ab 9. Jh.) nordwestlich der Kathedrale hat man einen schönen Ausblick auf die Stadt.*

Östlich der Stadt ist das Kartäuserkloster ***Cartuja de Miraflores*** *ein spätgotisches Meisterwerk. Isabel la Católica ließ es Ende des 15. Jh. als Grabstätte für ihre Eltern errichten (Mo–Sa 10.15–15 u. 16–18 Uhr, So/Fei 11–15 u. 16–18 Uhr, Messe: So 10.15 Uhr. Eintritt frei, cartuja.org, Anfahrt mit Bus ab Pl. de España: Aug. Linie 17 mehrmals tgl., sonst Linie 27: 9, 12, 16 und 19 Uhr, zurück 9.30, 12.30, 16.30 und 19.30 Uhr).*

Fiestas: *Ende Januar:* ***San Lesmes*** *(Schutzpatron der Stadt). Freitag nach Fronleichnam (sp. Corpus Cristi)* ***Festividad de El Curpillos****, beim Park El Parral. Ende Juni* ***San Pedro y San Pablo****, u. a. Umzüge mit Gigantillos, riesigen menschlichen Figuren.*

Kulinarisches: *Queso de Burgos (Frischkäse, mit Honig und Nüssen als Postre del abuelo – Opas Nachtisch – beliebt),* ***Morcilla*** *(Blutwurst mit Reis, Zwiebeln und Pfeffer, frittiert, gekocht oder gebraten zubereitet). Die deftige* ***Olla podrida****, ein Bohneneintopf, u. a. mit Paprika- und Blutwurst, Schweineohren, -haxen und -rippen sowie Speck und z. T. Cecina, getrocknetem Rindfleisch, schmeckte schon Sancho Panza, dem Weggefährten Don Quijotes. Wein: D.O. Ribera del Duero.*

Information: *aytoburgos.es und turismoburgos.org (Provinz Burgos).*

13 Burgos – Hontanas

7.45 h | 31,2 km | ↗330 m | ↘330 m

Auf geht's in die unendlichen Weiten

Hinter Burgos beginnt die Meseta, die zentralspanische Hochebene. Meere aus Getreidefeldern bilden die »Tierra de Campos«, das bei Pilgernden gefürchtete, extrem weite und flache, zuweilen eintönige Ackerland. Wer bis León den Bus nimmt, verpasst einen faszinierenden Teil des Weges. Hier liegt die Schönheit in den wechselnden Farben der Felder und der immensen Weite des Himmels. Meditative Ruhe und innere Einkehr – hier sind sie zu finden.

Der Weg: Lang, aber einfach. Bis Rabé de las Calzadas viel Asphalt, danach Feldwege. Praktisch kein Schatten.
Kritische Stellen: Keine.
Hinweis: Vorsicht vor der Mittagshitze! An reichlich Wasser denken.

Ab Burgos (870 m, 174.500 EW)
10,3 km → **Abzweig Alb. La Fábrica** (831 m)

- TH **Alb. La Fábrica**, ●●●, 14 B/15 € (EZ 40 €, DZ 55 €). Vor dem Ort, 350 m links des Wegs. Tel. +34 620 111 939. W/T, Bar/Rest. 14–22 Uhr, Ostern–23. Dez. alberguelafabrica.com

0,4 km → **Tardajos** (829 m, 800 EW)

+ Mo und Fr 10–13 Uhr

- TH **Alb. La Casa de Beli**, ●●●, 34 B/12 € (2 EZ 50 €, 6 DZ 55 €). Zentrum. Tel. +34 947 451 234. W/T, Bar/Rest. 11–22 Uhr, März–Dez. lacasadebeli.com
- SH **Alb. Municipal**, ●◐, 18 B/Spende. Einfach, aber ordentlich, kein WLAN. 15–22 Uhr, 15. März–15. Nov. demadridalcamino.com

2,1 km → **Rabé de las Calzadas** (830 m, 260 EW)

tgl. 20 Uhr im Nonnenkonvent

- PH **Alb. Libéranos Domine**, ●●◐, 22 B/12 €. Tel. +34 655 116 901. W/T; Snacks, gemeins. Abendessen, Frühstück; Mikrowelle. Etwas kleine Schlafräume, aber insgesamt recht nett. 12.30–22 Uhr, März–Okt. liberanosdomine.com

7,8 km → **Hornillos del Camino** (826 m, 60 EW)

tgl. 18 Uhr

- TH **Alb. El Alfar de Hornillos**, ●●●, 26 B/15 € (8 DZ 45 €). Tel. +34 654 263 857. Mikrowelle, W/T; Mahlzeiten; Garten. 12–22 Uhr, Check-in 12.15–20 Uhr. elalfardehornillos.es
- PH **Alb. Meeting Point**, ●●●, 30 B/ab 12 € (DZ 40–50 €, EZ 35 €). Tel. +34 608 113 599. W/T, Bar/Rest.; viel Platz; Garten. 12 (Juli/Aug. 11)–22 Uhr, April–Nov. hornillosmeetingpoint.com
- SH **Alb. Municipal**, ●●◐, 30 B/13–15 €. Bei Kirche. Tel. +34 689 784 681 (Re-

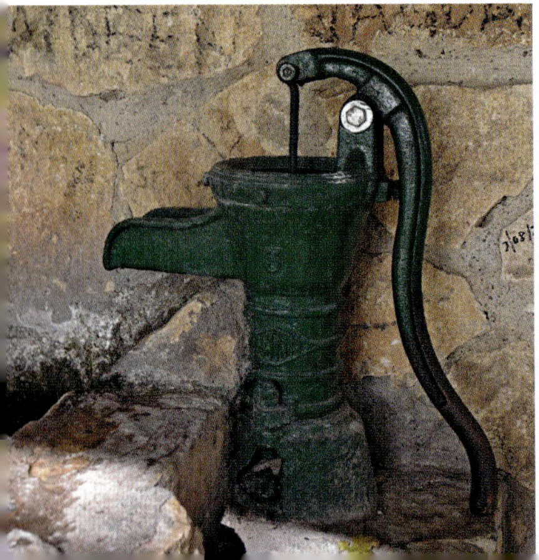

Fuente de Praotorre: Wasser ist rar auf der Meseta.

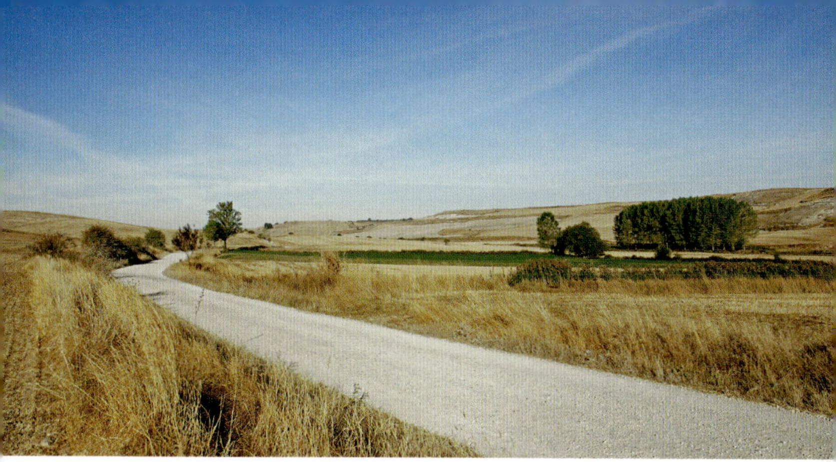

Hinter Rabé de las Calzadas beginnt das flache Ackerland der Meseta.

serv.: hornillosalbergue.es). Küche, Waschm., Abendessen, Frühstück. Recht nette Herberge. 12–22 Uhr, März–Jan. hornillosdelcamino.es

5,7 km → Abzweig Alb. San Bol (896 m)

- PH **Alb. San Bol**, ◎◎◎, 12 B/12 €. 300 m links des Wegs. Tel. +34 606 893 407 (Reserv. möglich). Einsam gelegen. Küche, gemeins. Abendessen; kein WLAN. Check-in ab 14 Uhr, April–Okt. alberguesanbol.com

3,4 km → Alb. Fuente Sidres (925 m)

- TH, ◎◎◎, 12 B/22 €. Tel. +34 686 908 486. W/T, Bar, Mahlzeiten (auch veg.). Einsam auf der Meseta gelegen; Solarstrom. 12–19 Uhr, April–Okt. Check-in 12–18 Uhr, März–Nov. alberguefuentesidres.es

1,5 km → Hontanas (871 m, 70 EW)

tgl. 18 Uhr

- PH **Alb. Real 1**, ◎◎◎, 38 B/15 € (6 DZ 75 €). Tel. +34 638 938 546. Küche, W/T, Bar/Rest., Terrasse. 6–21 Uhr, April–Okt. alberguessantabrigida.com
- TH **Alb. El Puntido**, ◎◎◎, 50 B/12 € (DZ ca. 50 €). Tel. +34 636 781 387. Bar/Rest., Küche, W/T. 11–22 Uhr, März–Nov. puntido.com
- PH **Alb. Real 19**, ◎◎◎, 16 B/15 € (DZ 70 €). Tel. +34 638 938 546. W/T, Küche, Bar/Rest., Innenhof. 12–22 Uhr, April–Okt. alberguesantabrigida.com
- SH **Alb. antiguo Hospital de San Juan**, ◎◎◎, 42 B/Sommer 10 €, Winter 15 €. Tel. +34 653 532 647. W/T, gemeins. Abendessen, Frühstück. 12 (Winter 15)–22 Uhr, ganzjährig.

An der Nordseite der Kathedrale von **Burgos** ❶ vorbei folgen wir der C/ Fernán González bis durch den Arco de San Martín; danach schräg links die Treppe hinunter und geradeaus in die C/ Emperador. Von dieser links in die C/ Villalón und über den Río Arlanzón in den Park **El Parral** ❷ (30 Min.). Am Parkende gehen wir rechts, gleich wieder links und an der breiten Straße durch den Campus der Universität von Burgos; am Ende in die schräg rechts abzweigende Straße und geradeaus, bald durch Felder (rechts: großes Gefängnis). Beim Spielplatz und Brunnen geht es schräg rechts über die Straße und links in den Feldweg. Nach der Eisenbahnunterführung

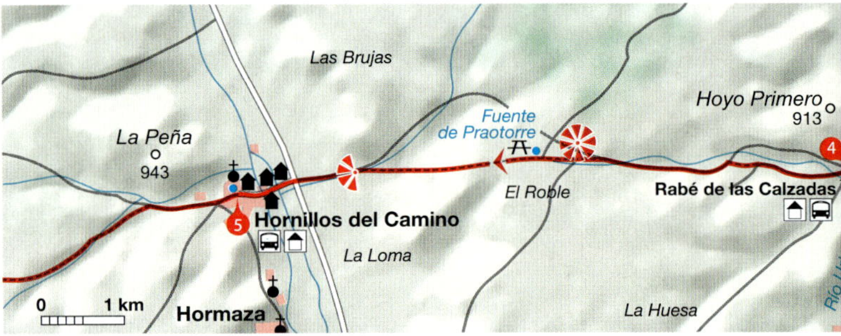

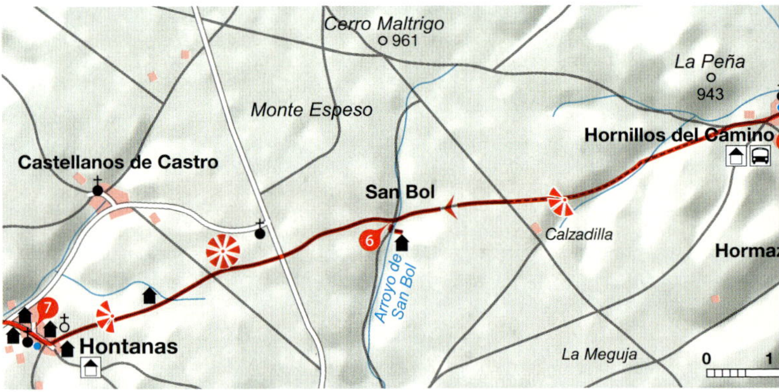

halten wir uns links und überqueren kurz darauf nach rechts die Schnellstraße. Im Linksbogen gelangen wir durch zwei weitere Unterführungen zur N-120. Auf dem Fußweg daneben wandern wir nach **Tardajos** ❸ (gut 2 Std.; 300 m vor dem Ort Abzweig links zur Alb. La Fábrica) und über die Landstraße nach **Rabé de las Calzadas** ❹ (gut 30 Min.).

i ***Rabé de las Calzadas*** *geht vermutlich auf die römische Siedlung Deobrigula (dt. Stadt der Götter) zurück. Diese soll an der Kreuzung mehrerer Römerstraßen gelegen haben, daher der Beiname »de las Calzadas«. Im Mittelalter hatte der Ort eine inzwischen verschwundene Burg und drei Kirchen. Zum Namen Rabé gibt es mehrere Theorien; am wahrscheinlichste geht er auf den Wiederbesiedler nach der Rückeroberung zurück. Die* ***Iglesia de Santa Marina*** *in der Dorfmitte wurde ab 1877 auf ihrer Vorgängerin errichtet. Am östlichen Dorfrand befindet sich der Grafenpalast aus dem 17. Jh. (****Torre-Palaciega****, steinernes Wappen auf der Mauer-*

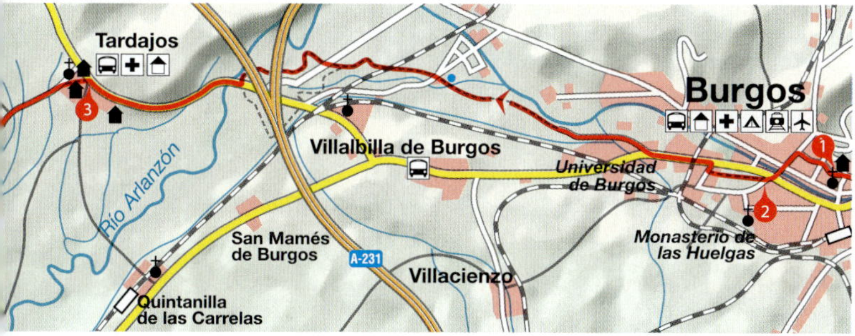

ecke; gegenüber: das Schulgebäude aus dem 19. Jh.). Ursprünglich bestand er aus zwei Wohntürmen und einem ummauerten Gartenbereich.

Der Großraum Burgos ist verlassen, der Weg führt wieder durch mittelalterlich anmutende Dörfchen, die sich mit ihren Steinhäusern gut in die Landschaft einpassen. Wir passieren am Ortsende die Ermita de la Virgen de Monasterio und wandern auf Feldwegen durch sanft hügelige Getreidefelder. Nach gut 30 Min. liegt rechts etwas abseits unter den Bäumen der **Rastplatz Fuente de Praotorre** (Brunnen), gut 1.15 Std. später ist **Hornillos del Camino** 5 erreicht.

*i Im Jahr 1989 wurden in **Hornillos del Camino**, auf Initiative der Katalanin Lourdes Lluch, die traditionellen Pilgerherbergen ins Leben gerufen, ganz so, wie sie im Mittelalter üblich waren. Einfache Unterkünfte, die aber alles bieten, was es nach einer langen Etappe braucht: eine Dusche, ein Bett, eine warme Mahlzeit. Besonders beim gemeinsamen Abendessen in bunt gemischter, meist internationaler Runde entsteht die Atmosphäre, die den Reiz des Camino ausmacht. Inzwischen gibt es an allen Jakobswegen spendenbasierte Herbergen. Seit Dezember 2023 ist die **Acogida Tradicional Jacobea** in Spanien als immaterielles Kulturgut anerkannt. In der frühen Phase der Reconquista verlief zwischen Tardajos, Rabé de las Calzadas, Hornillos del Camino und Castrojeriz eine aus mehreren*

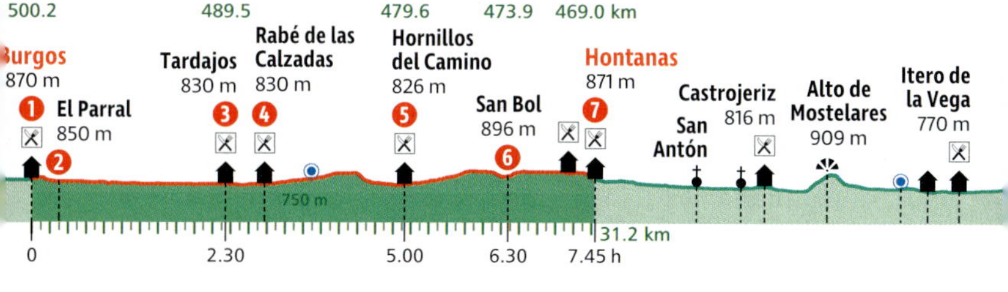

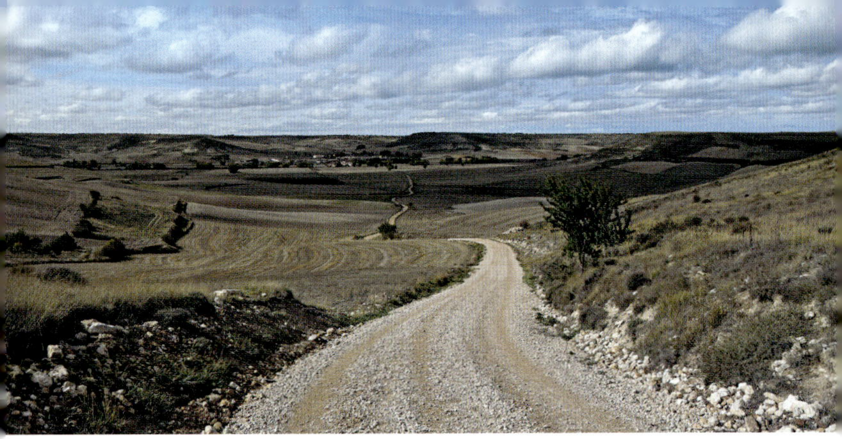
Der Weg hinab nach Hornillos del Camino.

Wehrtürmen gebildete Verteidigungslinie. Die »Forniellos«, kleine Brennöfen zur Herstellung von Kalk und Töpferwaren, gaben dem Ort den Namen. Im 12. Jh. gründete die französische Abtei Sainte Marie de Rocamadour hier ein kleines Kloster. Es gab zwei Pilgerhospize, das Hospital de San Lázaro war eine vielbeschäftigte Leprastation.

*Der **Hahn** auf der **Fuente del Gallo** (Hahnenbrunnen) vor der gotischen **Iglesia de San Román** (16. Jh.) erinnert an eine Begebenheit aus dem Unabhängigkeitskrieg gegen Napoleon im 19. Jh. Auf dem Rückzug nach ihrer Niederlage kamen französische Truppen durch Hornillos. Während das ganze Dorf in der Messe war, plünderten die ausgehungerten Soldaten alle Geflügelställe und versteckten die toten Tiere in ihren Trommeln. Als die Bewohner den Diebstahl bemerkten, war die Empörung groß. Der Bürgermeister rief die Franzosen auf dem Brunnenplatz zusammen, doch diese stritten alles ab. In ihrer Verzweiflung baten die Dorffrauen Sankt Anton, den Schutzheiligen der Haustiere, um Hilfe. Da geschah das Wunder: In einer der Trommeln erwachte ein toter Hahn zum Leben und begann zu krähen. Seither ist der Hahn das Symboltier des Orts.*

Weiter über das faszinierend weite, sanft gewellte Hochland, kommen wir zum **Abzweig** nach links zur einsam in einer Senke, abseits des Wegs gelegenen Herberge von **San Bol** 6 (1.30 Std.). Der einst kleine Weiler San Bol wurde 1503 aus unbekannten Gründen von seinen Einwohnern verlassen. Von der Senke geht es wieder hinauf auf die Hochebene, in der lange Zeit keine Ortschaft, dafür aber Windparks zu sehen ist. Rund 45 Min. nach San Bol sehen wir rechts die **Alb. Fuente Sidres**, nach weiteren knapp 30 Min. stehen wir unvermittelt über dem in ein Tal geduckten **Hontanas** 7. Das Wasser aus dem Kirchbrunnen soll sehr gesund sein. Auch der Ortsname leitet sich von Brunnen (veraltet »fontanas«) ab.

7.00 h	28,4 km
↗ 280 m	↘ 370 m

Hontanas – Boadilla del Camino 14

Von wegen plattes Land: Der Mostelares stellt sich uns in den Weg

An wenigen Stellen folgt der Jakobsweg noch so treu seinem mittelalterlichen Verlauf wie bei der Klosterruine von San Antón: Er führt mitten durch das einstige Portal, wenn auch heute als Straße. Die Herberge in den Ruinen musste im Mai 2024 leider wegen Baufälligkeit schließen. Nach dem malerisch um seinen Burgberg gewundenen Castrojeriz ist der rund 900 m hohe Tafelberg Mostelares für viele Tage die letzte Erhebung in Sichtweite des Wegs. Von seinen Rändern reicht der Blick kilometerweit ins flache Land.

Der Weg: Durch den steilen Anstieg (12 %) und Abstieg (18 %) hinter Castrojeriz und die Länge mittelschwer, ansonsten einfach. In der weiten Ebene nicht zu verfehlende Feldwege.
Kritische Stellen: Keine.
Hinweise: 1. In der warmen Jahreszeit die Mittagshitze meiden, es gibt praktisch keinen Schatten.
2. Reichlich Wasser mitnehmen, insbesondere ab Castrojeriz. Kurz vor San Nicolás de Punte Fitero gibt es einen Rastplatz unter Bäumen, der Brunnen führt aber nicht immer Wasser.

Ab Hontanas (871 m, 70 EW)
8,2 km → **Castrojeriz/Ortsanfang** (803 m)

- PH **Alb. La Rinconada**, ◎◎◎, 18 B/13 € (1 EZ 35 €, 5 DZ 50 u. 60 €). Tel. +34 651 931 332. W/T, Mahlzeiten. 12–22 Uhr, März–Nov.
- PH **Alb. Orión**, ◎◎◎, 22 B/13 € (2 DZ 55 €, 1 EZ 45 €, ein 3er-Zi. 66 €). Tel. +34 649 481 609 u. +34 672 580 959. W/T, Mikrowelle, Bar, Frühstück. Check-in 12–21.30 Uhr, März–Mitte Nov.
- **Camping Camino de Santiago**, Tel. +34 947 377 255

1,0 km → **Castrojeriz** (816 m, 770 EW)

Igl. de San Juan Mo, Mi, Do Fr 19 Uhr, So 13 Uhr, Colegiata de Santa María del Manzano Sa 19 Uhr, Monasterio de Santa Clara tgl. 8.30 Uhr
Plaza Mayor, Tel. +34 947 377 020

- PH **Alb. Ultreia**, ◎◎, 21 B/14 € (EZ 45 €, DZ 60 €, 3er-Zi. 75 €). Tel. +34 640 298 817 (WhatsApp). W/T, gemeins. Abendessen (auch veg.), Terrasse, Fußbad mit Quellwasser; mittelalterlicher Weinkeller (Führung u. Weinverkostung). 12.30–21.30 Uhr, März–Okt. albergueultreiacastrojeriz.com
- TH **Alb.-Hotel A Cien Leguas**, ◎◎, 14 B/14 € (2 EZ 42 €, 6 DZ 62 €). C/Real de Oriente 78, Tel. +34 629 350 788. W/T, Bar/Rest.; schön renoviertes Stadthaus. Check-in 12–21.30 Uhr (Di geschl.!), ganzjährig. cienleguas.es
- TH **Acogida Espacio Interior**, ◎◎◎, 4 B/20 €. C/Real de Oriente 64, Tel. +34 623 955 375. Wunderschön restauriertes Haus. Waschm., Küche, gemeins. Abendessen (veg./vegan); Meditationen. 8–22 Uhr, April–Nov. espaciointeriorcamino.com
- SH **Alb. de San Esteban**, ◎◎, 35 B/9 €. Tel. +34 629 283 742. Ein Schlafsaal, Küche. 12–22.30 Uhr, ganzjährig.
- TH **Alb. Rosalía**, ◎◎◎, 32 B/15 € (DZ 38 €). Nach Plaza Mayor links des Wegs, nahe Alb. San Esteban. Tel. +34 947 373 714 . W/T, nur normale Betten, gemeins. Abendessen. Check-in 12.15–20 Uhr, Ostern–Okt. alberguerosalia.com

9,0 km → **San Nicolás** (769 m)

- CH **Alb. de San Nicolás de Puente Fitero**, ◎◎◎, 12 B/Spende. Confraternita di San Jacopo di Compostella (italienische Jakobusvereinigung). Ein-

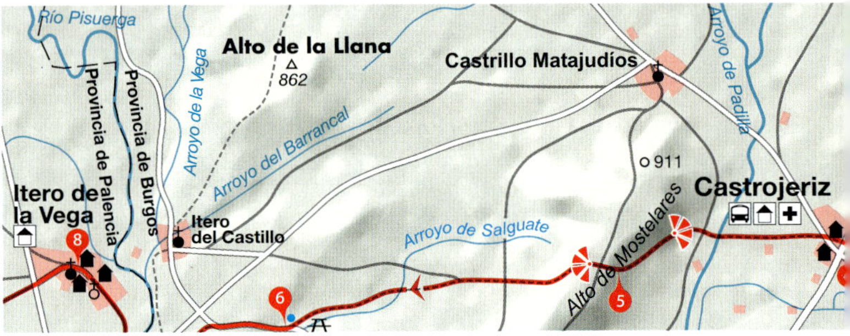

fache Herberge in der gotischen Kapelle San Nicolás, Schlaf- und Essraum im Kirchenraum, Duschen/WC separat. Kein Internet. Vor dem gemeins. Abendessen rituelle Fußwaschung und Andacht. Ab ca. 15 Uhr, ca. Mitte Mai–Herbst.

1,8 km → **Itero de la Vega** (770 m, 150 EW)

- TH **Alb.-Hostal Puente Fitero**, 19 B/12–15 € (2 EZ 35 €, 4 DZ 45 €). Tel. +34 979 151 822 und +34 658 073 707 (Micha spricht Deutsch). W/T; Stockbetten und normale Betten; Bar/Rest., kl. Laden. 13–22 Uhr, Feb.–Nov.
- VH **Alb. La Mochila**, 20 B/11 €. Tel. +34 979 151 781. Mahlzeiten (veg.). 12–22 Uhr, April–Okt.
- SH, zuletzt geschlossen.
- PH **Alb. Hogar del Peregrino**, 7 B in EZ u. DZ/17 €. C/ Sta. María 17, Tel. +34 979 151 866. Waschm., Mikrowelle; Abendessen. Ganztags, ganzjährig.

8,4 km → **Boadilla del Camino** (780 m, 120 EW)

- PH **Alb. En el Camino**, 44 B/14 € (im Hotel: EZ 40 €, DZ 50 €). Nahe Kirche. Tel. +34 979 810 284. W/T, Bar/Rest., Garten, kl. Pool. Ganztags, März–Okt. boadilladelcamino.com
- TH **Alb. Juntos**, 10 B/26 € (EZ 58 €, DZ 71 €). Tel. +34 682 181 175 (Reserv. nur über juntos-albergue.com). Niederländische Betreiber, sprechen u. a. Deutsch u. Englisch. Nur Übernachtung mit Abendessen (auch veg.) möglich. W/T; Frühstück; Garten, Terrasse; recht geräumig. Herberge akzeptiert keinen Transportservice (Vorausschicken/Abholen des Gepäcks)! Check-in 13–17 Uhr (mit Reserv. bis 19 Uhr), April–Okt. juntos-albergue.com

Aus **Hontanas** ❶ hinaus folgen wir zunächst der Straße und biegen kurz hinter dem Ort rechts ab. Auf einem Erdweg gehen wir am Bergsaum entlang und zur Straße zurück. Diese führt in gut 1.15 Std. nach **San Antón** ❷.

i ***San Antón*** *gehört zu den sonderbarsten Ruinen am Weg. Die Landstraße führt wie die historische Pilgerroute mitten durch den bogenförmigen Portikus der einstigen Klosterkirche. Anträge zur Umleitung blieben bislang ungehört. Nach 22 Jahren musste auch die Herberge in der Ruine im Mai 2024 aus Sicherheitsgründen schließen. Gegründet wurde das Kloster im 12. Jh. vom Antoniterorden als Pilgerhospital. Die wenigen erhaltenen Mauern der Kirche stammen aus dem 14./15. Jh. Den Antonitern*

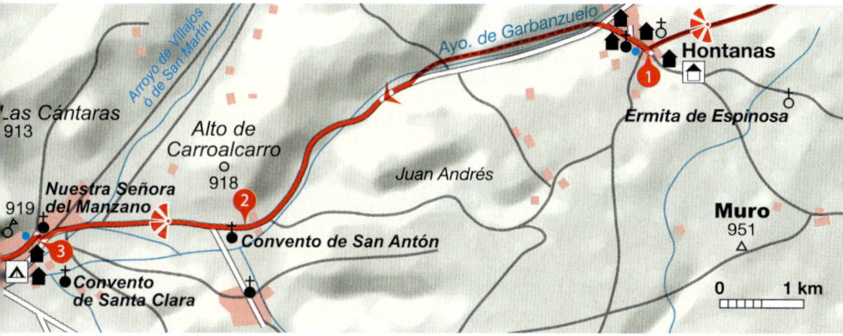

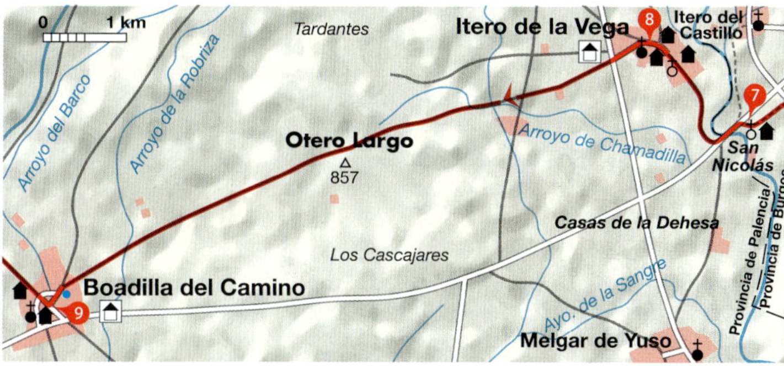

sagte man im Mittelalter Wunderfähigkeiten nach, da sie viele Pilger vom »Antoniusfeuer« (Ergotismus) heilten. Die Krankheit kam vor allem nach mageren Ernten vor, wenn schlechtes Getreide zur Brotherstellung verwendet werden musste. Die durch den Mutterkornpilz, einen Parasiten des Roggens, verursachte Vergiftung endete meist tödlich. Die »Wunderheilung«, so fand man heraus, bestand darin, dass der wohlhabende Antoniterorden hochwertige Nahrungsmittel wie etwa das gesündere Weizenbrot verwendete. Attribut des Ordens ist das T-förmige **Tau**, dessen Ursprung in Ägypten liegt. Es ist auch der letz-

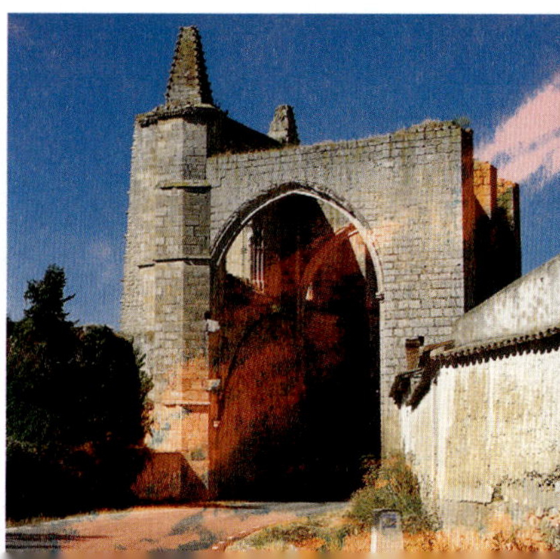

Die Reste von San Antón.

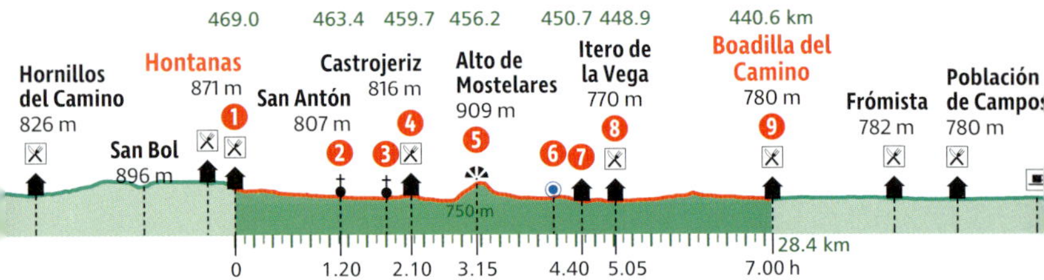

*te Buchstabe des hebräischen Alphabets bzw. entspricht dem griechischen Buchstaben »Tau«. In der Bibel wird es als Schutz bringendes Zeichen erwähnt, Papst Urban IV. nannte es ein Symbol christlicher Hingabe. Die Antonitermönche gaben es den Pilgern als Schutzamulett mit. Noch heute ist das **Cruz del Peregrino** sehr beliebt.*
*San Antón Abad ist in Spanien der Schutzheilige der Tiere und wird stets mit einem **Antoniusschwein** dargestellt. Um den 17. Jan. werden die Nutz- und Haustiere gesegnet. Als Privileg erhielten die Antoniterklöster ab dem 13. Jh. aus jedem Wurf ein Ferkel zur Aufzucht und Schlachtung.*

Weiter auf der Landstraße und dann nach rechts gelangen wir zur Kirche **Nuestra Señora del Manzano** ❸ (30 Min.) und weiter ins rund 1 km entfernte Zentrum von **Castrojeriz** ❹ (20 Min.).

ⓘ ***Castrojeriz** ist einer der längsten Orte am Weg. Von Westgoten gegründet, war das Castrum Sigerici im 9./10. Jh. ein bedeutender Stützpunkt im Kampf der Christen gegen die Araber. Das 974 bewilligte Stadtrecht gilt als das älteste Kastiliens. Im 11. Jh. befanden sich hier die Königsresidenz sowie bis zu neun Kirchen und sieben Pilgerhospitäler.*
*Am Ortseingang sehen wir die Klosteranlage von **Santa María del Manzano**. Im Inneren der dreischiffigen ehemaligen Stiftskirche (11.–13. Jh.) ist u. a. eine farbige Darstellung der Virgen del Manzano (Jungfrau des Apfelbaums) zu sehen (Di–So 9–14 und 18–20 Uhr). Im Ort passieren wir*

Rückblick vom Alto de Mostelares auf Castrojeriz mit seinem Burgberg.

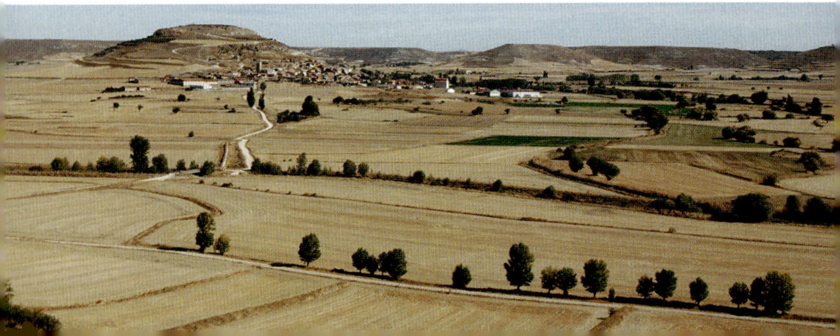

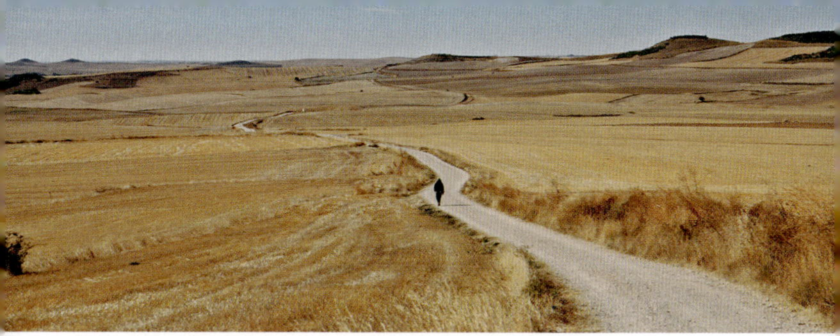

Nach dem Alto de Mostelares: In den Weiten wirkt der Mensch winzig klein.

*die **Iglesia de Santo Domingo** (16. Jh.). An der Fassade regen zwei steinerne Totenköpfe zum Nachdenken über Vergänglichkeit (»O Mors«) und Ewigkeit (»O Aeternitas«) an. In Richtung Ortsausgang steht die **Iglesia de San Juan** (13.–16. Jh.). Die Basis des Kirchturms ist romanisch, der Abschluss gotisch. Die Burg (**Castillo**) über der Stadt stammt aus dem 9. Jh., ab dem 18. Jh. wurde sie als Steinbruch verwendet. Im außerhalb gelegenen **Convento de Santa Clara** (gegründet im 14. Jh.) stellen die Nonnen Gebäck sowie Tau-Kreuze aus Holz her. Verkauf: 9.30–14 und 16–19 Uhr.*
***Feiertage:** Wochenende vor dem 25. Juli: **Fiesta del Ajo**, Knoblauch-Fest. Samstags Wettbewerb im Knoblauchzöpfe-Flechten (ristras de ajo), danach Knoblauchsuppe (sopa al ajo) und Knoblauchhuhn (pollo al ajillo).*

Wir verlassen Castrojeriz in Richtung Tafelberg. Nach 30 Min. beginnt der steile Aufstieg (bis zu 12 %) über einen breiten Fahrweg. Er führt in 30 Min. auf die rund 910 m hohe Hochebene des **Alto de Mostelares** 5, von der sich schöne Blicke zurück nach Castrojeriz und die Tafelberge gegenüber bieten. Beim steilen Abstieg (18 % Gefälle, anfangs auf Beton) erstreckt sich die mit Getreidefeldern kultivierte Ebene zu unseren Füßen. Nach 30 Min. zweigt rechts der Weg nach Itero del Castillo ab, 30 Min. später liegt ein Rastplatz mit **Brunnen** 6 am Weg. Weiter auf der kleinen Asphaltstraße, dann auf dem Feldweg nach links, kommen wir nach knapp 30 Min. zur Herberge in der Kapelle von **San Nicolás** 7 (13. Jh.).
Mit Überqueren des Río Pisuerga betreten wir die Provinz Palencia. Gleich nach der Brücke schlagen wir den Feldweg rechts ein und gelangen nach **Itero de la Vega** 8 (30 Min.). Auf breiten Feldwegen wandern wir dann durch die weite, sanft gewellte Ebene nach **Boadilla del Camino** 9 (2 Std.).

i *Die fein gearbeitete, u. a. mit Pilgermuscheln verzierte steinerne Gerichtssäule (**rollo jurisdiccional**, 16. Jh.) zählt zu den schönsten ihrer Art am Jakobsweg. An ihr wurde früher Recht gesprochen. Die Kirche **Nuestra Señora de la Asunción** stammt aus dem 16. Jh., sie wurde jedoch mehrfach, zuletzt im 18. Jh., umgestaltet.*

15 Boadilla del Camino – Carrión de los Condes

6.00 h | 26,3 km | ↗130 m | ↘80 m

Eine alte Wasserstraße, eine romanische Perle und viel flaches Land

Der schönste Teil der Etappe, der von Bäumen gesäumte Canal de Castilla, eine Lebensader inmitten der Getreidefelder, wird leider von der neuen Bahntrasse durchschnitten. Frómista wartet mit einer Kirche wie aus dem Lehrbuch der Romanik auf. Danach verläuft der offizielle Weg recht öde neben der Landstraße, doch zumindest bis Villalcázar de Sirga können wir eine schönere Variante wählen. Carrión de los Condes, die einstige Hauptstadt der Tierra de Campos, ist ein eher unspektakuläres Etappenziel.

Der Weg: Einfach. Ab Frómista verläuft der offizielle Weg auf einem Schotterweg neben der Straße. Zwischen Población de Campos und Villalcázar de Sirga wird daher die Alternative abseits der Straße beschrieben.
Kritische Stellen: Keine.
Hinweis: Die neue Trasse des Hochgeschwindigkeitszugs AVE kreuzt leider den Canal de Castilla, ein Brückenpfeiler steht direkt auf dem Jakobsweg. Durch die 1,2 km lange Baustellenumleitung verlängert sich die Etappe um 600 m.

Ab Boadilla del Camino (780 m, 120 EW)
6,5 km → **Frómista** (782 m, 750 EW)

vgl. Kulturinfo S. 155

Avda. Ejército Español, Tel. +34 979 810 065

- SH **Alb. Municipal**, 56 B/14 €. Hinter Igl. de San Martín, Tel. +34 979 811 089, Hospitalera Carmen, Tel. +34 686 579 702 (Reserv. für 30 % der Betten möglich). W/T; Garten. Sommer: 12–22 Uhr, Winter: 15–21 Uhr, Feb.–Nov.
- TH **Alb. Vicus**, 6 B/14 €. Avda. Igeniero Rivera 25 (vor Igl. de San Martín rechts), Tel. +34 617 483 264. Küche, W/T; klein, familiär. 11–22 Uhr, Anfang Jan–Ende Dez.
- TH **Alb. Luz de Frómista**, 28 B/13 € (1 DZ 34 €, als EZ 20 €). Tel. +34 682 604 189, Avda. del Ejército Español 10. Küche, W/T, niederländisches Frühstück auf Anfrage; schönes Haus, viel Platz, Salon mit Klavier. Betreiber sprechen u. a. Deutsch und Niederländisch. 13.30–22 Uhr, Mitte Jan.–5. Dez. albergueluzdefromista.com
- TH **Alb. Estrella del Camino**, 32 B/ab 14 €. Vor Igl. de San Martín rechts. Tel. +34 653 751 582. W/T, Mahlzeiten, Frühstück, Garten, Terrasse. Ca. 14–23 Uhr, März–Nov.
- P/CH **Alb. Betania**, 7 B/Spende. Nur im Winter, wenn die anderen Herbergen geschl. sind. Avda. Ejército Español 26 (bei Centro de Salud), Tel. +34 638 846 043, E-Mail betaniafromista@gmail.com (Reserv. empfohlen). Küche.

3,4 km → **Población de Campos** (780 m, 120 EW)

- **Hotel Amanecer en Campos**, Tel. +34 979 811 099 und 685 510 020. hotelamanecerencampos.com

4,2 km → **Villovieco** (788 m, 70 EW)

1,5 km → **Villarmentero de Campos** (350 m links des Wegs; 798 m, 20 EW)

- TH **Alb. Amanecer**, 20 B/10 €. Tel. +34 629 178 543. Küche, Waschm. Gemeins. Abendessen, Frühstück, Bar. Ab 10 Uhr, April–Okt.

5,1 km → **Villalcázar de Sirga** (808 m, 180 EW)

19.15 Uhr

- SH **Alb. Casa del Peregrino**, 20 B/

Spende (mind. 10 €). Vom Malteserorden betreut. Küche, Frühstück; kein WLAN. 14–22 Uhr, Mai–Sept. ordendemalta.es/villalcazar

- PH **Alb. Don Camino**, ◉◉◉, 25 B/13–15 € (3 EZ 35 €, 4 DZ 50 €). Ortsausgang. Tel. +34 620 399 040. W/T, Bar/Rest. Check-in 13–18 Uhr, April–Okt.

5,6 km → Carrión de los Condes (830 m, 2000 EW)

Fahrscheine: Bar España, nahe Iglesia de Santa María del Camino

mit Pilgersegen: Igl. de Santa María del Camino tgl. 20 Uhr

Pl. Conde Garay, Tel. +34 979 880 245

- KH **Alb. del Convento de Santa Clara**, ◉◉, 29 B/ab 8 € (DZ 50 €/EZ 25 €). Klarissenorden, Tel. +34 979 880 134 und +34 646 163 883 (Reserv. möglich). Küche, Zimmer etwas eng; kein Internet. 11–22 Uhr, März–Nov.
- KH **Alb. Parroquial Santa María**, ◉◉◉, 48 B/10 €. Herberge von Augustiner-Nonnen betreut, Tel. +34 650 575 185 (keine Reserv.). W/T, Küche; im Sommer oft gemeins. Abendessen, ab 17.30 Uhr Musizieren und Andacht; Pilgermesse in Iglesia de Santa María, Info in der Herberge. 12–22 Uhr, März–Okt.
- KH **Alb. Espíritu Santo**, ◉◉◉, 92 B/10 €. Hijas de la Caridad de San Vicente. Bei Bar España links, bei Gabelung rechts, an Bar Conde Garay vorbei, danach in Straße rechts (150 m ab Bar España). Tel. +34 979 880 052 (keine Reserv.). Sauber, ruhig. W/T, Küche; Innenhof, Kapelle. Andacht mit Nonnen 17.30 Uhr (Sommer), 16.30 Uhr (Winter). W/T. 11.30–22 Uhr, ganzjährig.
- **Casa de Espiritualidad**, C/ Leopoldo María de Castro 6, Tel. +34 979 880 031. DZ ab 58 €, EZ ab 25 €. W/T. Ganzjährig.

Von **Boadilla del Camino** ❶ gehen wir zum **Canal de Castilla** ❷ (20 Min.) und nach links auf dem alten Treidelweg, bzw. auf der Baustellenumleitung im Bereich der neuen Bahntrasse, bis zum **Wehr** ❸ (1 Std.). Danach rechts auf den Pfad und unten an der Straße nach **Frómista** ❹ (10 Min.).

*Der **Canal de Castilla** war ein echtes Mammutprojekt: 207 km, 49 Wehre zur Überwindung von insgesamt 150 Höhenmetern, fast 100 Jahre Bauzeit (1753–1849). Täglich transportierten bis zu 350 von Maultieren gezogene Lastschiffe auf der Wasserstraße Getreide von der **Tierra de Cam-***

Der ehemalige Treidelweg am Canal de Castilla (im Rückblick).

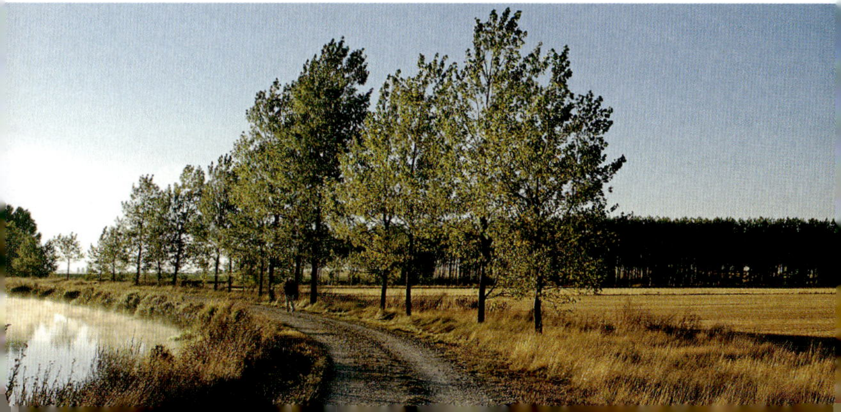

*pos in den Norden der Region und weiter bis zum Atlantik. Das Wehr bei **Frómista** gleicht 14 m Höhendifferenz aus. Seit 1959 dient das Wasser nur noch zur Feldbewässerung. Bei Paddlern ist der Kanal als Fernwanderroute beliebt und er wird von Ausflugsbooten genutzt, auch bei Frómista (Info: canaldecastilla.org unter »El Canal – Embarcaciones turísticas«). Die 1066 geweihte **Iglesia de San Martín** wirkt mit ihren harmonischen Proportionen und den meisterhaften Bildhauerarbeiten fast zu perfekt, um wirklich aus der Romanik zu stammen. Das mag an der 1896 bis 1904 erfolgten Restaurierung liegen, die viele als zu starken Eingriff empfanden. Sehenswert ist die Kirche dennoch. Bei genauem Hinsehen erkennt man an der scheinbar schlichten und schmucklosen Außenfassade die Schachbrett-Friese und die 315 Kragsteine in Form von Men-*

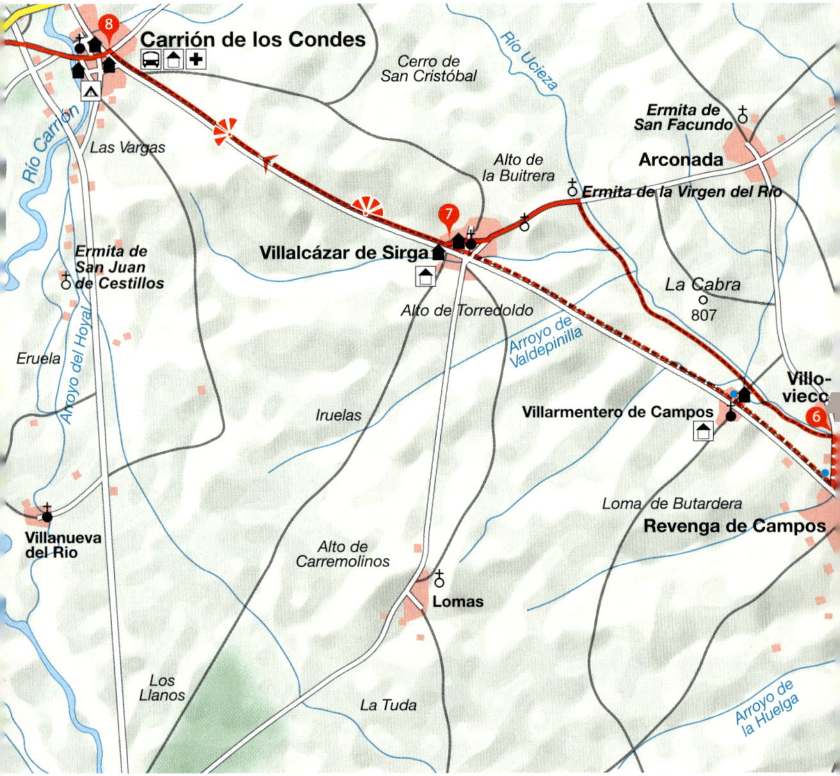

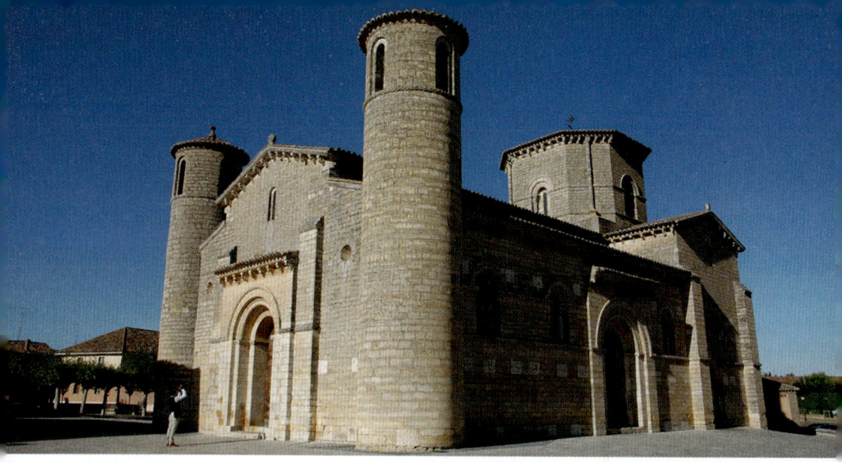

Romanischer Stil wie aus dem Lehrbuch: die Iglesia de San Martín in Frómista.

schen, Pflanzen, Tieren, Dämonen, Fabelwesen und auch einige erotische Darstellungen. Die Säulenkapitelle mit biblischen und alltäglichen Motiven im Kircheninnenraum geben einen Einblick in die mittelalterliche Bilderwelt (April–Sept. 9.30–14 und 16.30–20 Uhr, Okt.–März 10–14 und 15.30–18.30 Uhr, Pilger 1 €. Messe: Mai–Sept. Mi 20 Uhr). Die ***Iglesia de San Pedro*** *stammt aus dem 15. Jh. (Renaissanceportal 16. Jh.; flämische Altäre im Pfarrmuseum: Mai–12. Okt. 10–13.30 und 16–19.30 Uhr, So 10–13.30 Uhr, 1 €; Messe mit Pilgersegen: Mi, Fr, Sa 20 Uhr, So 13 Uhr), die* ***Iglesia de Santa María del Castillo*** *aus dem 16. Jh. (Vestigia, Videoinstallation zur Geschichte der Kirche, Frómista und dem Jakobsweg, Mo–Sa 12, 13, 16.30 und 17.30 Uhr, So 12, 13 Uhr, 4 € (mindestens 6 Personen).*

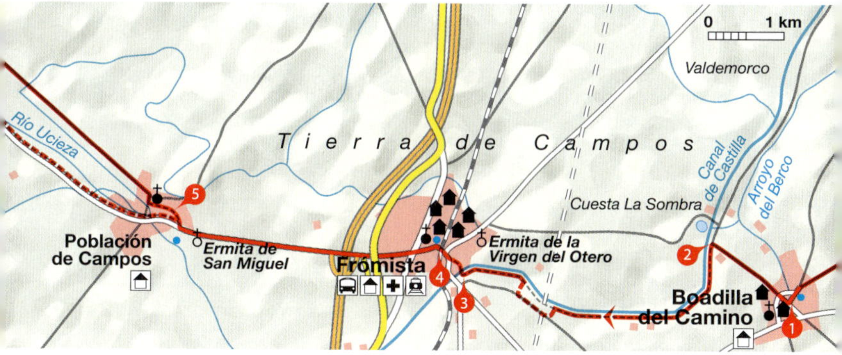

Ausgerechnet aus dieser trockenen Gegend stammt der ***Schutzpatron der Seefahrer: San Telmo*** *(1175–1246 oder 1251 in Tui/Galicien am Caminho Português) entsagte als junger Mann dem familiären Reichtum und missionierte in Galicien und Portugal. Ihm werden wundersame Rettungen von Seefahrern zugeschrieben. Am Montag nach Ostern wird er recht lautstark mit der Prozession* ***El Ole*** *gefeiert, einem nächtlichen Umzug mit Tänzen und Gesängen, zu denen Stöcke, Besen und Bänder geschwenkt werden.* ***Info:*** *fromista.com und turismofromista.wordpress.com.*

Ein Fußweg neben der Straße bringt uns nach **Población de Campos** 5 (45 Min.). Nach der Bar, fast am Ortsende, führt der **offizielle Weg** (in der Karte: gestrichelt) entlang der Straße über **Revenga de Campos** (1 Std.) und **Villarmentero de Campos** (15 Min.) nach **Villalcázar de Sirga** 7 (1 Std.).

i *Sie ist eine imposante Erscheinung, die* ***Iglesia de Nuestra Señora de la Virgen Blanca*** *(12.–13. Jh., kurz Santa María la Blanca) in* ***Villalcázar de Sirga*** *(kurz Villasirga; camino de sirga = Treidelweg). Eine Marienfigur soll hier im Mittelalter Wunderheilungen bewirkt haben, die Alfonso X., el Sabio (der Weise), in seinen Cantigas (Gesängen) verewigte. Die Tempelritter bauten die Kirche zur heutigen Größe aus. Auffällig ist das über Eck angelegte Eingangsportal unter der Vorhalle. Das Portal und der Innenraum sind mit Bildhauerarbeiten verziert. Sehr schön sind die farbigen, gotischen Grabmale Don Felipes (Bruder und Rivale von Alfonso dem Weisen) und seiner zweiten Ehefrau Doña Leonor Ruiz de Castro (Juli–Okt. Di–So 11–14 und 17–20 Uhr, Nov./Dez. Sa/So 11–14 und 16–18 Uhr).*

Für die etwas längere, aber schönere Variante folgen wir dem gelben Pfeil (auf dem Boden) halb rechts in die C/ Cantarranas. Kurz nach dem Ort geht es links auf einem schnurgeraden Fahrweg nach **Villovieco** 6 (1 Std.). Dort am linken Ortsrand links über die Brücke (Bar), dann rechts und neben dem Bach an **Villarmentero de Campos** vorbei (20 Min.). Immer neben dem Bach gelangen wir zu einer Straße (gut 45 Min.), Auf dieser nach links, an der Ermita de la Virgen del Río vorbei, dann nach der begrünten Verkehrsinsel rechts ins Zentrum von **Villalcázar de Sirga** 7 (20 Min.).
Von der Westseite der Kirche gehen wir auf der C/ Real aus dem Ort und wandern monoton neben der Straße nach **Carrión de los Condes** 8 (1.15 Std.).

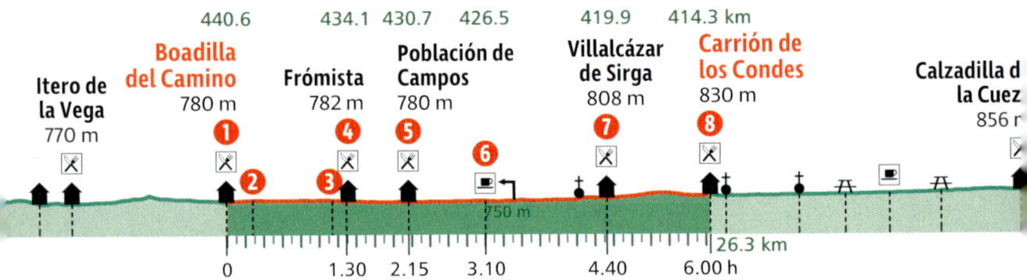

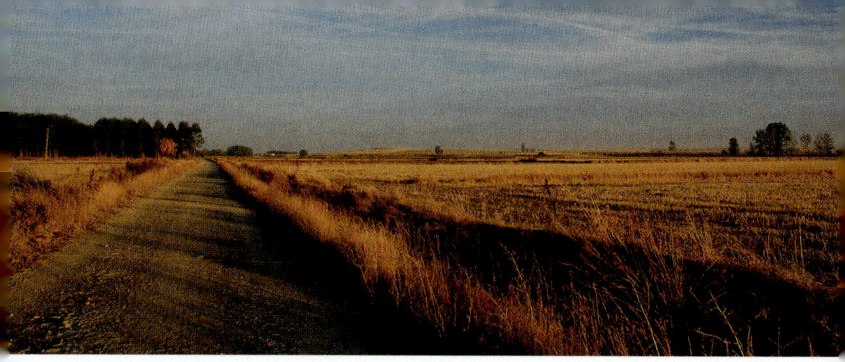

Morgenstimmung kurz nach Población de Campos.

*[i] Im Liber Sancti Jacobi lobte Aimeric Picaud **Carrión de los Condes** als »exzellente Stadt, in der es Brot, Wein, Fleisch und alle Arten von Produkten im Überfluss« gab. Entsprechend beliebt scheint es als Etappenort gewesen zu sein – bis zum 15. Jh. gab es 14 Pilgerherbergen. Im Mittelalter gehörte die Hauptstadt der Tierra de Campos zum Königreich Castilla y León und war Sitz des Grafen (conde) Beni Gómez. Hier wurden Hofversammlungen, Gerichtstermine und Konzile abgehalten.*

*Das bedeutendste Baudenkmal, das **Real Monasterio de San Zoilo** am Ortsausgang, ist wahrscheinlich mozarabischen Ursprungs. 1077 schloss es sich an den Orden von Cluny an. Sehenswert sind die romanische Westfassade (11. Jh.) und der platereske Kreuzgang (16. Jh.). In der Klosterkirche (17. Jh.) sind die Grafen von Carrión bestattet. Das Kloster beherbergt heute ein Hotel (Juni–Sept. Di–So 10.30–14 u. 16.30–20 Uhr; 2,50 €). Das Südportal der **Iglesia de Santa María del Camino** (auch de la Victoria, 12. Jh.) im Ortszentrum spielt auf den »Tributo de las 100 Doncellas« an: Der Legende nach ließ sich König Mauregato im 8. Jh. fünf Jahre lang alljährlich 100 Jungfrauen, vier davon aus Carrión, ausliefern, die er seinerseits einem Maurenherrscher als Tribut zahlte. Auf der Darstellung retten Stiere die vier Mädchen. In der Kirche hängt das zweite der Y-förmigen Kruzifixe, Werk rheinischer Künstler. Das andere befindet sich in Puente la Reina (April–Sept. 9–14 u. 16–21 Uhr, Okt.–März 11–13.30 u. 16–19 Uhr). Am Portal der **Iglesia de Santiago** (12. Jh.) ist ein romanischer Figurenfries zu sehen. Das 1231 gegründete und 1260 geweihte **Real Monasterio de Santa Clara** ist eines der ältesten Klarissenklöster Spaniens. (Öffnungszeiten können variieren, Info im Touristenbüro, Callejón de Santiago s/n, Mo 10–14 Uhr, Di–So 9.30–14 u. 16–18 Uhr, carriondeloscondes.org.)*

***Feiertage:** Zu Fronleichnam (**Corpus Cristi**) wird die Hauptstraße mit Blumenteppichen geschmückt. 2. Augusthälfte: Patronatsfeiern zu Ehren von **San Zoilo** (Prozessionen und Straßenfeste).*

***Einkauf:** Seit 1618 donnerstags großer Markt.*

16 Carrión de los Condes – Terradillos de los Templarios

6.45 h	26,4 km
↗130 m	↘80 m

12 km wie in den Oca-Bergen, nur ohne Wald

Die Römer waren berühmt für ihr effektives Straßennetz, auf dem man schnell und bequem durch das ganze römische Reich reisen konnte. Die Vía Aquitana war eine davon. Der Jakobsweg verläuft auf der heutigen Etappe 12 km auf der schnurgerade ins platte Land gebolzten Trasse. Die Bäume treten rasch zurück, das Auge findet kaum Anhaltspunkte und man meint, überhaupt nicht vom Fleck zu kommen. Das verlangt etwas Nervenstärke, ist aber auch ein ganz besonderes Erlebnis.

Der Weg: Einfach. Ab Carrión de los Condes 5,5 km an der Landstraße, dann 12 km Kiesweg (Vía Aquitana), danach neben der Straße bzw. Autobahn.
Kritische Stellen: Keine.
Variante: In Ledigos über die N-120 in Richtung Población de Arroyo; nach der Brücke rechts in den Feldweg (Pfeile), nach 500 m links und nach 1,7 km rechts nach Terradillos de los Templarios und rechts zur Alb. Jacques de Molay (etwa gleich lang wie Hauptweg, aber abseits der Straße).
Hinweise: 1. Im Sommer früh aufbrechen. An Wasser, Proviant und Kopfbedeckung denken! Die Brunnen an den Rastplätzen sind oft trocken.
2. In der Saison gibt es auf der Vía Aquitana nach gut 1 Std. eine Imbissbude (oder auch Foodtrucks).

Ab Carrión de los Condes (830 m, 2000 EW)
16,9 km → **Calzadilla de la Cueza** (856 m, 60 EW)

- TH **Alb. Los Canarios**, ◈◈◈, 7 B/19–22 € (1 DZ 55 €). Tel. +34 659 976 894. W/T, Bar/Rest. 11–15 Uhr, April–Sept.
- SH, ◈◈◈, 34 B/10 €. Tel. +34 670 558 954 (Reserv. möglich). Mikrowelle, W/T. 10–21 Uhr, April–Nov.
- PH **Alb. Camino Real**, ◈◈◈, 32 B/10 €. Reservierung Tel. +34 662 995 539 oder donothide@hotmail.com. W/T, Pool. 10–22 Uhr, März–Nov. alberguecaminoreal.es

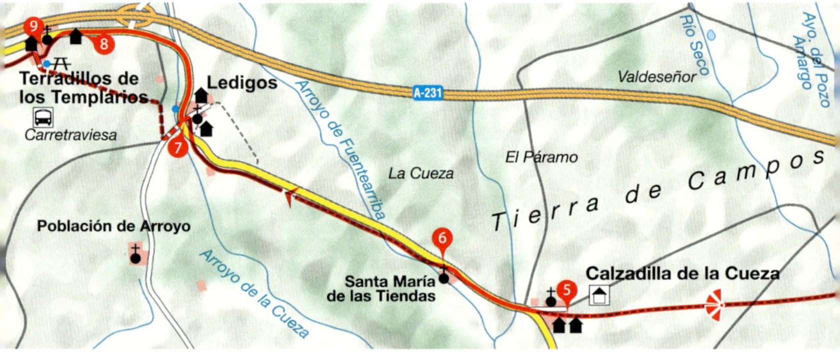

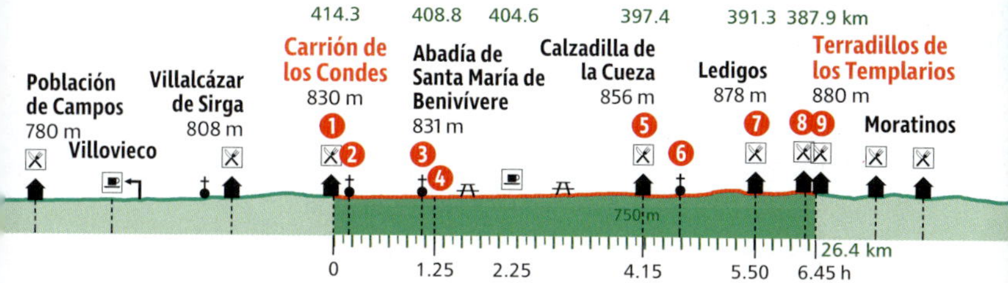

6,2 km → Ledigos (878 m, 70 EW)

- PH **Alb. El Palomar**, 18 B/10 €. Tel. +34 979 883 605. Waschm., Garten, Pool, Bar/Rest. 8–22 Uhr, März–Dez.
- TH **Alb. La Morena**, 18 B/20,50 € (DZ/EZ ab 49 €). Tel. +34 626 972 118. Bar/Rest., W/T. Check-in 13–20 Uhr, ganzjährig. alberguelamorena.com

2,7 km → Alb. Los Templarios (890 m)

- PH, 34 B/ab 13 € (EZ ab 30 €, DZ ab 42 €). Vor dem Ort, an der Straße. Tel. +34 667 252 279. Bar/Rest., W/T, große Anlage. Ganztags, März–Okt. alberguelostemplarios.com

0,6 km → Terradillos de los Templarios (880 m, 60 EW)

- PH **Alb. Jacques de Molay**, 30 B/12 €, 16 normale Betten 15 € (1 DZ 30 €). Tel. +34 979 883 679. W/T, Bar/Rest., Terrasse. Ab 11.30 Uhr, März–Nov.

Wir gehen in **Carrión de los Condes** 1 auf der Hauptstraße zum Platz vor der Iglesia de Santiago und folgen beim Restaurant Los Condes (schräg links unten) dem Schild »Monasterio San Zoilo«. Nach dem **Monasterio de San Zoilo** 2 (15 Min.) gelangen wir auf die Landstraße. Nach 1 Std. liegt rechts die ehemalige **Abadía de Santa María de Benivívere** 3.

*i Die 1161 gegründete Franziskanerabtei war für ihren Reichtum bekannt (benivívere: etwa »gutes Leben«). Kurz danach beginnt die **Vía Aquitana**.*

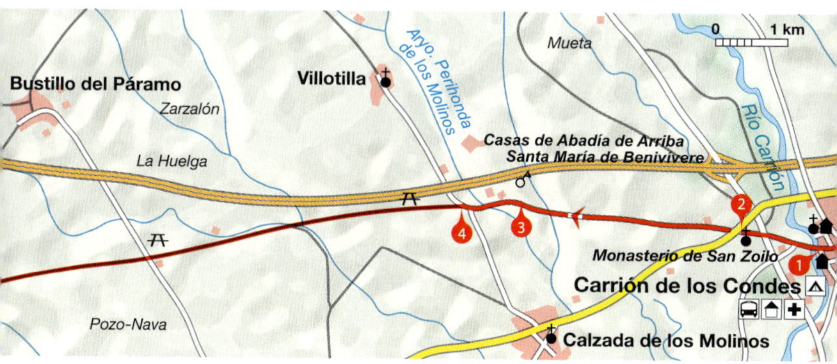

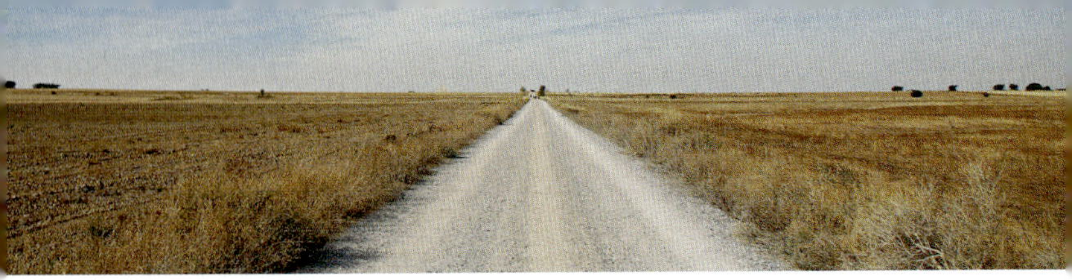

Auf der Vía Aquitana – kaum Abwechslung für Auge und Geist.

Die Römerstraße verband einst Astorga und Bordeaux. Wie mit dem Lineal gezogen liegt sie in der nahezu baumlosen Ebene. Sie kreuzt die ***Cañada Real Leonesa****, einen jahrhundertealten Weideweg, der von Andalusien bis in den Norden der Provinz León führt. Seit dem 12. Jh. existieren solche Weidewege in ganz Spanien und werden zum Teil noch immer benutzt. Einer führt mitten durch Madrid: Jeweils Ende Oktober ziehen über 1000 Schafe und Ziegen durch Spaniens Hauptstadt.*

10 Min. nach der Abtei beginnt die **Vía Aquitana** 4, die sich schnurgerade durch die zunehmend baumlose, mit Getreidefeldern kultivierte Ebene zieht. Einige Rastplätze laden zum Pausieren ein, nach gut 1 Std. evtl. auch eine Imbissbude. Ca. 1 Std. danach kommt der Glockenturm des Friedhofs von Calzadilla de la Cueza in Sicht, doch bis dahin dauert es noch immer lange 45 Min. Am Ortsanfang von **Calzadilla de la Cueza** 5 befinden sich die beiden Herbergen und die erste Bar. Wir durchqueren den Ort geradeaus (links im Ort Hostal mit Bar/Rest.; evtl. weniger voll als die erste Bar) und gelangen auf einen Fußweg neben der N-120. Nach 30 Min. passieren wir den Abzweig zu den Klosterruinen von **Santa María de las Tiendas** 6. Gut 1 Std. später ist **Ledigos** 7 erreicht. Der Hauptweg folgt der N-120 und gelangt an der außerhalb gelegenen **Alb. Los Templarios** 8 (45 Min.) vorbei nach **Terradillos de los Templarios** 9 (10 Min.).

i ***Terradillos de los Templarios*** *unterstand früher dem Templerorden. Der Legende haben die letzten Ordensritter hier das Huhn, das goldene Eier legte, begraben. Der französische Ritter Hugo de Payns gründete mit acht weiteren Rittern nach den ersten Kreuzzügen 1119 den Religions- und Militärorden »Arme Ritterschaft Christi« zum Schutz christlicher Pilger in Palästina. Ausgestattet mit päpstlicher Legitimation und Privilegien wie etwa Steuer- und Zollfreiheit stieg der Orden zeitweilig zum bedeutendsten Ritterorden des Mittelalters auf. Neben den großen spanischen Orden Calatrava und Santiago sorgten die Templer am Jakobsweg für die Sicherheit der Pilger. Macht und Reichtum des Ordens (besonders in Frankreich) führten am 13. Oktober 1307 auf Druck des französischen Königs Philipp IV. zur kirchlichen Aufhebung. Unter den Vorwürfen der Häresie, Blasphemie und Unzucht wurden die Mitglieder von der Inquisition verfolgt und hingerichtet. 1314 starb der letzte Großmeister des Ordens, Jacques de Molay, auf dem Scheiterhaufen.*

3.00 h	12,8 km
↗100 m	↘150 m

Terradillos de los Templarios – Sahagún

17

Halbzeit auf dem Camino

Gratulation! Wer in Roncesvalles gestartet ist, hat etwa bei Sahagún die Hälfte der Strecke bis nach Santiago de Compostela zurückgelegt. Bei Start in Saint-Jean-Pied-de-Port war dies bereits in Ledigos der Fall, ab Somport zwischen Población de Campos und Villovieco. Das ist aber auch schon das Spannendste der Etappe, die großteils nahe der Nationalstraße und Autobahn verläuft und dabei die Provinzgrenze zwischen Palencia und León überquert.

Der Weg: Einfach. Vorwiegend flache Feld- und Fußwege.
Kritische Stellen: Keine.
Hinweis: In Sahagún gibt es einen Día-Supermarkt direkt am Weg: Der eher unscheinbare Hintereingang befindet sich ggü. der Alb.-Hospedería Santa Cruz.

Ab Terradillos de los Templarios (880 m, 60 EW)

3,3 km → **Moratinos** (856 m, 60 EW)

- TH **Alb.-Hostal Moratinos**, 10 B/12,50–14 € (DZ 56–60 €; EZ 42–45 €). Tel. +34 665 755 208. W/T, Bar/Rest. (sp.-ital. Küche); Garten, Terrasse. Check-in 12–20 Uhr, ganzjährig. hostalmoratinos.es
- PH **Alb. Hospital San Bruno**, 30 B/13 € (1 DZ 45 €). Tel. +34 979 061 465 u. +34 672 629 658. Waschm., Garten mit Fußbad, Bar, italienisches Essen, Frühstück. Ab 14 Uhr, April–Nov.

2,5 km → **San Nicolás del Real Camino** (845 m, 40 EW)

- PH **Alb. Laganares**, 20 B/15 €. Tel. +34 629 181 536 (WhatsApp). W/T, Bar/Rest; gemeins. Abendessen, Frühstück. 12–22 Uhr, April–Okt.

7,0 km → **Sahagún** (830 m, 2400 EW)

C/ Constitución, Tel. +34 987 270 344

- SH **Alb. Municipal Cluny**, 64 B/7 €. Tel. +34 987 781 015 (keine Reserv.). In der einstigen Kirche Santísima Trinidad. Küche, W/T. Check-in 11–20 Uhr (Winter bis 19 Uhr), ganzjährig.
- KH **Alb.-Hospedería Santa Cruz**, 38 B/7 € (2er- bis 6er-Zi. 10 €/Person). Am Weg in Richtung Ortsausgang. Von Padres Maristas betreut, Tel. +34 650 696 023 (WhatsApp; Reservierung möglich). Küche, Waschm., Kapelle. 18.30 Uhr Messe mit Pilgersegen (offen auch für Nicht-Übernachtungsgäste); gemeins. Abendessen, Frühstück. Check-in 12.30–20 Uhr, 15. März–15. Nov. alberguesensahagun.es

Ab **Terradillos de los Templarios** ❶ zieht sich der Camino als Feldweg durch Getreidefelder in sanft hügeligem Gelände. Nach 45 Min. erreichen wir **Moratinos** ❷. In einigem Abstand zur N-120 und Autobahn wandern wir nach **San Nicolás del Real Camino** ❸ (knapp 45 Min.). Je nach Jahreszeit sieht man im Norden verschneite Berge. Wir gehen durch den Ort, überqueren ein Bächlein, schlagen danach den Fahrweg rechts ein und folgen dann nach links dem Weg neben der Nationalstraße (rechts davon: Autobahn). Vor einer Brücke über die N-120 und die Autobahn (Grenze zur Provinz León) weicht der Weg nach links aus und kehrt wieder zur N-120

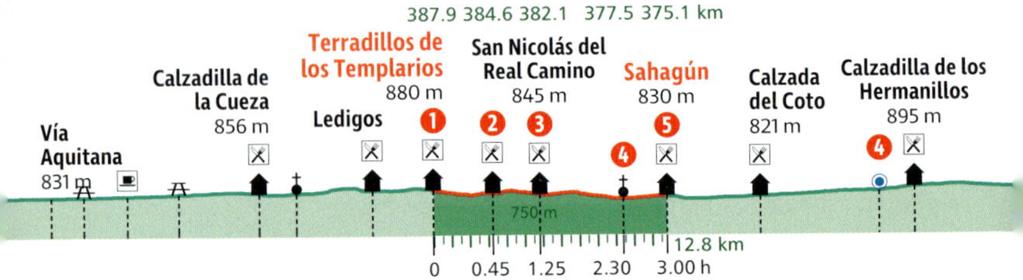

zurück. Nach der nächsten Brücke rechts in den Feldweg (geradeaus: Variante entlang der N-120, 500 m kürzer) und links vom Bach zur **Ermita de la Virgen del Puente** ❹ (gut 1 Std.). Von der Kapelle aus wandern wir in 30 Min. leicht ansteigend nach **Sahagún** ❺.

*i Die kleine Backsteinkapelle **Ermita de la Virgen del Puente** (12. Jh.) vereint romanische und arabische Elemente (Mudéjarstil). Jeden 25. April findet zu ihr die Wallfahrt »Romería de pan y queso« statt, bei der es Brot und Käse gibt und die Tantárigas (typische Tänze) aufgeführt werden. Die Geschichte **Sahagúns** ist eng mit der **Abadía de San Benito el Real** verbunden. Die Abtei war einer der bedeutendsten Cluny-Ableger und eines der mächtigsten Klöster auf der Iberischen Halbinsel. Königliche Schenkungen und rund 50 angeschlossene Abteien und Klöster füllten die Kassen. Umfangreiche Sonderrechte lockten Händler und Handwerker in die Stadt. Auch viele Jakobspilger von jenseits der Pyrenäen begannen hier ein neues Leben. Nach der Auflösung der Klöster Ende des 19. Jh. wurde das Kloster verkauft und die Steine als Baumaterial verscherbelt. Nur noch die **Capilla de San Mancio** (12. Jh.), der Torbogen **Arco de San Benito** (17. Jh.) und der aus der Endphase des Klosters stammende Turm **Torre del Reloj** sind erhalten. Für andere Bauwerke verwendete man den wesentlich günstigeren Backstein. Dabei bereicherte man den romanischen Stil mit arabisch beeinflussten Mudéjar-Elementen wie etwa Hufeisenbögen. Gut abzulesen an der **Iglesia de San Lorenzo** (13. Jh.) mit dem außergewöhnlichen vierstöckigen Kirchturm, an **San Tirso** (12. Jh.; mit Ausstellung von Gebäudemodellen, April–Sept. Mi–Sa 10–14 und 16.30–20 Uhr, So 10–14 Uhr, Okt.–März Mi–Sa 10.40–14 und*

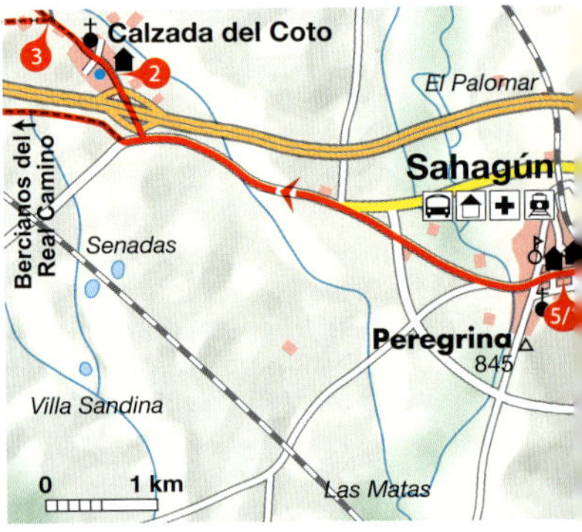

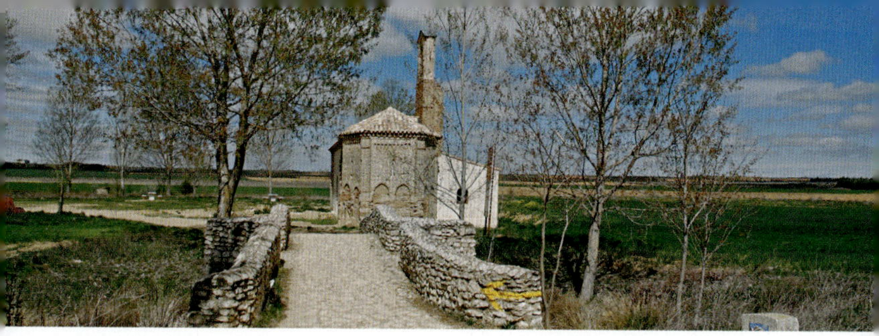

Ein nettes Plätzchen für eine Rast: die Ermita de la Virgen del Puente.

15–18 Uhr, So 10–14 Uhr) sowie am außerhalb gelegenen ***Santuario de la Peregrina*** *(17. Jh.; 9.30–14/Winter 12.30 und 16–19/Winter 18 Uhr). Es beherbergt die von der* ***Bildhauerin Luisa Roldán*** *(Sevilla 1652–1704) geschaffene Marienskulptur »La Divina Peregrina« (die göttliche Pilgerin, auch »La Roldana« genannt). Im Santuario bekommt man für 3 € die* ***Carta Peregrina****, den Nachweis, die geografische Hälfte des Wegs zwischen Roncesvalles und Santiago de Compostela erreicht zu haben (Info auch im Touristenbüro, s. u.). Im Benediktinerinnenkloster* ***Monasterio de las Madres Benedictinas*** *befindet sich ein Museum sakraler Kunst (Di–So 10–12 und 16–18 Uhr, 3 €). Die* ***Iglesia de la Trinidad*** *(13. und 16.–17. Jh.) dient seit 1993 als Pilgerherberge.*

Feiertage: *2. Juli* ***Fiesta de la Peregrina*** *zu Ehren der Stadtpatronin. Prozession mit der »Divina Peregrina« und ein (verspätetes) Johannisfeuer.*

Kulinarisches: *Puerro (Lauch, von fr. Mönchen eingeführt). Letztes Oktoberwochenende:* ***Feria del Puerro****, Jahrmarkt mit Agrarprodukten.*

Oficina de Turismo: *bei der städtischen Herberge, Tel. +34 987 781 015, tgl. ca. 10–14 und 16–19.30 Uhr, turismosahagun.com.*

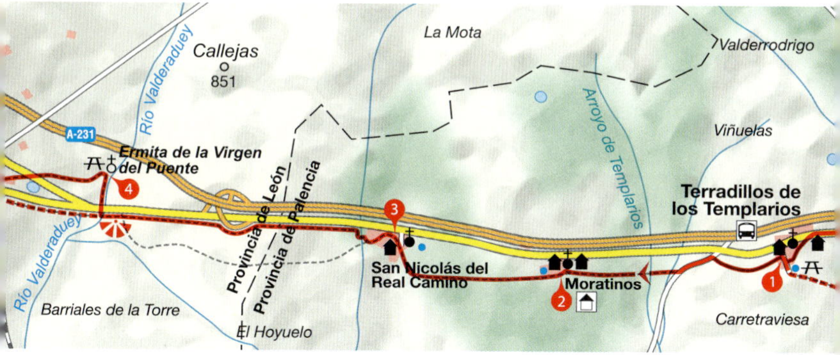

18a Sahagún – Reliegos über Calzadilla de los Hermanillos

7.30 h	31,1 km
↗140 m	↘140 m

Auf einem stillen, alten Römerweg durch menschenleere Einsamkeit

Landschaftlich ist diese weniger frequentierte Variante wesentlich attraktiver als der Hauptweg (Etappe 18b). Anfangs wirkt der El Páramo genannte Landstrich (»Hochebene«, aber auch »ödes Land«) fast wie afrikanische Steppen. Je mehr der Weg in die menschenleere Weite vordringt, umso mehr schwindet der Glaube, jemals wieder auf eine Ortschaft zu stoßen. Und doch macht gerade das den Reiz der Etappe aus.

Der Weg: Trotz der Länge einfach, da flach. Meist Feldwege, ab Calzadilla de los Hermanillos rund 1 Std. Asphalt.
Kritische Stellen: Keine.
Hinweise: 1. Anfang der Etappe: s. Karte S. 162.
2. Unbedingt reichlich Wasser und Proviant mitnehmen, ab Calzadilla gibt es keine Versorgungsmöglichkeit!.

Ab Sahagún (830 m, 2400 EW)
5,1 km → **Calzada del Coto** (821 m, 220 EW)

- SH **Alb. San Roque**, 36 B/Spende. Bei Platz am Ortsanfang rechts. Tel. +34 674 587 001. Waschm., Mikrowelle, Kaffeemaschine; Betten eng gestellt. 13–22 Uhr, ganzjährig (Nov.–März informieren, ob offen).

8,4 km → **Calzadilla de los Hermanillos** (827 m, 130 EW)

- SH **Alb. Municipal**, 24 B/Spende. Tel. +34 987 330 013. Küche, W/T. 2022 renoviert. 13–22 Uhr, ganzjährig.
- **Alb.-Hostal Vía Trajana**, 10 B/20 € (DZ 50 €). Tel. +34 987 337 610. Bar/Rest. 7–22 Uhr, April–Okt. (Juli/Aug. geschl.).
- **Hotel Rural Casa el Cura** (gutes Mittag-/Abendessen, Frühstück, beides aber nur mit Anmeldung), Tel. +34 987 337 647.

17,6 km → **Reliegos** (827 m, 220 EW)

- SH **Alb. Municipal**, 44 B/8 €. Kurz nach Ortseingang rechts. Tel. +34 658 656 860. Küche. 13–23 Uhr (Winter 14.30–22 Uhr), ganzjährig.
- TH **Alb. Gil**, 14 B/13 € (DZ auf Anfrage). Tel. +34 987 317 804. W/T, Bar/Rest. Ab 11 Uhr, Ostern–Okt.

Ein Hauch von Afrika: der Beginn der Vía Trajana kurz hinter Calzada del Coto.

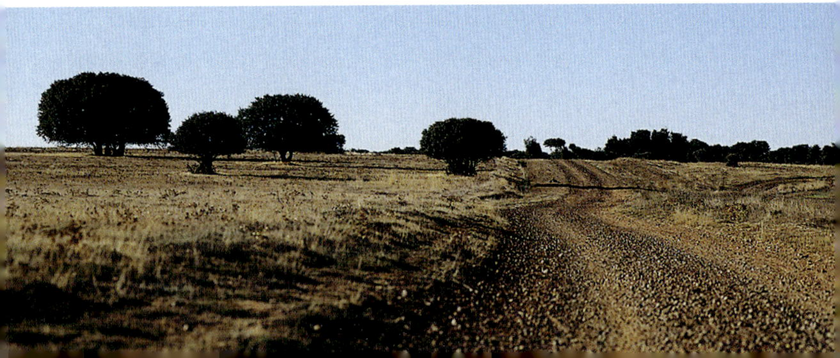

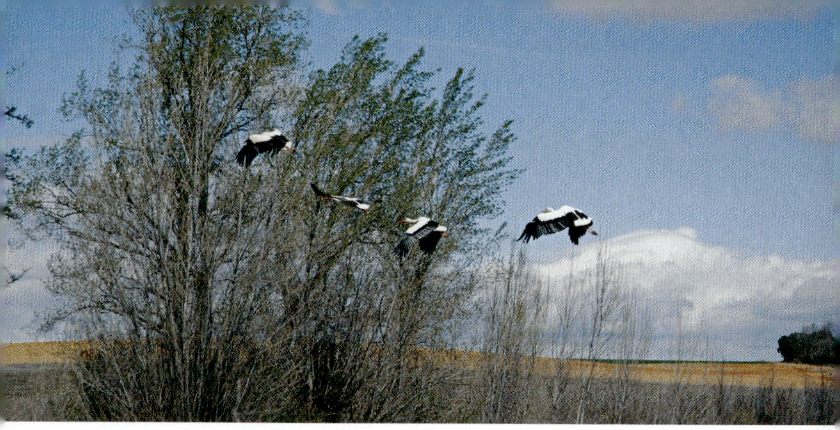

Die oft menschenleren Weiten der Meseta sind ein Paradies für Störche.

- TH **Alb. La Parada**, 36 B/12 € (DZ 40 €). Tel. +34 987 317 880. Nach SH rechts. Küche, W/T, Bar/Rest. 12–22 Uhr, April.–Okt.
- PH **Alb. Las Hadas**, 20 B/18–23 € (EZ 47 €). Tel. +34 620 547 454. Waschm.; gemeins. Abendessen, Frühstück (alles vegan), Bar, Garten. Check-in 12–20 Uhr, April–Okt. alberguelashadas.com
- TH **Alb. Vive tu Camino**, 20 B/13 € (1 DZ ab 50 €). Tel. +34 610 293 986 und +34 987 317 837. W/T, gemeins. Abendessen, Frühstück, Garten. 11–22 Uhr, März–Okt. alberguevivetucamino.com
- **Pensión La Cantina de Teddy** (aus El Burgo Ranero kommend am Ortsanfang von Reliegos), EZ/DZ, April–Okt., Tel. +34 622 206 128.

Von **Sahagún** ❶ wandern wir neben der Straße bis zur Autobahnauffahrt und gehen rechts über die Brücke nach **Calzada del Coto** ❷ (1.15 Std.). Wir durchqueren den Ort, kurz nach Ortsende gabelt sich die unbefestigte Straße: Rechts (geradeaus) verläuft die je nach Wetter staubige oder morastige **Vía Trajana** ❸ (Römerstraße Astorga–Bordeaux, auch »Calzada de los Peregrinos«, Pilgerstraße). Nach links hätte man Anschluss an Etappe 18b: nach knapp 900 m links, über die Autobahn, kurz danach Zusammentreff mit 18b (insg. knapp 30 Min./1,6 km).

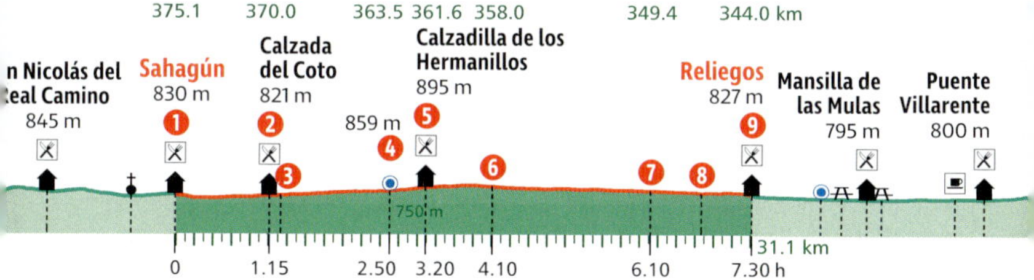

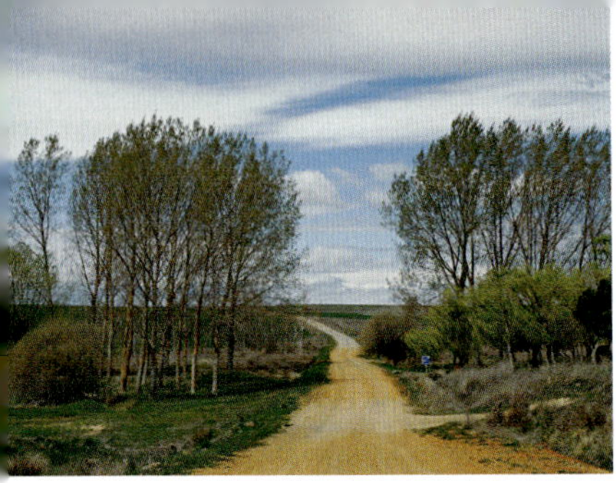

Rastplatz kurz vor Calzadilla.

Wir aber gehen geradeaus auf der Vía Trajana weiter und nach 30 Min. über eine Eisenbahnbrücke. 1 Std. später liegt ein schattiger **Rastplatz mit Brunnen** ❹ rechts am Weg. 30 Min. später sind wir in **Calzadilla de los Hermanillos** ❺. Danach wandern wir auf der Landstraße weiter. Nach knapp 1 Std. zweigt nach links die Straße nach El Burgo Ranero ab. Wir gehen geradeaus auf der unbefestigten **Calzada ro-**

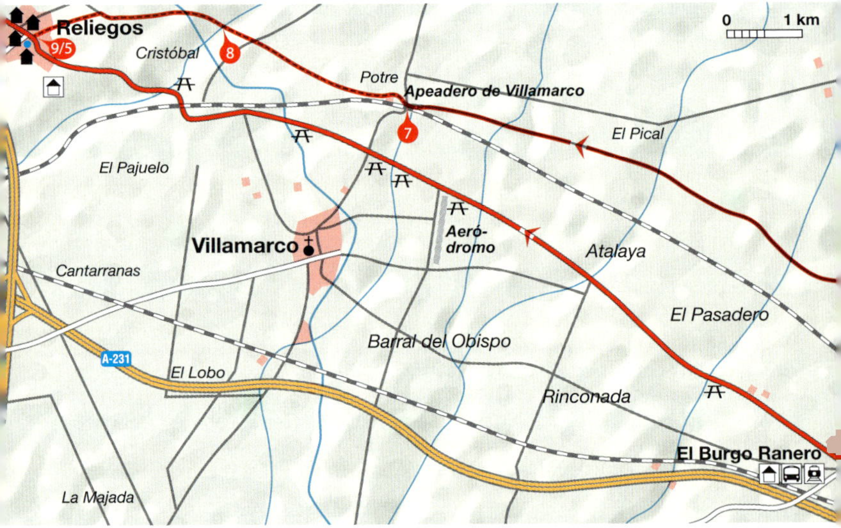

mana ❻ (Schild) weiter. Nun folgen wir immer geradeaus dem Hauptweg und gelangen nach rund 2 Std. an einen **Bahnübergang** ❼. Wir bleiben auf unserer Seite der Schienen und folgen dem Weg weiter geradeaus. Nach knapp 45 Min. durchlaufen wir eine Senke mit Pappeln und einer Brücke über den **Arroyo del Valle de Valdearcos** ❽. Dahinter geht es wieder hoch und durch Felder weiter.

Auf der Hochebene überqueren wir einen Wasserkanal und bleiben immer auf unserem Fahrweg. Nach gut 20 Min. sehen wir die ersten Dächer, nach 15 Min. stehen wir auf dem Hauptplatz von **Reliegos** ❾.

7.15 h	30,7 km
↗130 m	↘130 m

Sahagún – Reliegos über Bercianos del Real Camino **18b**

Monotonie auf dem Jakobsweg

Die Devise dieser Etappe lautet: Augen zu und durch. Sie verläuft praktisch ausschließlich auf einem Fußweg neben einem Sträßchen stur geradeaus. Auch das platte Land bietet wenig Abwechslung.

Der Weg: Einfach. Baumbestandener Fußweg neben alter Landstraße.
Kritische Stellen: Am Abzweig nach Calzada del Coto evtl. schlecht markiert: nach Bercianos/El Burgo geradeaus weiter.
Hinweise: 1. Vor allem an heißen Tagen ausreichend Wasser mitnehmemen.
2. Unterwegs gibt es mehrere Picknickplätze, meist ohne Brunnen.
3. Anfang des Wegs: s. Karte S. 162.

Ab Sahagún (830 m, 2400 EW)
10,2 km → **Bercianos del Real Camino** (850 m, 190 EW)

- TH **Alb. La Perala**, 24 B/14 € (5 DZ 30 €, 12 DZ 40 €). Ortsanfang. Tel. +34 685 817 699. W/T, Garten, Terrasse, Bar/Rest.; normale Betten in 4er-Zi. Ca. 6–22 Uhr, März–Okt.
- TH **Alb. Bercianos 1900**, 20 B/ 15 €. Tel. +34 669 282 824. W/T, Bar/ Rest.; schönes altes Haus. 7–23 Uhr, März–Nov. bercianos1900.com
- PH **Alb. Santa Clara**, 8 B/15 € (6 DZ 45 €, als EZ 40 €). Tel. +34 987 784 314 und +34 605 839 993. W/T, Mikrowelle, Frühstück, Bar. Do geschl., sonst ganztags, ganzjährig.
- KH **Alb. Parroquial**, 50 B/Spende.

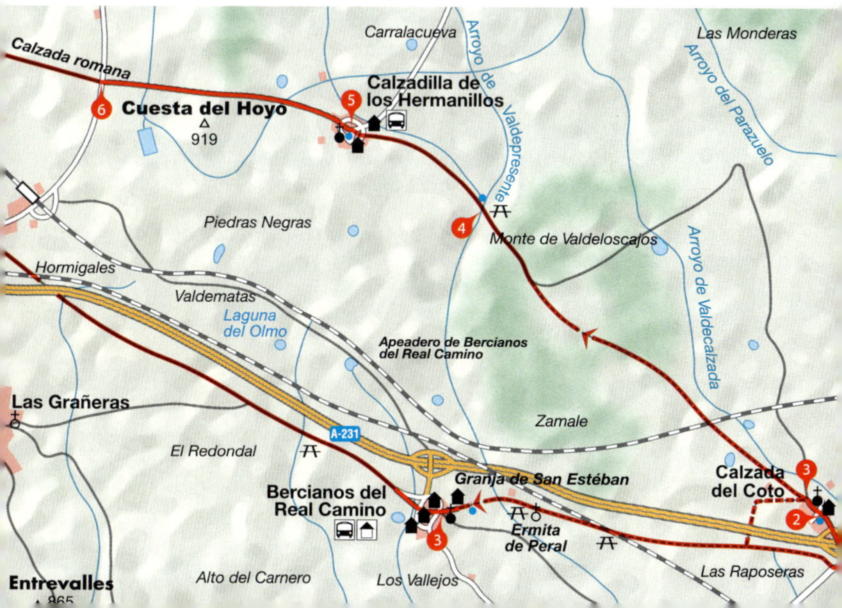

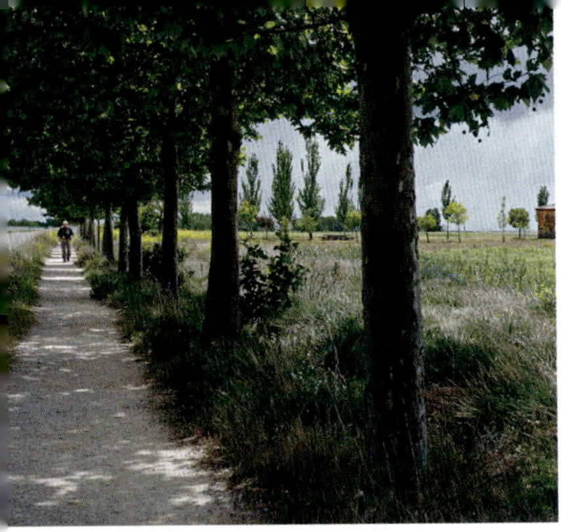

Gut beschattet.

An Ortseingang Hinweis nach links. Tel. +34 692 858 498. Gemeins. Abendessen, Frühstück. Ab ca. 13 Uhr, April–Okt.

7,5 km → El Burgo Ranero (882 m, 680 EW)

- VH **Alb. Domenico Laffi**, 30 B/Spende. Direkter Weg zur Herberge: am Ortsanfang der Straße nach rechts folgen. Tel. +34 987 330 047. Küche, W/T. 13–22 Uhr, ganzjährig.
- TH **Alb. Caracol**, 15 € (1 DZ 55 €). Tel. +34 685 742 841 (auch auf Deutsch). Küche, W/T; gemeins. Abendessen, Frühstück, Garten. 13–22 Uhr, April–Okt. alberguecaracol.org
- TH **Alb. La Laguna**, 18 B/12–15 € (auch EZ/DZ). Tel. +34 637 958 180. Küche, W/T, Garten. 12–22 Uhr, März–Okt.
- **La Costa del Adobe** (EZ ab 35 €, DZ ab 48 €), Tel. +34 987 330 121. lacostadeladobe.es

13,0 km → Reliegos (827 m, 230 EW)
vgl. Etappe 18a, S. 164.

Von **Sahagún** ❶ wandern wir neben der Straße bis zur **Autobahnauffahrt** ❷ (gut 1 Std.) und gehen geradeaus weiter (rechts über die Autobahn: Calzada del Coto mit Herberge, vgl. Etappe 18a); evtl. fehlen die Pfeile an dieser Stelle und sind erst ein Stück weiter vorne zu sehen. Auf dem Fußweg neben der alten Landstraße passieren wir die aus Backstein errichtete Ermita de la Virgen del Peral (im 12. Jh. gab es hier ein Pilgerhospital). Weiter geht es nach **Bercianos del Real Camino** ❸ (1.15 Std.), **El Burgo Ranero** ❹ (1.45 Std.) und weitere ereignislose 3 Std. nach **Reliegos** ❺.

In seinem Pilgerbericht aus dem 17. Jh. schildert der aus Bologna (Italien) stammende Pfarrer ***Domenico Laffi****, wie in* ***El Burgo Ranero*** *ein Wolf einen Pilger anfiel. Heute sind zum Glück Frösche die auffälligsten Tiere in der flachen Landschaft. Sie beleben die kleine Lagune am westlichen Ortsrand, an der man herrliche Sonnenuntergänge erleben kann. Laffi ist der Namenspate der städtischen Herberge.*

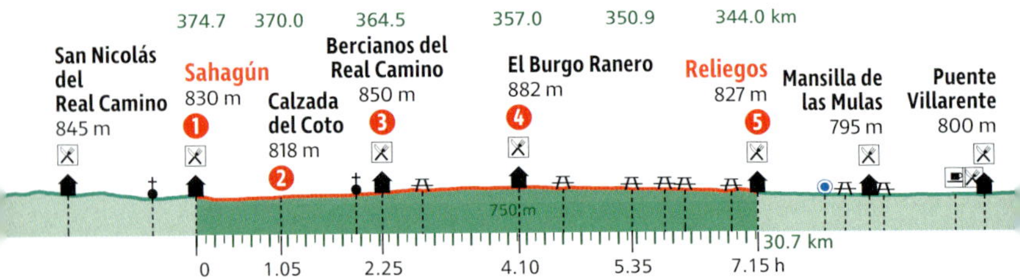

5.45 h	24,9 km
↗150 m	↘140 m

Reliegos – León 19

Geschafft! Die letzte Etappe auf der Meseta!

Alle, die bis hierher durchgehalten haben, dürfen sich auf die Schulter klopfen. Die Tage auf der Meseta waren hoffentlich unvergesslich. Zum Abschluss verläuft diese letzte Etappe leider etwas öde durch das Einzugsgebiet von León. Am Ende wartet die durchaus sehenswerte Altstadt. Die beeindruckende Kathedrale gilt als das schönste und stilreinste frühgotische Bauwerk Spaniens. Wenn man nach dem langen Fußmarsch aus der gleißenden Sonne in das schummrige Kircheninnere tritt, ahnt man den Zauber, den die bis zu 800 Jahre alten, riesigen Buntglasfenster schon auf die mittelalterlichen Pilger ausgeübt haben müssen.

Der Weg: Einfach. Bis auf ein Teilstück vor und nach Arcahueja Fußwege neben der Straße, ab Puente Castro beginnt das Stadtgebiet von León.
Kritische Stellen: Kurz nach Arcahueja nicht der Beschilderung nach links folgen (sie führt entlang der Nationalstraße durch Valdelafuente), sondern bis zur T-Kreuzung und dann links gehen.
Hinweis: Einige der privaten bzw. touristischen Herbergen in León ermöglichen den Zugang rund um die Uhr.

Ab Reliegos (827 m, 230 EW)
6,1 km → **Mansilla de las Mulas** (795 m, 1700 EW)

Igl. Parroquial Santa María Mo–Sa 9.30 u. 20.30 Uhr (Winter 20 Uhr), So 9.30 u. 12 Uhr

C/ Villa de Lil, Tel. +34 987 311 175

- PH **Alb. El Jardín del Camino**, 40 B/15 und 20 € (Änderung möglich). Ortsanfang. Tel. +34 987 310 232. W/T, Bar, Rest. 11–22 Uhr, März–Okt. albergueeljardindelcamino.com
- PH **Alb. Gaia**, 16 B/12 € (ab Nov. 14 €). An Kreuzung bei der ersten Herberge links. Tel. +34 699 911 311. Küche, W/T, Frühstück; Garten. 13–22 Uhr, ganzjährig. alberguedegaia.wordpress.com

4,7 → **Villamoros de Mansilla** (800 m, 80 EW)

(Bäcker)

1,0 → **Bar/Rest.** (800 m)

0,6 → **Puente Villarente** (800 m, 200 EW)

- TH **Alb. San Pelayo**, 56 B/15–20 € (DZ 68 €, EZ 55 €). Rechts im Ort. Tel. +34 615 459 919. Bar/Rest., gemeins. Abendessen, Waschm.; Garten. 12.30–22 Uhr, März–Okt.

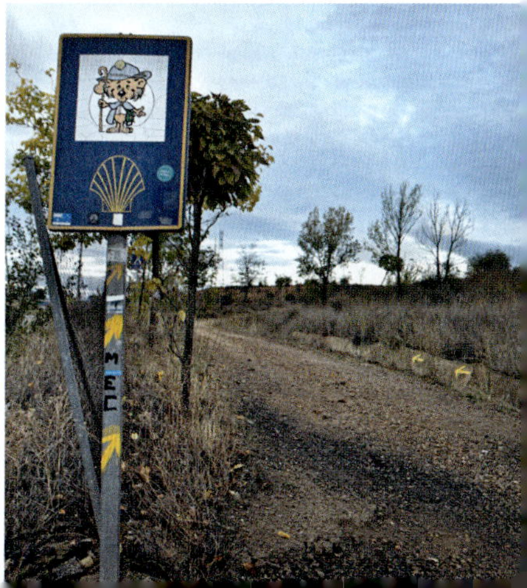

Kurz nach Arcahueja.

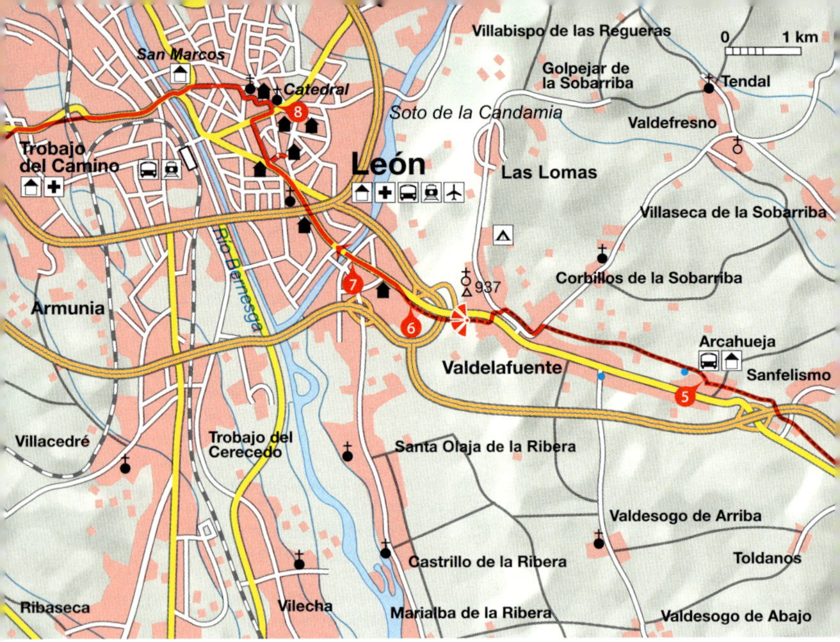

alberguesanpelayo.com

Hostal-Restaurante El Delfín Verde (EZ ab 35 €, DZ ab 60 €), Tel. +34 987 312 065. complejoeldelfinverde.es

4,3 → Arcahueja (851 m, 220 EW)

4,9 → Abzweig Herberge (831 m)

TH **Alb. Santo Tomás de Canterbury**, 36 B/ab 12 € (3 DZ 45 €, 3er-Zi 45 €, 4er-Zi. 60 €). Nach Puente Castro, 200 m links des Wegs. Tel. +34 987 392 626. Küche, Snackautomat, W/T; Frühstück. 10–22 Uhr, ganzjährig. alberguesantotomas.com

1,4 → Alb. Check in León (822 m)

TH **Alb. Check in León**, 40 B/ 11 € (Fr/Sa 12 €). Am Weg. Tel. +34 686 956 896 (WhatsApp). Küche, W/T, Leseraum, Terrasse; viel Platz. Check-in 12–21 Uhr, ganzjährig. checkinleon.es

1,9 → León (840 m, 121.300 EW)

alles, sowie:

national

Avda. de Palencia, renfe.es

Avda. de Ingeniero Saénz de Miera (beim Bahnhof), Tel. +34 987 211 000

siehe Beschreibung der Kathedrale und San Isidoro S. 176/177

Hospital Universitario de León, Altos de Nava, Tel. +34 987 237 400

PH **Alb. San Francisco de Asís**, 50 B/ab 12 € (15 DZ 40 €). Avda. Alcalde Miguel Castaños 4 (vor der Stadtmauer links des Wegs). Kapuzinerorden, Tel. +34 637 439 848. Küche, W/T; Mahlzeiten. Ausstellung Pilgerpass; 17.30 Uhr Führung durch die Kirche und das Konvent bei der Herberge, 19.30 Uhr Pilgermesse. 8–24 Uhr, ganzjährig. alberguescapuchinos.org

KH **Alb. del Convento de las Carbajalas**, 134 B/10 €. Pl. de Santa María del Camino (nach Passieren der Stadtmauer rechts des Wegs). Benediktinerinnen, Tel. +34 680 649 289. W/T, Frühstück. Pilgerpass. Frauen und

Männer schlafen getrennt. Messe: tgl. 19 Uhr, Sa 13 Uhr, So 12 Uhr. Gesungenes Abendgebet mit Pilgersegen: 21.30 Uhr. Klosterkapelle und Kirche 6.30–22 Uhr für Gebete offen. Check-in 11–20 Uhr, ganzjährig. albergueslеon.com

- TH **Alb. Muralla Leonesa**, , 68 B/Pilger 15 und 16 € (EZ 32 €, DZ 38 €, 3er-Zi. 52 €). Nahe Plaza Mayor. Tel. +34 987 177 873. Küche, W/T, Frühstück; Betten teils eng gestellt. Check-in ab 12 Uhr (dann Zugang jederzeit mit Code), März–Okt. alberguemurallaleonesa.com
- TH **Quartier León**, , 54 B/15–25 € MF (EZ/DZ 45–69 € MF). C/ Juan de Arfe 2 (Zentrum), Tel. +34 620 428 758, Mikrowelle, Ofen, Frühstück; W/T. Check-in 7–20 Uhr, Feb.–Mitte Dez. quartierleon.com
- TH **Alb. Miguel Unamuno**, , 50 B/ab 15 €. Nahe Kathedrale. Tel. +34 987 233 010 u. 601 377 423. W/T, Mahlzeiten. Ganztags, Juli–Mitte Sept. albergueunamuno.com
- **Hostel Covent Garden**, Zentrum, Tel. +34 601 082 002. hostelcoventgarden.es
- **Globetrotter Urban & Hostel León**, Zentrum, (ab 18 €), 987 103 267. globetrotterhostel.es

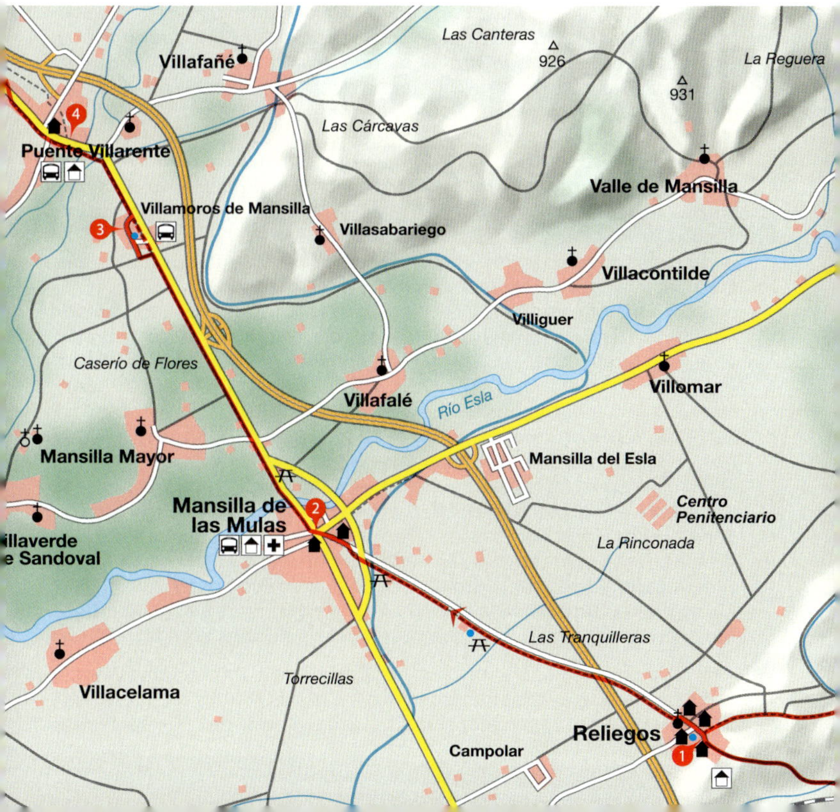

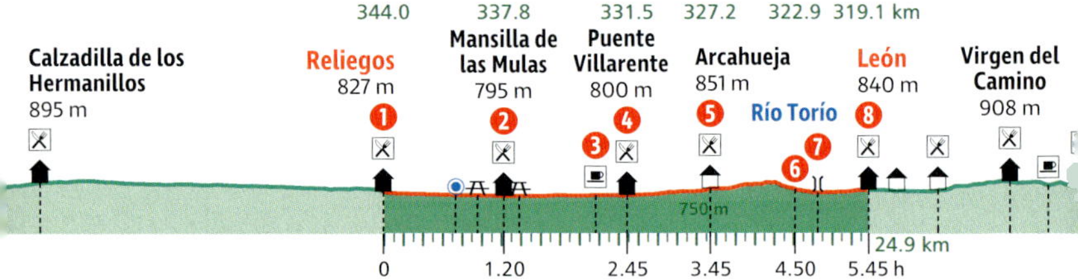

Von **Reliegos** ❶ aus führt uns ein Fußweg links der Landstraße geradewegs nach **Mansilla de las Mulas** ❷ (gut 1.15 Std.).

i Man sieht es ***Mansilla de las Mulas*** *nicht an, aber schon vor dem mittelalterlichen »Pilgerboom« war es ein bedeutender Handels- und Verkehrsknotenpunkt an der römischen Via Trajana und an einer Nord-Süd-Route. Um 70 n. Chr. errichteten die Römer eine Stadtmauer. Später fiel der Ort unter gotische, dann arabische und zuletzt christliche Herrschaft. Nach Erhalt der Stadtrechte (1181) entwickelte sich Mansilla im 13. Jh. zur größten und reichsten Marktstadt der Region. Von den Viehmärkten stammt der Beiname »mulas« (Maultiere). Mit fünf Kirchen, drei Pilgerhospizen sowie zahlreichen Herbergen und Wirtshäusern war man bestens auf die Pilger eingestellt. Die erste Kirche war die* ***Iglesia de Santa María*** *(vor 1220 existent, aktueller Bau 18. Jh., barocker Hauptaltar und einige Gemälde aus den zerstörten Kirchen. Juli–10. Sept. 11–14 und 17–20 Uhr). Die* ***Iglesia de San Martín*** *(ab 1220) dient heute als Kulturhaus. Erhalten sind das frühgotische Portal sowie Teile des Dachwerks im Mudejar-Stil (15. Jh.). Vom um 1500 gegründeten* ***Convento de San Agustín*** *haben nur Teile der plateresken Kapelle die Zerstörung durch französische Truppen im 19. Jh. überlebt. Es beherbergt das völkerkundliche Museum der Provinz León (April–Sept. Di–So 10–14 und 17–20 Uhr, Okt.–März Di–So 10–19 Uhr, 5 €, Pilger 3 €). Aus dem 18. Jh. stammt der Backsteinbau des* ***Santuario de la Virgen de la Gracia*** *(Heiligtum der Muttergottes der Gnade, Schutzpatronin der Stadt).*
Feiertage: *Ende Juli* ***Feria medieval****, Mittelalterfest mit Turnieren und Kampfspielen. 25. Juli:* ***Día del Peregrino****, Fest zu Ehren der Jakobspilger. Ende August* ***Feria del Tomate****, »Tomatenmesse«, viel Folklore und Verkauf von Tomaten. Erster So im Sept. Wallfahrt von León nach Mansilla zu Ehren der* ***Virgen de la Gracia****, am So darauf Patronatsfeiern.*
Kulinarisches: ***Bacalao ajoarriero*** *(arriero = Maultiertreiber, auch Bacalao al estilo mansillés, Stockfisch/****Kabeljau*** *in Knoblauchsoße).*

Ab Mansilla de las Mulas schmälert der Großraum von León das Wandervergnügen. Der Camino bleibt neben der N-601, bis er links-rechts schwenkend nach **Villamoros de Mansilla** ❸ (1 Std.) hineinführt. Gelbe Punkte

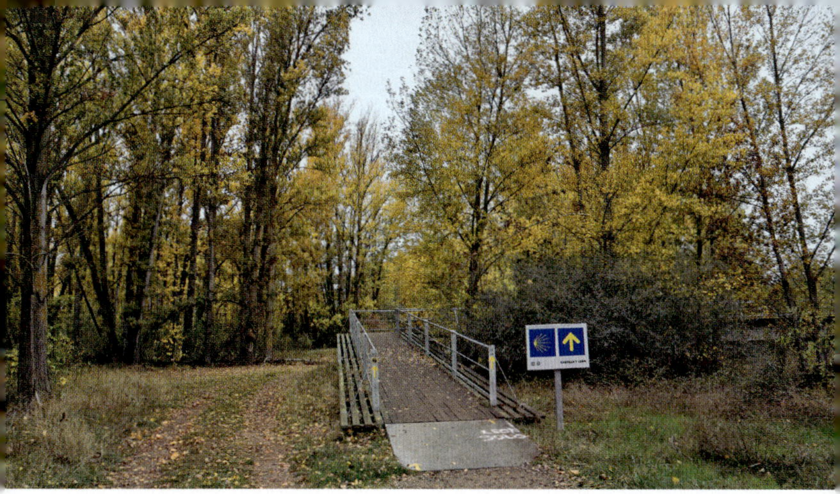

Kurz vor Puente Villarente.

schmücken den Kirchplatz (Bar bei der Kirche). Wir kehren zur N-601 zurück, verlassen sie kurz darauf nach links, passieren einen Snackautomaten und ein Restaurant und überqueren auf einer Fußgängerbrücke den Río Porma. Dann gehen wir nach rechts unter der Straße hindurch und nach links oben nach **Puente Villarente** ④ (20 Min.).
Nach den letzten Häusern des Ortes entfernt sich der Camino nach rechts von der N-601. Am Ende leicht bergan gelangen wir nach **Arcahueja** ⑤ (gut 1 Std.). Wir verlassen das Dorf geradeaus und biegen nach 30 Min. nach links unten zur N-601 ab. Rechts der Straße gehen wir bis zum Kreisverkehr und folgen dem Weg, der ihn nach rechts oben umgeht und wieder hinunter zur N-601 führt (15 Min.). Über eine Fußgängerbrücke überqueren wir die N-601. Danach geht es nach rechts weiter und wenig später über einen Autobahnzubringer. Am Ende des blauen Geländers sieht man schräg rechts vorne (links des Hanges) die Kathedrale von León. Kurz danach beginnt bei **Puente Castro** ⑥ (15 Min.) das Stadtgebiet. Vorbei am Abzweig links zur Herberge Santo Tomás de Canterbury geht es zur Brücke über den **Río Torío** ⑦ (20 Min.).
Danach werden wir nach rechts, dann links auf die Avda. Alcalde Miguel Castaño geleitet (rechts: großes Einkaufszentrum). 10 Min. nach der Brücke liegt links die Alb. Check in León am Weg. Wir gehen geradeaus über den Kreisverkehr, bei der nächsten, großen Kreuzung mit der langen begrünten Verkehrsinsel links und nach der Grünlanlage schräg rechts in die C/ Barahona. Am Abzweig links zur Alb. de San Francisco Asís vorbei, kommen wir durch das alte Stadttor Puerta Moneda und den Rest der einstigen Stadtmauer (»muralla«) in die teils autofreie Altstadt. Wir gehen geradeaus

am Abzweig rechts zur Herberge der Benediktinerinnen vorbei und am Ende rechts (schräg links: Casa Botines) durch die C/ Ancha zur Kathedrale von **León** 8 (gut 30 Min. ab Río Torío).

i ***León*** *präsentiert sich heiterer, freundlicher, wärmer als Burgos. Die lichte, in freundlichen Gelb- und Ockertönen gehaltene, weitgehend verkehrsberuhigte* ***Altstadt*** *ist eine der reizvollsten am Camino Francés. In den Bars und Restaurants des* ***Barrio húmedo,*** *des »feuchten Viertels« rund um die* ***Plaza Mayor*** *treffen sich die Leoneser nach Feierabend und besonders am Wochenende. Dominiert wird die Plaza Mayor von der barocken Fassade des alten Rathauses (17. Jh.).*

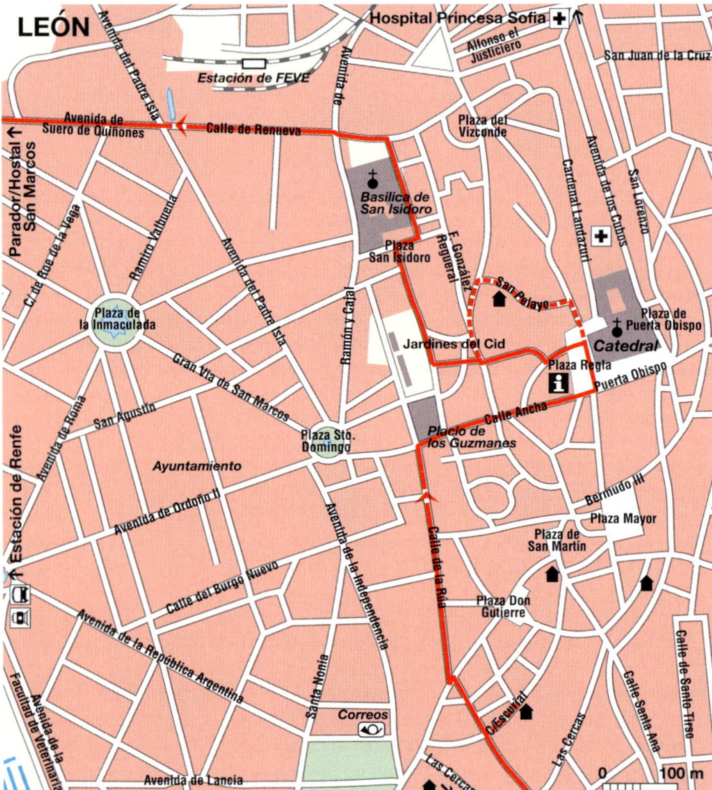

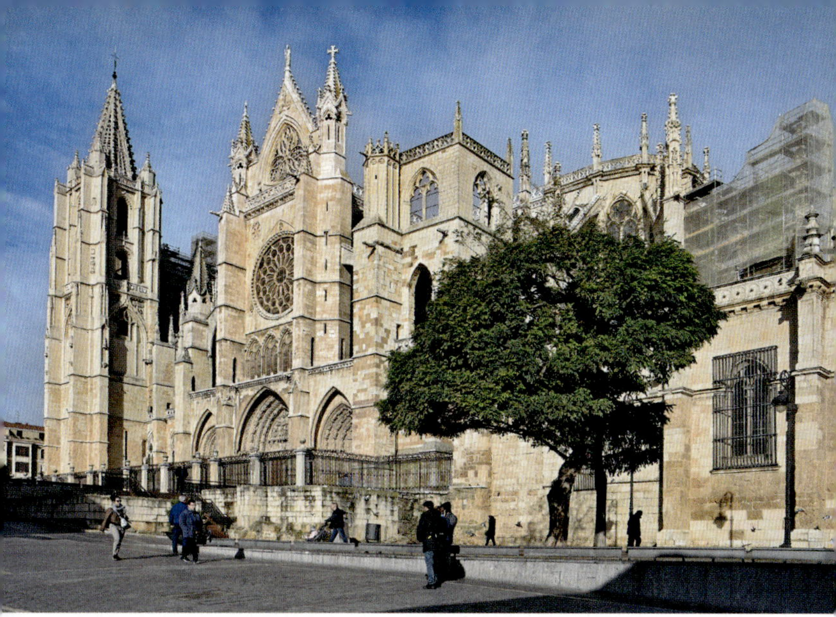

Ein gotisches Meisterwerk: die Kathedrale von León (hier die Südfassade).

Der 68 n. Chr. gegründete römische Stützpunkt entwickelte sich zum politischen und militärischen Zentrum der nordwestlichen Iberischen Halbinsel. Aus dem lateinischen »Legio« wurde der Stadtname León, was auch Löwe bedeutet. Unter Führung Al-Mansurs (auch Almansor) zerstörten maurische Heere die Siedlung 996, doch schon unter Alfonso V. (994–1028) wurde sie wieder aufgebaut. Bis ins 12. Jh. war León Hauptstadt des gleichnamigen Königreiches, das vom Atlantik bis an die Rhône reichte. Mit dem Zusammenschluss der Königreiche Kastilien und León 1230 verlor León an Einfluss. Bis Mitte des 20. Jh. war León das Zentrum der Eisenerz- und Kohlereviere der Region.
Die zwischen dem 13. und 14. Jh. entstandene ***Catedral de León*** *gilt als das stilreinste frühgotische Bauwerk auf spanischem Boden. Seit 2011 ist sie UNESCO-Weltkulturerbe. Baubeginn war 1255 unter Alfonso X. el Sabio, dem Weisen, Vorbild war die Kathedrale von Reims in Frankreich. Geldmangel und zahlreiche Teileinstürze verzögerten die Fertigstellung bis ins 19. Jh. Spanienweit einzigartig sind die zwischen dem 13. und 20. Jh. entstandenen* ***Buntglasfenster*** *mit einer Gesamtfläche von fast 1900 m². Durch 125 bis zu 12 m hohe Fenster fällt das Licht in den harmonischen Innenraum. Ein Meisterwerk ist das von flämischen Meistern aus Nussholz geschnitzte* ***Chorgestühl*** *aus dem 15. Jh. In einer der Seitenka-*

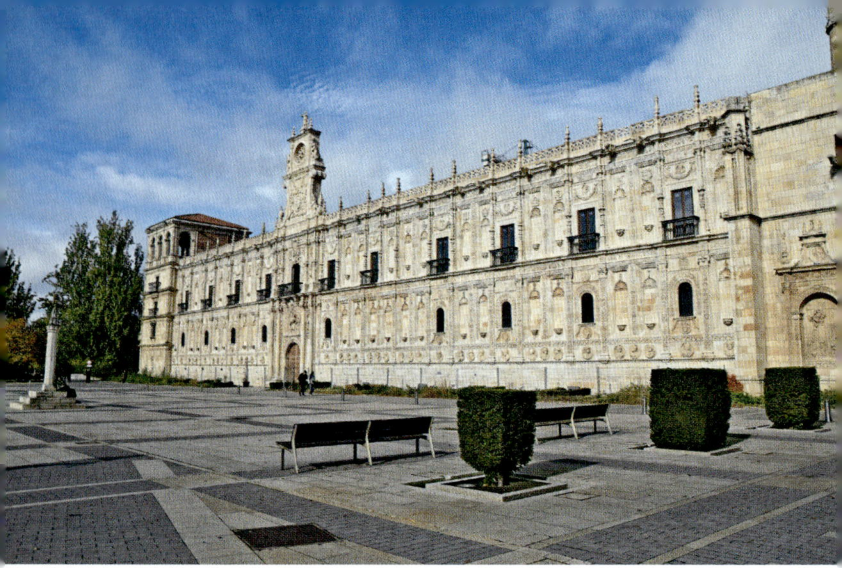

Die prächtige Fassade von San Marcos.

*pellen des Chorumganges ist eine der seltenen Darstellungen einer schwangeren Muttergottes (**Virgen de la Esperanza**, Jungfrau der guten Hoffnung) zu sehen. Die bemalte Steinskulptur ist Ausdruck des im 13./14. Jh. neu erwachten Realismus. (**Kathedrale:** Mai–Sept. Mo–Sa 9.30–13.30 und 16–20 Uhr, So/Fei 9.30–11.30 und 15–20 Uhr, Okt.–April Mo–Sa 9.30–13.30 und 16–19 Uhr, So 9.30–11.30 und 13–15 Uhr, letzter Einlass 30 Min. vor Schließung, Eintritt 7 €. **Museum und Kreuzgang:** gleiche Öffnungszeiten wie Kathedrale, aber letzter Einlass 1 Std. vor Schließung, Museum 3 €, Kreuzgang 2 €. Messe: tgl. 9, 12 und 18 Uhr, So/Fei 11, 12, 13 und 18 Uhr. Weitere Info: catedraldeleon.org).*

*Ein wahrer Schatz der Romanik ist die **Real Basílica de San Isidoro** (10.–12. Jh.). Das Nationalheiligtum ist seit 1063 Grabstätte des hl. Isidor, im 7. Jh. Erzbischof von Sevilla und wichtigster westgotischer Kirchenlehrer. Wegen der ausdrucksstarken Wandmalereien wird der **Panteón Real**, die königliche Grabkammer, auch **Sixtinische Kapelle der Romanik** genannt. Die exzellenten Malereien geben einen guten Einblick in die Bilderwelt des 12. Jh. In großer Farbenpracht zeigen sie biblische und alltägliche Szenen, wie etwa die Serie von Monatsbildern. Im Kirchenmuseum sind kostbare Stücke der Schatzkammer (tesoro), der Reliquienschrein des St. Isidoro (11. Jh.) und der prachtvolle Kelch (Cáliz) der Doña Urraca (11. Jh.) ausgestellt. **Kirche:** tgl. 10–21 Uhr, Eintritt frei. **Museum und Panteón:** April–15. Okt. Di–Sa 10–14 u. 17–20 Uhr, So 10–14 Uhr, 16. Okt.–März Di–*

Sa 10–14 u. 16–19 Uhr, So 10–14 Uhr (Mi nachmittags jeweils 1 Std. länger; letzter Einlass 30 Min. vor Schließung; an Feiertagen Sonderzeiten), Eintritt 5 €, Führung 7 €. Weitere Info: museosanisidorodeleon.com. ***Messe:*** *Sommer Mo–Sa 10.30, 13, 19 und 20.30 Uhr, Winter Mo–Sa 10.30, 13, 18.30 und 20 Uhr, So/Fei ganzjährig 10.30, 12.30, 13.30, 19.30 und 21 Uhr.*

17 Pilgerherbergen zählte León im Mittelalter, die berühmteste war das ***Monasterio (Hostal) de San Marcos*** *(heute Parador Nacional, staatliches Nobelhotel). Der Jakobsweg führt an der über 100 m langen, reich verzierten plateresken Südfassade (16.–18. Jh.) vorbei. Ab dem 12. Jh. war San Marcos das Stammhaus des einflussreichen Ordens der Santiagoritter. Ein mächtiger Santiago reitet in seiner legendären Gestalt als Maurentöter über dem Hauptportal. 1541 wurde die Klosterkirche geweiht. Der angrenzende Kreuzgang, die Kapitelsäle und die Sakristei beherbergen das Museo de León, in dem u. a. ein wertvoller Elfenbein-Christus (11. Jh.), ein Diana-Altar sowie römische und keltische Ausgrabungsfunde zu sehen sind (Museo de León und San Marcos Juli–Sept. Di–Sa 10–14 und 17–20 Uhr (Okt.–Juni 16–19 Uhr), So/Fei 10–14 Uhr; museodeleon.com. Das* ***MUSAC*** *ist das wichtigste Museum für zeitgenössische Kunst in Castilla y León (Okt.–Mai Di–So 11–14 u. 17–20 Uhr, Juni–Sept. Di–Fr 11–14 u. 17–20 Uhr Sa/So 11–15 u. 17–21 Uhr. Eintritt 3 €, freier Eintritt Di, Mi, Do jeweils 19–20 Uhr, So 17–21 Uhr, musac.es).*

Sehenswert ist die ***Casa Botines*** *(um 1891), einst Wohnhaus zweier bedeutender Händler der Stadt, heute Sitz eines Bankinstituts. An der neugotischen Fassade ist deutlich die eigenwillige Handschrift des katalanischen Architekten* ***Antoni Gaudí*** *(1852–1926) zu erkennen. Gaudí war durch den katalanischen Textilmagnaten Eusebio Güell an den Auftrag in León gekommen. Der prachtvolle* ***Palacio de los Guzmanes*** *(16. Jh.) gleich daneben hat einen reich mit Ornamenten geschmückten Innenhof. Von der ehemaligen Stadtmauer (****muralla****) aus dem 3. Jh. sind noch einige Reste erhalten, wie etwa Teile der römischen und mittelalterlichen Wehranlagen am San-Isidoro-Turm.*

Feiertage: *Spektakulär sind die* ***Osterprozessionen*** *während der Semana Santa (Karwoche). Am letzten Sonntag im April:* ***Las Cabezadas*** *(mit tiefen Verbeugungen (cabezadas) spielen Stadträte und Kleriker im Kreuzgang von San Isidoro einen Kompetenzstreit zwischen weltlicher und kirchlicher Macht im 12. Jh. nach. Um den 23./24. Juni:* ***San Juan*** *und* ***San Pedro****, Hauptfest der Stadt, u. a. mit Johannisfeuer und großem Feuerwerk. Ende Juni:* ***Semana de la Trucha*** *(Forellenfest u. a. mit Kochwettbewerben). Um den 5. Okt.* ***San Froilán y las Cantaderas*** *(Patronatsfeiern mit Volksfest rund um die Kathedrale).*

Kulinarisches: Cecina *(luftgetrocknetes Rind-, aber auch Ziegenfleisch, Cecina de chivo), Forelle (****trucha****) sowie alle Arten von Wildfleisch.*

Oficina de Turismo: *ggü. Kathedrale, Mo–Sa 9.15–14 und 16–19 Uhr (Juli–Mitte Sept. 17–20 Uhr), So 9.30–15 Uhr, Tel. +34 987 237 082, leon.es.*

20 León – Villar de Mazarife

5.15 h	20,8 km
↗160 m	↘130 m

Es wird hügeliger, ganz langsam

Bis Virgen del Camino müssen wir noch fast 8 km Stadtlärm und -luft erdulden. Danach verläuft die historische Route neben der verkehrsreichen Nationalstraße. Schöner und abwechslungsreicher ist der hier beschriebene Weg über die eigentümliche, locker bewachsene Hochebene »el páramo« in das mitten darin und abseits von allem gelegene Dorf Villar de Mazarife.

Der Weg: Einfach. In León Messingmuscheln auf dem Boden, gelbe Pfeile und Schilder. Bis Virgen del Camino Stadtgebiet. Danach Feldwege und Landstraßen (2 km ab Fresno del Camino und ab Chozas de Abajo gut 4 km).
Kritische Stellen: Keine.
Variante: Die historische Originalroute verläuft vorwiegend neben der teils stark befahrenen N-120 über San Martín del Camino und Villadangos del Páramo nach Hospital de Órbigo (Zusammentreffen mit Etappe 21; 8.45 Std./33 km).

Ab León (840 m, 121.300 EW)
1,5 km → **Hostal de San Marcos** (831 m)
Parador de León, parador.es
2,1 km → **Trobajo del Camino** (830 m, 20.000 EW)
C/ Buenaventura Durruti 1, Tel. +34 987 800 802
3,7 km → **Virgen del Camino** (908 m, 5000 EW)
siehe S. 181

SH **Alb. D. Antonino y Doña Cinia**, 40 B/Spende. Kurz vor der Kirche nach links über die Straße. Tel. +34 987 302 800 und +34 615 217 335. Küche, Frühstück, W/T. Viel Platz, Garten. 14–23 Uhr, April–Okt.
2,0 km → **Fresno del Camino** (878 m, 100 EW)
1,7 km → **Oncina de la Valdoncina** (870 m, 60 EW)
TH **Alb. El Pajar de Oncina**, 8 B/13 € (1 DZ 35 €). Tel. +34 677 567 309 (Reservierung empfohlen). Schönes altes Bauernhaus. Küche, gemeins. Abendessen, Frühstück, W/T. Check-in 13–20 Uhr, März–15. Nov.
5,6 km → **Chozas de Abajo** (881 m, 90 EW)
200 m links im Ort
4,2 km → **Villar de Mazarife** (874 m, 330 EW)
TH **Alb. San Antonio de Padua**, 57 B/ab 12 € (8 DZ 30/50 €). Tel. +34 987 390 192. W/T; Abendessen, Frühstück. 7–23 Uhr, April–12. Okt.

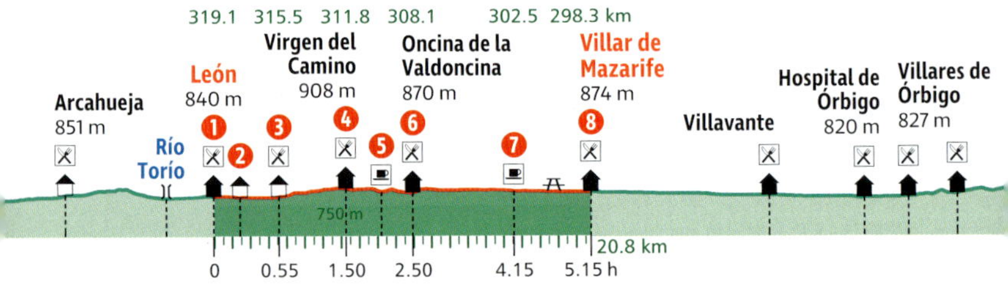

- PH **Alb. Casa de Jesús**, 48 B/10 €. Tel. +34 987 390 697. Küche, W/T, Pool, Garten; charmantes Dorfhaus. Ganztags, 7. Jan.–23. Dez.
- TH **Alb. Tío Pepe**, 18 B/16 € (5 DZ 55 und 85 €). Tel. +34 987 390 517 (Reservierung: alberguetiopepe.es). Rest., Waschm. Check-in 9–20 Uhr, 12. März–26. Nov. alberguetiopepe.es

Variante ab Virgen del Camino:

3,8 km → **Valverde de la Virgen** (922 m, 200 EW)

- PH **Alb. La Casa del Camino**, 20 B/18 €. Tel. +34 649 620 168. W/T, Bar/Rest., gemeins. Abendessen, Frühstück, Garten, Pool. 10–22 Uhr, Ostern–Okt. alberguelacasadelcamino.es

1,6 km → **San Miguel del Camino** (920 m, 660 EW)

7,6 km → **Villadangos de Páramo** (901 m, 1200 EW)

- SH, 48 B/Spende. Küche, W/T. Ab 13 Uhr, ganzjährig.

4,4 km → **San Martín del Camino** (870 m, 340 EW)

- PH **Alb. Vieira**, 40 B/10 €. Tel. +34 620 671 864. W/T. Bar/Rest. (auch veg.), Pool. 6.30–22.30 Uhr, ganzjährig.
- TH **Alb. La Huella**, 30 B/ab 14 € (DZ ab 56 €). Tel. +34 640 846 063. Mahlzeiten (auch veg./vegan), W/T. Garten, Pool. 13–22 Uhr, ganzjährig. alberguelahuella.com
- SH, 46 B/8 €. Tel. +34 657 102 497. Küche, W/T. 11–22 Uhr, März–Nov.
- PH **Alb. Santa Ana**, 30 B/10 € (DZ 30–50 €). Tel. +34 654 381 646. Mahlzeiten, W/T, Garten. Ganztags, April–Okt.

7,1 km → **Hospital de Órbigo** (820 m, 960 EW)

Siehe Etappe 21, S. 182

Mit der Kathedrale von **León** ❶ im Rücken gehen wir in die C/ de Sierra Pambley, bei der Gabelung rechts in die C/ Dámaso Merino, dann kurz rechts in die C/ Cervantes und gleich links durch die Gasse C/ Recoletas zum Parque del Cid Campeador und nach rechts zur Basílica de San Isidoro. Wir werden an ihrer Ostfassade (also rechts von ihr) entlang zur kleinen Plaza de San Martino geleitet, wo ein Wegstein die verbleibende Distanz bis Santiago mit 306 km angibt. Wir gehen links durch die C/ Abadia und über den Zebrastreifen geradeaus in die C/ Renueva. Auf ihr kommen wir über eine große Kreuzung in die Avda. de Suero de Quiñones und auf den Platz vor dem **Hostal de San Marcos** ❷ (Parador Nacional; 20 Min. ab Kathedrale). Nach rechts zweigt der Pilgerweg »Camino del Salvador« nach Oviedo ab. Wir gehen links und über den Río Bernesga in die Avda. de Quevedo. Hier wegen einer folgenden gefährlichen Kreuzung besser auf der linken Straßenseite bleiben. Nach 20 Min. gelangen wir geradeaus über eine Fußgängerbrücke auf die Avda. del Párroco Pablo Díez und ins Zentrum von **Trobajo del Camino** ❸. Wir gehen geradeaus weiter, achten aber auf den Pfeil nach links und gleich wieder rechts. Nach etwa 300 m gehen wir links und über den Zebrastreifen (im Rückblick kann man nochmals die Kathedrale ausmachen) und auf der Straße rechts daneben bergan (links erinnern die Eingänge von in die Erde gebauten Bodegas/Vorratskammern an ein Hobbit-Dorf). Ab jetzt führt der Weg durch ein recht locker bebautes Industriegebiet wieder zur N-120 und an dieser nach **Virgen del Camino** ❹ mit der markanten Kirche (1 Std. ab Trobajo; kurz davor links zur Herbege).

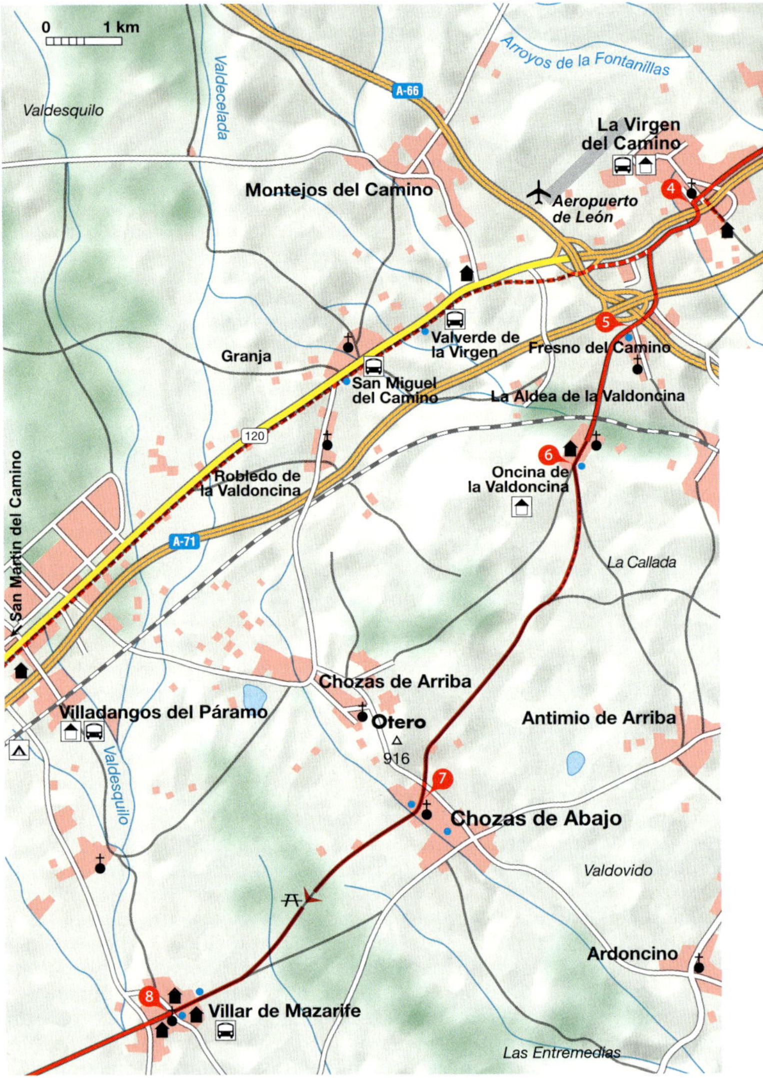
0 1 km
Arroyos de la Fontanillas
Valdecelada
A-66
Valdesquilo
La Virgen del Camino
Montejos del Camino
Aeropuerto de León
4
5
Valverde de la Virgen
Fresno del Camino
Granja
San Miguel del Camino
La Aldea de la Valdoncina
120
6
Robledo de la Valdoncina
Oncina de la Valdoncina
San Martín del Camino
A-71
La Callada
Chozas de Arriba
Villadangos del Páramo
Otero
Antimio de Arriba
916
Valdesquilo
7
Chozas de Abajo
Valdovido
Ardoncino
8
Villar de Mazarife
Las Entremedias

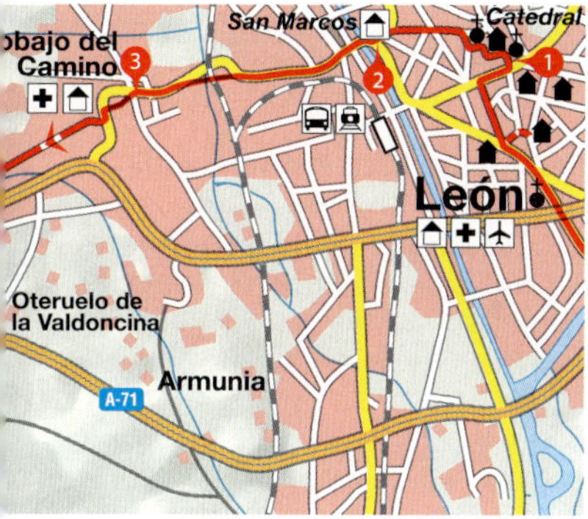

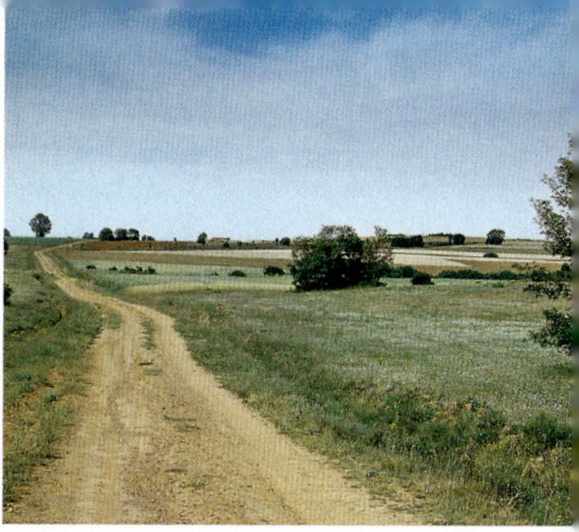

Auf dem Weg nach Villar de Mazarife.

ⓘ Der modernen Kirchenbau aus den 60er-Jahren überrascht mit einem aufwendig gearbeiteten Barockaltar aus dem 18. Jh. mit einer holzgeschnitzten Marienfigur aus dem 16. Jh. Diese ***Virgen del Camino*** *(Muttergottes des Weges) war Jahr 1505 einem Hirten erschienen. 17 Jahre später soll sie folgendes Wunder bewirkt haben: Der Spanier Alonso de Ribera war in Algier in Gefangenschaft geraten. Sein maurischer Bewacher sperrte ihn allnächtlich in eine Holztruhe ein, verschloss sie mit einer Kette und schlief auf der Truhe. Eines Nachts bat Ribera die Muttergottes um Hilfe, woraufhin sich die beiden Männer mitsamt Truhe und Kette plötzlich am Ort des heutigen Heiligtums wiederfanden. Der Maure konvertierte zum Christentum und widmete zusammen mit dem Christen fortan sein Leben der Muttergottes. Truhe und Kette werden im Heiligtum aufbewahrt, die Virgen del Camino wurde zur Schutzpatronin der Region León (Ostern–Okt. 9.30–20 Uhr, Innenraum 9.30–13.30 u. 16.30–20 Uhr (Winter bis 19.15 Uhr), Messen: Mo–Sa 12 und 18.30 Uhr, So 10, 11, 12, 13, 18.30 Uhr). virgendelcamino.dominicos.es.*

Bei der Kirche überqueren wir die N-120 nach links und gehen links der Nationalstraße auf der kleinen Straße mit Rad-/Fußweg bergab. Nach etwa 300 m zweigt links der Weg nach Villar de Mazarife ab (Schild: nach links »Camino Alternativo«, schlecht als »Alternativer Strabe« übersetzt; geradeaus Weg über San Martín/Villadangos als »Camino Francés« angegeben). Der Weg führt uns erst über die Autobahn, dann darunter hindurch und nach **Fresno del Camino** ❺ (30 Min.). Auf einer kleinen Landstraße geht es über einen kleinen Hügel weiter nach **Oncina de la Valdoncina** ❻ (30 Min.). Wir gehen rechts, dann leicht links durch den Ort und folgen dann dem Feldweg. Dieser steigt bergan auf die Hochebene, der Großraum León ist überstanden. Auf unbefestigten Feldwegen wandern wir wieder durch freie Natur. Nach knapp 1.30 Std. erreichen wir **Chozas de Abajo** ❼ und über eine wenig befahrene Landstraße **Villar de Mazarife** ❽ (1 Std.).

21 Villar de Mazarife – Astorga

7.30 h | 32,4 km
↗230 m | ↘230 m

Eine kurze Begegnung mit dem großen Architekten Antoni Gaudí

Nach einem ausgesprochen langweiligen Auftakt legt die Etappe richtig los: In Hospital de Órbigo überqueren wir die längste mittelalterliche Brücke am Weg. Danach wandern wir durch eine fast mediterran anmutende sanfthügelige Landschaft. Am Ende können wir in Astorga in Schokolade schwelgen und ein Bauwerk des berühmten Antoni Gaudí, Erbauer der Sagrada Familia in Barcleona, bestaunen.

Der Weg: Einfach. Ab Villar de Mazarife 6 km schnurgerade Landstraße, danach ab Hospital de Órbigo meist breite Feldwege (bei Regen evtl. matschig).
Kritische Stellen: Keine.
Hinweise: 1. Hinter Hospital de Órbigo verläuft geradeaus die Originalroute (»Astorga/carretera/road«) neben bzw. nahe der Nationalstraße. Der schönere Weg über Santibáñez biegt rechts ab (»Astorga/camino/way/monte/scrubland«).
2. In Astorga gibt es an der Plaza Santociles (schließt nördlich an die Plaza Mayor an) einen Gadis-Supermarkt.

Ab Villar de Mazarife (874 m, 330 EW)
9,8 km → **Villavante** (836 m, 200 EW)

- TH **Alb. Santa Lucía**, ●●●, 22 B/12 € (EZ/DZ 38–50 €). 400 m rechts des Wegs. Tel. +34 669 378 234. W/T, Bar/Rest. Ab 12 Uhr, Ende März–Okt. alberguesantalucia.es

5,3 km → **Hospital de Órbigo** (820 m, 960 EW)

Igl. de San Juan, tgl. 20 Uhr

- TH **Alb. La Encina**, ●●●, 16 B/14 € (3 DZ 48 €, EZ 40 €). Nach der Brücke rechts. Tel. +34 606 306 836. W/T, Bar/Rest. Check-in 11–21 Uhr, Feb.–Ende Dez.
- KH **Alb. Parroquial Karl Leisner**, ●●▲, 60 B/10 €. Tel. +34 987 388 444. Küche, W/T. Netter Innenhof, Garten; gemeins. Andacht. 12–22 Uhr, Mitte März–Okt.
- TH **Alb. Casa de los Hidalgos**, ●●●, 18 B/15 € (DZ 35–50 €). Tel. +34 699 198 755. Küche, W/T, Kojenbetten, Frühstück; schönes altes Haus mit Garten im Innenhof. 12–22 Uhr, März–Okt. casadeloshidalgos.com
- PH **Alb. San Miguel**, ●●▲, 30 B/14 und 16 € (DZ 40 €). Tel. +34 987 388 285 und +34 609 723 632. Küche, W/T; Frühstück. Kleine Bibliothek, Malutensilien. 12–22 Uhr, April–Okt. alberguesanmiguel.com
- PH **Alb. Verde**, ●●●, 24 B/16 € (DZ 45 €), 400 m links des Wegs. Tel. +34 689 927 926. 12–23 Uhr, April–Okt.

2,5 km → **Villares de Órbigo** (827 m, 580 EW)

Mo, Mi, Fr 10–13 Uhr

- TH **Alb. El Encanto**, ●●●, 10 B/16–18 € (DZ 56 €, als EZ 45 €). Tel. +34 682 860 210 (Reserv. empfohlen). Küche, W/T; schön renoviertes Dorfhaus. Check-in 12.30–18.30 Uhr, Ostern–Okt. albergueelencanto.es
- PH **Alb. Villares de Órbigo**, ●●●, 15 B/15 € (EZ/DZ/3er-Zi. 40–55 €). Tel. +34 987 132 935. W/T; Bar/Rest., gemeins. Abendessen; schönes Dorfhaus, Innenhof. 12–22 Uhr, April–Nov. alberguevillaresdeorbigo.com

2,7 km → **Santibáñez de Valdeiglesias** (851 m, 130 EW)

- TH **Alb. Pura Vida Camino Francés**, ●●●, 14 B/15 € (1 EZ/DZ 50 €). Tel. +34 611 793 957. W/T, Bar/Rest. (auch veg./vegan). Check-in 11–20 Uhr, April–Okt.

- KH, ⊛⊛, 20 B/10 €. Pfarramt Tel. +34 987 377 698. Evtl. Abendessen/Frühstück. 13–22 Uhr, März–Okt.
- **L'Abilleiru Albergue Rural**, Tel. +34 615 269 057. labilleirualberguerural.com

7,8 km → San Justo de la Vega (851 m, 1800 EW)

4,3 km → Astorga (868 m, 10.300 EW)

Kathedrale Mo–Sa 9 und 10.30 Uhr, So 11 und 13 Uhr

C/ Gaspar Becerra, Tel. +34 987 618 552

- PH **Alb. MyWay**, ⊛⊛⊛, 14 B/14 € (3 DZ 55 €, 1 EZ 40 €). Rund 800 m vor dem Zentrum. Tel. +34 640 176 338 (Lea spricht Deutsch). W/T, gemeins. Abendessen. Check-in 12–21 Uhr, April–Okt.
- VH **Alb. Siervas de María**, ⊛⊛⊛, 154 B/7 €. Jakobswegverein Astorga. Tel. +34 987 616 034 (keine Reserv.). Ehem. Konvent, Küche, Essraum, W/T. Info zu Messen. 11–22.30 Uhr (Winter 14.30–21.30 Uhr), ganzjährig. caminodesantiagoastorga.com
- PH **Alb. Só Por Hoje**, ⊛⊛⊛, 10 B/29 € MF (DZ 69 € MF). C/ Rodríguez de Cela 30 (Ende Plaza Mayor links in C/ Preito de Castro und 2. Straße rechts), Tel. +34 690 749 853. Normale Betten mit Bettzeug, W/T, brasilianisches Abendessen, Frühstück. 13–21.30 Uhr, März–Nov. alberguesoporhoje.com
- PH **Alb. San Javier**, ⊛⊛⊛, 100 B/12 €. C/ Portería 4 (am Weg, nach der Kathedrale), Tel. +34 987 618 532. Küche, W/T. 11–22.30 Uhr, ca. April–Okt.

Ab **Villar de Mazarife** ❶ folgen wir knapp 1.30 Std. der schnurgeraden Landstraße, bis es geradeaus über eine querende Landstraße in einen Feldweg geht. Auf diesem erreichen wir nach 45 Min. **Villavante** ❷. Wir gehen nach rechts durch das Dorf, über die Bahn und nach links ein kurzes Stück neben den Gleisen. Nach 45 Min. geht es rechts über die Autobahn und links. Dann um die Mondeléz Fabrik herum, über die N-120 und an der Gabelung links nach **Puente** ❸ (15 Min.) bzw. **Hospital de Órbigo** ❹ (5 Min.).

Puente de Órbigo.

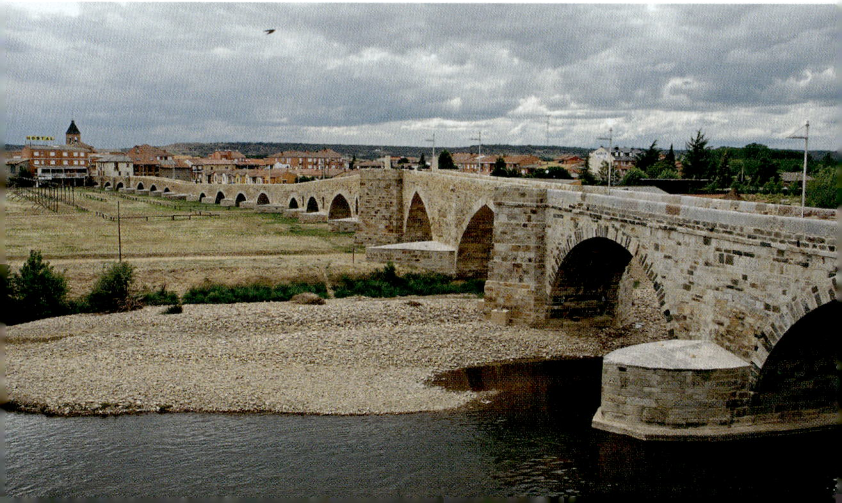

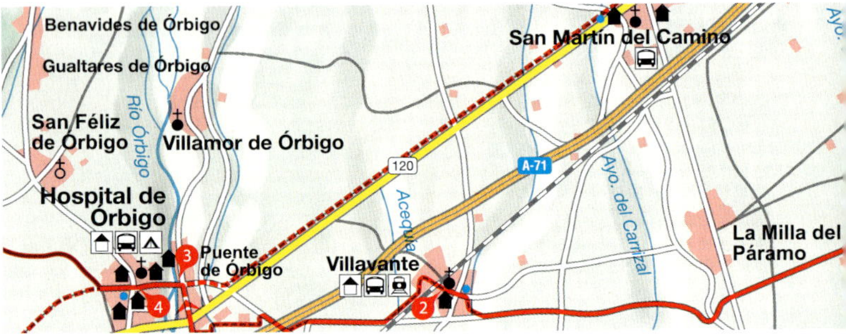

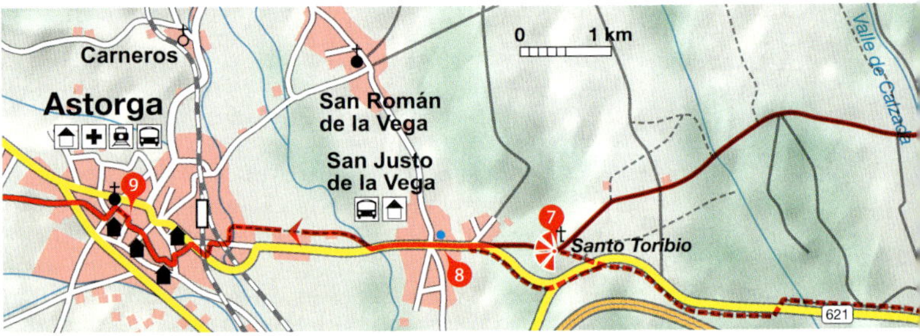

i ***Puente de Órbigo*** *hat die längste (Brücke am Jakobsweg.). Knapp 300 m und mit 20 Bögen überspannt sie den Río Órbigo. Berühmt wurde die im 10./11. Jh. auf römischen Fundamenten errichtete Brücke durch den Passo honroso, den bereits damals unzeitgemäßen Lanzenkampf des Ritters Suero de Quiñones. Als Zeichen seiner unglücklichen Liebe legte dieser jeden Donnerstag eine Halsfessel an. Um sich davon zu befreien, dachte er sich im Heiligen Jahr 1434 Folgendes aus: 15 Tage vor und nach dem 25. Juli, dem Feiertag Santiagos, werde er mit neun Genossen gegen jeden Ritter kämpfen, der über die Brücke wollte. Zahllose Ritter eilten herbei, um Mut und Kampfkraft zu zeigen. 166 von ihnen wurden besiegt*

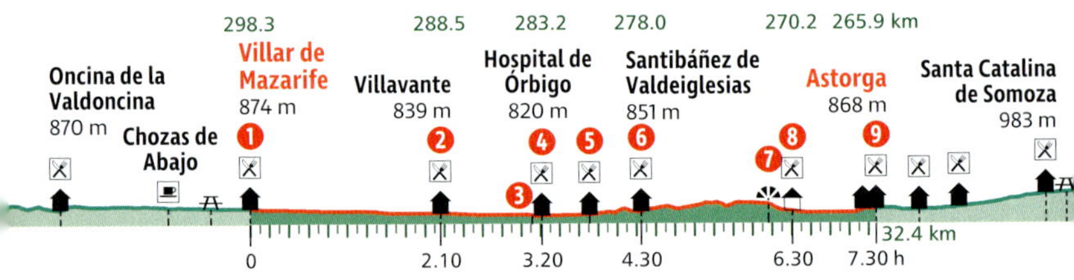

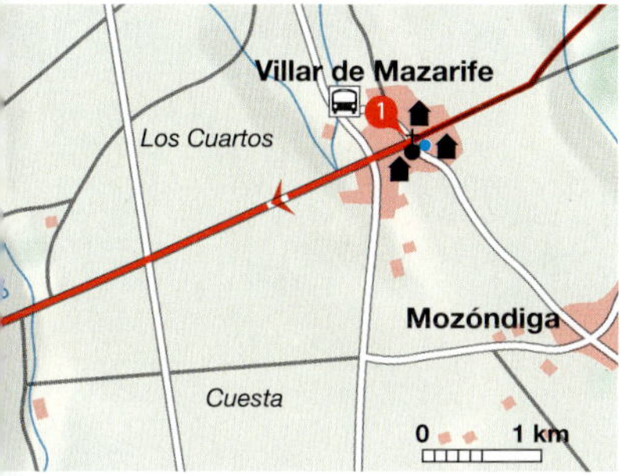

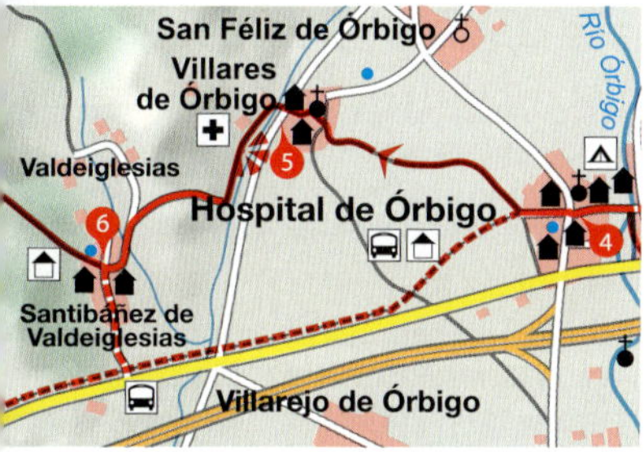

und Don Suero konnte seine Liebesfessel ablegen. ***Hospital de Órbigo****, jenseits der Brücke, entstand um das von Rittern des Johanniterordens im 12. Jh. gegründete Pilgerhospiz.*
Feiertage: *Ende März:* ***Semana de la Trucha****, Fest rund um die Forelle. Erstes Juniwochenende:* ***Justas medievales****, Mittelalterspiele in Erinnerung an den Passo honroso mit Ritterturnieren neben der berühmten Brücke und Mittelaltermarkt.*
Information: *hospitaldeorbigo.com.*

Wir gehen geradeaus durch den Ort. Fast am Ortsende weist ein Schild auf die Weggabelung hin. Geradeaus (»carretera/road«) verläuft der Weg neben der N-120. Wir biegen mit der Variante »camino/way« rechts ab und gelangen über einen Feldweg nach **Villares de Órbigo** ❺ (30 Min.). Danach gehen wir am Hang entlang zu einer Landstraße, in die wir rechts einbiegen. Über eine Anhöhe wandern wir hinunter nach **Santibáñez de Valdeiglesias** ❻ (knapp 45 Min.). Bei der ersten Herberge wenden wir uns nach rechts und verlassen, vorbei an der zweiten Herberge, den Ort. Breite Feldwege ziehen sich durch die hügelige Landschaft, lockere Steineichenwälder wechseln sich mit Getreidefeldern ab. Nach gut 1.15 Std. bietet auf der Hochebene die malerische »La Casa de los Dioses« Getränke gegen Spende. Danach geht es geradeaus über eine Landstraße. 20 Min. später erreichen wir das steinerne Wegkreuz von **Santo Toribio** ❼. In der Ferne zeichnet sich die Silhouette von Astorga ab. An klaren Tagen kann man die rötliche Kathedrale erkennen.

i *In jungen Jahren entsagte der in Astorga geborene Adlige* ***Toribio*** *(480 gestorben) dem Reichtum. Von einer Pilgerreise nach Jerusalem brachte er ein großes Stück aus dem Heiligen Kreuz mit, das im Kloster* ***Santo Toribio de Liébana*** *(nahe dem* ***Camino del Norte****) verehrt wird. Im Jahr 444 wurde er zum Bischof von Astorga ernannt. Der Legende nach verließ Toribio wegen einer falschen Anschuldigung verärgert für einige Zeit die Stadt. Auf der Anhöhe habe er mit dem Ausruf »Noch nicht mal den Staub von Astorga will ich mitnehmen!« seine Sandalen gereinigt. Nach seinem Tod wurde er heilig gesprochen. Heute ist er der Schutzpatron von Astorga.*

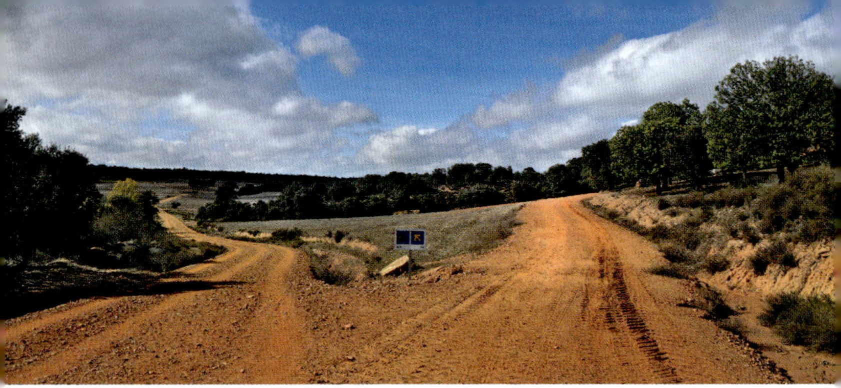

Der Weg zwischen Santibáñez de Valdeiglesias und San Justo de la Vega.

Unter der Anhöhe liegt der Ort **San Justo de la Vega** 8 (20 Min.). Am Ortsende überqueren wir auf dem Gehweg die Straßenbrücke. Kurz danach leiten Pfeile zu einem Feldweg rechts unterhalb der Straße. Dieser Weg bringt uns in das festungsartig auf einer Anhöhe liegende **Astorga** 9 (1 Std. ab San Justo de la Vega bis ins Zentrum).

*i In **Astorga** nimmt man praktisch allein beim Schaufensterbummel zu: die Spezialitäten der Stadt, Mantecadas (Buttergebäck) und Schokolade, stapeln sich in vielen Auslagen. Landwirtschaft lohnte sich auf den unfruchtbaren Böden nicht, das Fuhrgewerbe war der Haupterwerb der Region (vgl. Maragatería, S. 190). Die Händler brachten Kakao aus den Überseekolonien nach Astorga, im 18. und 19. Jh. war es das Zentrum der spanischen Schokoladenindustrie. Das **Museo del Chocolate** gibt Einblicke (Di–Sa 10.30–14 und 16.30–19 Uhr, So 10.30–14 Uhr, 2,50 €).*

Die Römer kontrollierten vom Militärstützpunkt Asturica Augusta aus u. a. Goldminen im Teleno-Gebirge und der Las Médulas nahe Ponferrada. Ab dem 1. Jh. n. Chr. entwickelte sich Astorga zu einem wohlhabenden Verwaltungszentrum und Verkehrsknotenpunkt. Im 11. Jh. wurde Astorga zu einer wichtigen Pilgerstation am Treffpunkt von Camino Francés und der von Sevilla kommenden Vía de la Plata.

*Ausgerechnet hier kann man ein Werk des berühmten Architekten Antoni Gaudi (1852–1926) bewundern. 1886 beauftragte Bischof Juan Bautista Grau Vallespinós seinen katalanischen Landsmann mit dem Bau des **Palacio Episcopal** (Bischofspalast). Bis zu zehnmal soll Gaudí nach Astorga gereist sein. Nach dem Tod Graus 1893 und Differenzen mit dessen weniger progressivem Nachfolger legte Gaudí die Bauleitung nieder. 1913 wurde der Bau unter anderer Leitung vollendet, aber nie als Bischofspalast genutzt. Er beherbergt das **Museo de los Caminos** (Museum zur Geschichte des Jakobswegs; u. a. ist das originale Cruz de Ferro zu sehen),* *bei dessen Besuch man die herrliche Raumwirkung erleben kann (Mai–Okt. tgl. 10–14 u. 16–20 Uhr, Nov.–April tgl. 10.30–14 u. 16–18.30 Uhr, 6 € (Audioguide per QR-Code), Führung (auf Spanisch) 10 €; Tickets: palaciodegaudi.es). Ganz in der Nähe erhebt sich die* ***Catedral de Santa María*** *(15.–18. Jh.) mit drei plateresken Portalen. Sehenswert sind der prächtige Hauptaltar und das u. a. von Juan de Colonia geschnitzte Chorgestühl, beide aus dem 16. Jh. (tgl. 10–20.30 Uhr (Winter bis 18 Uhr), Eintritt mit Audioguide Pilger 5,50 €, Führung Kathedrale und Südturm: Sa 12 Uhr, So 13 Uhr, 10 €; Info: catedralastorga.com »Visita cultural«). Der römischen Geschichte Astorgas widmet sich das* ***Museo Romano*** *(nahe Plaza Mayor, Juli–Sept. tgl. 10–14 und 16.30–19 Uhr, Okt.–Mai Di–Sa 10–14 u. 16–18 Uhr, So 10–14 Uhr, 3 €. Das* ***Ayuntamiento*** *(Rathaus) auf der Plaza Mayor stammt aus dem 17./18. Jh. Zwei Figuren in lokaler Tracht schlagen die Rathausuhr.*

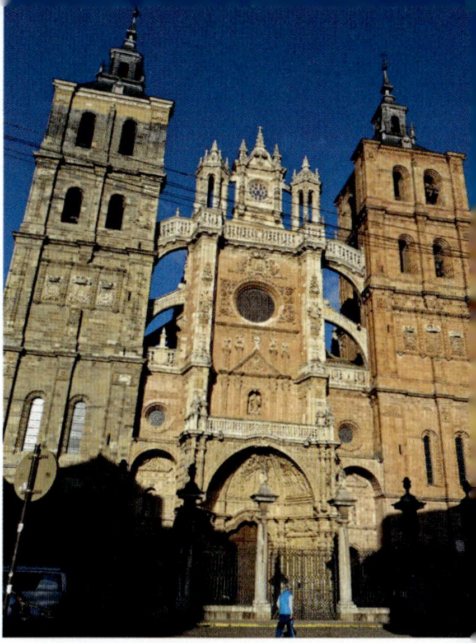

Die Kathedrale von Astorga.

Feiertage: Semana Santa*, Osterprozessionen. 3. Juniwoche:* ***Fiesta de Trashumancia****, traditionsreicher Schaftrieb durch Astorga. Ende Aug.:* ***Santa Marta****, 10 Tage Fiesta mit Gladiatorenkämpfen, Zirkusspielen und Wagenrennen.*

Kulinarisches: *Schokolade, Mantecadas (Buttergebäck), Hojaldres (Blätterteiggebäck), Cocido Maragato (s. S. 192, Maragatería).*

Tipp: *Bei Chocolatier Peñín (Pl. Obispo Alcolea 4, peninseleccion.com) gibt es eine leckere Orangen-Mandel-Schokolade.*

Oficina de Turismo: *Plaza Eduardo de Castro, turismoastorga.es.*

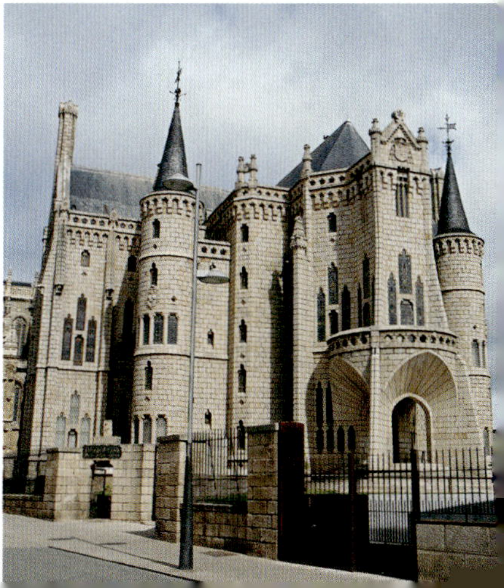

Der Bischofspalast, ein Werk Gaudís.

22 Astorga – Foncebadón

6.30 h | 25,4 km | ↗620 m | ↘50 m

Mit Anlauf in die Montes de León

Ein schöner Landschaftswechsel erwartet uns heute: Erst wandern wir durch die von kargen, steppenartigen Flächen und Eichenwäldern geprägte Region Maragatería. Ab Rabanal de Camino steigen wir richtig in die Montes de León ein. Ihr höchster Gipfel ist der Pico Teleno, 2183 m. So hoch hinaus kommen wir freilich nicht, wir machen auf rund 1400 m in Foncebadón Station. Bis vor wenigen Jahren war das Bergdorf praktisch ausgestorben. Der Camino hat ihm wieder Leben eingehaucht, auch wenn man sich dabei etwas mehr denkmalpflegerisches Geschick gewünscht hätte.

Der Weg: Einfach bis mittelschwer. Bis Rabanal flach, gute, unbefestigte Fußwege. Danach steilere Abschnitte, kurz auch auf steinigen Pfaden. Hinter Rabanal wurde ein schöner, 800 m langer Pfad durch einen viel zu breiten Fahrweg ersetzt – eine Beleidigung für Augen und Beine.
Kritische Stellen: Keine.
Hinweise: 1. Bis Molinaseca keine Bankautomaten und nur kleine Tante-Emma-Läden. Ggf. in Astorga vorsorgen.
2. In den Bergen kann es bis in den April/Mai und ab Okt./Nov. schneien, im Sommer kann es regnerisch und kühl sein. Bei schlechter Sicht ab Foncebadón im Zweifel besser der Straße folgen und keine unnötigen Risiken eingehen.

Ab Astorga (868 m, 10.300 EW)
2,2 km → **Valdeviejas** (859 m, 130 EW)

- SH **Alb. de Peregrinos Ecce Homo**, ◈◈◈, 10 B/10 €. Bei Ermita Ecce Homo 130 m rechts (der erste Abzweig vorher macht einen Umweg durch den Ort). Nachbarschaftsverein, Tel. +34 621 044 016. Keine Stockbetten, Waschm., Mikrowelle, Küche, Automaten mit Fertiggerichten, Snacks und Getränken; kein WLAN; Platz für Zelte. 10–22 Uhr (danach Zugang mit Schlüssel), März–Okt.

2,1 km → **Murias de Rechivaldo** (882 m, 110 EW)

- TH **Alb. Las Águedas**, ◈◈◈, 22 B/15 € (4 DZ 60–65 €). Tel. +34 671 218 038. W/T, Bar, Mahlzeiten; Innenhof, schöner Aufenthaltsraum. 11–22 Uhr, März–Nov. lasaguedas.com
- SH **Alb. Municipal**, ◈◈, 10 B/10 €. Tel. +34 638 433 716. Bei Las Águedas rechts, kl. Haus an Hauptstraße. Ein Raum mit normalen Betten. Waschm. Kein WLAN. Ganztags, es kommt jemand zum Kassieren. April–15. Nov.

4,5 km → **Santa Catalina de Somoza** (983 m, 50 EW)

- PH **Alb. La Bohème**, ◈◈◈, 11 B/Spende. Tel. +34 722 233 486 (Reserv. möglich). Waschm., kein WLAN, gemeins. Abendessen (veg.), Frühstück; stimmungsvolle Herberge, Instrumente zum Musizieren. Check-in 14–19 Uhr, März–Okt.

4,3 km → **El Ganso** (1014 m, 30 EW)

- PH **Alb. Indian Way**, ◈◈◈, 27 B/12 €. Tel. +34 691 545 004. Waschm.; Bar/Rest.; normale Betten in 3 Tipis; Platz für Zelte. Ab 12.30 Uhr, April–Nov.
- PH **Alb. Gabino**, ◈◈◈, 24 B/13 €. Tel. +34 660 912 823 . Kurz vor Ortsende. Küche, W/T, Frühstück; recht charmante Herberge. Check-in 10.30–20 Uhr, April–Okt.

6,8 km → **Rabanal del Camino** (1151 m, 70 EW)

- PH **Alb. La Senda**, 24 B/10 €. Tel. +34 620 542 247 (auch WhatsApp). Küche, W/T; Garten. Check-in 11–20 Uhr, April–Okt. alberguelasenda.com
- KH **Alb. Gaucelmo**, 36 B/Spende. Bei der Dorfkirchse. Von engl. St-James-Bruderschaft betreut, Tel. +34 987 631 751. Küche, Frühstück; W/T, Garten. Kein WLAN. Ab ca. 14.30 Uhr, April–Okt. csj.org.uk
- SH **Alb. Municipal de Peregrinos**, 36 B/10 €. Links des Zentrums, am Platz an Hauptstraße. Tel. +34 678 433 962. Küche, Waschm. Einfach, aber akzeptabel. 11–23 Uhr, Jan.–Nov.
- PH **Alb. El Pilar**, 72 B/10 € (DZ 50 €). Bei SH. Tel. +34 987 631 621. Küche, W/T, Bar/Rest.; zwei große Schlafsäle, Betten teils eng gestellt. Ab 12 Uhr, März–Nov. albergueelpilar.com

5,5 km → Foncebadón (1439 m, 30 EW)

- TH **Alb. El Convento**, 24 B/12 € (2 EZ 35 €, 11 DZ 50 €). Tel. +34 644 521 808. W/T, Bar/Rest. 7–22 Uhr, April–Okt.
- PH **Alb. Monte Irago**, 16 B/10 €. Tel. +34 655 329 667 (Lena und Constant, auch auf Deutsch und Französisch). W/T; Bar/Rest., kleiner Laden, selbstgemachte Kuchen, Quiche, Energieböllchen usw.; gemeins. Abendessen und Singen und Musizieren (Lena spielt Akkordeon). 6–22 Uhr, ganzjährig (Winter vorher anrufen).
- TH **Alb. La Posada del Druida**, 20 B/15 €. Tel. +34 696 820 136. W/T, Bar/Rest. 12–22 Uhr, März–Okt.
- TH **Alb. Cruz de Fierro**, 34 B/15 € MF. Tel. +34 600 715 446. W/T, Bar/Rest. 11–22 Uhr, März–Nov.
- VH **Alb. Parroquial Domus Dei**, 18 B/Spende. Einfache Herberge in ehem. Kirche. Etwas beengt, aber schöne Pilgeratmosphäre; gemeins. Abendessen, Frühstück. Kein WLAN. Ab ca. 12 Uhr, März–Dez.
- TH **Alb. Casa Chelo**, 8 B/15–20 €. Tel. +34 641 023 636 (WhatsApp). W/T; schön renoviertes Haus. 12–22 Uhr, ganzjährig.

Mit der Kathedrale von **Astorga** 1 im Rücken gehen wir geradeaus durch die C/ Portería (Alb. San Javier; offiziell geht es rechts durch die parallele C/ Leopoldo Panero). Am Ende biegen wir rechts in die C/ Puerta Obispo ein. Nach der Kreuzung mit der Grünanlage wird sie zur C/ San Pedro, der wir nun immer geradeaus (am Ende links schwenkend) bis zur N-VI folgen. Wir überqueren diese und wandern an der Landstraße in Richtung Santa

Auf dem Weg durch die Maragatería in die Montes de León.

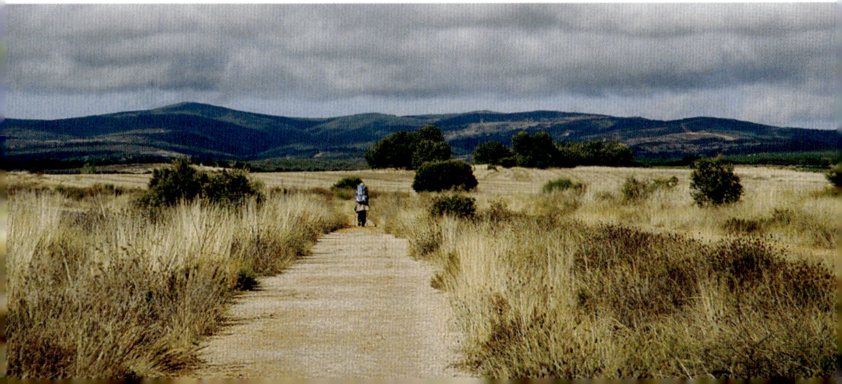

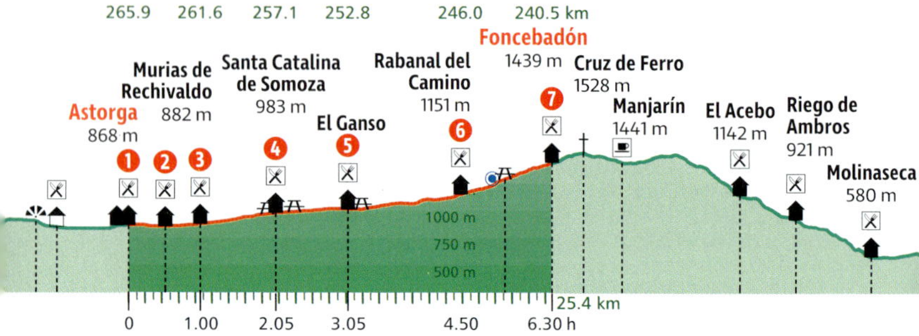

Colomba de Somoza in die Region Maragatería. Nach insgesamt 30 Min. steht links die Ermita del **Ecce Homo** ❷, einziges Überbleibsel eines Pilgerhospitals aus dem 15. Jh.; 130 m rechts sehen wir die Herberge von **Valdeviejas**. Weiterhin an der Landstraße kommen wir in 30 Min. nach **Murias de Rechivaldo** ❸ (kurz davor evtl. nach links eine schöne Umleitung).

ⓘ *Die Händler der **Maragatería** waren das Amazon des Mittelalters. Mit riesigen Maultier- und Ochsenkarren transportierten sie fast 1000 Jahre lang von Briefen bis zu Nahrungsmitteln fast alles über die Iberische Halbinsel. **Arrieros**, fahrende Händler, gab es im ganzen damaligen Spanien, die der Maragatería genossen den besten Ruf. Während Verleihnix, der Fischhändler aus dem gallischen Dorf, seine stinkende Ware damit verteidigt, dass sie direkt aus Lutetia angeliefert werde, brachten die Maragatos Fisch und Kraken dank ausgeklügelter Kühltechniken sogar ge-*

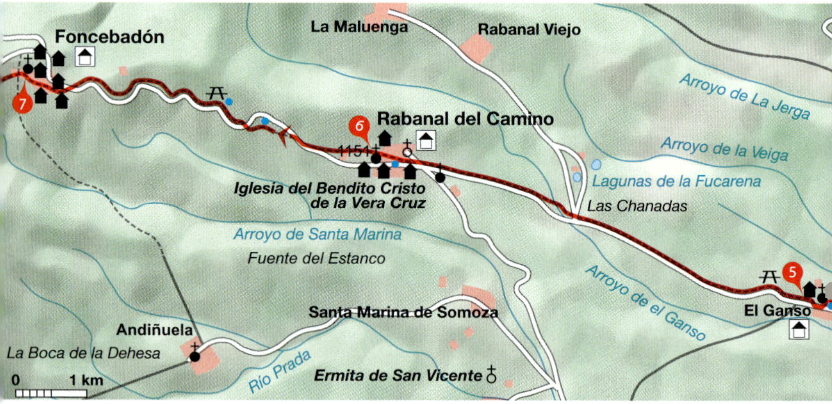

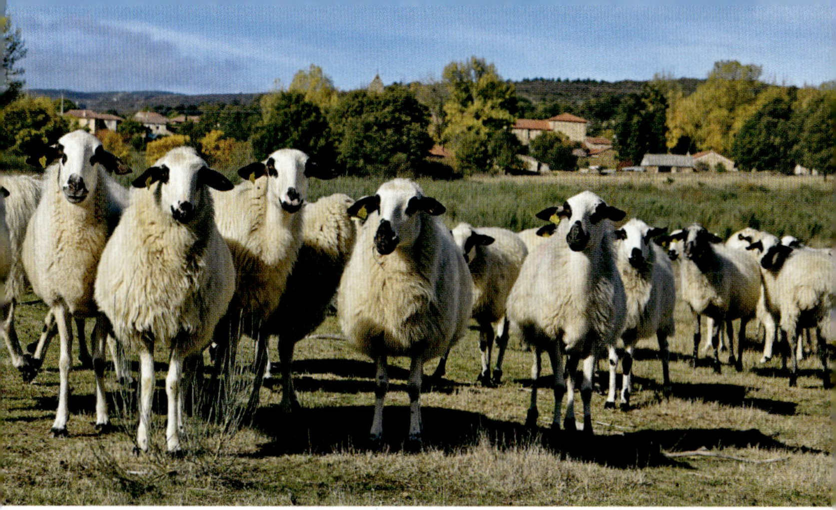

Freundlicher Empfang kurz vor Rabanal del Camino.

nießbar zu den Kunden. Die Entdeckung der neuen Welt erweiterte ihr Warenangebot um exotische Gewürze oder auch Kakao. Das Aufkommen der Eisenbahn Ende des 19. Jh. bedeutete das Ende des Gewerbes, die folgende Landflucht ließ Orte wie Foncebadón aussterben.
*Typisch ist der Baustil: massive, rötliche Steinhäuser mit großen Durchgangstoren für Vieh und Gespann und gepflasterten Straßen. Vorzeigedorf der Region ist **Castrillo de los Polvazares**, aber auch die Orte am*

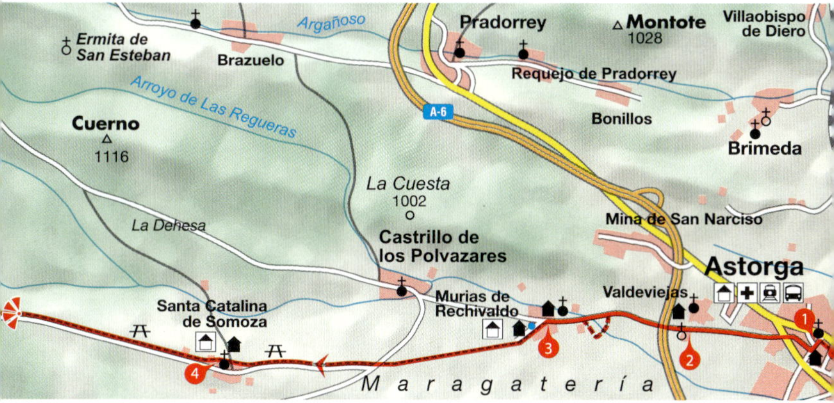

Jakobsweg zeigen die traditionelle Bauweise. Auch die Folklore wird sehr gepflegt, wie etwa alte Tänze, die Trachten der Männer mit weiten, schwarzen Pluderhosen und schwarzen Cordgamaschen und der edle Silberschmuck der Frauen (zu sehen z. B. bei den Jakobsfeierlichkeiten am 25. Juli u. a. in Castrillo de los Polvazares und Rabanal del Camino). Berühmt ist der ***Cocido Maragato****. Seine Eigenart besteht darin, dass die Zutaten getrennt und in ungewöhnlicher Reihenfolge gegessen werden: Zuerst gibt es das Fleisch (u. a. Cecina, Schinken, Bauchspeck, Blutwurst, Paprikawurst, Hühnerfleisch, z. T. Schweinefüße, -ohren und -maul) und den Relleno (Füllstoff), eine Art Kloß aus Eiern, Brot, Knoblauch, Petersilie, Würsten und Speck. Danach gibt es Kichererbsen (garbanzos), Kartoffeln, Gemüse und Kohl (repollo). Zuletzt wird eine Nudelsuppe serviert. Über den Ursprung streitet man sich. Waren es die Fuhrleute, die, um das Fleisch nicht kalt essen zu müssen, es der Suppe vorzogen? Oder Napoleons Truppen, die, jederzeit einsatzbereit, mit den deftigen Gängen begannen, um im Notfall eher die Suppe stehen zu lassen?*

Auf einem Kiesweg wandern wir nach **Santa Catalina de Somoza** 4 (gut 1 Std.). Mit Blick auf die Montes de León geht es neben der Landstraße weiter nach **El Ganso** 5 (1 Std.) und **Rabanal del Camino** 6 (gut 1.45 Std.).

i *Wölfe und Banditen machten die Überquerung der Montes de León im Mittealter zu einem gefährlichen Unterfangen. Viele Pilgernde schöpften daher in* ***Rabanal del Camino*** *nochmals Kraft und Mut. Bis ins 13. Jh. war Rabanal auch eine Art Vorposten der Tempelritter von Ponferrada. Sie erbauten Ende des 12. Jh. die* ***Iglesia de la Asunción*** *(romanische Apsis). Die* ***Ermita del Bendito Cristo de la Vera Cruz*** *am Ortseingang stammt aus dem 18. Jh. Erst 2011 gründeten Benediktiner der Erzabtei St. Ottilien (Bayern) das Kloster* ***San Salvador de Monte Irago*** *in der Ortsmitte.* ***Messe und Gebete mit gregorianischen Gesängen:*** *Mo–Sa 9 Uhr, So 12.30 Uhr. Laudes 7.30 Uhr, Vesper 19 Uhr, Komplet 21.30 Uhr.*

Wir verlassen Rabanal auf einem schönen Fußweg. Nach Überquerung der Straße ersetzt eine unverhältnismäßig breite Piste den einst schönen Pfad. Danach geht es über die Straße und auf einem anfangs steinigen Weg bergan, zuletzt erneut über die Straße nach **Foncebadón** 7 (ca. 1.45 Std.).

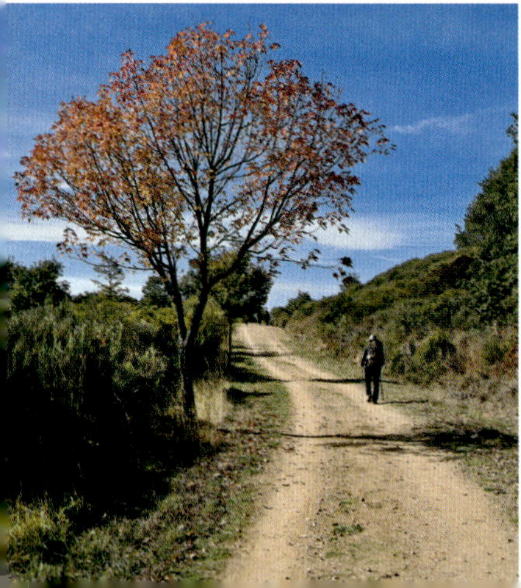

Kurz nach Rabanal del Camino.

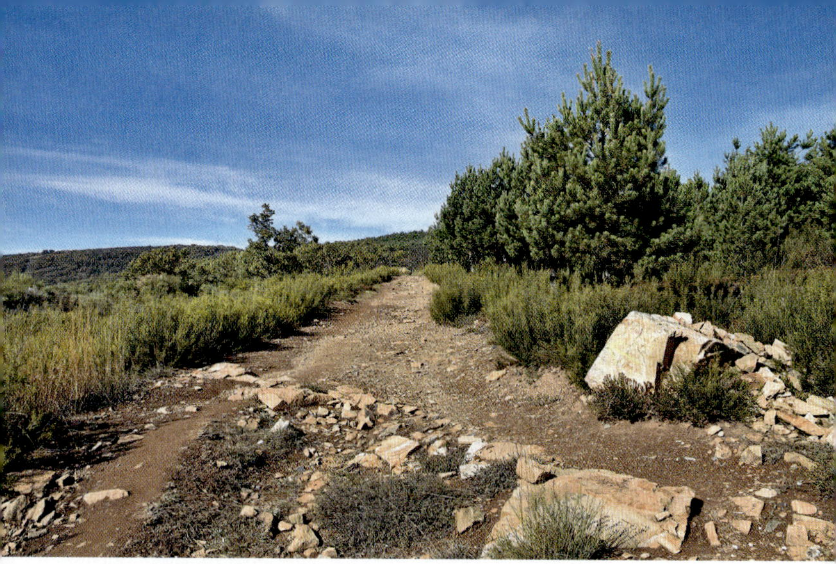

Der Weg hinauf nach Foncebadón.

Im Heiligen Jahr 1993 sorgten die couragierte letzte Einwohnerin von ***Foncebadón*** *und die* ***Kirchenglocken*** *für Schlagzeilen. Seit 15 Jahren hatten nur noch María und ihr Sohn mit ein paar Schafen und Hunden in dem Bergdorf gelebt. Während des Heiligen Jahres rechnete man mit mehr Pilgern, daher sollten die Kirchenglocken zur Sicherheit ins Pilgermuseum von Astorga gebracht werden. Als zwei Pfarrer, sechs Arbeiter und vier Polizisten anrückten, kletterte die 70-Jährige María auf den Kirchturm und bewarf die Eindringlinge mit Steinen. Sie brauche die Glocken, um im Notfall Hilfe zu rufen – schließlich habe sie kein Telefon. Aber die Glocken hätten ja gar keinen Klöppel, argumentierte einer der Pfarrer. »Dann nehme ich eben deinen«, rief María schlagfertig zurück. Ihr Sohn, der sich bis dahin alles in Ruhe angesehen hatte, stellte eine Ladung Schrot in Aussicht, sollten die Herrschaften nicht umgehend verschwinden. Das taten sie auch – allerdings ohne Kirchenglocken.*

Der Eremit Gaucelmo legte im 12. Jh. mit der Herberge San Salvador del Monte Irago den Grundstein für ein späteres Kloster und den Ort Foncebadón. An einer wichtigen Reise- und Handelsroute gelegen, entwickelte es sich zum wohlhabenden Ort. Ende des 19. Jh. leitete der Bau der Eisenbahn den Niedergang ein, im Zuge der Landflucht der 50er- und 60er-Jahre starb Foncebadón aus. Der Jakobsweg brachte wieder Leben in den Ort, angesichts aufdringlicher Werbung und der betonierten Hauptstraße würde man sich dabei allerdings etwas mehr Denkmalschutz wünschen.

23 Foncebadón – Ponferrada

7.15 h | 26,7 km | ↗320 m | ↘1230 m

Kleines Eisenkreuz mit großer Seelenlast zu seinen Füßen

Der Camino Francés erreicht heute auf 1528 m seinen höchsten Punkt auf spanischem Boden. Nicht nur deshalb geht es sich danach leichter. Am Cruz de Ferro können wir unseren Stein, den wir als Symbol für eine seelische Last oder einen innigen Wunsch seit zu Hause mit uns getragen haben, ablegen. So, wie es unzählige Menschen vor uns getan haben. Bei schönem Wetter ist der Weiterweg eine wahre Wonne: erst die Wanderung über die Montes de León, dann der Abstieg hinunter ins mildere Klima der Region El Bierzo.

Der Weg: In den Bergen mittelschwer, ab Molinaseca einfach. Der Aufstieg zum Cruz de Ferro verläuft über gute Wege und mit mäßiger Steigung. Dann Pfade bis Manjarín, danach im Auf und Ab und teils steinig zu einem kleinen Pass, zuletzt steil hinunter nach El Acebo. Ab Riego de Ambrós bis Molinaseca teils sehr steile und steinige Pfade, zuletzt bis Ponferrada Asphalt.
Kritische Stellen: Keine.
Hinweise: 1. Die legendäre Herberge von Tomás in Manjarín ist geschlossen.
2. Schnee (ab Okt./Nov. bis April), Nebel und Regen erschweren die Überquerung der Montes de León. Dann mehr Zeit und/oder kürzere Etappen einplanen. Bei schlechter Sicht und Schnee der Straße folgen.
3. Ponferrada ist ein beliebter Startpunkt, die Herbergen können zu Stoßzeiten schnell voll sein.
4. Sonntags geöffneter Supermarkt in Ponferrada: aus der städtischen Herberge kommend geradeaus über den Parkplatz zur Straße, dort 400 m rechts bis zur Tankstelle mit Covirán-Supermarkt.

Ab Foncebadón (1439 m, 30 EW)
4,3 km → **Manjarín** (1441 m)
evtl. Food Truck
7,0 km → **El Acebo** (1142 m, 40 EW)

- PH **Alb. Mesón**, 16 B/12 € (1 EZ 35 €, 4 DZ ab 36 €). Tel. +34 987 695 074. Bar/Rest. (kein Frühstück), W/T; einfach, aber akzeptabel. Check-in 13–20 Uhr, März–Nov.
- KH **Alb. Parroquial Apóstol Santiago**, 23 B/Spende. Küche, Waschm., gemeins. Abendessen, Andacht. Ab ca. 13/14 Uhr, März–15. Nov.
- **La Casa del Peregrino** (96 B/12 €, EZ 45 €, DZ 60 €). Am Ortsende. Tel. +34 987 057 793. alberguelacasadelperegrino.es

3,4 km → **Riego de Ambrós** (921 m, 50 EW)

- SH **Alb. de Peregrinos**, 26 B/8 €. Tel. +34 640 376 118. Küche, Waschm., gemeins. Abendessen, Frühstück; 2- und 4-Bett-Abteile; Garten. Check-in 13.30–20 Uhr, April–Okt.

4,5 km → **Molinaseca** (580 m, 870 EW)

- TH **Alb. Compostela**, 20 B/12 € im Stockbett, 10 normale Betten 13 €. C/ La Iglesia 39 (nach Brücke links), Tel. +34 616 066 091. W/T, Mahlzeiten. Check-in 12–20 Uhr, März–Nov.
- TH **Alb.-Casa rural Lua Bierzo**, 4 B/15 €. (EZ/DZ 48 €). Tel. +34 633 545 391. Küche, W/T; Frühstück. Ganztags, Ende April–Okt. alberguel uabierzo.es
- TH **Alb. Señor Oso**, 16 B/ab 12 €. Im Zentrum. Tel. +34 661 761 970. Küche, W/T. 12–22 Uhr, ganzjährig.
- PH **Alb. Santa Marina**, 39 B/11 € (1 EZ 35 €, 2 DZ 40 €). Ca. 1 km ab Zentrum. Tel. +34 615 302 390. Küche, ge-

meins. Abendessen. W/T; Bar; geräumig, Stockbetten u. normale Betten. 12–23 Uhr, April–Okt.

- SH **Alb. San Roque**, zuletzt geschlossen, Info auf molinaseca.es unter »Servicios–Alojamientos«.

7,5 km → Ponferrada (534 m, 63.000 EW)

Basílica de la Encina Mo–Fr 11 u. 20 Uhr, Sa 11 u. 20.30 Uhr, So 10, 11, 12.30, 18.20 Uhr

Hospital de la Reina, C/ Hospital (am Weg), Tel. +34 987 404 109

- TH **Alb. Guiana**, ◉◉◉, 74 B/15 € (1 EZ 30–33 €, 7 DZ 55–105 €). Avda. del Castillo 112–114, Tel. +34 987 409 327. W/T, Frühstück; modern, viel Platz. 12–24 Uhr, April–Nov. (restl. Zeit nur EZ/DZ). albergueguiana.com
- KH **Alb. Parroquial San Nicolás de Flüe**, ◉◉◉, 188 B/Spende. Tel. +34 987 413 381. Küche, W/T, Kamin; Kapelle; Wecken mit Musik. 13–22.30 Uhr, ganzjährig. sannicolasdeflue.com
- PH **Alb. Alea**, ◉◉◉, 18 B/15 €. C/ Teleno 33 (nordöstlich von KH: über den Parkplatz zur Avda. del Castillo, dort rechts, am Kreisverkehr/Tankstelle links, nach Schule rechts; insg. 700 m), Tel. +34 660 416 251. W/T, Mittagessen, gemeins. Abendessen, Frühstück; Betten mit Bettzeug; schönes Haus, Garten. 13–22 Uhr, 15. April–15. Okt. alberguealea.com

Ab **Foncebadón** ❶ folgen wir einem erst ebenen, dann ansteigenden Fahrweg, queren die Straße und kommen auf einem Weg daneben zum **Cruz de Ferro** ❷ (gut 30 Min.), dem höchsten Punkt des Jakobswegs in Spanien.

*Könnten Steine sprechen, die am **Cruz de Ferro** wüssten unerschöpflich viele Geschichten zu erzählen. Seit Jahrhunderten legen Pilgernde am Fuß des Eichenpfahls mit dem kleinen Eisenkreuz einen Stein nieder. Das Gebet des Cruz de Ferro lautet: »Herr, möge dieser Stein, Symbol für mein Bemühen auf meiner Pilgerschaft, den ich zu Füßen des Kreuzes des Erlösers niederlege, dereinst, wenn über die Taten meines Lebens gerichtet wird, die Waagschale zugunsten meiner guten Taten senken. So möge es sein.« Für viele moderne Pilgerinnen und Pilger bedeutet das Ritual das symbolische Ablegen einer Seelenlast, andere verbinden einen Wunsch damit. Am besten wird der Stein von zu Hause mitgebracht und nicht kurz davor aufgehoben.*

Der genaue Ursprung des Kreuzes liegt im Dunkeln (das Original befindet sich übrigens seit 1976 im Museo de los Caminos in Astorga). Vielleicht geht es auf ein römisches Wegzeichen zurück oder auf einen dem römischen Gott Merkur, dem Schutzpatron der Reisenden,

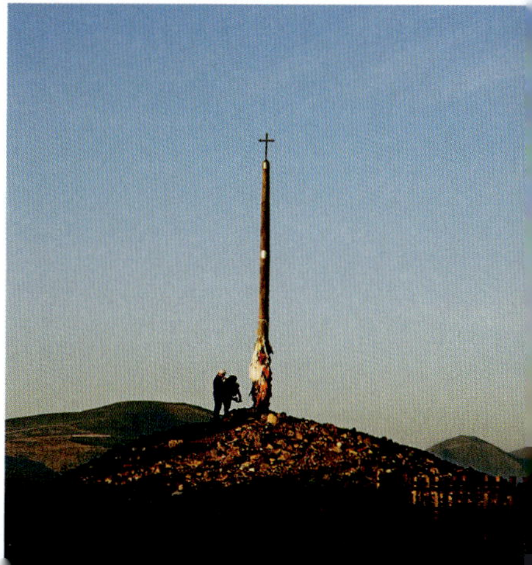

Am Cruz de Ferro.

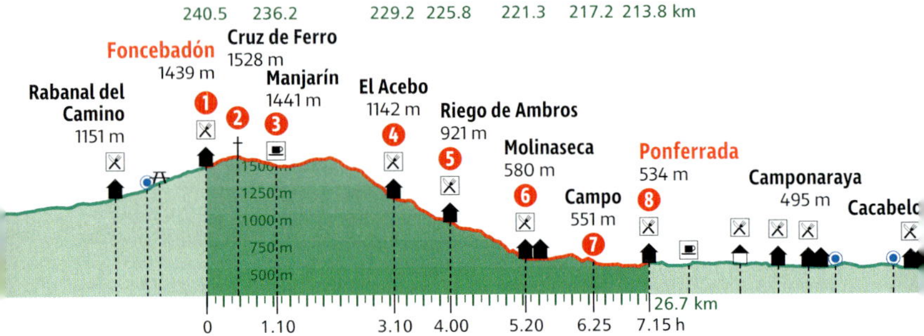

gewidmeten Altar. Eventuell diente es auch als Grenzpfosten der Ländereien, die König Alfonso VI. 1103 dem Eremiten Gaucelmo überlassen hatte. Die Jakobus geweihte Kapelle hinter dem Cruz de Ferro stammt aus dem Jahr 1982. Zuletzt mussten starke bauliche Veränderungen rund um das Kreuz aufgrund heftiger Proteste rückgängig gemacht werden.

Wir wandern auf teils steinigem Pfad leicht bergab. Birken säumen den Weg. Nach links bieten sich immer wieder atemberaubende Ausblicke in die Berge. Nach der flachen Meseta eine Wohltat für die Augen! Gut 30 Min. nach

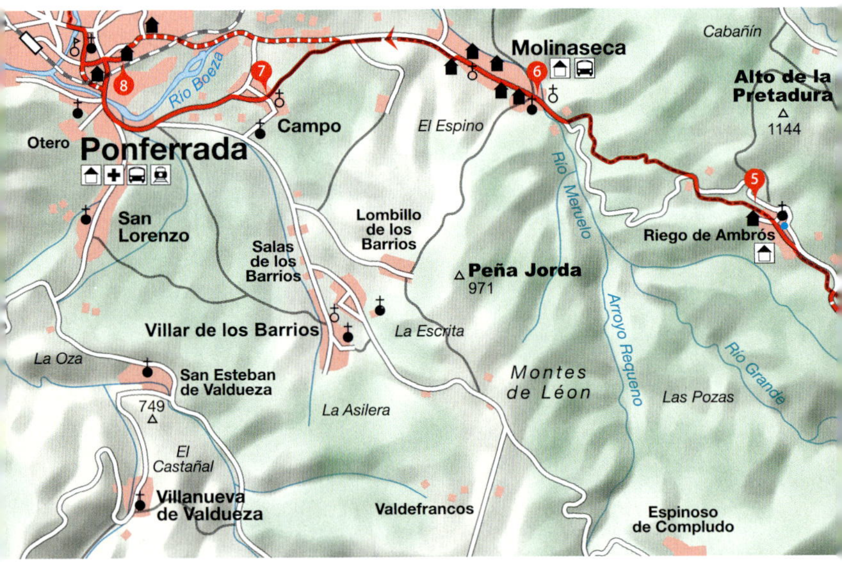

dem Kreuz kommt **Manjarín** ❸ in Sicht. Bereits 1180 wurde der heute größtenteils verfallene Ort schriftlich erwähnt. 29 Jahre lang, bis Mitte 2022, unterhielt Tempelritter Tomás im letzten noch bewohnbahren Haus ein auch im Winter geöffnetes Refugium für Pilgerinnen und Pilger. Danach führt uns ein Pfad nochmals rund 1.15 Std. bergauf, ehe, mit Ausblicken in das weite Tal des Río Sil bis nach Ponferrada, der Abstieg beginnt. Der teils unbequeme Pfad oberhalb der Landstraße hält zunächst die Höhe, im letzten Stück fällt er sehr steil und steinig ab nach **El Acebo** ❹ (45 Min.).

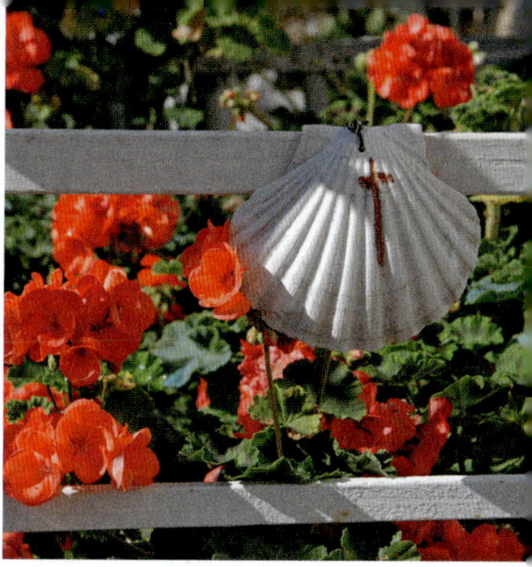

Stillleben am Wegesrand.

i In der weiten Ebene westlich der Montes de León herrscht ein fast mediterran mildes Klima. In der ***El Bierzo*** *genannten Region gedeihen* ***Kirschen*** *und* ***Äpfel****. Die Sorte Reineta wird für »tarta de manzana reineta« (Apfelkuchen) verwendet. Auch* ***Granatäpfel*** *und* ***Esskastanien*** *(castañas) wachsen am Wegesrand. Letztere gibt es geröstet, als Kuchen (»tarta de castaña«), zu Kaninchen (conejo) oder als Creme zu Kalb (»ternera asada con crema de castaña«). Eine deftige Spezialität ist der* ***botillo****, eine unförmige Wurst aus geräuchertem, mit Knoblauch und Paprika gewürztem Schweinefleisch. Recht fruchtig-aromatisch sind die* ***Bierzo-Weine****. Schon um 1495 riet der deutsche Mönch und Pilger Hermann Künig von Vach, den Wein des Bierzo mit Bedacht zu trinken, da er »viele um den Verstand bringt«. Am letzten Augustwochenende wird u. a. in Cacabelos die Weinlese (vendimia) gefeiert. Dann kann auch der* ***Fervudo*** *(warmer Wein mit Honig) gekostet werden.*
El Bierzo gehört zur Provinz León, historisch ist es aber eng mit Galicien verbunden: 1822/23 bildete es eine eigenständige, zu Galicien gehörende

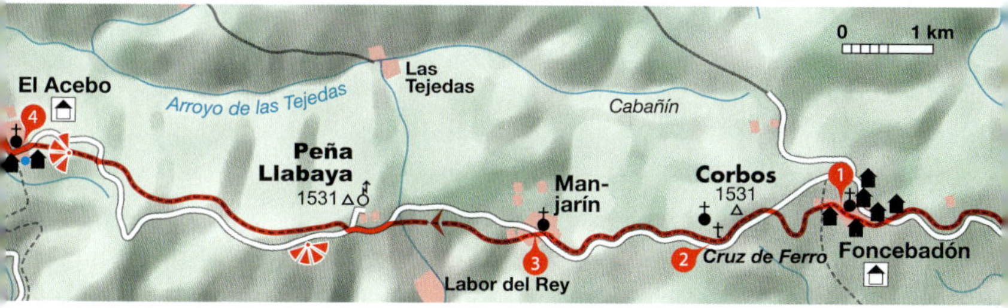

Provinz. Noch heute fühlen sich viele Bercianos Galicien näher als León. Große Erzvorkommen ließen im 18. Jh. die Eisenindustrie aufblühen, im 19. Jh. konnte man mit lohnenderen Standorten (Katalonien, Baskenland) nicht mehr mithalten; viele Arbeiter wanderten nach Amerika aus. Berühmt ist die Region durch die ehemaligen römischen Goldminen ***Las Médulas*** *rund 25 km südlich von Cacabelos. Um an das Edelmetall zu kommen, hatten die Römer ganze Berge weggespült. Seit 1997 gehört die einmalige Kulturlandschaft zum Weltkulturerbe der UNESCO.*
Information: *turismodelbierzo.es.*

Am Ortsausgang erinnert ein Denkmal an den 1987 mit dem Rad tödlich verunglückten deutschen Pilger Heinrich Krause. Danach verlässt der Weg die Landstraße nach rechts (bei schlechtem Wetter besser der Straße folgen). Er steigt etwas an, fällt dann steinig und steil ab, quert die Straße und führt eben nach **Riego de Ambrós** 5 (gut 45 Min.). Danach geht es auf einem sehr schönen, wenn auch zuweilen steilen und unbequem steinigen Weg gut 1.15 Std. bergab. Anfangs stehen mächtige alte Esskastanienbäume am Wegesrand. Zuletzt an der Straße gelangen wir nach **Molinaseca** 6 mit den ersten Herbergen. Die beiden anderen liegen nah beieinander fast am Ortsende (15 Min.).

i *Im Mittelalter schnitzten Pilger und Fuhrleute kurz vor* ***Molinaseca*** *Späne als Glücksbringer aus der Holztüre des Heiligtums* ***Santuario de la Virgen de las Angustias****. Mit dicken Eisenplatten setzte man dem Treiben schließlich ein Ende. Eine ehemals römische, im 16. Jh. neu erbaute Brücke über den Río Meruelo mündet in die Calle Real, die von gut erhaltenen ehemaligen Adelshäusern gesäumt ist. Ein bisschen erinnert der schmucke Ort*

In den Montes de Leon, ein gutes Stück hinter Manjarín.

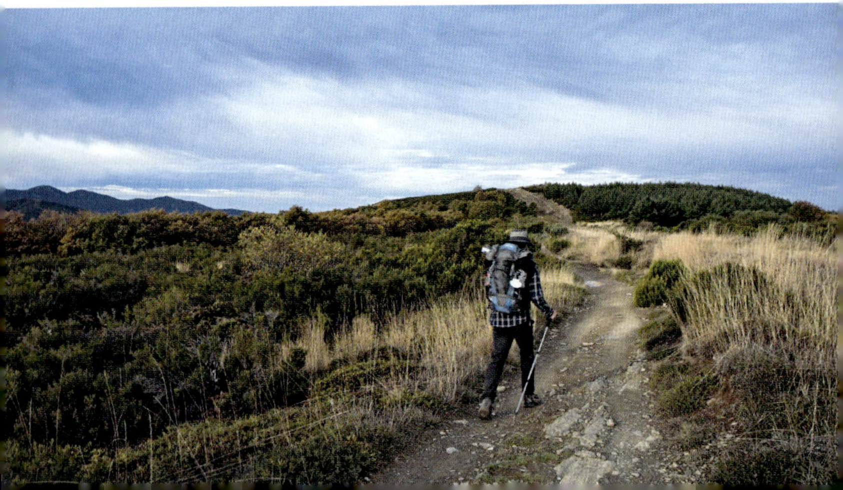

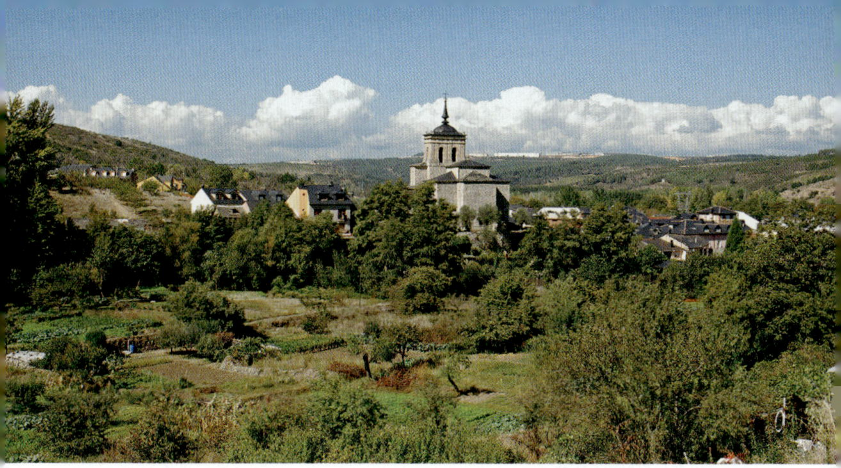

Blick auf das idyllisch gelegene Molinaseca mit der Iglesia de San Nicolas de Barí.

an das ostfranzösische Elsass. Der Name leitet sich von Molinos secos, Trocken- oder Getreidemühlen, ab, die hier früher zahlreich betrieben wurden. Nach der Brücke links steht die neoklassizistische Pfarrkirche ***Parroquia de San Nicolás de Bari*** *(17. Jh.).*
Feiertage: *Mitte August* ***Virgen de las Angustias****, Prozessionen, Blumengaben, am 17. Aug.* ***Fiesta del Agua****, eine riesige Wasserschlacht.*
Information: *molinaseca.es (unter »Servicios – Alojamientos« Unterkünfte).*

Auf dem Gehweg neben der Straße gelangen wir in knapp 30 Min. zu einer kleinen Passhöhe. Kurz danach biegen wir links nach **Campo** 7 (20 Min.) ab. (Etwas kürzere, aber weniger attraktive Variante: statt nach Campo abzubiegen, weiter der Straße folgen; beim Kreisverkehr mit der Shell-Tankstelle – mit Laden, vgl. »Hinweise« – rechts zur Alb. Alea, beim nächsten Kreisverkehr links zur KH). Die Route über Campo führt durch einen Vorort, dann über die alte Brücke (links neben der neuen) über den Río Boeza. Danach verzweigt sich der Weg vor dem Kreisverkehr: Zur städtischen Herberge geht man schräg rechts über die ansteigende Straßenbrücke; 70 m nach Überqueren der Eisenbahn rechts dem Kiesweg folgen, dann rechts zur Herberge von **Ponferrada** 8 (schwarze Fassade; gut 45 Min. ab Campo). Der Jakobsweg biegt dagegen links ab und führt nach der Bahnunterführung rechts durch die C/ Hospital zur Templerburg; dort geradeaus gelangt man ins Zentrum, nach links zu den Herbergen.

i *Der Eingang des* ***Castillo de los Templarios*** *in* ***Ponferrada*** *sieht aus wie die extrem gut gelungene Kulisse eines Ritterfilms und ist doch echt. Die sagenumwobenen Tempelritter hatten von 1178 bis 1282 die bis dahin primitive Festung zu einer imposanten Templerburg ausgebaut. Das 20. Jh.*

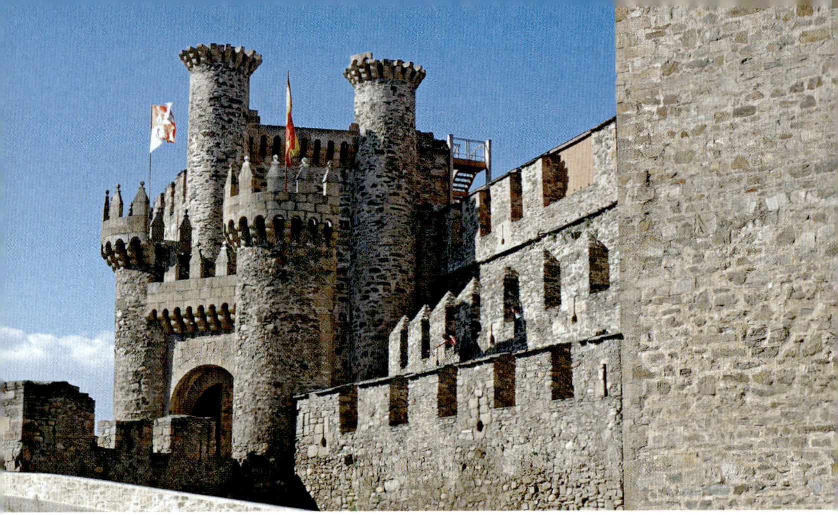

Wie aus dem Ritterfilm: der Eingang der Templerburg.

hätte sie aber fast nicht erlebt. Die rund 8000 m² große Anlage wurde als Steinbruch genutzt, 1923 sollten Sprengungen Platz für einen Fußballplatz schaffen. Ab 1924 stand die Burg zwar unter Schutz, doch erst ab 1994 kümmerte man sich ernsthaft um ihre Erhaltung (Sommer Di–So 10–14 Uhr u. 16.30–20.30 Uhr, Herbst bis Frühjahr nachmittags bis Sonnenuntergang; 6 €, Pilger 4 €, Mi gratis; aktuelle Info: castillodelostemplarios.com).

***Ponferrada** ist die letzte große Stadt auf unserem Weg nach Santiago. Schon vor über 2000 Jahren siedelten hier Menschen, mit Beginn der Pilgerbewegung im 11. Jh. gewann die Stadt an Bedeutung. Um 1082 ordnete Bischof Osmundo von Astorga den Bau einer Brücke über den Río Sil an. Das eisenbewehrte Bauwerk gab der Stadt den Namen: Pons ferrata – Brücke aus Eisen. Ende des 15. Jh. beendeten die Reyes Católicos Isabel und Fernando einen Erbstreit um die Stadt, indem sie Ponferrada der Krone unterstellten und zur Hauptstadt der Region El Bierzo ernannten, was sie bis heute geblieben ist. Kohle- und Erzvorkommen sorgten Anfang des 20. Jh. für Wohlstand.*

*Um 1200 fanden Tempelritter in einer Eiche (encina) eine vor den maurischen Invasoren versteckte Skulptur der Maria mit Kind. Toribio, Bischof von Astorga, soll sie im 5. Jh. aus dem Heiligen Land mitgebracht haben. Das Jesuskind habe geschrien, als die Eiche gefällt werden sollte. Seit 1958 ist die **Nuestra Señora de la Encina** die Schutzheilige der Region Bierzo und wird in der gleichnamigen Basilika (16. Jh., Turm 17. Jh.) verehrt. Sehenswert sind der geschnitzte Hauptaltar (um 1630) und die Marienskulptur (wegen ihrer dunklen Farben auch La Morenica, etwa »die*

kleine Braune« genannt) mit Jesuskind (9–14 u. 16.30–20.30 Uhr). Das barocke ***Ayuntamiento*** *(Rathaus) entstand zwischen 1692 und 1705. Durch den Uhr- und Glockenturm* ***Torre del Reloj*** *(16./17. Jh.) gelangt man von der Plaza del Ayuntamiento in die Altstadt. In der C/ del Reloj befindet sich das* ***Museo del Bierzo*** *im 1565 erbauten Gefängnis. Ganz in der Nähe gibt das* ***Museo de la Radio »Luis del Olmo«*** *Einblick in Geschichte und Technik des Radios. Luis del Olmo, 1937 in Ponferrada geboren, ist einer der angesehensten (Radio-)Journalisten Spaniens. Einige der letzten spanischen Dampflokomotiven sind im* ***Museo del Ferrocarril*** *(Eisenbahnmuseum) ausgestellt. Alle drei: April–Okt. Di–Sa 10–14 Uhr u. 16.30–20.30 Uhr; Nov.–Feb. Di–Sa 10–14 Uhr u. 16–18 Uhr (So jeweils nur morgens), 3 €, mittwochs gratis. Der Energie und Energiegewinnung widmet sich die* ***Fábrica de Luz*** *(am Weg aus Ponferrada hinaus; Juli–4. Sept. Di–So 11–15 u. 16.30–19 Uhr, 5. Sept.–Juni Di–So 10.30–17.30 Uhr, 3 €).*
Feiertage/Fiestas: *Anfang Juli, erste Vollmondnacht im Sommer,* ***Noche Templaria*** *(Templernacht), Ritterspektakel in mittelalterlichem Ambiente. Anfang Sept.* ***Fiesta de la Encina****, Patronatsfeiern zu Ehren der Schutzheiligen.*
Information: *ponferrada.org, Link oben rechts »Turismo«.*

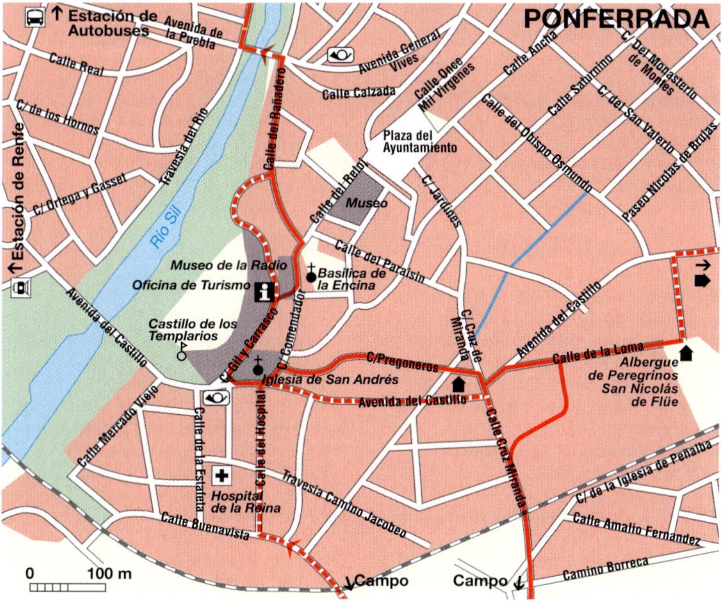

24 Ponferrada – Villafranca del Bierzo

6.15 h | 24,8 km | ↗320 m | ↘360 m

Aus der Stadt in die Weinberge der Region El Bierzo

Westlich von Ponferrada erstreckt sich eine weite, flache Ebene. Bis Camponaraya laufen wir auf Asphaltsträßchen von Dorf zu Dorf, dazwischen liegen Wiesen, Weiden und Wäldchen. Nachdem wir den Großraum hinter uns gelassen haben, streifen wir durch sanft gewellte Weinberge. Besonders mit der Herbstfärbung ist der Abschnitt zwischen Camponaraya und Villafranca del Bierzo wunderschön und erinnert ab und zu etwas an die Toskana.

Der Weg: Einfach. Bis Camponaraya Asphalt, dann großteils Feldwege und viele lang gestreckte Ortschaften, die teils fast ineinander übergehen.
Kritische Stellen: Keine.
Hinweise: 1. Viele Pilger beginnen den Weg in Ponferrada, und Villafranca del Bierzo ist ein beliebtes Etappenziel. Während der Hochsaison ist in beiden Orten mit großem Zulauf zu rechnen. 2. In Villafranca del Bierzo gibt es nahe der Plaza Mayor einen Día-Supermarkt.

Ab Ponferrada (534 m, 63.000 EW)

5,5 km → **Columbrianos** (521 m, 1300 EW)

2,3 km → **Fuentes Nuevas** (508 m, 2700 EW)

Hospital del Bierzo, Tel. +34 987 455 200

1,8 km → **Camponaraya** (495 m, 4100 EW)

TH **Alb. Naraya**, 24 B/12 €. Tel. +34 987 459 159. W/T, Bar/Rest. 12–22 Uhr, April–Nov. alberguenaraya.es

TH **Alb. La Medina**, 18 B/14 € (EZ 45 €, DZ 50 €). Tel. +34 667 348 551. W/T, Bar/Rest., Garten, Terrasse. Check-in ab 14 Uhr, April–Nov.

6,2 km → **Cacabelos** (477 m, 4800 EW)

Flussbad

Igl. de Santa María Mo–Sa 19 Uhr, So 12 Uhr

C/ Ángel González 5, Tel. +34 987 549 262

TH **Alb. La Gallega**, 26 B/13 € (EZ 45 €, DZ 45 €). Zentrum. Tel. +34 987 549 476 und +34 680 917 109. W/T, Bar/Rest. 11–23 Uhr, ganzjährig außer 2 Wochen im Feb. hostallagallega.es

SH **Alb. Municipal Santuario de la Quinta Angustia**, 82 B/6 €. 600 m nach dem Zentrum am Ortsausgang. Tel. +34 674 323 774. Um die Kirche errichtete Herberge mit 2-Bett-Abteilen (normale Betten), W/T. 12–22.30 Uhr, Mai–Okt.

1,5 km → **Pieros** (520 m, 40 EW)

2,0 km → **Valtuille de Arriba** (599 m, 90 EW)

evtl. nicht immer offen

PH **Acogida La Biznaga**, 6 B/Spende. Tel. +34 722 512 652 (Reservierung möglich). W/T, gemeins. Abendessen, Frühstück; Garten, Terrasse. Check-in 13–20 Uhr, ganzjährig.

4,9 km → **Villafranca del Bierzo** (494 m, 2700 EW)

San Nicolás Mo–Fr 19 Uhr, So 11 Uhr, Colegiata de Santa María Mo–Fr 19 Uhr, So 12 und 19 Uhr

C/ Díaz Ovelar, Tel. +34 987 542 510

SH **Alb. Municipal**, 60 B/8 €. Am Weg, am Ortsanfang. Tel. +34 987 542 356. Küche, W/T; Info für Pilger. 12–22 Uhr, März–Nov.

PH **Refugio Ave Fénix**, 80 B/10 €. Tel. +34 987 540 229 u. +34 626 146 115. Eine der ältesten Herbergen am modernen Jakobsweg. Bar/Rest.; W/T, viele Duschen. 13.30–22 Uhr, ganzjährig.

- TH **Alb. Viña Femita**, ⊕⊕⊕, 14 € (2 DZ 59 €). Avda. Calvo Sotelo 2. Tel. +34 689 149 663. W/T, Bar/Rest.; normale Betten, viel Platz, Garten. 12–22 Uhr, März–Nov. vinafemita.com
- PH **Alb. El Castillo**, ⊕⊕⊕, 22 B/ab 12 €. Unter der Burg (Castillo). Tel. +34 987 540 344 und +34 622 674 676. Küche, W/T, Garten; Massagen. 13–22 Uhr, ganzjährig. elcastillovillafranca.es
- TH **Alb. La Yedra**, ⊕⊕⊕, 18 B/10 €. Altstadt, rechts des Wegs, nahe Plaza Mayor. Tel. +34 636 586 872. Geräumig, nüchtern-modern. Küche, W/T. 13–22.30 Uhr, ganzjährig (Winter anrufen).
- PH **Alb. Leo**, ⊕⊕⊕, 24 B/13 €. Im Zentrum, am Weg. Tel. +34 987 54 26 58. Schönes altes Stadthaus mit ehem. Weinkeller. W/T, Küche, Frühstück. 12–22.30 Uhr, März–Nov. albergueleo.com
- TH **Alb. Hospedería San Nicolás del Real**, ⊕⊕⊕, 75 B/10 € (EZ 35 €, DZ 50 €). Travesía de San Nicolas 4. Jesuitenkolleg aus 17. Jh. , Tel. +349 696 978 653. W/T, Küche; Mahlzeiten. 11–23 Uhr, ganzjährig. sannicolaselreal.com
- PH **Alb. de la Piedra**, ⊕⊕⊕, 13 B/14 € (4 DZ 36 €, 2 EZ 29 €). Am Ortsausgang. Tel. +34 666 655 052 (WhatsApp). Küche, Frühstück, W/T; nette Atmosphäre und Betreiber; keine Stockbetten. 12–22.30 Uhr, März–Nov. alberguedelapiedra.com

Wir gehen aus der städtischen Herberge von **Ponferrada** ❶ tretend links zur Avda. del Castillo, an dieser wenige Schritte links und an der Kreuzung rechts. Dann gleich links in die C/ Pregoneros und zum **Castillo de los Templarios** ❷ (10 Min.); dort nach rechts und an der Gabelung rechts (links: Radfahrer). Beim Kirchplatz leiten uns die Wegzeichen nach links unten durch die C/ del Rañadero zur Brücke über den Río Sil, hier links. (Am Kirchplatz geradeaus durch die C/ Reloj gelangt man zum Torre del Reloj und Rathausplatz.) Nach der 24-Std.-Apotheke verlassen wir die Hauptstraße nach rechts, folgen der Markierung hinunter zu einer Grünanlage und wan-

Ab Camponaraya wandern wir oft durch Weinberge.

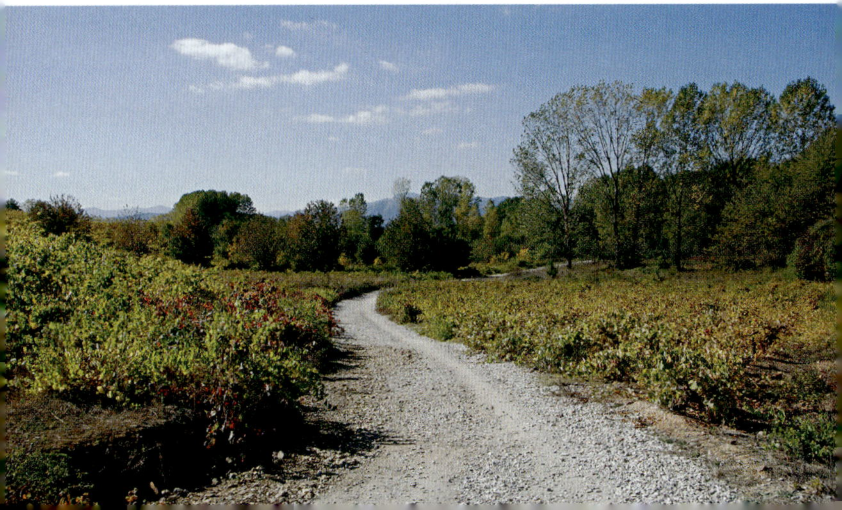

dern auf dem hübschen Fußweg neben dem Sil zum **Museo Nacional de la Energía** 3 (Museumscafé; knapp 30 Min. ab Templerburg). Danach geht es kurz steil hinauf zu einem Kreisverkehr und dort nach links in den Vorort **Compostilla** 4 (15 Min.). 30 Min. später durchqueren wir **Columbrianos** 5. Durch ein locker besiedeltes Gebiet kommen wir nach **Fuentes Nuevas** 6 (30 Min.). Nach dem lang gedehnten Dorf erreichen wir das ebenso lange **Camponaraya** 7 (30 Min.). Bei der Bodega am Ortsausgang verlassen wir die Straße nach links (links: Brunnen, Sitzplatz) und gehen auf einem Feldweg leicht bergan und über die A-6; es folgt ein schöner Abschnitt durch Weinberge. Knapp 45 Min. nach der A-6 überqueren wir eine Landstraße und wandern auf einem Sträßchen am Kontrollrat der Bierzo-Weine (rechts; links:

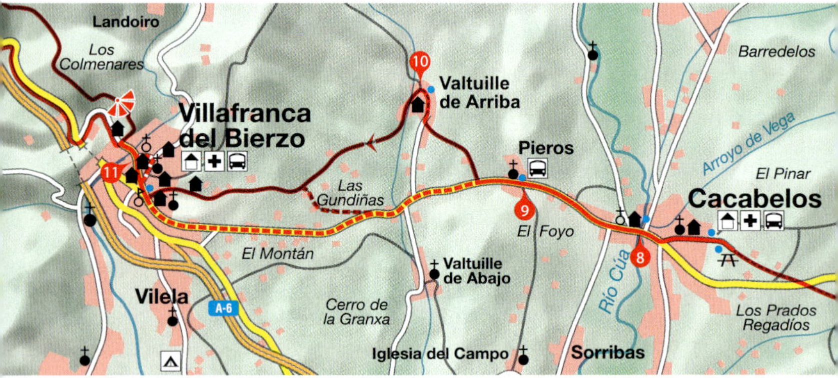

Rastplatz mit Brunnen) vorbei durch das Ortszentrum (15 Min.; Alb. La Gallega) zur städtischen Herberge von **Cacabelos** 8 (10 Min.).

*i Von **Cacabelos** aus verwalteten die Römer ihre umliegenden Goldminen, darunter die bekannten, rund 20 km entfernten Las Médulas. Anfang des 12. Jh. holte Diego Gelmírez, Erzbischof von Santiago, christliche Siedler und ließ die **Iglesia de Santa María** errichten (16. Jh. umgebaut, Kirchturm von 1904). Im 19. Jh. florierte der Weinbau. Anfang des 20. Jh. trieb die europaweite Reblausplage viele Winzer in den Ruin. Mit resistenteren Weinreben aus Amerika wurde die Krise überwunden. Heute findet man unter der Herkunftsbezeichnung D.O. El Bierzo sehr gute Weine.*
***Feiertage und Fiestas:** Ostermontag, Prozession zu Ehren der **Virgen de la Quinta Angustia**. Sept. **Batalla de Cacabelos**, Nachspielen der Schlacht gegen Napoleons Truppen im Jahr 1809.*
***Kulinarisches:** Jeden 9. und 26. des Monats gibt es auf der Plaza del Vendimiador einen großen Markt. Ende April/Anfang Mai kann man auf der*

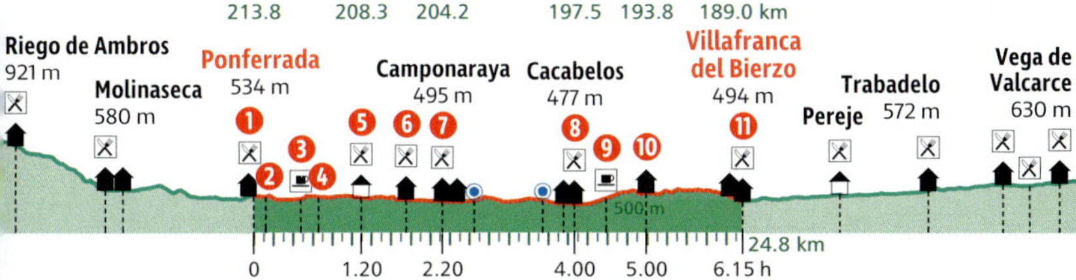

__Feria del Vino__, dem Weinfest, regionale Weine kosten; Ende August gibt es __La Vendimia__, das Winzerfest. __Information:__ cacabelos.org.

An der N-VI gelangen wir in knapp 30 Min. nach **Pieros** 9. 400 m nach dem Ortsausgang biegen wir rechts in die kleine Asphaltstraße ein (Pfeile; geradeaus: Variante Nationalstraße, ca. 1 Std. bis Villafranca). Nach 300 m folgen wir dem bald steinigen Feldweg links durch Weinfelder in den Weiler **Valtuille de Arriba** 10 (gut 30 Min.). Wir gehen auf der Dorfstraße einen weiten Bogen nach links durch den Ort. Kurz nach dem letzten Haus nehmen wir bei der Feldweggabelung den Hauptweg nach unten und wandern durch schöne hügelige Weinberge. An der städtischen Herberge (rechts unten) und der Alb. Ave Fénix vorbei kommen wir zur Burg von Villafranca.

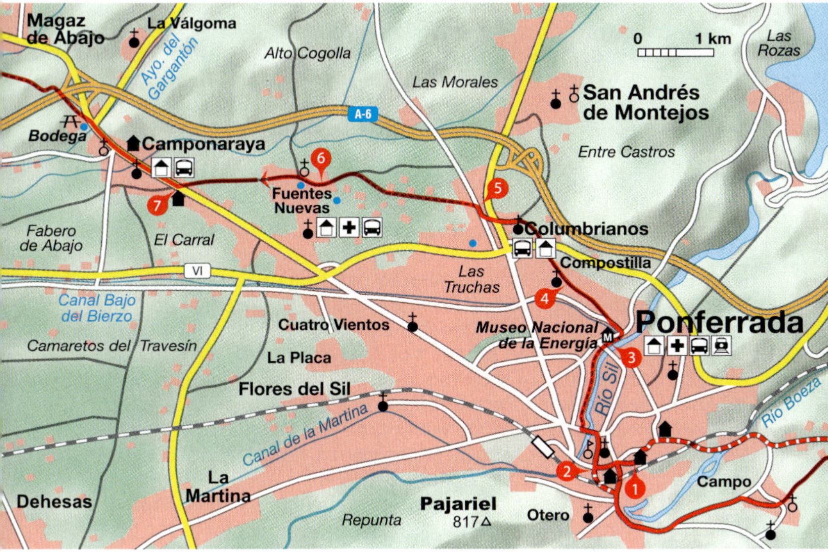

Wir gehen rechts, bei dem Rundturm wieder rechts und die Treppe hinunter. Hier a) geradeaus, über die nächste Treppe in die C/ del Agua und zur Brücke am Ortsende von **Villafranca del Bierzo** ⓫ (1.15 Std.); oder b) rechts zur Plaza Mayor (Banken, Restaurants), geradeaus darüber und am Ende in die linke schmale Straße (Supermarkt), beim Platz vor der Hospedería de San Nicolás links hinunter zur C/ del Agua.

i *Nach wochenlanger Wanderung kurz vor dem Ziel scheitern? Eine Horrorvorstellung für die mittelalterlichen Pilger.* ***Villafranca del Bierzo*** *fand eine clevere Lösung: Kranke und Schwache, die es nicht mehr über den Cebreiro-Pass schaffen würden, erhielten auf den Stufen der* ***Puerta del Perdón*** *(Gnadenpforte) der* ***Iglesia de Santiago*** *(12./13. Jh.) den gleichen Ablass wie in Santiago de Compostela. »Klein-Compostela« nannte man das Städtchen am Beginn des engen Valcarce-Tals daher auch. Vier Kirchen, sechs Klöster und mindestens ebenso viele Pilgerhospize gab es einst. Im 11. Jh. entsandte das französische Kloster Cluny Benediktinermönche in die Stadt. Mit im Gepäck hatten sie die ersten Weinreben. 1822/23 war Villafranca Verwaltungssitz der kurzlebigen galicischen Provinz El Bierzo und gilt noch heute als »heimliche« Hauptstadt der Region. Auffälligstes Kirchengebäude ist die ehemalige Stiftskirche* ***Colegiata de Santa María*** *(spätgotisch, Ende 16. Jh.) mit wuchtigen, leicht unharmonischen Proportionen. Vom ehemaligen Franziskanerkloster ist nur die* ***Iglesia de San Francisco*** *(13. Jh.; gotische Stuckarbeiten 15. Jh.) erhalten. Das Nonnenkloster* ***Convento de la Anunciada*** *untersteht dem Klarissenorden. Die barocke Klosterkirche stammt aus dem 17. Jh. Hinter den Klostermauern steht mit über 33 m Höhe eine der größten und ältesten Zypressen Europas. Der Baum soll kurz nach der Klostergründung (1606 gepflanzt worden sein (nur von außen zu sehen, das Kloster ist nicht öffentlich zugänglich). Jesuiten gründeten im 17. Jh. den* ***Convento de San Nicolás el Real****. Sehenswert sind der barocke Hauptaltar, der Kreuzgang sowie ein kleines Wissenschaftsmuseum. Größtes ziviles Gebäude ist das* ***Castillo Palacio de Los Marqueses****, im 16./17. Jh. Burgpalast der Markgrafen von Villafranca. Der Jakobsweg durchquert die Stadt auf der von ehemaligen Adelspalästen flankierten Calle oder* ***Rúa del Agua****.*
Fiestas: *1. Mai* ***Mayos vivientes****, Frühlingsfest: Mit Zweigen und Blättern geschmückte Kinder und Jugendliche ziehen als »lebende Maien« durch die Stadt und legen sich als Symbol des winterlichen Sterbens und Auferstehens der Natur im Frühling immer wieder auf die Erde. Ende Juni* ***Fiesta de la Poesía****, Literaturlesungen im Park Jardín de la Alameda (nahe San Nicolás el Real) mit Künstlern aus ganz Spanien. 14. Sept. Patronatsfeiern* ***Santísimo Cristo de la Esperanza****, Prozessionen und Umzüge mit Gigantes und Cabezudos (riesige Figuren).*
Oficina de Turismo: *Avda. Bernardo Díez Olebar 10, Sommer tgl. 10–14 u. 16–20 Uhr, Winter Di–Sa 10–14 u. 16–19 Uhr, villafrancadelbierzo.org.*

6.00 h	23,0 km
↗570 m	↘160 m

Villafranca del Bierzo – La Faba 25

Die vorletzte große Hürde

Knapp 20 km wandern wir durch das immer enger werdende Tal des Río Valcarce. Dann stellen sich uns die bis zu 1400 m hohen Grenzberge zu Galicien in den Weg. Durch einen wunderbaren Laubmischwald steigen wir nach La Faba hinauf. Das winzige Bergdorf wirkt wie aus einer fernen Zeit gefallen. Wer genügend Zeit und Energie hat, nimmt ab Villafranca del Bierzo die Variante über Pradela: Den anstrengenden Aufstieg belohnt sie mit einem aussichtsreichen Höhenweg hoch über dem Tal des Valcarce. Der Abstieg verläuft durch einen schönen Edelkastanienwald.

Der Weg: Bis Trabadelo einfacher, ebener Verlauf neben der alten N-VI. Ab Trabadelo an bzw. auf einem Landsträßchen. Hinter Hospital beginnt der Aufstieg in Richtung Galicien/O-Cebreiro-Pass. Der teils steile Waldweg kann bei Nässe/Regen sehr rutschig sein.
Kritische Stellen: Keine.
Variante: Über Pradela nach Trabadelo (weniger Geübte sollten bei der Wahl dieses Wegs eine kurze Etappe einlegen oder in Pradela übernachten): anspruchsvoller steiler An- und Abstieg, der Weg über den Höhenzug ist einfach. Teils gelbe Pfeile, kurz vor dem Abstieg evtl. etwa 300 m ohne Markierungen. Bis Trabadelo 10,5 km, 3.30 Std. sowie 480 m im Auf- und 400 m im Abstieg, weiter nach La Faba 13,6 km, 3.45 Std. sowie 440 m im Auf- und 110 m im Abstieg (Wegbeschreibung und Profil S. 210).
Hinweise: 1. In Vega de Valcarce letzter Bankautomat und letzte Apotheke bis Triacastela (33 km).
2. Wer in der Herberge von La Faba kochen will, sollte im Tal einkaufen. Die

Der Lohn für die Mühen auf dem Weg über Pradela: eine schöne Esskastanienplantage.

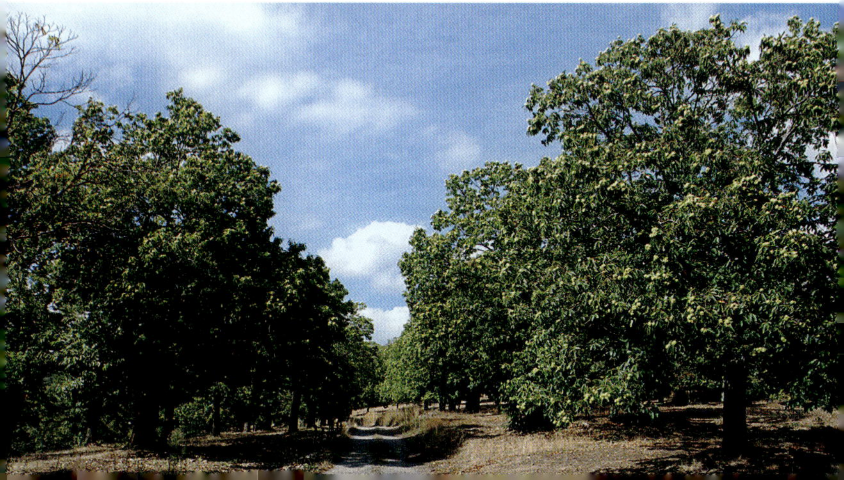

Dorfbar war Anfang 2024 geschlossen und auch einen Laden gibt es nicht.

Ab Villafranca del Bierzo (494 m, 2700 EW)

4,9 km → **Pereje** (546 m, 20 EW)

4,5 km → **Trabadelo** (572 m, 340 EW)

- PH **Alb. Casa Susi**, 10 B/14 €. Tel. +34 683 278 778. Schönes Haus mit Garten am Bach; Pilgeratmosphäre. Waschm., normale Betten; gemeins. Abendessen (vorwiegend veg., Gemüse aus eigenem Anbau), Frühstück. Ab 13 Uhr, Mitte April–Okt.
- KH **Alb. Parroquial Trabadelo**, 20 B/9 € (1 DZ 29 €). C/ La Iglesia, Tel. +34 624 674 904 (Reserv. möglich). Küche, W/T. 12–22 Uhr, ganzjährig (im Winter 1 Tag vorher reservieren).
- SH, 36 B/10 €. Tel. +34 687 827 987. Küche, W/T, Bar. Ab 12 Uhr, März–Okt.

2,2 km → **Abzweig Camping** (586 m)

- **Camping Valle do Seo** (800 m links des Wegs. Auch Bungalows und touristische Herberge), Tel. +34 627 091 933. alberguevalledoseo.com

1,6 km → **La Portela de Valcarce** (621 m, 20 EW)

- PH **Alb. El Peregrino**, 27 B/12 € (EZ 28 €, DZ 40 €). Tel. +34 987 543 197. W/T, Bar/Rest., 2er-/3er-/4er-Zi. 12–22 Uhr, Ostern–Nov. laportela.com
- PH **Alb. Vagabond Vieiras**, 4 B/15 €. Tel. +34 669 329 821 (David und Petra sprechen u. a. Englisch und Deutsch). W/T, gemeins. Pizza-Abendessen (auch veg.), Frühstück; Pizzeria/Bar. Ab 14 Uhr, Ostern–Saisonende. vagabondvieiras.com

1,4 km → **Ambasmestas** (618 m, 40 EW)

- PH **Alb. Casa Cantadora**, 22 B/15 €. Ortszentrum. Tel. +34 695 293 779. Schönes Haus, Garten. W/T, Bar/Rest. Gemeins. Andacht, Meditation. 6–22 Uhr, ganzjährig.
- **Hostal Casa del Pescador** (DZ 62 € EZ 49 €). Tel. +34 603 515 868. Holzhaus am Fluss. alberguecasadelpescador.es

1,5 km → **Vega de Valcarce** (644 m, 560 EW)

Flussbad

- SH, 64 B/10 €. Im Ort. Tel. +34 685 958 981. Einfache Herberge, Küche, Waschm. 13–22 Uhr, April–Nov.
- PH **Alb. El Paso**, 28 B/13 €. Tel. +34 658 104 309. Küche, W/T. Garten, Terrasse; schönes Steinhaus, geräumig. Ab 12.30 Uhr, April–10. Dez. albergueelpaso.es

2,2 km → **Ruitelán** (671 m, 20 EW)

- VH **Alb. Pequeño Potala**, 12 B/HP 25 €. Tel. +34 987 561 322 (unbedingt reservieren). W/T, gemeinsames Abendessen, Frühstück. Check-in nach telefonischer Absprache, ganzjährig.

1,4 km → **Las Herrerías/Hospital** (701 m, 40 EW)

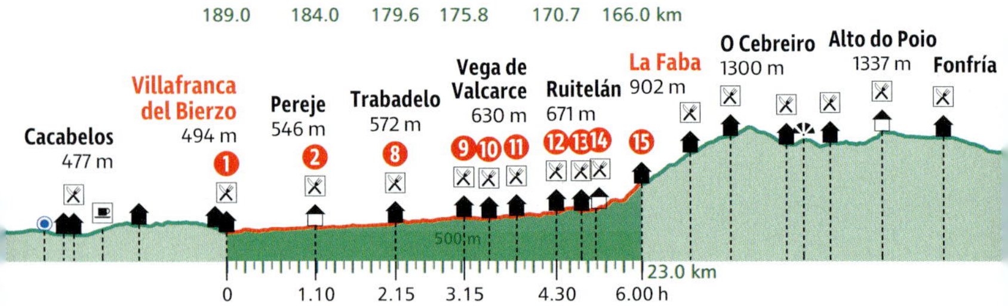

- TH **Alb. Las Herrerías**, ◈◈◈, 17 B/8 €. Tel. +34 654 353 940 (auch deutsch/englisch). Veg. Essen, W/T; kein WLAN. Ca. 13/14–22 Uhr, April–Nov.
- TH **Alb.-Pensión Casa Lixa**, ◈◈◈, 26 B/15 € (EZ ab 45 €, DZ 54 €). Tel. +34 987 134 915 und 652 865 002. W/T, Bar/Rest. (Mahlzeiten 12.30–20.30 Uhr). 7–22 Uhr, Mitte März–Mitte Nov. casalixa.com
- **Casa Polín** (DZ 30/36 €), Tel. +34 987 543 039. casarestaurantepolin.es

3,3 km → La Faba (902 m, 20 EW)

- KH **Alb. La Faba**, ◈◈◈, 52 B/8 € (mit eigenem Zelt und Nutzung der Herbergseinrichtung 4 €). Deutsche Gesellschaft Ultreya. Am Dorfeingang nach rechts zur Kapelle. Tel. +34 637 025 929 (keine Reserv.). Bei Aufsagen eines Lieds/Gedichts einer württembergischen Autorin/Autors Übernachtung gratis. Teils Andachten in Kapelle. Gut ausgestattete Küche, gemütlicher Essraum, W/T, kein WLAN; gute Betten, viel Platz, sehr gepflegt. 14–22 Uhr, Ostern–Okt. lafaba.de

Variante ab Villafranca del Bierzo:

8,2 km → Pradela (931 m, 60 EW)

- TH **Alb. Lamas**, ◈◈◈, 10 B/13 € (1 EZ 38 €, 1 DZ 50 €, 1 3er-Zi. 65 €). Gut 1 km abseits des Wegs. Tel. +34 677 569 764 u. +34 600 042 794. Waschm., Mahlzeiten, Bar. 7.30–22 Uhr, Ostern–Nov.

3,0 km → Trabadelo (572 m, 340 EW)

Wir verlassen **Villafranca del Bierzo** 1 am Ende der C/ del Agua nach links und überqueren bei dem steinernen Pilgerdenkmal den Río Burbía. Gleich danach trennen sich der Hauptweg und die Variante über Pradela.
Der **Hauptweg** verläuft auf einem Gehweg neben der Straße über **Pereje** 2 (1.15 Std.) nach **Trabadelo** 8 (gut 1 Std.), wo beide Wege zusammentreffen.
Variante: Der Weg über Pradela folgt rechts der C/ Pradela. Sie wird zum Feldweg und zieht anfangs sehr steil durch Kastanien und Kiefern bergan, dann wird der Anstieg am bald vorwiegend kahlen Hang moderater. Nach gut 1 Std. zweigt rechts ein Fahrweg ab 2 (Schild »Motos«), wir gehen aber geradeaus. Ab einem Kiefernwäldchen (Schild »Lamas«) verflacht der Weg etwas und gelangt mit schönen Ausblicken ins Tal kaum merklich ansteigend zum höchsten Punkt auf **930 m** 3 (gut 1 Std.). Leicht bergab kommen wir kurz darauf in eine wunderschöne Plantage mit stattlichen Edelkastanienbäumen.

*i Die **Kastanie** war in Nordspanien über Jahrhunderte einer der wichtigsten Kulturbäume (sp. castaño, Kastanienbaum). Vermutlich begannen die Römer im 1. Jh. n. Chr. mit dem Anbau. Mit der Neubesiedlung des Nordens im Zuge der Reconquista und der Gründung von Klöstern im 10./11. Jh. wurde das Holz bei den vielen Klosterwinzereien mit ihrem großen Bedarf an Weinfässern sehr begehrt. Ab dem 16. Jh. wurden **Kastanien** (sp. castaña, Kastanie, Marone) vor allem für die arme Landbevölkerung zu einem wichtigen Lebensmittel, ob geröstet, gekocht, als Mehl oder Milchersatz. Ab dem 17. Jh. wurde die Früchte europaweit vermarktet, bis Mais und Kartoffel sie im 19. Jh. verdrängten.*
Noch immer wird die Edelkastanie (Castanea sativa) in bergigen Gebieten in Plantagen (gal. »souto«) angebaut und in mühsamer Handarbeit ge-

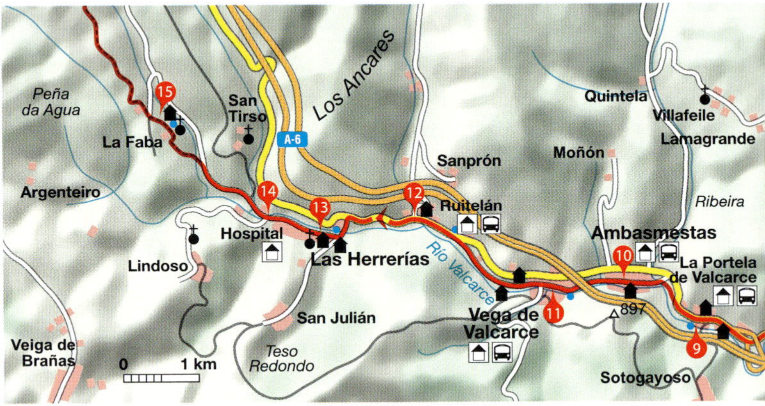

erntet. Mit bis zu 25.000 Tonnen pro Jahr ist Galicien der wichtigste spanische Produzent. Seit 2006 gibt es das Gütesiegel »Castaña de Galicia«.

Nach 10 Min. stoßen wir auf einen **Fahrweg** ❹. Nach rechts geht es nach Pradela (1,2 km; Herberge, Bar). Wir folgen ihm nach links. Nach weiteren 10 Min. zeigen erneut **Schilder** ❺ nach rechts zur ab hier 700 m entfernten Herberge und Bar. Wir gehen links und gleich rechts (Pfeil). Auf dem teils kaum sichtbaren Pfad stoßen wir nach etwa 200 m auf eine **T-Kreuzung** ❻. Hier 20 m nach rechts, dann links in die Fahrspur. Bald verliert sich der Pfad zwischen den Kastanienbäumen; wir bleiben geradeaus bzw. leicht rechts und stoßen nach rund 5 Min. auf das von Pradela kommende Sträßchen; hier ein paar Schritte rechts. Unser Weiterweg zweigt in einer Lücke der Leitplanke nach rechts unten ab ❼ (Pfeil). Der Fahrweg führt durch eine Kastanienplantage bergab, tangiert einmal kurz die Straße und dreht weiter unten nach links. Schließlich gehen wir schräg links über die Straße in einen Fahrweg. Nach der Rechtskurve folgen wir dem Schild »Albergue Municipal 200 m« hinunter nach **Trabadelo** ❽ (45 Min. ab Abzweig bei Leit-

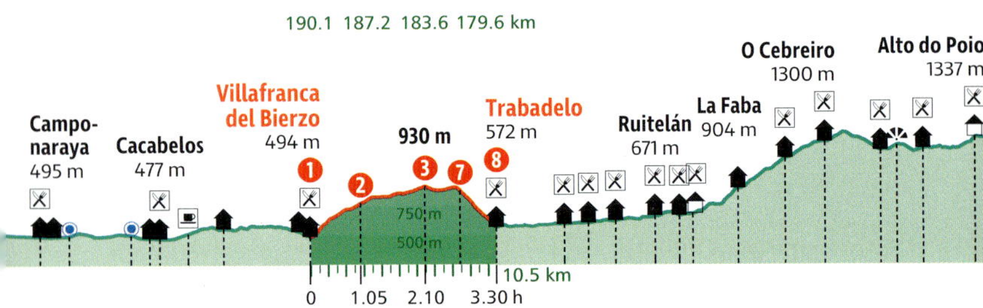

planke; links Bar und Herbergen). Wir gehen, nun wieder auf dem Hauptweg, nach rechts. Erst abseits der Straße, nach Unterqueren der Autobahn daneben, erreichen wir **La Portela de Valcarce** ❾ (1 Std.; etwa auf halber Wegstrecke Abzweig links zum Camping Valle do Seo). Wenig später kommen wir nach **Ambasmestas** ❿ (20 Min.) und durch das lang gestreckte **Vega de Valcarce** ⓫ (bis Zentrum 20 Min.) nach **Ruitelán** ⓬ (gut 30 Min.). Ab jetzt geht es merklich bergauf. Beim Hotel biegen wir nach links unten ab und wandern durch **Las Herrerías** ⓭ (25 Min.) und **Hospital** ⓮. Etwa 30 Min. nach dem Weiler biegt der Weg links ab (geradeaus Variante für

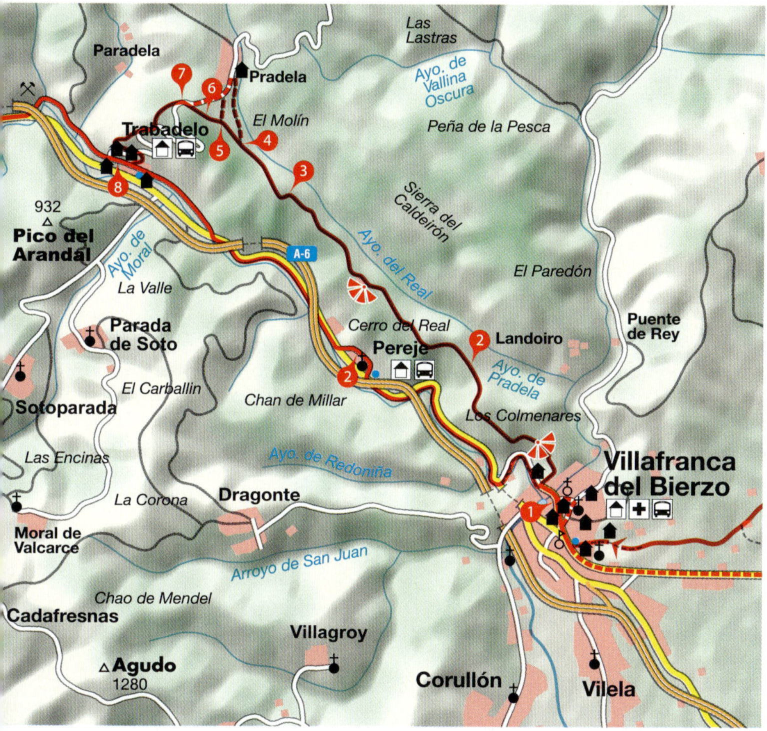

Radfahrer/»bicis«). Nach einem kurzen, flachen Stück beginnt der Aufstieg durch den schönen Laubwald. Für den nicht sehr langen, aber steilen Anstieg nach **La Faba** ⓯ benötigen wir bis zu 1 Std. Zur deutschen Herberge geht man am Dorfanfang in die erste Gasse rechts und wieder rechts.

Die autonome Gemeinschaft Galicien

Unter den bisher durchwanderten Regionen ist Galicien die ungewöhnlichste. Stärker als anderswo ist hier noch vorchristliches Gedankengut verwurzelt. Zur Frage, ob es Hexen (»meigas«) gibt, haben die Gallegos eine eindeutig zweideutige Einstellung: »Ich glaube nicht an Hexen, aber es gibt sie«. Hünengräber aus der Zeit der Megalithkultur (4000–2000 v. Chr.) oder in Stein gravierte mystische Symbole aus der Bronzezeit (1800 v. Chr.) zeugen von einer langen Geschichte. Die tiefsten Spuren hinterließen jedoch die Kelten, die hier von 500 v. Chr. bis zur Ankunft der Römer um 135 v. Chr. siedelten. Der Stamm der Galläker gab der Region den Namen. Die Bindung an das keltische Erbe ist bis heute eng. Wie jene glaubt man an magische Kräfte von Steinen oder an übersinnliche Erscheinungen. Auch die »Gaita«, der galicischer Dudelsack, geht auf die Kelten zurück.

Die Römer drangen bis Galicien vor, doch verlief die Romanisierung weniger intensiv als andernorts. Das im 5. Jh. von den Sueben gegründete Königreich wurde im 6. Jh. von den Westgoten unterworfen. Die maurische Präsenz auf der Iberischen Halbinsel blieb für Galicien weitgehend folgenlos. Das im 10./11. Jh. existierende galicische Königreich ging in den Königreichen León bzw. Kastilien auf. Wirtschaftliche Rückständigkeit führte ab dem 19. Jh. zu einer großen Auswanderungswelle, besonders nach Südamerika. Wichtige Erwerbszweige sind heute Landwirtschaft und Fischerei, einer der bedeutendsten Industriestandorte Galiciens ist die große Hafenstadt Vigo. Der Tourismus spielt in der landschaftlich außerordentlich schönen Region nicht eine solche Rolle wie in anderen Teilen Spaniens.

Die drei Pässe O Cebreiro, San Roque und Alto do Poio muss der Weg (galicisch »Camiño«) überwinden, bevor die Pilgernden in Galicien für all die Mühen und Entbehrungen der langen Wanderschaft belohnt werden. Dann bietet das Genusswandern durch liebliche Weidelandschaften, schattige Wälder und malerische Dörfer vor allem reichlich Gelegenheit, die Gedan-

Im Aufstieg zum O-Cebreiro-Pass, Rückblick nach Castilla y León.

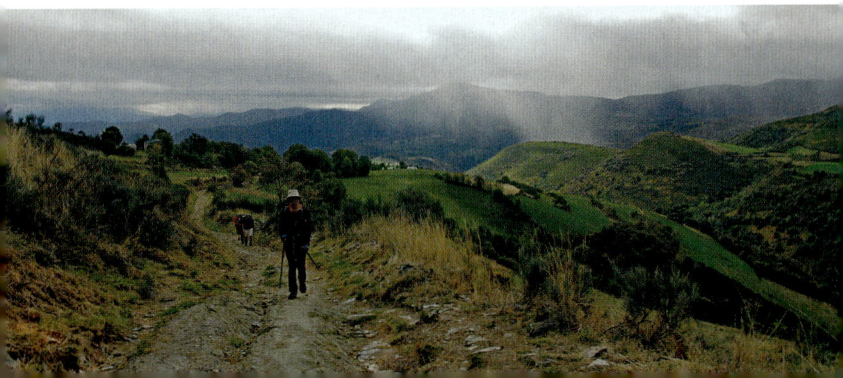

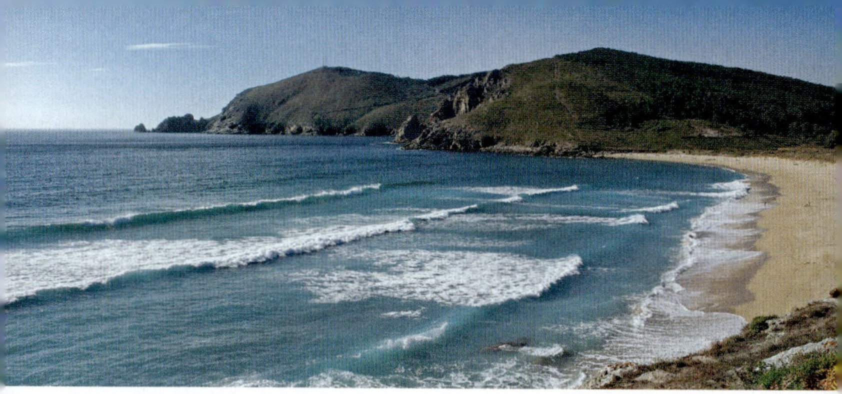

Der Strand Mar de Fora an der Westseite von Finisterre.

ken schweifen zu lassen. Das Heiligtum O Cebreiro und das Kloster Samos sind die letzten großen kulturellen Höhepunkte vor Santiago.
Die Schattenseite: Spätestens in Galicien herrscht fast immer Hochbetrieb. Viele Pilgernde starten in O Cebreiro oder gehen nur die letzten 100 km ab Sarria. Entsprechend voll sind der Weg und die Herbergen. Teilweise geraten sogar Etappenorte wie Triacastela, Sarria, Portomarín, Melide, Arzúa und Pedrouzo trotz zahlreicher Unterkünfte an ihre Grenzen. Um den großen Pilgerwellen zu entgehen, hilft es manchmal, in den kleineren Dörfern und Unterkünften zu übernachten. Hier findet man mit etwas Glück noch eher ein wenig Ruhe und Pilgeratmosphäre.
Der Jakobsweg hat in den einst strukturschwachen Gebieten neue Einkommensquellen eröffnet, insbesondere im Gastronomie- und Übernachtungsgewerbe. Leider wird entlang des Wegs oft mit großer Vehemenz bis hin zur Aufdringlichkeit um das Geld der Pilgernden geworben.
Ein krönender Abschluss ist der Weg nach Finisterre und/oder Muxía (je rund 115 km, 2150 m Auf- und 2400 m im Abstieg). Die Wanderung durch das meist dünn besiedelte, ländlich-grüne Inland zur größtenteils naturbelassenen Küste mit weißen Sandstränden, zerklüfteten Klippen und eindrucksvollen Sonnenuntergängen lohnt sich auf jeden Fall.
Galicien (2,7 Mio. EW, 29.576 km^2; 91 EW/km^2) gliedert sich in vier Provinzen: A Coruña, Lugo, Ourense, Pontevedra. Hauptstadt ist Santiago de Compostela. Neben dem Hochspanisch ist das sehr weich und melodiös klingende Gallego die zweite Amtssprache. Die Verwandtschaft zum Portugiesischen, das sich aus dem Gallego entwickelte, ist unverkennbar.
Gut 160 km und 3300 m im Auf- und knapp 4000 m im Abstieg sind es ab dem galicischen Grenzstein bis Santiago de Compostela. Wegsteine geben die verbleibenden Kilometer bis Santiago an (Abweichungen von den km-Angaben in diesem Buch sind möglich). Wegsteine mit der Aufschrift »C. Complementario« (Ergänzungsweg) tragen diese Angabe nicht.

26 La Faba – Triacastela

7.30 h | 26,0 km | ↗710 m | ↘950 m

Zu Besuch im Geburtsort des gelben Pfeils

Die auf der vorherigen Etappe begonnene Überquerung der Berge nach Galicien gehört zu den schönsten Abschnitten des Camino Francés. Im 1300 m hoch gelegenen Bergdorf O Cebreiro, der ersten Ortschaft in Galicien, wirkte Pfarrer Elias Valiña, der »Erfinder« des gelben Pfeiles. Danach begeistert der Weg mit herrlichen Aussichten ins bergige Umland, raubt uns dabei aber mit einem grimmigen Auf und Ab wie in einer Achterbahn den Atem. Dann ist es geschafft: Mit grandiosen Weitblicken in die herrlich grüne und hügelige Landschaft geht es fast 700 Höhenmeter hinab nach Triacastela.

Der Weg: Die Aufstiege nach O Cebreiro, zum Alto de San Roque und zuletzt zum Alto do Poio sind mittelschwer bis schwer; teils sehr steile Rampen. Danach nur noch bergab. Wenig Asphalt.
Kritische Stellen: Keine.
Variante: Kurz nach dem Alto do Poio zweigt nach rechts eine schöne Variante etwas abseits der Straße ab (s. S. 218).

Ab La Faba (902 m, 20 EW)

2,7 km → **La Laguna** (1161 m, 30 EW)

- TH **Alb. La Escuela**, 43 B/14 € (2 DZ 45 €). Tel. +34 619 479 238. W/T, Bar/Rest. Check-in 12–18 Uhr, März–Nov.

2,2 km → **O Cebreiro** (1300 m, 20 EW)

19 Uhr

- TH **Alb. Casa Campelo**, 10 B/15 € (4 DZ 50 €). Tel. +34 679 678 458. W/T; schönes Steinhaus, aber etwas beengt. Check-in bis 20 Uhr, Mai–Okt.
- XH **Alb. do Cebreiro**, 106 B/10 €. Stark frequentiert. Küche (ohne Utensilien), W/T. 13–23 Uhr, ganzjährig.

3,2 km → **Liñares** (1226 m, 20 EW)

kl. Laden, 9–21 Uhr

- TH **Alb. Linar do Rei**, 20 B/12 € (1 DZ 40 €, als EZ 30 €). Tel. +34 616 464 831. Küche, W/T. Check-in 12–18 Uhr, Ostern–Okt.

2,4 km → **Hospital da Condesa** (1240 m, 20 EW)

- XH **Alb. de Hospital da Condesa**, 22 B/10 €. Küche (ohne Utensilien), W/T. 13–23 Uhr, ganzjährig.

2,9 km → **Alto do Poio** (1337 m)

- TH **Hostal Santa Maria do Poio**, Tel. +34 982 367 167.

3,4 km → **Fonfría** (1292 m, 30 EW)

- TH **Alb.-Pensión A Reboleira**, 62 B/13 € (2 EZ 40 €, 11 DZ ab 45 €).

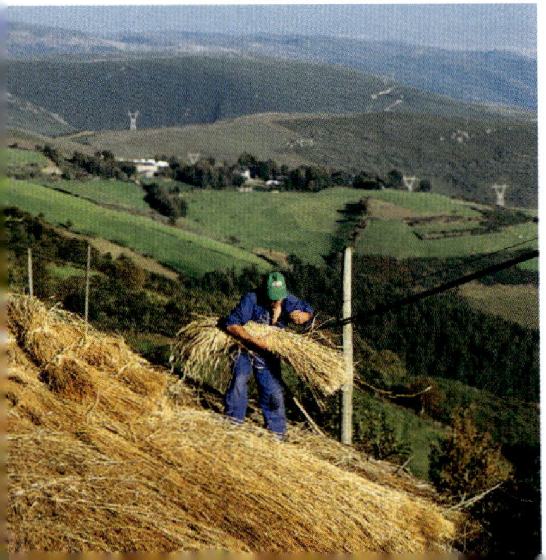

Aussichtsreicher Arbeitsplatz: Das Dach einer Palloza entsteht.

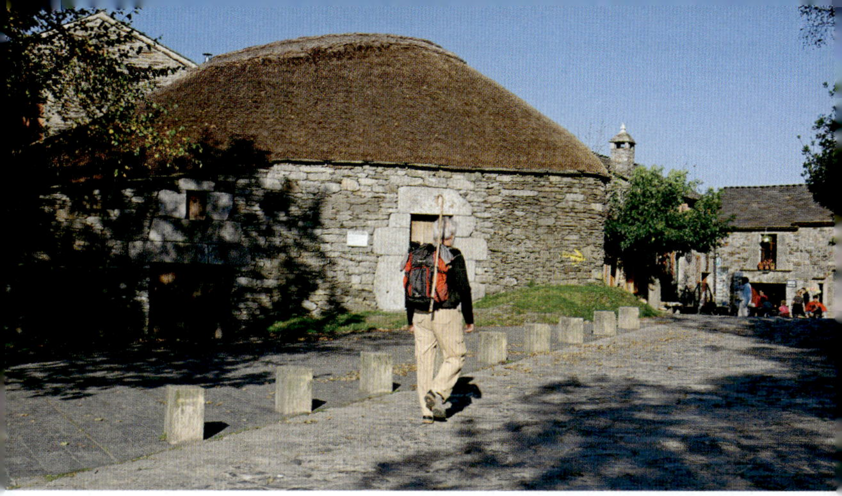

Ankunft in O Cebreiro mit seinen typischen ovalen Pallozas.

Tel. +34 982 181 271 u. +34 629 826 559. Schöner Aufenthaltsraum, Bar/ Rest., gemeins. Abendessen, W/T, Schuhtrockner. 7–22 Uhr, März–Nov. reboleirafonfria.com

2,4 km → O Biduedo (1186 m, 30 EW)

3,0 km → Fillobal (963 m, 10 EW)

TH **Alb. Fillobal**, 18 B/12 € (1 EZ 30 €, 2 DZ 40 €). Tel. +34 666 826 414. Küche, W/T. Bar/Rest., Terrasse, Garten. 13–23 Uhr, Mai–Okt.

1,6 km → Pasantes (800 m, 40 EW)

2,2 km → Triacastela (663 m, 200 EW)

19 Uhr

Ctra. Santallana (nördlich des Ortskerns), Tel. +34 982 548 018

XH **Alb. de Triacastela**, 56 B/10 €. Tel. +34 660 396 811. Vor dem Ort, links des Wegs. W/T. Zu Stoßzeiten schnell voll. 13–23 Uhr, ganzjährig.

TH **Alb. Horta de Abel**, 14 B/11 € (EZ 35 €, DZ 40 €). Tel. +34 608 080 556. Küche, W/T. Renov. Steinhaus, Kaminzimmer. 12–22 Uhr, April–Okt. albergueahortadeabel.es

TH **Pensión-Alb. Lemos**, 12 B/ 12 € (8 DZ 45 €, als EZ 38 €). Tel. +34 677 117 238. Küche, W/T. Check-in 12–21 Uhr, April–Nov. pensionalberguelemos.com

TH **Alb. Complexo Xacobeo**, 30 B/ 12 € (EZ 40 €, DZ 50 €). Tel. +34 982 548 037. Küche, W/T, Schuhtrockner, Kamin, Garten. Check-in 8–21 Uhr, Feb.–22. Dez. complexoxacobeo.com

TH **Alb. Aitzenea**, 38 B/10 €. Bei Café/Bar O'Novo rechts. Tel. +34 982 548 076. Schöner Altbau, Küche, Getränkeautom., W/T. 11–22.30 Uhr, 15. April–15. Okt. aitzenea.com

TH **Alb. Refugio del Oribio**, 27 B/10 €. Bei Alb. Aitzenea rechts die Hauptstr. hoch. Tel. +34 982 548 085. Küche, W/T, Getränke-/Snackautom. Ganztags, ganzjährig.

TH **Alb. Berce do Camiño**, 28 B/10 €. Tel. +34 982 548 127. Küche, W/T, Getränkeautomat, Terrasse. Ganztags, Feb.–Nov.

Alb. Atrio (DZ 50 €, 3er-Zi. 60 €). Tel. +34 982 548 488. Küche, W/T, Bar/ Rest., Garten, Pool. Mitte März–Nov.

Von **La Faba** ❶ aus steigen wir weiter bergauf nach **La Laguna** ❷ (1 Std.). Das sehr abgelegene, malerische Bauerndorf ist das letzte der Provinz León. Der Wald tritt zurück und gibt bei gutem Wetter den Blick frei auf die umliegenden Berge. Nach rund 20 Min. begrüßt uns ein **Grenzstein** ❸ in Galicien/Provinz Lugo. Nach weiteren 20 Min. ist **O Cebreiro** ❹ erreicht.

i Der Jakobsweg ohne gelben Pfeil ist undenkbar, über Hunderte von Kilometer hat er uns geleitet. In ***O Cebreiro*** *entstand die Idee dazu. Bereits um das Jahr 863 soll es in der Siedlung eine erste Pilgerherberge gegeben haben. Ab 1073 kümmerten sich Mönche aus dem französischen Aurillac um die Pilgernden. Aus dieser Zeit stammt das Heiligtum* ***Santa María la Real****, die älteste erhaltene Kirche am Weg. In ihr soll sich um 1300 das* ***Santo Milagro****, das heilige Wunder, zugetragen haben. Ein frommer Bauer habe sich in einer stürmischen Winternacht zur Messe in O Cebreiro hinaufgekämpft. Abschätzig dachte der mit der Liturgie betraute, wenig glaubensfeste Mönch: »Was für ein Dummkopf, erträgt so*

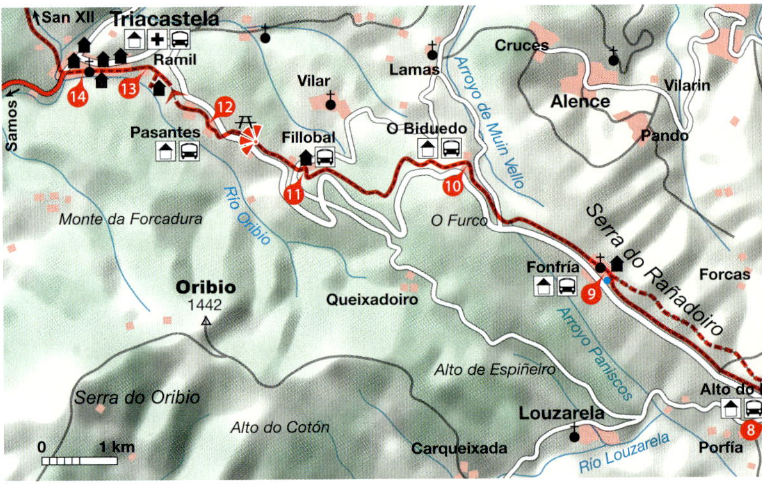

ein Unwetter, nur um ein Stück Brot und ein bisschen Wein zu sehen!« Im selben Moment verwandelten sich Hostie und Messwein in echtes Fleisch und Blut. Beides wird rechts des Altars in der ***Capilla del Santo Milagro*** *in zwei 1486 von Königin Isabel auf ihrer Pilgerreise nach Santiago gestifteten Glasphiolen aufbewahrt. Jeweils am am 8./9. Sept. wird mit einer Wallfahrt an das Santo Milagro erinnert. Kelch und Hostie sind Teil des galicischen Wappens.*

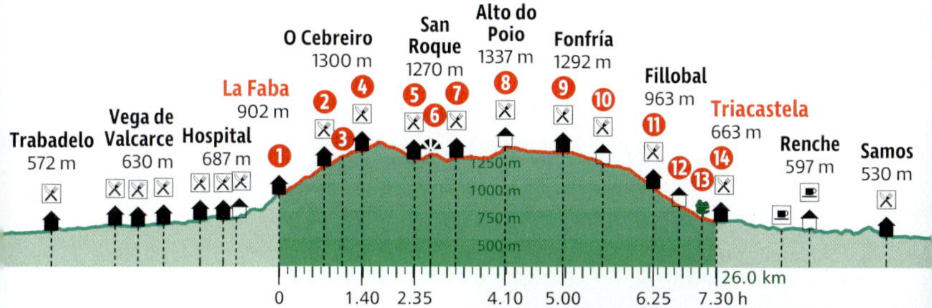

*Links des Altars befindet sich das Grab von **Elias Valiña** (1929–1989), ab 1959 Pfarrer von O Cebreiro und »Erfinder« des gelben Pfeils. Mitte der 60er-Jahre schrieb er eine Doktorarbeit über den Jakobsweg und hielt im In- und Ausland Vorträge darüber. 1984 markierte er erstmals die historische Route von Frankreich bis Santiago. Die günstigste Farbe, die er dafür organisieren konnte, war gelbe Straßenmarkierungsfarbe – der **gelbe Pfeil** war geboren. Er ist heute das Symbol des Jakobswegs und vielleicht eines der berühmtesten Wegzeichen überhaupt.*

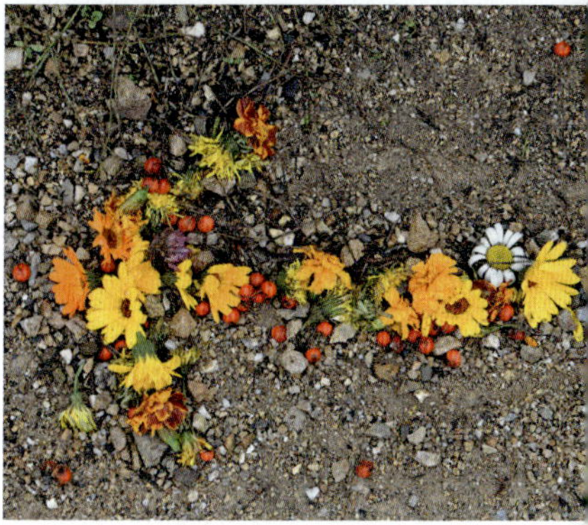

Der gelbe Pfeil – er ist weit mehr als nur ein Wegzeichen.

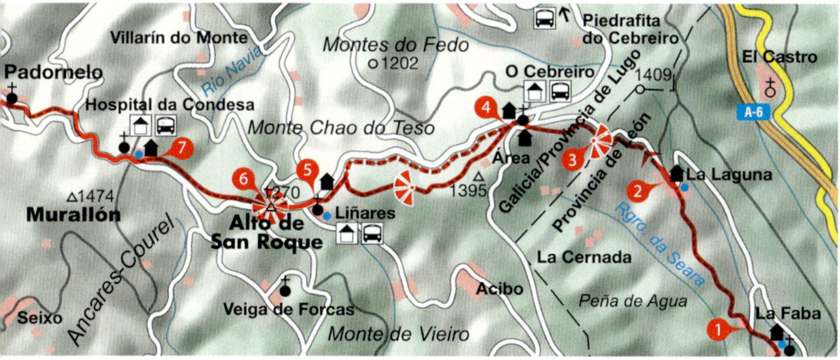

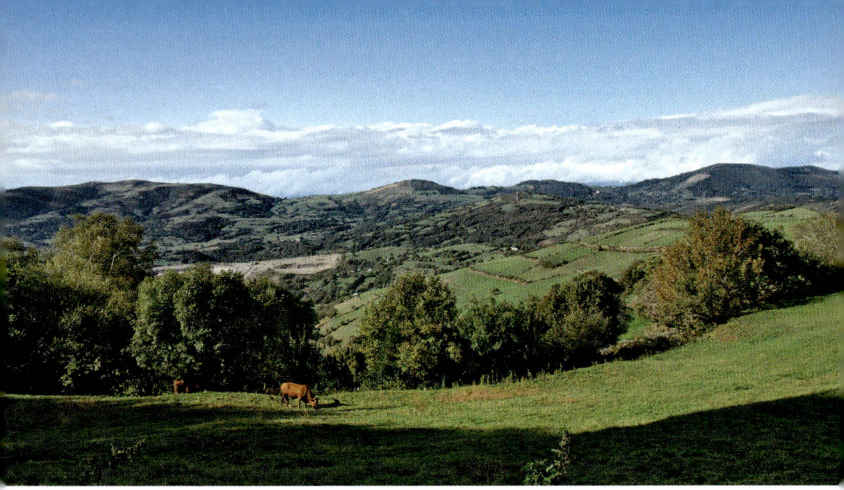

Beim Abstieg nach Triacastela bieten sich wunderbare Fernblicke.

*Die für die Region typischen **Pallozas** sind keltischen Ursprungs. In den ovalen Steinhäusern mit üppigen Strohdächern lebten Mensch und Tier, in O Cebreiro noch bis in die 1960er-Jahre.*
*O Cebreiro liegt im 102.000 ha großen Landschaftsschutzgebiet **Ancares-Courel**, dem westlichsten, im Schnitt gut 900 m hohen Ausläufer des kantabrischen Gebirges.*
***Kulinarisches:** Quesos D. O. O Cebreiro, Weichkäse aus Kuhmilch in Form eines Kochhutes, gerne zu Membrillo (Quittengelee) oder Honig (miel) . In Galicien allgemein: Queimada (eine Art hochprozentige Feuerzangenbowle), Ribeiro- und Albariño-Weißweine, Empanadas (gefüllte Teigpasteten).*

Wir gehen am Ortsrand vor der Herberge der Xunta in den leicht links ansteigenden Feldweg (»C. Complementario«; geradeaus der Hauptweg, »Camino Principal«; er verläuft auf einem Weg neben der Straße nach Liñares hinunter). Unser Weg steigt im Wald auf 1378 m an. Wieder bergab, gelangen wir am Waldrand auf eine Kiesstraße mit schöner Aussicht. Wir gehen rechts und im weiten Bogen nach **Liñares** ❺ (knapp 1 Std.). Ein Pfad neben der Straße führt uns zur Passhöhe **San Roque** ❻ (1270 m; 20 Min.), auf der sich ein bronzener Pilger in den Wind stemmt. Leicht ab- und ansteigend kommen wir in den Weiler **Hospital da Condesa** ❼ (20 Min.). Danach verläuft der Weg erst neben der Straße, dann nach rechts auf einem schönen Wald- und Feldweg. Ab dem Weiler Padornelo führt ein extrem steiler Betonweg auf den **Alto do Poio** ❽ (1337 m; gut 45 Min. ab Hospital) hinauf. Dies war die letzte große Hürde auf dem Weg nach Santiago.
Wir gehen auf dem Fußweg neben der Straße weiter. Nach knapp 10 Min. zweigt rechts eine Variante ab: Anders als auf dem Schild angegeben ist

diese 400 m länger und steigt 60 Hm auf und 100 Hm ab, verläuft dafür mit schönen Aussichten abseits der Straße. Der Hauptweg führt neben der Straße nach **Fonfría** ⑨ (45 Min.) und **O Biduedo** ⑩ (45 Min.). Danach geht es merklich bergab; bald ist rechts unten im Tal Triacastela auszumachen. Nach gut 45 Min. kommen wir nach **Fillobal** ⑪ und überqueren die Straße. Über einen sehr schönen Waldweg wandern wir nach **Pasantes** ⑫ (30 Min.) und **Ramil** ⑬ (20 Min.). Im Ort beeindruckt eine mächtige, angeblich über 800 Jahre alte Kastanie. Wenig später liegt links vom Weg die öffentliche Herberge, das Zentrum von **Triacastela** ⑭ befindet sich rund 500 m weiter.

i *Fast vier Wochen haben wir ab der französisch-spanischen Grenze bis nach* ***Triacastela*** *benötigt. Die Pilgernden im Mittelalter waren entschieden flotter unterwegs. Laut dem Pilgerführer Codex Calixtus endete hier, am Fuß des Cebreiro-Passes, die elfte, in Villafranca del Bierzo begonnene Etappe. In zwei weiteren Etappen ging es über Palas de Rei nach Santiago de Compostela. Neben drei Pilgerhospitälern gab es in Triacastela auch ein Pilgergefängnis, auf das aber nur noch ein Schildchen hinweist. Die* ***Iglesia de Santiago*** *erhielt ihren kuriosen Turm im 18. Jh., die romanische Apsis stammt aus dem 12. Jh.*

Im Mittelalter konnten die Pilgernden ihren kleinen Beitrag zum Bau der Kathedrale von Santiago leisten: Sie nahmen aus den Kalksteinbrüchen bei Triacastela einen Stein mit und trugen ihn fast 100 km weit bis zu den Kalköfen in Castañeda. Dort wurde draus der für die Arbeiten benötigte Kalk gebrannt.

Wie aus einer anderen Zeit: das Dorf Ramil kurz vor Triacastela.

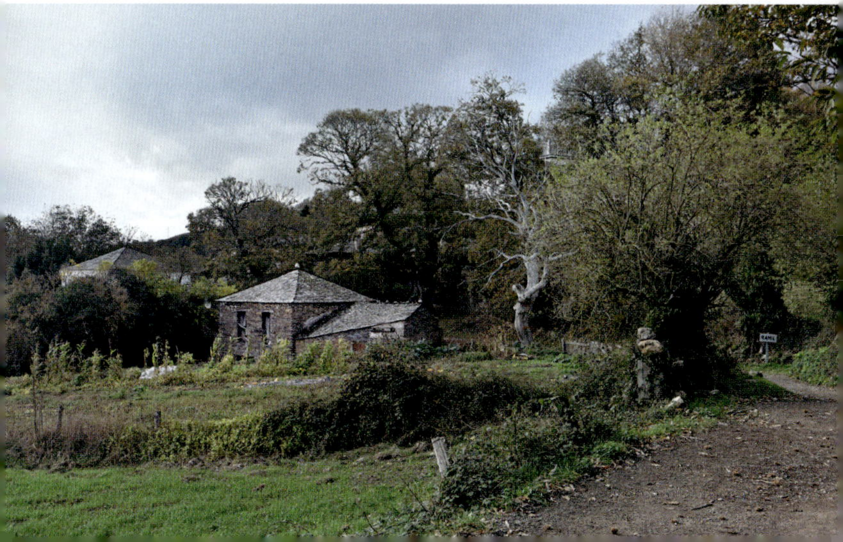

27a Triacastela – Barbadelo über Samos

7.45 h | 29,5 km
↗580 m | ↘690 m

Umweg über eines der ältesten christlichen Klöster

In Triacastela müssen wir uns entscheiden: über San Xil nach Sarria oder über Samos? Beide Routen haben ihre Vorzüge. Das Highlight auf dieser ist das rund 1500 Jahre alte Kloster von Samos. Danach wartet eine stille Wanderung über kleine Dörfer, vorbei an Wiesen und Feldern und durch Wälder. Sarria hat vermutlich die größte Herbergsdichte am Camino Francés: Hier beginnen viele Pilgernde die letzten 100 km, die für den Erhalt der Compostela mindestens notwendig sind.

Der Weg: Technisch einfach, wegen der Länge mittelschwer. Bis Samos teils neben LU-633, sonst Waldwege. Von Samos aus empfiehlt sich die lange, aber schönere Variante über Landsträßchen bis Perros/Calvor und dann nach Sarria.
Kritische Stellen: Keine.
Hinweis: Spätestens ab Sarria herrscht fast ganzjährig Hochbetrieb, besonders aber zur Saison. Mit dem Etappenende in Barbadelo kann man dem ausweichen (Bettenreservierung empfohlen).

Ab Triacastela (663 m, 200 EW)

3,8 km → **San Cristovo do Real** (586 m, 20 EW)

0,4 km → **Abzweig Herberge** (606 m)

XH **Alb. Casa Forte de Lusío**, , 60 B/10 €. 400 m links des Wegs. Restaurierter Palast. Küche (ohne Utensilien; kein Rest. in der Nähe), W/T. 13–22 Uhr, ganzjährig.

1,3 km → **Renche** (597 m, 120 EW)

4,6 km → **Samos** (530 m, 160 EW)

Kloster Mo–Sa 19.30 Uhr, So 12 Uhr

KH **Alb. Monasterio de Samos**, , 66 B/Spende (EZ/DZ in Hospedería). Eingang bei Tankstelle. Benediktinerkloster, Tel. +34 982 546 046. Einfach, christlich geprägt; ein großer Schlafsaal. Kaum beheizt, kein Internet. Rezeption ca. 14–16 Uhr, April–Okt. abadiadesamos.com

TH **Alb. Tras do Convento**, , 6 B/15 € (2 DZ 35 €). Tel. +34 982 546 051. W/T, Bar/Rest. Ab 13 Uhr, April–Nov.

TH **Alb. Val de Samos**, , 48 B/15 €. Tel. +34 609 638 801. W/T, Küche komfortabel. 11–22 Uhr, Ostern–Okt. valdesamos.com

2,9 km → **O Vao** (515 m)

2,1 km → **Gorolfe** (501 m, 3 EW)

Hotel Casa de Díaz (abseits des Wegs). hotelcasadediaz.com

3,2 km → **Sivil** (490 m, 10 EW)

Hotel A Fonte das Bodas, Tel. +34 982 061 910. afontedasbodas.com

2,2 km → **Aguiada** (497 m, 30 EW)

2,8 km → **Camping Vila de Sarria** (432 m)

Tel. +34 671 681 333. campingviladesarria.com

0,8 km → **Sarria/Ortsanfang** (422 m)

PH **Alb. A Pedra**, , 25 B/ab 12 € (4 DZ 45 €, 2 EZ 35 €). Tel. +34 652 517 199. Küche, W/T, Garten; gem. Abendessen. Recht gemütlich. 12–22.30 Uhr, 15. März–Nov. albergueapedra.com

TH **Alb. Oasis**, , 27 B/12 €. Tel. +34 605 948 644. Schönes Steinhaus. W/T, Küche, Bar/Rest. 11.30–22.30 Uhr, ganzjährig (Winter vorher anfragen). albergueoasis.com

TH **Alb. Alma do Camiño**, , 100 B/ab 14 € (EZ/DZ Info vor Ort). Nahe

Centro de Salud/Gesundheitszentrum). Tel. +34 629 822 036. Küche, W/T; Massagen; 50 Stockbetten und 50 normale Betten. 13–22.30 Uhr, März–Okt. almadelcamino.com

1,1 km → **Sarria/Zentrum** (446 m, 13.300 EW)

Igl. de Santa Marina, Pilgermesse tgl. 19.30 Uhr

Rúa Calvo Sotelo 136, Tel. +34 982 532 412

- PH **Alb. Credencial**, ◎◎◎, 28 B/12 € (3 EZ 45 €, 6 DZ 60 €). 700 m vor dem Zentrum. Tel. +34 982 876 455. W/T, Bar. Großer Schlafsaal, recht geräumig, modern. 7–23 Uhr, ganzjährig. alberguecredencial.es
- TH **Alb. Puente Ribeira**, ◎◎◎, 30 B/12 € (EZ 35 €, DZ 50 €). 500 m vor dem Zentrum. Tel. +34 698 175 619. W/T, Frühstück; großer Gemeinschaftsraum. 7–22.30 Uhr, März–Mitte Nov.
- TH **Alb. Casa Peltre**, ◎◎◎, 22 B/12 €. Escalinata Mayor 10, Tel. +34 606 226 067. Küche, W/T, sehr schönes altes Haus mit Garten. 11–22.30 Uhr, Ostern–Okt. alberguecasapeltre.es
- PH **Alb. Mayor**, ◎◎◎, 16 B/13 €. Rúa Maior 64, Tel. +34 614 342 335. Küche, W/T; klein und fein. 12–22 Uhr, ganzjährig (Winter mit Reservierung). alberguemayor.es
- PH **Alb. Obradoiro**, ◎◎◎, 38 B/11 €. Rúa Maior 49, Tel. +34 982 532 442. W/T, Küche, Garten; viele Betten pro Zimmer, aber viel Platz und hell. 11–23 Uhr, April–Okt.
- XH **Alb. de Sarria**, ◎◎, 40 B/10 €. Rúa Maior 79. Küche (ohne Utensilien), W/T. 13–23 Uhr, ganzjährig.
- PH **Alb. O Durmiñento**, ◎◎◎, 38 B/12 €. Rúa Maior 44, Tel. +34 600 862 508. Geräumig, W/T; Terrasse. 12–22.30 Uhr, Mitte März–Mitte Nov.
- PH **Alb. Internacional**, ◎◎◎, 43 B/12 € (2 DZ ab 45 €). Rúa Maior 57, Tel. +34 982 535 109. W/T, Bar/Rest., Terrasse, Garten; große Schlafsäle. Ab 6 Uhr, Ostern–Okt.
- TH **Alb. Los Blasones**, ◎◎◎, 45 B/10–12 € (EZ 35 €, DZ 40 €). Rúa Maior 31, Tel. +34 600 512 565. 500 Jahre alter ehem. Stadtpalast. Küche, W/T, Mahlzeiten. Massagen, Garten. 12–21 Uhr, April–Okt. alberguelosblasones.com
- PH **Alb. Don Álvaro**, ◎◎◎, 48 B/16 € (DZ 56 €). Rúa Maior 10, Tel. +34 686 468 803. Küche, W/T. Kaminzimmer, Garten; 8 bis 14 B/Zi., geräumig. 11–23 Uhr, März–Mitte Nov. alberguedonalvaro.com
- PH **Alb. Matías Locanda**, ◎◎◎, 32 B/ab 12 € (DZ ab 45 €). Rúa Maior 8, Tel. +34 982 534 285. W/T, Küche; Pizzeria, Garten. 12–22.30 Uhr, März–Okt. matiaslocanda.es
- PH **Alb. Monasterio de la Magdalena**, ◎◎◎, 110 B/12 €. Am Weg oberhalb des Zentrums. Tel. +34 982 533 568, Reservierung nur online (s. u.). Großherberge, ideal für Gruppen. Küche, W/T. Tgl. Messe im Kloster Sommer 20 Uhr, Winter 18.30 Uhr, So/Fei 13 Uhr. 11–23 Uhr, März/April–Okt. alberguesdelcamino.com
- TH **Alb. San Lázaro**, ◎◎◎, 28 B/ab 12 € (EZ 25 €, DZ 35 und 40 €). Nahe Bhf. Tel. +34 982 530 626. W/T, Mikrowelle; Terrasse im Innenhof, viel Plaz, gemütlich. 12–22.30 Uhr, Ostern–Okt. alberguesanlazaro.com

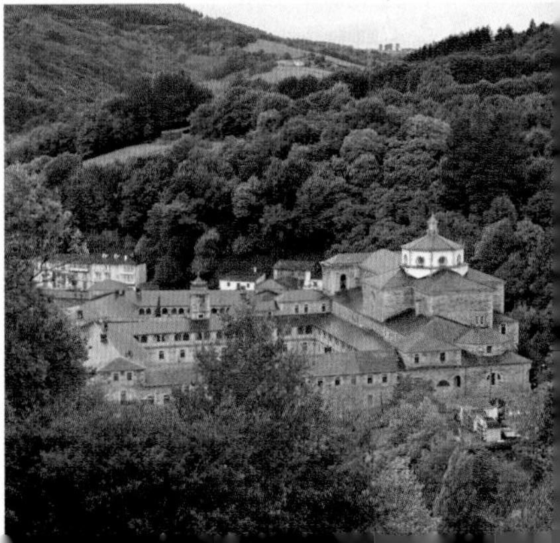

Blick auf das Kloster Samos.

- TH **Alb. HR**, 53 B/ab 13 € (DZ ab 60 €). Rúa Fray Luis de Granada 54 (nördl. der Altstadt), Tel. 667 897 506 (WhatsApp). Küche, W/T. 14–22 Uhr, März–Okt. alberguehr.com

3,6 km → Vilei (521 m, 30 EW)

- PH **Pensión-Alb. Casa Barbadelo**, 48 B/12–15 € (5 DZ 55 €). Tel. +34 982 531 934. W/T, Bar/Rest.; Garten, Pool. 6–22 Uhr, April–Nov. barbadelo.com

0,7 km → Barbadelo (551 m, 10 EW)

- TH **Alb. O Pombal**, 12 B/12 €. 350 m nach Vilei links. Tel. +34 686 718 732. W/T, Küche; Garten. 13–23 Uhr, Ostern–Nov.
- XH **Alb. de Barbadelo**, 18 B/10 €. Küche (ohne Utensilien), W/T. 13–23 Uhr, ganzjährig.
- PH **Alb. Casa Carmen**, 20 B/15 €. Tel. +34 606 156 705. W/T, Küche, Cafetería; Garten. Ab 12 Uhr, April–Nov.

Am Ortsende von **Triacastela** ❶ gehen wir links (Wegstein km 138,514/»Por Samos 19,73 km«) und neben der Landstraße (LU-633) bis **San Cristovo do Real** ❷ (1 Std.). Am Ortsanfang verlassen wir die Straße nach rechts und wandern auf einem auf- und absteigenden Waldweg entlang des Río Oribio, dabei passieren wir den Abzweig nach links zur jenseits der LU-633 gelegenen **Alb. Casa Forte de Lusío**. Bei einer alten Mühle überqueren wir den Bach nach links, gehen gleich danach rechts und hinauf nach **Renche** ❸ (knapp 30 Min.). Nach dem Ort geht es bergab, über den Bach und

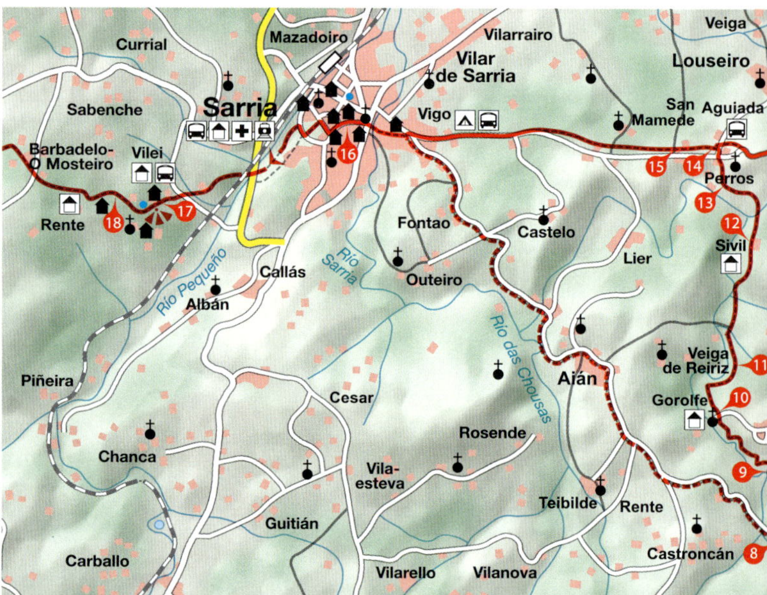

weiter auf dem welligen Weg nach **Freituxe** ❹ (knapp 30 Min.) und nach **San Martiño do Real** ❺ (knapp 30 Min.). Der Weg steigt noch weiter an und führt dann links oberhalb der Straße hinunter nach **Samos** ❻ (30 Min.).

i *Die **Abadía de Samos** gilt als eines der ältesten Klöster Spaniens. Als Monasterio de San Julián de Samos wurde es vermutlich im 6. Jh. gegründet. Ende des 8. Jh. wurde der spätere asturische König Alfonso II., el Casto (der Keusche), in Samos erzogen. Während seiner Regentschaft wurde das Apostelgrab gefunden. Seine Pilgerreise auf der heute als Camino Primitivo (dt. der ursprüngliche/erste Weg) bekannten Route von Oviedo (Asturien) nach Santiago de Compostela gilt als Beginn des Jakobuskultes. Im 16. Jh. erlebte das Benediktinerstift seine Blütezeit. Während des Krieges gegen Napoleon (Anfang 19. Jh.) diente das Kloster als Lazarett. Im Zuge der Auflösung der Klöster verließen die Mönche Mitte des 19. Jh. die Abtei, kehrten aber 1880 zurück. Derzeit leben rund 12 Mönche im Kloster.*
*Bei der Führung (auf Spanisch) durch das Kloster sieht man das romanische Portal der alten Kirche (12. Jh.), den kleinen gotischen Kreuzgang (16. Jh., wegen der Brunnenskulpturen aus dem 18. Jh. auch **Claustro de las Nereidas**, Kreuzgang der Wassergeister, genannt), den mit einer Sei-*

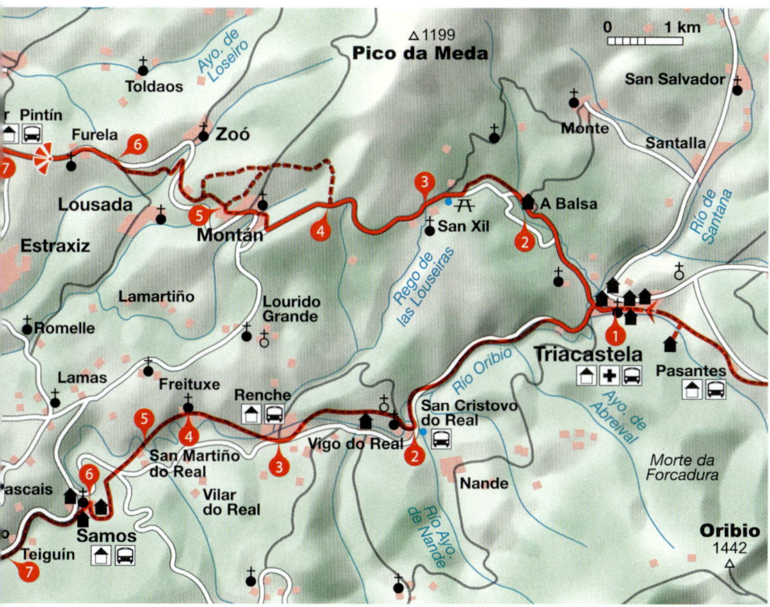

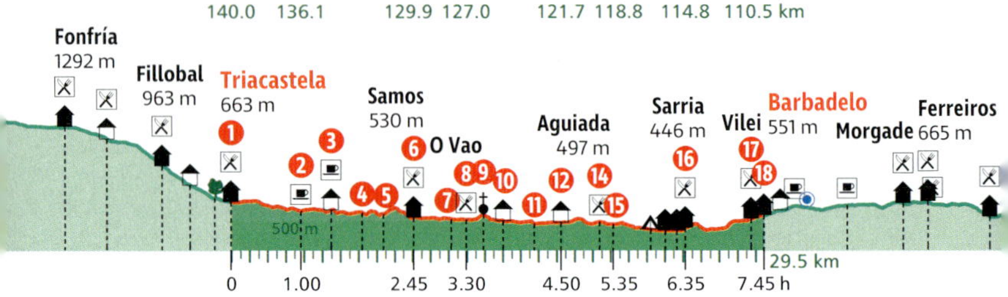

*tenlänge von 56 x 56 m größten Kreuzgang Spaniens (**Claustro grande**, 17. Jh.) sowie die Klosterkirche aus dem 18. Jh. Mit etwas Glück hört man während der Besichtigung die mit 3850 Pfeifen bestückte Kirchenorgel. Nicht öffentlich zugänglich ist die über 30.000 historische Bände umfassende **Bibliothek**. Sie und große Teile des Klosters mussten 1951 nach einem verheerenden Brand – beim Schnapsbrennen war ein Tank reinen Alkohols in die Luft geflogen – wieder aufgebaut werden. Die Wandmalereien im ersten Stock des großen Kreuzganges mit Episoden aus dem Leben Sankt Benedikts wurden 1957 geschaffen. Seit 2015 gehört das Kloster als Teil des Jakobswegs zum UNESCO-Weltkulturerbe.*
Messe: Mo–Sa 19.30 Uhr, So 12 Uhr.
***Führungen:** Mo–Sa 10, 11, 12, 17.30 und 18.30 Uhr, So/Fei 12.45, 16.30, 17.30 und 18.30 Uhr, bzw. laut Aushang, 5 €; abadiadesamos.com.*
*Außerhalb des Ortes steht die **Capilla del Salvador** (mozarabischer Baustil, 9./10. Jh.). Wegen der über 25 m hohen, angeblich über 1000 Jahre alten Zypresse daneben wird sie auch Capilla del Ciprés genannt.*

Sehr idyllisch ist die Variante abseits der Straße von Samos nach Sarria.

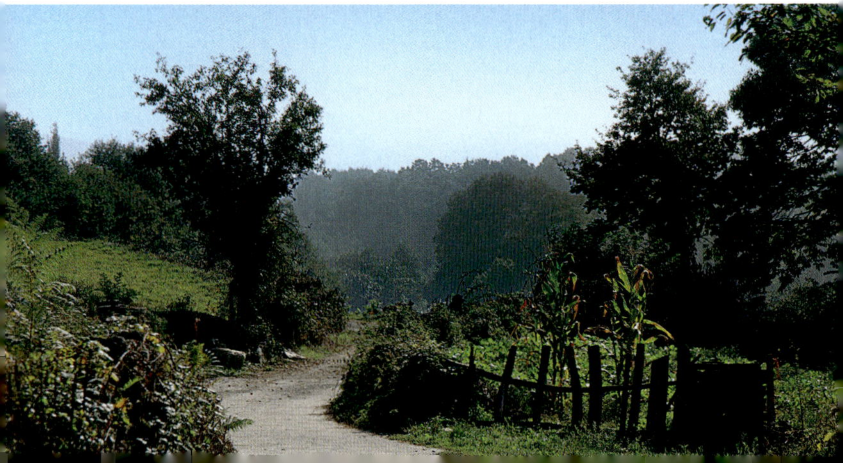

Die **Straßenvariante** (LU-633) führt ab Samos über **Foxos** (15 Min.), **Teiguín** ❼ (15 Min.) und **Aián** (1.15 Std) nach **Sarria** ⓰ (1 Std.).
Für den schöneren Weg passieren wir **Teiguín** ❼ (30 Min.) und biegen beim Weiler **O Vao** ❽ (15 Min.; Restaurant) nach rechts ab. 15 Min. folgen wir nach links dem Sträßchen und gehen bei der **Kapelle** ❾ ebenfalls links (Haus A Rectoral, Wegstein km 125,318). Etwa 20 Min. später biegen wir in **Gorolfe** ❿ bei der Kapelle San Xumil in das Sträßchen rechts ein (nach links und bei nächster Gelegenheit rechts: Hotel Casa de Díaz) und nehmen kurz danach den Pfad nach links. Er führt uns wieder zu einem Sträßchen und weiter nach **Veiga de Reiriz** ⓫ (knapp 30 Min.) und zum Gehöft **Sivil** ⓬ (20 Min.). Dort halten wir uns links und wandern weiter auf dem Sträßchen nach **Perros** ⓭ (knapp 30 Min)und **Aguiada** ⓮ (10 Min.), wo wir links in den Camino (Etappe 27b) einbiegen, etwa 500 m nach rechts liegt die Herberge der Xunta bei **Calvor** ❼. Auf einem Pfad neben der Straße passieren wir **San Mamede** ⓯ (15 Min.) und erreichen geradeaus weiter die Außenbezirke von Sarria (45 Min.). Von dort gelangen wir durch die moderne Unterstadt (Banken, Läden) hinauf ins historische Zentrum von **Sarria** ⓰ (15 Min.).

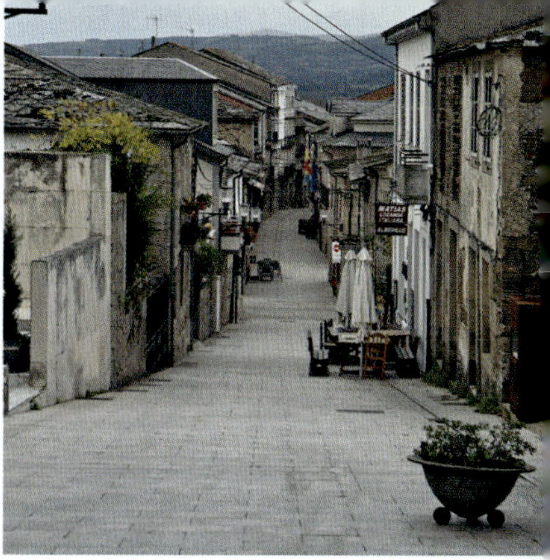

Ungewöhnlich leer: Rúa Maior in Sarria.

i *»In **Sarria** endet der Jakobsweg«, ist oft zu hören, da spätestens ab hier die Pilgermassen schlagartig zunehmen. Der Grund: Wer mindestens 100 km gepilgert ist, erhält die Pilgerbescheinigung »Compostela«. Diese Distanz beginnt rund 15 km nach Sarria. Die Regelung wird immer wieder kritisiert. 2022 zeigten sich mehrere Jakobswegvereinigungen um die Zukunft der Jakobswege besorgt: Die Minimaldistanz werde dem eigentlichen Geist des Pilgerns nicht gerecht. Wer nach vielen Wochen des Pilgerns und der Entbehrungen auf die »Kurzstreckenpilger« trifft, weiß, was damit gemeint ist. Als Alternative wurde eine Anhebung auf 300 km vorgeschlagen. Eine Umsetzung ist jedoch nicht in Sicht.*
***Kulinarisches:** Jeden 6., 20. und 27. des Monats gibt es in der Nähe des alten Festungsturms einen großen Vieh- und Lebensmittelmarkt.*

Wir durchqueren die Altstadt auf der Rúa Maior. Nach dem Monasterio de la Magdalena (im 13. Jh. gegründet) geht es bergab, über die Bahn, dann steil bergauf und zuletzt über schöne Feld- und Waldwege nach **Vilei** ⓱ und 600 m weiter nach **Barbadelo** ⓲ (knapp 1.15 Std. ab Sarria). Die Iglesia de Santiago war Teil eines Klosters, das im 11. Jh. Samos unterstand.

27b Triacastela – Barbadelo über San Xil

6.00 h	22,0 km
↗ 510 m	↘ 630 m

Geruhsame Wanderung durch das ländliche Galicien

Der Weg über San Xil punktet durch seine ländliche Abgeschiedenheit. Mal auf schmalen Sträßchen, mal auf Waldwegen zieht er sich durch eine weite, sanfthügelige Landschaft und berührt dabei nur kleine Dörfchen.

Der Weg: Durch stetes Auf und Ab mittelschwer. Teils kleine Asphaltstraßen, teils unbefestigte Fahrwege.
Kritische Stellen: Keine.

Ab Triacastela (663 m, 200 EW)
1,8 km → **A Balsa** (710 m, 20 EW)
PH **Alb. ecológico El Beso**, 16 B/13 €. Tel. +34 633 550 557 (WhatsApp, Telegram). Bar (nur für Übernachtungsgäste), gemeins. Abendessen, Frühstück (alles aus Bioprodukten und rein vegan; in der Herberge dürfen keine nicht-veganen Lebensmittel verzehrt werden); Waschm., Garten, alter Kastanienwald. 13–22 Uhr, April–Nov. elbeso.org
5,0 km → **Montán** (766 m, 30 EW)
2,5 km → **Furela** (665 m, 20 EW)
1,7 km → **Pintín** (622 m, 30 EW)
Pensión-Rest. Casa Cines, Tel. +34 982 090 837. casacines.com
1,3 km → **Calvor** (521 m, 80 EW)
XH **Alb. de Calvor**, 22 B/10 €. Küche (ohne Utensilien), W/T. Außerorts gelegen. 13–23 Uhr, ganzjährig.
0,5 km → **Aguiada** (497 m, 30 EW)
2,8 km → **Camping Vila de Sarria** (432 m)
Tel. +34 671 681 333. campingviladesarria.com
0,8 km → **Sarria/Ortsanfang** (422 m)
Herbergen und Infrastruktur bis Barbadelo siehe Etappe 27a, ab S. 220

Schöner Waldweg kurz nach A Balsa.

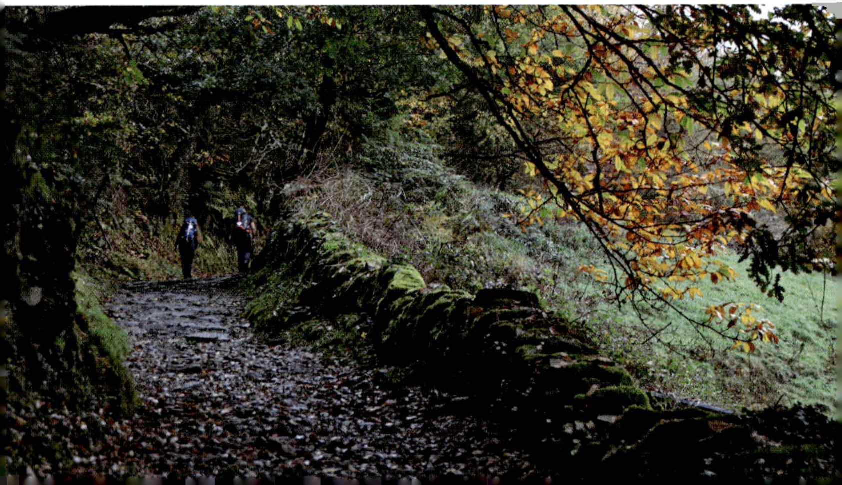

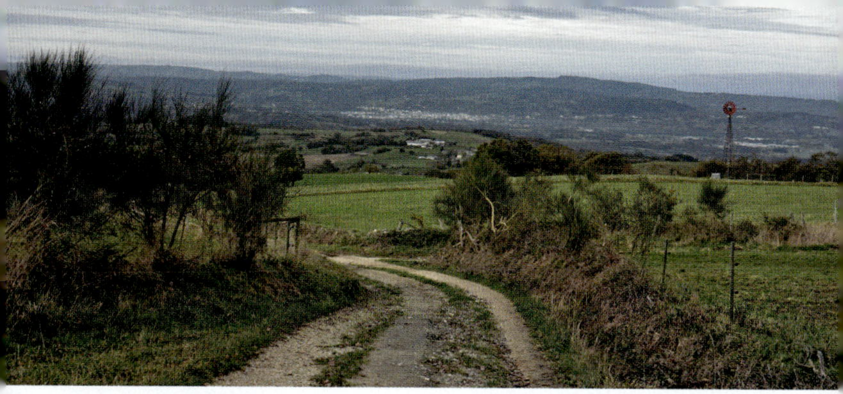

Weitblick bis nach Sarria.

Wir gehen am Ende von **Triacastela** ❶ rechts (Wegstein km 131,242/»Por San Xil 12,53 km«), über die LU-633 und auf dem Sträßchen (Schild »San Xil«) durch Wald und an Feldern vorbei hinauf zum Weiler **A Balsa** ❷ (30 Min.). Erst auf einem alten Karrenweg, dann auf einem Sträßchen geht es nach **San Xil** ❸ (gut 30 Min.) und weiter auf dem Sträßchen zum **Alto de Riocabo** ❹ (ca. 30 Min.). Der Wegstein leitet uns direkt nach **Montán** ❺ (30 Min.). Der gelbe Pfeil dagegen weist nach rechts auf die ca. 500 m längere Variante: auf dem Fahrweg kurz bergan, dann bergab, durch eine enge Linkskurve und ansteigend zu einem Steinhaus: nach links direkt nach Montán oder geradeaus zum Hauptweg, ohne Montán zu berühren. Dann meist auf Sträßchen über **Furela** ❻ (knapp 45 Min.) und **Pintín** (knapp 30 Min.) zur an der Straße stehenden öffentl. Herberge von **Calvor** ❼ (knapp 30 Min.). 10 Min. weiter gibt es in **Aguiada** ⓮ und kurz danach Einkehrmöglichkeiten (von links Etappe 27a). Auf dem Weg neben der Straße kommen wir durch **San Mamede** ⓯ (10 Min.) nach **Sarria** ⓰ (1 Std.) und durchqueren die Altstadt auf der Rúa Maior. Nach dem Monasterio de la Magdalena geht es bergab, über die Bahn, dann steil bergauf und zuletzt über schöne Feld- und Waldwege nach **Vilei** ⓱ und in nahe **Barbadelo** ⓲ (1.15 Std.).

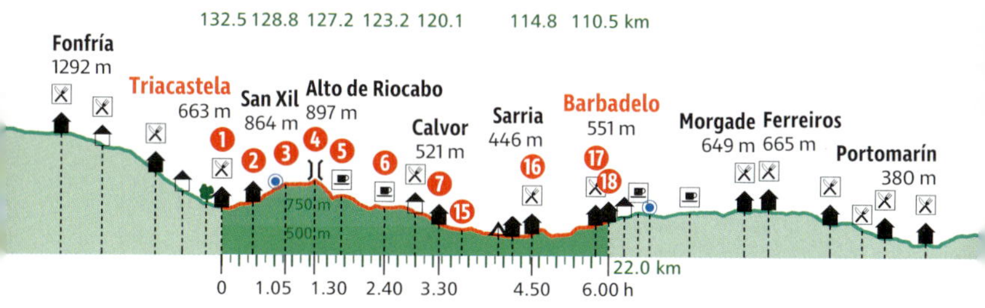

28 Barbadelo – Hospital da Cruz

8.00 h	29,6 km
↗670 m	↘550 m

Wir knacken die 100-km-Marke

Der Wegstein mit der »100« darauf ist vermutlich einer der meist fotografierten am Camino. Zum ersten Mal ist die verbleibende Distanz bis Santiago nur noch zweistellig. Wir wandern weiterhin durch eine typisch galicische Landschaft mit kleinen Weilern, Wäldern, Kuhweiden und Feldern. Einzig größere Stadt ist Portomarín. Als in den 1960er-Jahren der Belesar-Stausse angelegt wurde, zog der ganze Ort auf die Anhöhe um. In den immer häufigeren Trockenperioden wird der See oft zu einer Pfütze.

Der Weg: Einfach bis mittelschwer. Landstraßen, Feld- und Waldwege. Auf den Abstieg nach Portomarín folgt ein langer, anfangs steiler Aufstieg.
Kritische Stellen: Hinter Vilachá geht es durch einen abschüssigen, engen Felskanal, eine einfachere Alternative ist ausgeschildert.
Variante: Nach Überqueren der Brücke hinter Portomarín zweigt links eine rund 700 m längere Variante ab. Sie führt durch den Weiler San Roque und steigt dann durch Wald und Felder an. Oben geht es an der T-Kreuzung links, dann gleich rechts, hinter der Geflügelfarm zur LU-633 und mit dem Hauptweg weiter.
Hinweis: 1,4 km nach Hospital da Cruz gibt es in Ventas de Narón zwei weitere Herbergen (vgl. Etappe 29).

Ab Barbadelo (551 m, 10 EW)
0,9 km → **Rente** (593 m, 10 EW)
- Casa rural **Casanova de Rente**. casanovaderente.com

0,8 km → **A Serra** (630 m, 10 EW)

2,9 km → **Peruscallo** (635 m, 30 EW)

2,5 km → **A Brea** (655 m, 10 EW)

0,6 km → **Morgade** (649 m, 2 EW)
- TH **Alb. Casa Morgade**, 3 Muscheln, 6 B/16 € (EZ 42 €, DZ 45 €). Tel. +34 676 535 369. W/T, Bar/Rest.; normale Betten in 2er-/3er-/4er-Zi., Garten. 8–22 Uhr, März–Nov. casamorgade.gal

1,4 km → **Ferreiros** (665 m, 80 EW)
- XH **Alb. de Ferreiros**, 2 Muscheln, 22 B/10 €. Küche (ohne Utensilien), W/T. 13–23 Uhr, ganzjährig.
- TH **Alb. Casa Cruceiro de Ferreiros**, 3 Muscheln, 24 B/14 € (EZ/DZ 55 €, 3er-Zi. 75 €). Tel. +34 639 020 064. Rest./Bar (ab 10 Uhr), W/T; Garten. Check-in 11–21 Uhr, Ostern–ca. 15. Nov. casacruceirodeferreiros.com

0,3 km → **Mirallos** (639 m, 2 EW)

0,5 km → **A Pena** (640 m, 20 EW)
- TH **Alb. Km 100 Casa do Rego**, 2½ Muscheln, 6 B/15 € (DZ 60 €). Tel. +34 648 529 201. W/T, gemeins. Abendessen, Bar/Rest. Check-in 12–22 Uhr, Mitte April–Nov. km100casadorego.com

2,7 km → **Mercadoiro** (536 m, 10 EW)
- kurz nach dem Dorf, Souvenirs
- TH **Alb. de Mercadoiro**, 2½ Muscheln, 22 B/12 € (3 DZ 50–60 €). Tel. +34 982 545 359. W/T. Bar/Rest. Betten recht eng gestellt. Steinhaus mit Garten. Ganztags, März–Mitte Nov. mercadoiro.com

1,7 km → **A Perrocha** (490 m, 10 EW)

1,3 km → **Vilachá** (422 m, 10 EW)

- PH **Alb. Casa Banderas**, 🐚🐚🐚, 9 B. Öffnung 2024 geplant, Info vor Ort. Tel. +34 682 179 589 (WhatsApp, auch engl.). W/T, gemeins. Abendessen, Frühstück. 13–22 Uhr, April–Okt. es.casabanderas.com

2,3 km → Portomarín (380 m, 1300 EW)

Mo–Fr 20.30 Uhr, Sa 20 Uhr, So 12.30 Uhr

Rúa Lugo 5, Tel. +34 982 545 113

- PH **Alb. Ferramenteiro**, 🐚🐚, 130 B/ 13 €. Ortsanfang. Tel. +34 982 545 362. Küche, W/T, Frühstück. Große Schlafsäle. 12.30–23 Uhr, März–Okt. albergueferramenteiro.com
- TH **Alb. Pasiño a Pasiño**, 🐚🐚🐚, 30 B/ ab 13 €. Rúa de Compostela 12, Tel. +34 665 667 243. Küche, W/T; gute Betten, viel Platz, hell; kleiner Garten. 11–23 Uhr, ganzjährig. pasinapasin.es
- TH **Alb. Huellas**, 🐚🐚🐚, 6 B/18 €. Rúa do Peregrino 15, Tel. +34 684 330 078 (WhatsApp). Küche, W/T. Ab 11 Uhr, ganzjährig. alberguehuellas.com
- TH **Alb. Casa Cruz**, 🐚🐚, 16 B/14 €. Rúa Benigno Quiroga 16, Tel. +34 652 204 548. Küche, W/T, Bar/Rest. Ein großer Schlafsaal. 11–23 Uhr, März–Jan. casacruzportomarin.com
- PH **Alb. Novo Porto**, 🐚🐚, 22 B/12 €. Rúa Benigno Quiroga 12, Tel. +34 610 436 736. W/T, Küche. Ein großer Schlafsaal. 10–22 Uhr, März–Nov. alberguenovoporto.com
- PH **Alb. Porto Santiago**, 🐚🐚, 7 B + EZ/DZ/15–80 €. Rúa Diputación 8, Tel. +34 618 826 515. Küche, Frühstück, W/T, Garten; Betten etwas eng gestellt. 11–23 Uhr, ganzjährig. albergueportosantiago.com
- TH **Alb. Ultreia**, 🐚🐚🐚, 14 B/14 € (DZ ab 35 €). Rúa Diputación 9, Tel. +34 982 545 067. Küche, W/T; Frühstück; großer Schlafsaal. 10–23 Uhr, ganzjährig. ultreiaportomarin.com
- TH **Alb. Manuel**, 🐚🐚, 16 B/14 € (1 EZ 30 €, 2 DZ 37 €). Rúa do Miño 1, Tel. +34 982 545 385 und +34 679 754 718. Küche, W/T. Einfach, aber recht charmant. 13–22 Uhr, ganzjährig. alberguemanuel.com
- TH **Alb. Casa do Marabillas**, 🐚🐚🐚, 6 B/15 € (1 EZ 35 €, 2 DZ 40 und 50 €). Camiño do Monte 3, Tel. +34 744 450 425. Küche, Frühstück, W/T, Terrasse, Garten; klein und familiär. 13–23 Uhr, April–Okt. casadomarabillas.com
- XH **Alb. de Portomarín**, 🐚🐚, 114 B/ 10 €. Rúa Fraga Iribarne. Küche (ohne Utensilien), W/T. 13–23 Uhr, ganzjährig.
- TH **Alb. Aqua Portomarín**, 🐚🐚, 10 B/ 12 € (EZ 35 €, DZ 40 €). Rúa Barreiros 2, Tel. +34 608 921 372. W/T, Küche; Frühstück. 12–24 Uhr, März–Nov.
- PH **Alb. Folgueira**, 🐚🐚, 32 B/14 €. Avda. Chantada 18 (Ortsausang), Tel. +34 659 445 651. W/T, Küche, Frühstück; ein Schlafsaal. 10–23 Uhr, ganzjährig. alberguefolgueira.com
- **Casa Rural Santa Mariña**, etwas außerhalb sehr schön über dem Stausee gelegene Landpension mit Bungalows, Zeltplatz und nettem Rest., Tel. +34 982 545 105. casaruralsantamaria.com

7,7 km → Gonzar (550 m, 30 EW)

- TH **Alb.-Hostería de Gonzar**, 🐚🐚, 20 B/ 12 € (3 EZ 40 €, 10 DZ 50 €). Tel. +34 689 609 407. Bar/Rest., W/T, Garten, Pool; viel Platz. 7–22 Uhr, März–Nov. hosteriadegonzar.com
- XH **Alb. de Gonzar**, 🐚🐚, 28 B/10 €. An Straße. Küche (ohne Utensilien), W/T. 13–23 Uhr, ganzjährig.
- PH **Alb. Casa García**, 🐚🐚🐚, 26 B/12 € (4 DZ 35 €). Tel. +34 982 157 842. Dorfhaus in Ortsmitte. W/T, Bar/Rest. Ganztags, März–Nov.

1,0 km → Castromaior (550 m, 30 EW)

3,0 km → Hospital da Cruz (Alto da Cruz; (678 m, 8 EW)

Bar/Rest. rechts von Herberge und auch geradeaus am Weiterweg

- XH **Alb. de Hospital da Cruz**, 🐚🐚, 32 B/10 €. An Straße. Küche (ein paar wenige Utensilien), W/T. 13–23 Uhr, ganzjährig.

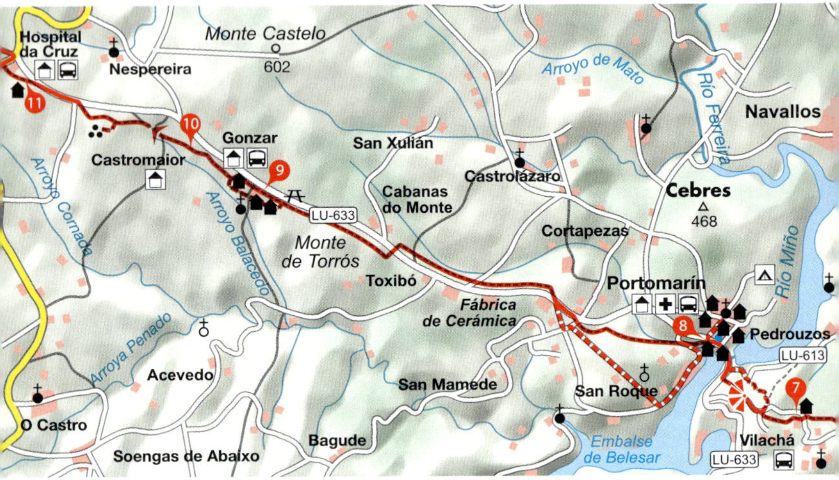

Von **Barbadelo** ❶ wandern wir durch kleine, malerische Siedlungen und teils durch Wald an der Molino de Marzán (gut 45 Min.) vorbei nach **Peruscallo** ❷ (30 Min.). Weiter im Wechsel von Feldern, Weiden und Dörfern

Schönes Wegstück auf der Hochebene hinter Portomarín.

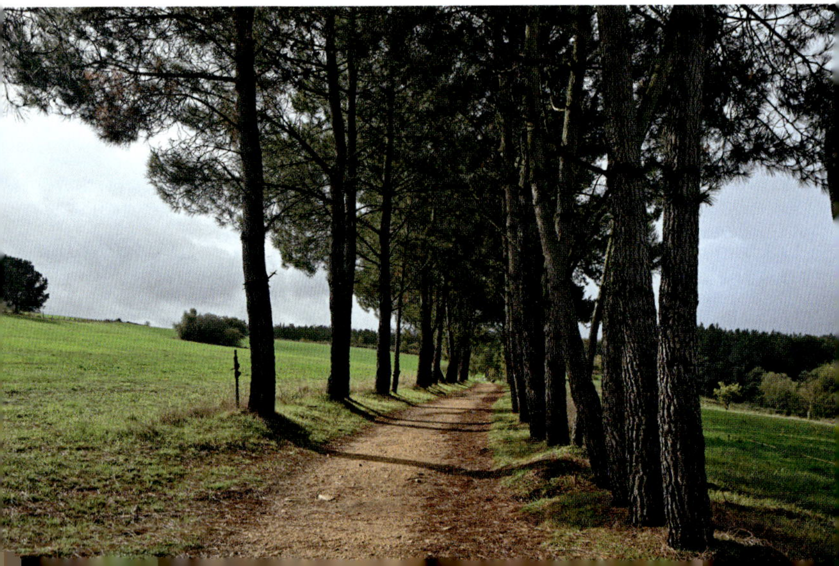

gelangen wir nach **Morgade** ❸ (45 Min.), **Ferreiros** ❹ (20 Min.) und **Mirallos** (5 Min). 5 Min. später steht kurz vor **A Pena** der Wegstein **Km 100** ❺ am Weg. Weiter durch **As Rozas** (10 Min.; in der »Casa de Campo« Getränke und Häppchen gegen Spende) nach **Mercadoiro** ❻ (30 Min.). Durch Moutras und A Parrocha gelangen wir nach **Vilachá** ❼ (gut 45 Min.). Kurz danach verzweigt sich der Weg: Der Hauptweg biegt links ab (rechts die fast gleich lange Alternative) und steigt nach wenigen Minuten durch einen engen und steilen Felskanal zur LU-633 ab. Dort rechts und links über die Brücke. Dann geht es die steile Treppe hinauf, oben schräg rechts und bei dem Brunnen links an der kleinen Grünanlage vorbei an den Beginn der Altstadt von **Portomarín** ❽ (knapp 45 Min.). Rechts kommt man ins Zentrum.

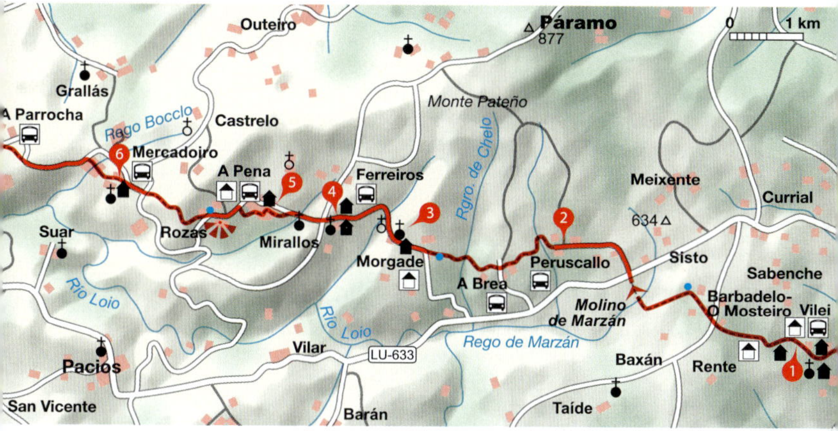

Kollektiver Umzug lautete die Devise, als in den 1960er-Jahren der Río Miño für den ***Embalse de Belesar*** *aufgestaut wurde. Das einst wohlhabende* ***Portomarín*** *musste dem Wasser weichen, lediglich die beiden Kirchen wurden Stein für Stein abgetragen und im neuen Ort wieder aufgebaut. Die festungsähnliche* ***Iglesia de San Nicolás*** *(Ende 12. Jh.) ist Werk eines Schülers des Meisters Mateo, Schöpfer der Pórtico de la Gloria, der Kathedrale von Santiago. Am deutlichsten lässt sich der Einfluss Meister Mateos in der figürlichen Gestaltung des Hauptportals erkennen.*
Kulinarisches: *Portomarín ist berühmt für* ***Orujo****, einen hochprozentigen, Grappa ähnlichen Schnaps. Der mildere – aber auch hochprozentige! –* ***Orujo de Hierbas*** *ist ein gerne als Verdauungstrunk genommener Kräuterschnaps. Am Ostersonntag gibt es ein Fest rund um den Orujo.*

Wir verlassen Portomarín nach links unten auf der Hauptstraße. Nach der Alb. Folgueira gehen wir links in die LU-633 und nach rechts über eine Brü-

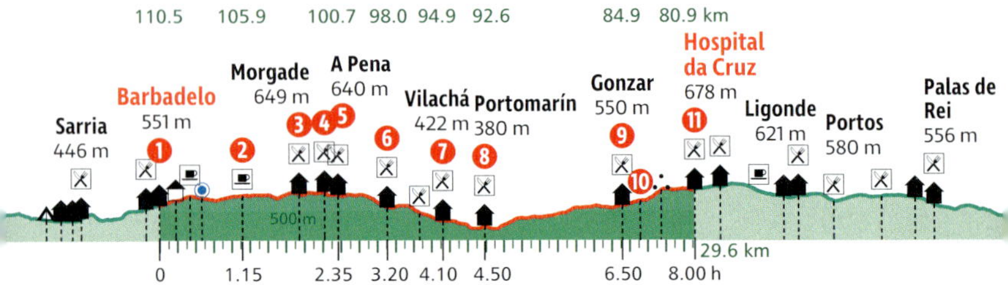

cke. Danach rechts (links: Variante) und gut 30 Min. durch den Wald recht steil bergauf (Wegsteine mit »C. Complementario«, wir sind aber richtig auf dem Hauptweg). Bei der Ziegelfabrik stoßen wir wieder auf die LU-633 und folgen ihr geradeaus. Dann gehen wir neben der LU-633 und verlassen sie nach der (stinkenden) Geflügelfarm nach links. Erst abseits, dann wieder neben der Straße, kommen wir bis kurz vor Gonzar.
Man kann an der Straße bleiben oder nach links und rechts durch **Gonzar** 9 (2 Std. ab Portomarín) durchgehen. Wieder abseits der Straße, erreichen wir **Castromaior** 10 (20 Min.). Danach geht es steil bergauf zum Abzweig zum »Castro de Castromaior« (20 Min.). Der rund 200 m lange Abstecher nach links zur Ausgrabungsstätte der keltischen Siedlung lohnt sich. Der Weg steigt noch kurz weiter bergan, dann bergab und gelangt neben der LU-633 zum Weiler **Hospital da Cruz** 11 (30 Min.).

Rekonstruierte Grundmauern der ehemaligen Keltensiedlung bei Castromaior.

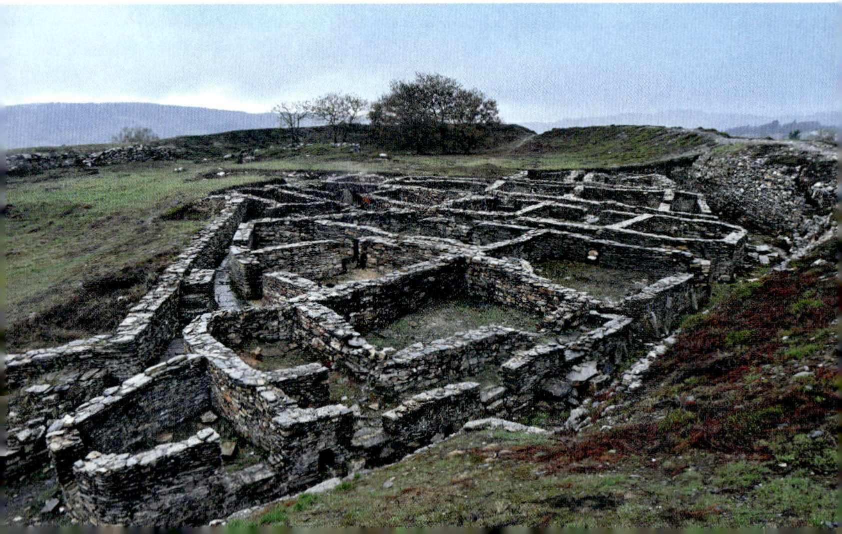

7.00 h	28,2 km
↗ 410 m	↘ 630 m

Hospital da Cruz – Melide 29

Ins Zentrum Galiciens

Melide liegt genau in der geografischen Mitte Galiciens. Auf dem Weg dorthin werden die Wälder lichter, im Sommer kann es auf den teils schattenlosen Hochebenen brütend heiß werden. Bis Palas de Rei verläuft der Weg dabei etwas monoton auf kleinen Sträßchen, die rasche Abfolge kleiner Siedlungen und viele kleine Einkehrmöglichkeiten sorgen aber für Kurzweil. In Melide trifft der von Oviedo kommende Camino Primitivo, der historisch gesehen erste Pilgerweg nach Santiago, auf den Camino Francés.

Der Weg: Zwar lang, aber einfach. Bis Palas de Rei meist Landsträßchen, dann unbefestigte Feld-/Waldwege im Auf und Ab. Kurz vor San Xulián do Camiño kreuzt die neue Autobahn den Weg.
Kritische Stellen: Keine.
Hinweise: Die Dichte an Unterkünften am Weg nimmt weiter zu. Praktisch in jeder Ortschaft kann man einkehren.

Ab Hospital da Cruz (Alto da Cruz; (678 m, 8 EW)

1,4 km → **Ventas de Narón** (705 m, 10 EW)

- TH **Alb. Casa Molar**, 19 B/10 € (2 DZ/2 EZ 30 €). Tel. +34 696 794 507. Solides Dorfhaus; Bar/Rest., W/T. 6–24 Uhr, März–Nov.
- TH **Alb. O Cruceiro**, 30 B/12 € (6 DZ 40 €, als EZ 35 €). Tel. +34 658 064 917. W/T, Bar/Rest. Check-in 10.30–20 Uhr, März–Nov.

3,5 km → **Ligonde** (621 m, 50 EW)

- CH **Alb. Fuente del Peregrino**, 11 B/Spende. Von protestantischen Helfern betreut, Tel. +34 687 550 527 (keine Reservierung!). Schöne Pilgeratmosphäre, gemeins. Abendessen, Frühstück. W/T, Küche; kein WLAN. Gemeins. Andacht. Check-in 13–19 Uhr, Ostern–Okt. lafuentedelperegrino.com

0,8 km → **Airexe** (629 m, 20 EW)

- XH **Alb. de Airexe**, 20 B/10 €. Küche (ohne Utensilien), W/T. 13–23 Uhr, ganzjährig.
- **Pensión Eirexe**, Tel. +34 650 965 873

2,0 km → **Portos** (580 m, 4 EW)

2,6 km → **A Brea** (620 m, 10 EW)

1,8 km → **Palas de Rei/Ortsanfang** (610 m)

- XH **Alb. Os Chacotes**, 112 B/10 €. Küche (ohne Utensilien). W/T. 13–23 Uhr, ganzjährig.

1,1 km → **Palas de Rei** (556 m, 3300 EW)

tgl. 20 Uhr, So 12.30 und 20 Uhr

Avda. de Lugo, Tel. +34 982 374 132

- TH **Alb. San Marcos**, 60 B/15–20 € (DZ 60–65 €). Trav. de la Iglesia, Tel. +34 982 380 711. W/T, Küche, Frühstück; geräumig, gute Betten. 12–23 Uhr, 15. März–15. Dez. alberguesanmarcos.com
- TH **Alb. Castro**, 56 B/14 €. Avda. de Ourense 24, Tel. +34 609 080 655. W/T, Bar/Rest.; 4- und 6-B-Zi., freundlich gestaltet, geräumig, Betten mit Trennwand Kopf an Kopf. 10–23 Uhr, ganzjährig. alberguecastro.com
- XH **Alb. de Palas de Rei**, 60 B/10 €. Avda. de Compostela 19. W/T. 13–23 Uhr, ganzjährig.
- PH **Alb. Buen Camino**, 42 B/14 €. Rúa do Peregrino 3, Tel. +34 982 380 233 und +34 682 634 049. Küche, W/T, Bar/Rest. 6–23 Uhr, April–Okt. alberguebuencamino.com

- PH **Alb. Mesón de Benito**, 78 B/14 €. Rúa da Paz, Tel. +34 636 834 065. W/T, Bar/Rest. Modern und funktionell, große Schlafsäle. 9–23 Uhr, ganzjährig. alberguemesondebenito.com
- TH **Alb. Outeiro**, 57 B/14 €. Pl. de Galicia 25, Tel. +34 630 134 357. W/T, Küche; 2 bis 10 B/Zi., geräumig, Terrasse. 11–23 Uhr, 15. März–Okt. albergueouteiro.com
- TH **Alb. A Casina di Marcello**, 17 B/16–20 €. Am Ortsende. Tel. +34 640 723 903 (Reservierung notwendig). Gemeins. ital. Abendessen (auch veg./vegan/glutenfre), W/T; familiäre Atmosphäre, gute Betten, Garten. Check-in 13.30 (Winter 14.30)–17.30 Uhr, ganzjährig außer Nov. albergueacasina.com
- TH **Alb. Zendoira**, 50 B/12 € (1 EZ 30 €, 4 DZ 40 €). Südl. des Zentrums. Tel. +34 608 490 075. Kojenbetten. W/T, Küche, Cafeteria, Terrasse. 12.30–22 Uhr (Gäste erhalten Türcode), März–14. Dez. zendoira.com

3,4 km → **San Xulián do Camiño** (470 m, 40 EW)

- TH **Alb. O Abrigadoiro**, 18 B/15 €. Tel. +34 676 596 975. Bar (bis 21.30 Uhr), Rest. (bis 20 Uhr), Waschm.; schöner Altbau. Ab 13 Uhr, Ostern–Okt.

0,5 km → **A Graña** (457 m, 10 EW)

0,6 km → **Pontecampaña** (420 m, 10 EW)

- TH **Alb. Casa Domingo**, 21 B/15 €. Tel. +34 630 728 864. Bar/Rest., W/T, gemeins. Abendessen; schönes Haus am Bach, Garten. Bar ab 7 Uhr, Check-in 13–22 Uhr, Mai–Okt. alberguecasadomingo.com

1,3 km → **Casanova** (484 m, 5 EW)

- XH **Alb. de Casanova**, 20 B/10 €. Tel. +34 660 396 821. W/T, Küche (ohne Utensilien). 13–23 Uhr, ganzjährig.

2,1 km → **A Campanilla** (468 m, 15 EW)

0,6 km → **O Coto** (478 m, 30 EW)

- **Casa de los Somoza**, Tel. +34 623 523 211. casadelossomoza.com

4,7 km → **Furelos** (412 m, 130 EW)

0,8 km → **Melide/Ortsanfang** (435 m)

- TH **Alb. Melide**, 48 B/14–15 €. Am Ortsanfang. Tel. +34 627 901 552. W/T, Küche, Garten mit Grillplatz, Frühstück, Bar; große Schlafsäle, geräumig. Check-in 12.30–20 Uhr, Ostern–Okt. alberguemelide.com

1,0 km → **Melide** (457 m, 7600 EW)

Igl. Parroquial de San Pedro Mo–Fr 9.30 und 20 Uhr (Winter 19 Uhr), Sa 20 Uhr (Winter 19 Uhr), So 11, 12, 13 u. 20 Uhr (Winter 19 Uhr), Capilla de San Roque So 10 Uhr

Rúa Dr. Fleming, Tel. +34 981 815 483 u. 981 952 950 (24-Std.-Notdienst)

- TH **Alb. Arraigos**, 20 B/14 €. Rúa Cantón de San Roque 9, Tel. +34 600 880 769 und +34 881 978 663. W/T; ein großer Schlafsaal, aber viel Platz; Frühstück. 11–23 Uhr, ganzjährig (Winter mit Reservierung). alberguearraigos.com
- TH **Alb. O Cruceiro**, 88 B/12 €. Ronda de A Coruña 2, Tel. +34 616 764 896. 4 Etagen in schönem Altbau, viel Platz; W/T, Küche. 11–23 Uhr, April–Okt. albergueocruceiro.es
- TH **Alb. San Antón**, 28 B/14–15 € (1 EZ 30/35 €, 8 DZ 50/60 €, 3er-Zi. 65/80 €). Rúa de San Antonio 6, Tel. +34 698 153 672. W/T, Küche, Cafeteria, Garten. Check-in 13–21 Uhr, März–Okt. (Pension ganzjährig). alberguesananton.com
- XH **Alb. de Melide**, 156 B/10 €. Rúa San Antonio, Küche (ohne Utensilien), W/T; Betten eng gestellt, Duschen ohne Vorhänge. 13–23 Uhr, ganzjährig.
- TH **Alb. Pereiro**, 40 B/12 € (4 DZ 50 €, als EZ 40 €). Rúa Progreso 43, Tel. +34 981 506 314. W/T, Küche; gute Betten, teils eng gestellt. 13–23 Uhr, Mitte März–Nov. alberguepereiro.com

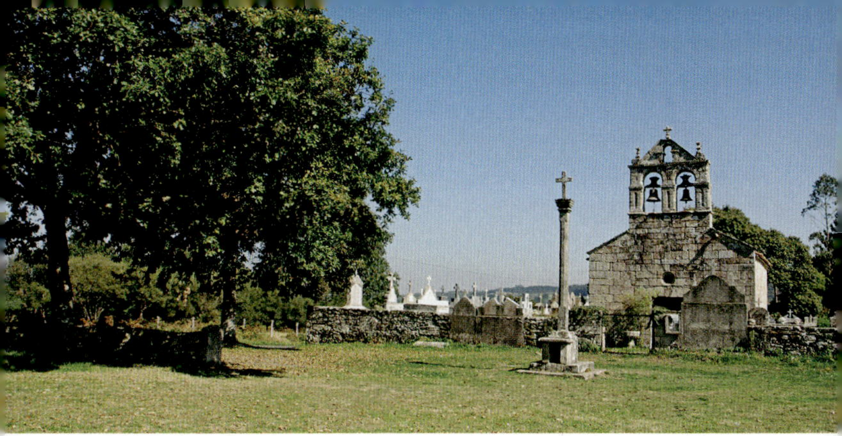

Der Friedhof von Lestedo.

- TH **O Candil**, 12 B/21 € MF (DZ 60 € MF). Rúa Principal 21, Tel. +34 639 503 550. Küche (nicht 19–21 Uhr), W/T; Abendessen ab 5 Personen, Frühstück; Bettzeug. Check-in 12–20 Uhr, 15. März–15. Nov. ocandil.gal
- TH **Alb. Alfonso II el Casto**, 34 B/14 € (DZ 50 €). Nördl. des Zentrums, am Camino Primitivo. Tel. +34 608 604 850. W/T, Küche, Bar, Frühstück, Garten; Schlafsäle mit 4–18 B. Check-in 12–20 Uhr, Ostern–Okt. alberguealfonsoelcasto.com
- TH **Alb. Montoto**, 50 B/14 € (DZ 32 €). Rúa Codeseira 31 (südl. des Zentrums, nahe N-547), Tel. +34 646 941 887. Küche, W/T, Garten. Große Schlafsäle, viel Platz. 12–23 Uhr, Ostern–Okt.

Von **Hospital da Cruz** ❶ gehen wir über die Straßenbrücke (davor rechts: Bar, schon morgens geöffnet) und weiter nach **Ventas de Narón** ❷ (20 Min.). Dann wandern wir auf dem kleinen Sträßchen durch die Felder und Weiden und an Gehöften vorbei. Nach rechts öffnet sich bald der Blick auf die Sierra de Ligonde. Kurz vor Ligonde passieren wir ein steinernes Wegkreuz (»cruceiro«) aus dem 17. Jh. (knapp 1 Std.). Wir gehen durch das lang gestreckte **Ligonde** ❸, kürzen dann nach links unten die Straße ab und kommen bergan nach **Airexe** ❹ (10 Min.). Weiterhin auf dem kleinen Sträßchen erreichen wir **Portos** ❺ (30 Min.; 2,5 km nördlich gibt es in Vilar de Donas eine sehenswerte romanische Kirche aus dem 13. Jh. mit schönen gotischen Fresken aus dem 14./15. Jh.; Sommer ca. Mi/Do 16–20 Uhr Fr–So 10–13 und 16–20 Uhr; ggf. in Portos aktuelle Zeiten erfragen).
Danach wandern wir durch Lestedo, Os Valos, **A Brea** ❻ (knapp 45 Min.) und O Rosario nach **Palas de Rei** ❼ (knapp 45 Min.). Der Ortsname erinnert an einen längst verschwundenen Königspalast. Wir verlassen die Stadt rechts der N-547. Dann schlägt der Weg einen Bogen nach rechts um den Weiler Carballal und überquert die N-547. Nach 45 Min. erreichen wir San **Xulián do Camiño** ❽ (romanische Kirche, 18. Jh. restauriert; Stempel) und

kurz darauf **Pontecampaña** ❾ (15 Min.). Durch hügeliges Gelände geht es nach **Casanova** ❿ (30 Min.), **A Campanilla** und **O Coto** (knapp 45 Min.). Ab jetzt in der Provinz A Coruña, kommen wir durch **Leboreiro** ⓫ (10 Min.). Knapp 30 Min. später passieren wir ein Restaurant und danach das **Industriegebiet** ⓬. Durch einen Wald geht es nach **Furelos** ⓭ (30 Min.) und über Felder zum Kreisverkehr im Zentrum von Melide (15 Min.). Zur Herberge der Xunta in **Melide** ⓮: entweder a) am Kreisverkehr rechts, gleich wieder links und geradeaus bis fast ans Ortsende, dort rechts (Herberge der Xunta und weitere Herbergen) oder b) am Kreisverkehr rechts und schräg links zur Praza do Convento, bei der Capela de San Antonio (16. Jh.) rechts.

i *In **Melide**, galicisch **Mellid**, mündet der von Oviedo kommende Camino Primitivo in den Camino Francés. Da der Primitivo der erste und damit der ältere Jakobsweg ist, sagen andere: Der Camino Francés mündet in*

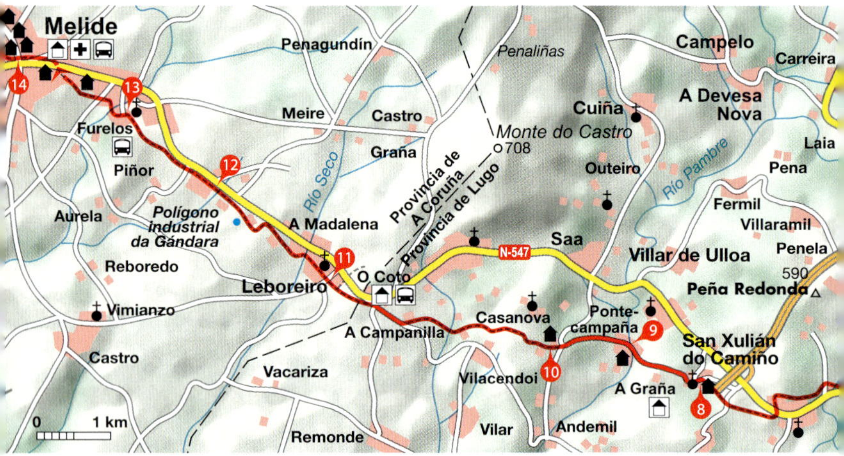

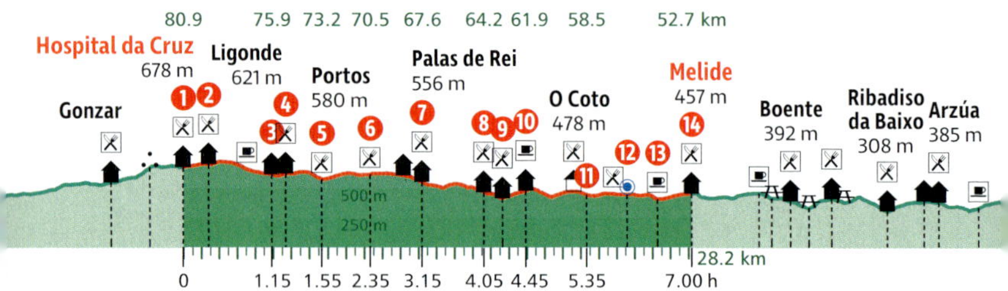

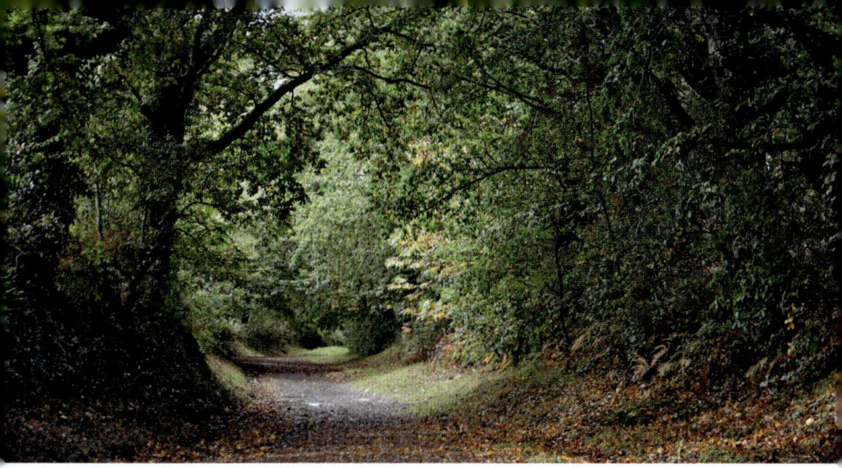

Kurz vor Casanova. So wird Pilgern zum Genusswandern.

*den Primitivo. Neben der **Capilla de San Roque** aus dem 13. Jh. steht das angeblich älteste Wegkreuz Galiciens (14. Jh., gotisch). Das **Convento de Sancti Spiritus** (ehem. Franziskanerkonvent, 14. Jh.) beherbergt hochherrschaftliche Gruften. Außerhalb der Stadt steht am Weg die **Iglesia de Santa María de Melide** (romanisch, Ende 11. Jh.).*

***Kulinarisches:** Eine süße Spezialität von Melide sind Melindres, kleine Gebäckkringel (oder Bällchen) mit Zuckerguss. Jeden 15. und jeden letzten So im Monat gibt es einen großen Markt. Im Juni/Juli finden mehrere Gastronomie-Messen mit galicischen Spezialitäten statt.*

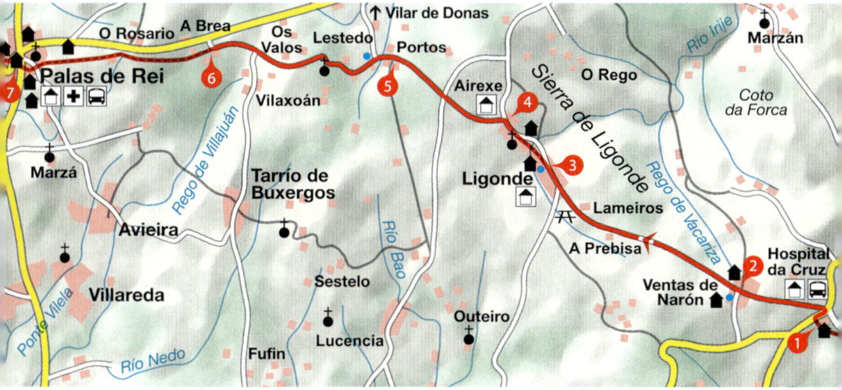

30 Melide – O Pedrouzo

8.30 h | 33,1 km
↗ 570 m | ↘ 740 m

Das Ziel rückt näher

Langsam aber sicher verliert der Jakobsweg an Höhe, das Klima wird milder, während wir von Dorf zu Dorf wandern. Palmen, Kakteen, Bananenstauden verbreiten eine heiter-mediterrane Atmosphäre. Eukalyptuswälder verströmen ihren aromatischen Duft. Doch sind die nicht heimischen vor allem für die Papierindustrie angepflanzten Bäume ökologisch sehr umstritten. In Arzúa wird es nochmals voller auf dem Weg: Hier gesellen sich die über den Camino del Norte kommenden Pilgerinnen und Pilger zu uns.

Der Weg: Dank guter Wege einfache, aber durch die Länge und das hügelige Gelände doch anspruchsvolle Etappe. Vor allem Fußwege und Sträßchen.

Kritische Stellen: 1. Kurz vor Raído führen klobige Granitsteine über einen Bach; im Normalfall ist die Überquerung problemlos. Eine 200 m längere Umleitung ist ausgeschildert.
2. Ab Pregontoño nicht von Wegsteinen mit Aufschrift »C. complementario« verwirren lassen.

Variante: Kurz vor Castañeda zweigt nach links eine 200 m längere, recht schöne, Variante ab, die aber nicht durch Castañeda führt.

Hinweise: 1. In fast jedem Ort gibt es eine kleine Bar, von November bis ca. Ostern sind aber nicht immer alle geöffnet.
3. Da viele Pilgerinnen und Pilger am Wochenende in Santiago sein möchten, ist es mittwochs und donnerstags meist sehr voll in Arzúa. Wer kann, sollte Arzúa an diesen Tagen meiden.

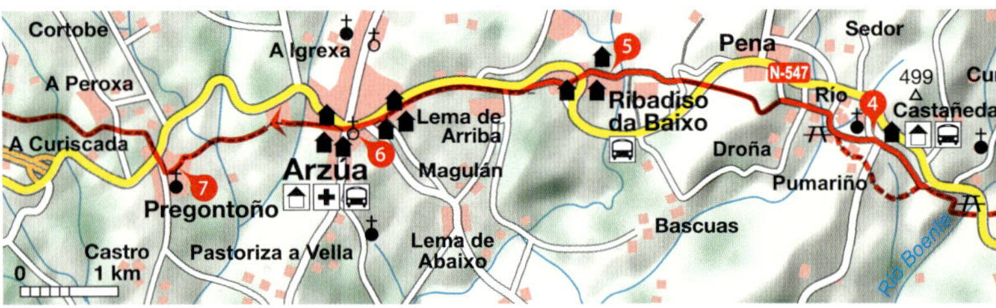

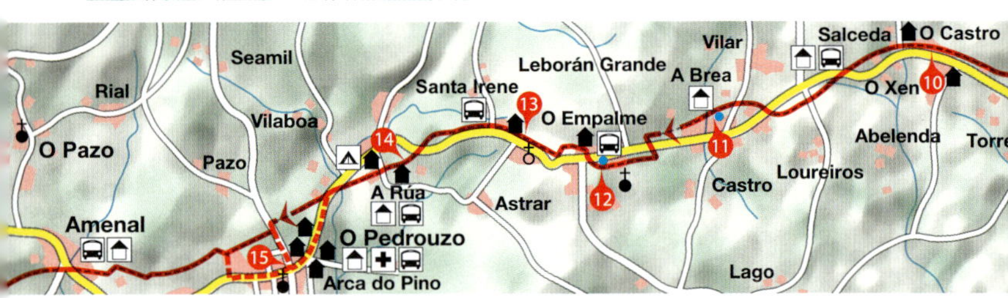

Ab Melide (457 m, 7600 EW)

3,7 km → **Parabispo** (460 m, 2 EW)

1,8 km → **Boente** (392 m, 30 EW)

- PH **Alb. El Alemán**, 40 B/16 €. 500 m vor dem Ort. Tel. +34 677 251 300 u. +34 981 501 984 (Betreiber sprechen Deutsch u. Englisch). W/T, Bar/Rest., Terrasse, Garten, kl. Pool. Viel Platz, hell, wohnlich. 11.30–23 Uhr, April–Okt. albergueelaleman.com
- TH **Alb.-Pensión Boente**, 36 B/15 € (DZ 60 €, EZ 45 €). Tel. +34 981 501 974 und +34 638 321 707 (auch Englisch). W/T, Pool, Terrasse, Bar/Rest.; recht geräumig. Check-in ab 12 Uhr, März–Nov. albergueboente.es
- TH **Alb. Fuente Saleta**, 22 B/14 €. Tel. +34 981 501 853. W/T. Bar/Rest.; viel Platz. 11.30–22 Uhr, 15. März–Okt.

2,3 km → **Castañeda** (414 m, 120 EW)

- PH **Alb. Santiago**, 4 B/13 € (1 DZ 40 €). Tel. +34 699 761 698. W/T, Bar/Rest. Nett, weil sehr klein. 7–22 Uhr, März–Nov.

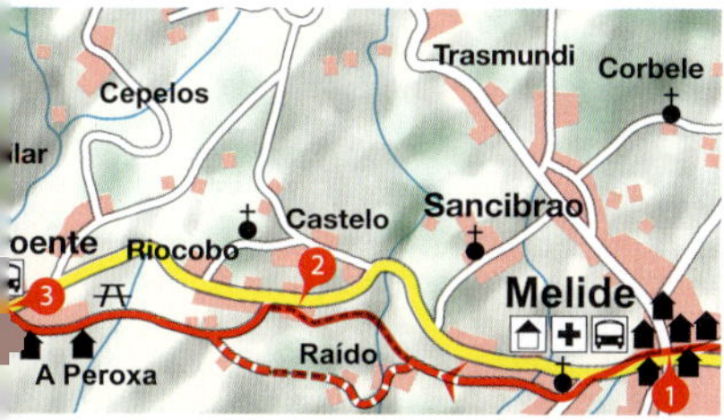

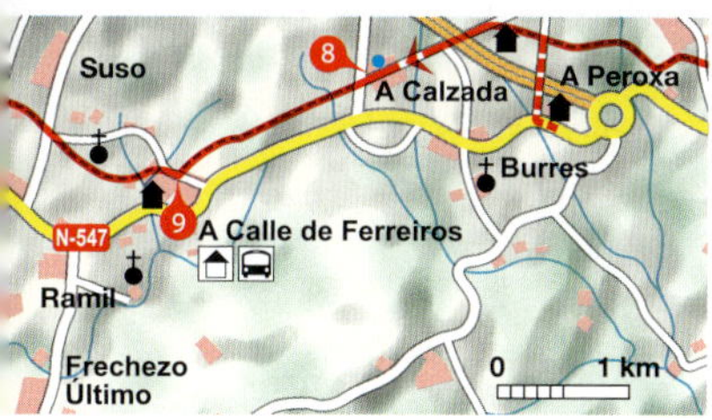

3,1 km → **Ribadiso da Baixo** (308 m, 10 EW)

- XH **Alb. de Ribadiso da Baixo**, 70 B/10 €. Schön in einem weiten Bachtal gelegen, wegen großer Beliebtheit schnell belegt. Küche (ohne Utensilien), W/T. 13–23 Uhr, ganzjährig.
- PH **Alb. Los Caminantes I**, 52 B/13 € (5 DZ 40 €, 2 EZ 30 €). Tel. +34 647 020 600. Küche, W/T, Terrasse, Garten; schönes Steinhaus mit viel Platz. 12–22.30 Uhr, März–Nov. ribadiso.albergueloscaminantes.com
- TH **Alb. Milpés**, 24 B/12 €. Tel. +34 981 500 425. W/T, Mikrowelle, Mahlzeiten. Terrasse; geräumig. 6–23 Uhr, März–Nov. alberguemilpes.com

2,0 km → **Arzúa/ab Ortsanfang** (392 m)

- TH **Alb. Los Tres Abetos**, 42 B/16 €. Avda. de Lugo 147, Tel. +34 649 771 142. Küche, W/T. 13–22 Uhr, ganzjährig. tres-abetos.com
- TH **Alb. de Selmo**, 46 B/15 €. Avda. de Lugo 133, Tel. +34 981 939 018. Kleine Kochgelegenheit, W/T, Terrasse, Getränke-/Snackautomaten; großer Schlafsaal, Trennwände zwischen Betten. Check-in 13–20 Uhr, Ostern–Okt. oalberguedeselmo.com
- TH **Alb. Don Quijote**, 50 B/13 €. Avda. de Lugo 130, Tel. +34 696 162 695. W/T, große Schlafsäle, Trennwände zwischen Betten, geräumig. 13–22.30 Uhr, Mitte März–Mitte Nov. alberguedonquijote.com
- TH **Alb. Ultreia**, 39 B/13 €. Avda. de Lugo 126, Tel. +34 981 500 471. W/T, Küche. 12–23 Uhr, März–Okt.
- TH **Alb. Santiago Apóstol**, 72 B/13 €. Avda. de Lugo 107, Tel. +34 660 427 771. Küche, W/T, Bar/Rest.; nüchtern-kühle Großherberge. Ab 11 Uhr, ganzjährig. alberguesantiagoapostol.com
- PH **Alb. De Camino**, 46 B/14 €. Avda. de Lugo 118, Tel. +34 678 758 296. W/T; Terrasse. 12–23 Uhr, Feb–Dez.

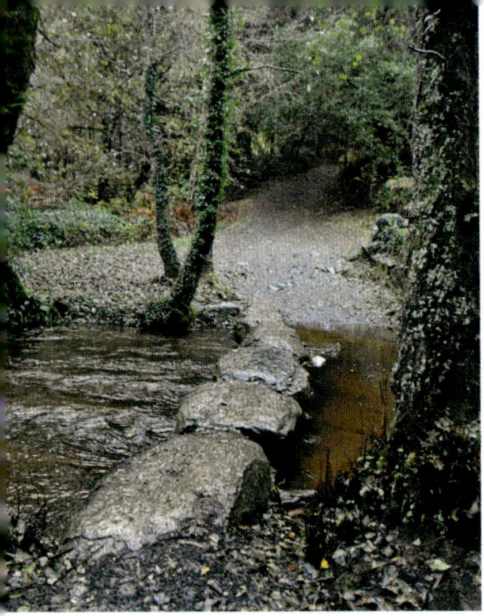

Etwas heikle Bachüberquerung vor Raído.

0,8 km → Arzúa/Zentrum (385 m, 6000 EW)

Rúa Padre Pardo, Tel. +34 981 500 450

- TH **Alb.-Pensión Arzúa**, 14 B/12 € (DZ 50 €). Rúa Rosalía de Castro 2, Tel. +34 981 508 233 und +34 608 380 011. Küche, W/T, Garten, Salon mit Kamin. 12–23 Uhr, März–Nov.
- TH **Alb.-Pensión Cima do Lugar**, 14 B/14–15 € (8 DZ 50 €). Rúa Cima do Lugar 22, Tel. +34 661 633 669. W/T; zwei Schlafsäle, geräumig. Check-in 13.30–19 Uhr, März–Dez. acimadolugar.com
- TH **Alb. Cruce de Caminos**, 40 B/17 € (normales Bett 22 €). Rúa Cima do Lugar 28, Tel. +34 604 051 353. Neu, modern, viel Platz. Teeküche, W/T, Bar; gute Stock- und Einzelbetten. Check-in 13–19 Uhr, ganzjährig. crucedecaminosarzua.com
- XH **Alb. de Arzúa**, 50 B/10 €. Rúa Cima do Lugar 6. Schöner Altbau, Küche (ohne Utensilien), W/T. 13–23 Uhr, ganzjährig.
- TH **Alb. San Francisco**, 24 B/15 € (EZ 30 €, DZ 48 €). Rúa do Carme 7, Tel. +34 604 069 338 und +34 881 979 304. W/T, Mikrowelle, Bar, gute Stockbetten, geräumig. Check-in 13.30–19 Uhr, 10. Feb.–10. Dez. alberguesanfrancisco.com
- TH **Alb. Vía Láctea**, 130 B/15 €. Rúa Xosé Neira Vilas 26, Tel. +34 981 500 581. 3 Küchen, W/T. Schlafsäle mit oben offenen Wänden getrennt; Terrassen. 12.30–22 Uhr, ganzjährig (Winter nur mit Reservierung). alberguevialactea.com
- PH **Alb. O Santo**, 22 B/15 € (DZ 50 €). Rúa Xosé Neira Vilas 4, Tel. +34 646 871 096 und +34 981 508 210, Küche, W/T. 12–22 Uhr, März–Okt.

2,2 km → Pregontoño (335 m, 35 EW)

2,2 km → Abzweig Burres (330 m, 20 EW)

- TH **Alb. Pensión Camiño das Ocas**, 30 B/14 € (EZ 38 €, 4 DZ 42 und 50 €). 800 m südl. des Wegs an N-547 Tel. +34 648 404 780. Küche, W/T, Cafeteria, Garten. 14.30–22 Uhr, April–Okt. caminodasocas.com

0,6 km → As Quintas (400 m, 20 EW)

bis 14.30 Uhr

- PH **Alb. Taberna Vella – Heidi's Place**, 8 B/17 €. Tel. +34 687 543 810 (Reservierung empfohlen, Heidi und Rolf sprechen Deutsch). Küche, W/T, gemeins. Abendessen. Schöner großer Garten (viele Katzen und Hühner, nichts für Pilger mit Angst vor Tieren oder Allergien), sehr freundliche Herbergseltern. 14–23 Uhr, April–Okt.

0,8 km → A Calzada (386 m, 50 EW)

1,8 km → A Calle de Ferreiros (350 m, 60 EW)

- PH **Alb. A Ponte de Ferreiros**, 30 B/15 €. Tel. +34 665 641 877. W/T; Cafeteria, Mikrowelle. 13–22 Uhr, Mitte Jan.–24. Dez. albergueaponte.hol.es

3,0 km → Salceda (370 m, 160 EW)

A

- TH **Pensión-Alb. Salceda**, 8 B/17 € (DZ 63 €, als EZ 55 €). Schöne

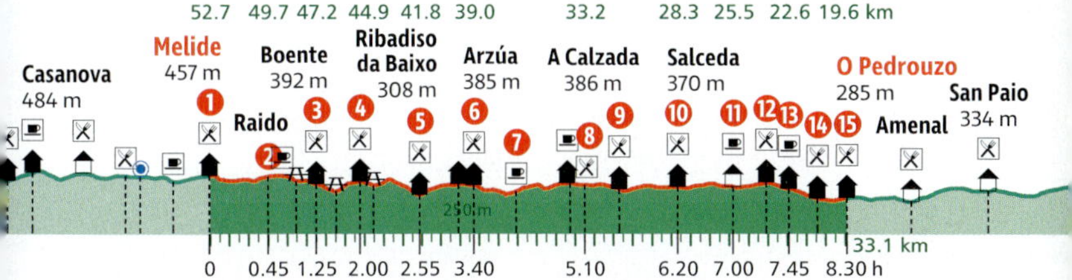

Landhotel-Anlage, 350 m südl. vom Weg/jenseits der N-547 nahe km 75, Tel. +34 981 502 767 und +34 647 406 767 (WhatsApp). W/T, Bar/Rest., Garten (Vorsicht Allergiker: Hunde und Katzen!), Jacuzzi. Herberge ab 13 Uhr, Pension ab 14 Uhr, März–Nov. albergueturisticosalceda.com

- TH **Alb. La Corona**, 20 B/22 € (1 DZ Preis vor Ort). Tel. +34 675 149 086 und +34 981 073 382. Mikrowelle, Ofen, W/T; Bettzeug; Garten mit kl. Pool. Check-in 12.30–20 Uhr, März–Okt.

2,9 km → A Brea (375 m, 70 EW)

1,7 km → O Empalme (405 m

- PH **Alb. Andaina**, 15 B/12 €. Tel. +34 981 502 925. W/T, Bar/Rest. Ab 12 Uhr, März–Okt.

1,2 km → Santa Irene (356 m)

- XH **Alb. de Santa Irene**, 36 B/10 €. Tel. +34 660 396 825. Direkt an Straße. Küche (ohne Utensilien). 13–23 Uhr, ganzjährig.

1,5 km → A Rúa (278 m, 60 EW)

- TH **Alb. Espíritu Xacobeo**, 46 B/13–14 € (2 DZ ab 55 €, 3er-Zi. 72 €, 4er-Zi 68–72 €, 6er-Zi. 96–108 €). Tel. +34 620 635 284. 2 Küchen, W/T, großer Garten. Geräumig und hell; gute Sanitäranlagen. Check-in 12.30–20 Uhr, März–Nov. espirituxacobeo.com
- TH **Camping Peregrino O Castiñeiro**, 112 B/Juni/Juli/Sept. 12 € Aug. 13 €. Tel. +34 662 456 093. W/T, Bar; große Zelte mit je 4 B; großer Grünbereich. Check-in 12–22 Uhr, Juni–Sept. campingperegrino.es

0,8 km → O Pedrouzo/Ortsanfang (263 m)

- TH **Alb. O Burgo**, 14 B/15 € (5 DZ 50–55 €, als EZ 45–50 €). Ortsanfang. Tel. +34 981 511 406 und +34 981 511 406 . W/T, Mikrowelle. Check-in 12–20 Uhr, März–Nov. albergueoburgo.es

0,7 km → O Pedrouzo (285 m, 940 EW)

Tel. +34 981 511 196

- XH **Alb. do Pedrouzo**, 126 B/10 €. Avda. de Lugo. Küche (ohne Utensilien), W/T. 13–23 Uhr, ganzjährig.
- TH **Alb. Mirador de Pedrouzo**, 62 B/14–16 €. Avda. de Lugo, Tel. +34 686 871 215. W/T, Mikrowelle; gute Betten, viel Platz. Terrasse, Pool. Ab 12.15 Uhr, März–Nov. alberguemiradordepedrouzo.com
- PH **Alb. Porta de Santiago**, 54 B/12 €. Avda. de Lugo 11, Tel. +34 607 835 354. W/T, Küche, Terrasse. 13–23 Uhr, März–Nov. portadesantiago.wordpress.com
- TH **Alb. O Trisquel**, 78 B/14 € (Juli–Sept. 15 €). Rúa do Picón 1, Tel. +34 616 644 740. Küche, W/T. 12–23 Uhr, März–Nov.
- PH **Alb. Otero**, 34 B/14 €. Rúa Forcarei 2, Tel. +34 671 663 374. W/T, Ess-/Aufenthaltsraum, Terrasse; geräumig. Check-in 11–19 Uhr, März–Nov. albergueotero.com
- PH **Alb. Edreira**, 40 B/13 €. Rúa da Fonte 19, Tel. +34 660 234 995. Mikrowelle, W/T, Terrasse; geräumig, hell.

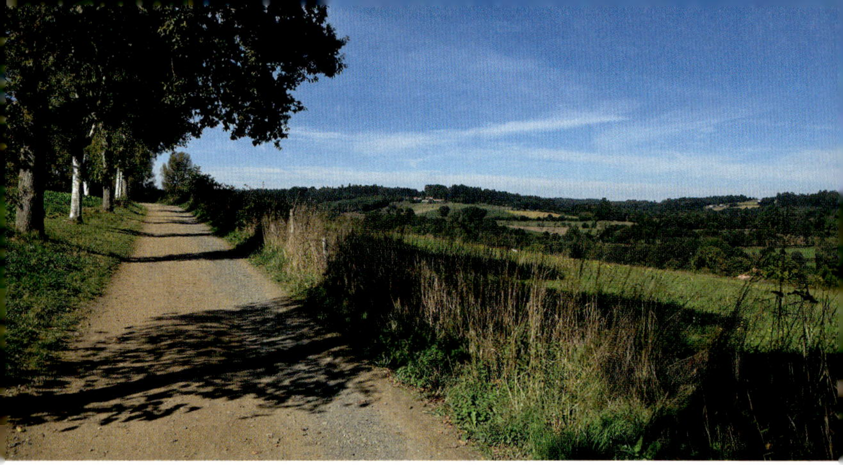

Seltener Anblick: der menschenleere Camino kurz hinter Preguntoño

12–23 Uhr, März–Okt. albergue-edreira.com

☗ TH **Alb. Cruceiro de Pedrouzo**, , 94 B/12 € (Juli–15. Sept. 14 €). Avda. da Igrexa, Tel. +34 981 511 371. Küche, W/T, Terrasse, Sauna; viel Platz. 12–23 Uhr, März–Nov. alberguecruceirodepedrouzo.com

☗ TH **Alb. Rem**, , 50 B/13–14 €. Avda. da Igrexa, Tel. +34 981 510 407. Bar/Café, W/T; viel Platz. Check-in 12–18 Uhr, März–Okt. alberguerem.es

Wir verlassen **Melide** ❶ nach Westen, überqueren die N-547 und gelangen nach rechts zur romanischen Iglesia de Santa María (schöne Fresken). Wenige Minuten später zweigt am Waldrand nach links ein alternativer Weg ab (vgl. »Kritische Stellen«). Geradeaus geht es in den Wald, auf den großen Trittsteinen über den Bach und weiter durch **Raído** ❷ (45 Min.) nach **Boente** ❸ (knapp 45 Min.; Kirche mit hübscher Jakobusfigur und Stempel für den Pilgerpass). Von dort führt der Weg hinunter in das Tal des Río Boente und wieder steil bergan.

Bei Erreichen der Straße zweigt nach links die Variante ab, die Castañeda umgeht. Geradeaus geht es nach **Castañeda** ❹ (gut 30 Min. ab Boente). Hier lieferten die mittelalterlichen Pilger den Kalkstein aus Triacastela bei den Kalkfabrikanten ab, um ihren Beitrag zum Bau der Kathedrale von Santiago zu leisten. Dann geht es kräftig bergauf und -ab ins idyllisch gelegene **Ribadiso da Baixo** ❺ (knapp 1 Std.). Wieder bergan kommen wir zur N-547 und gehen an ihr nach **Arzúa** ❻ (45 Min.).

ⓘ *Wer Käse mag, ist in **Arzúa** richtig: Spezialität des Orts ist der runde, 0,5–3,5 kg schwere Kuhmilchkäse **Queixo** der D.O. Arzúa-Ulloa. Seine Konsistenz ist weich, der Geschmack mild. Für ganz Galicien typisch ist die kegelförmige **Tetilla** (dt. Brüstchen), ein sehr milder Weichkäse aus Kuh-*

*milch. Seine kuriose Form geht der Legende nach auf eine einst barbusige Skulptur in der Kahtedrale von Santiago zurück. Der Klerus ließ sie verschwinden, das Volk reagierte auf seine Weise (s. auch S. 250). Verkosten kann man alle erdenklichen Käsesorten am ersten Wochenende im März bei der **Festa do Queixo**, einer großen Käsemesse und -fiesta.*
Seit 2002 besteht eine Städtepartnerschaft zwischen Arzúa und Niedereschach (Baden-Württemberg, Schwarzwald-Baar-Kreis). Die Wurzeln der alemannisch-galicischen Freundschaft reichen bis in die 1960er-Jahre, als Frauen und Männer aus Arzúa als Gastarbeiter nach Niedereschach gekommen waren. Um einen Austausch und gegenseitige Besuche der Partnergemeinden kümmert sich seit 2013 der Freundeskreis Arzúa.

Auf Sträßchen und unbefestigten Wegen zieht sich der Camino durch die hügelige, sehr schöne landwirtschaftlich geprägte Landschaft. Gut 30 Min. nach Arzúa erreichen wir **Pregontoño** 7. Wir unterqueren die N-547 (nicht von Wegstein »C. complementario« verwirren lassen, wir sind auf dem richtigen Weg) und gelangen nach gut 30 Min. zum **Abzweig** nach links zur **Alb. Camiño das Ocas**. Geradeaus kommen wir durch **As Quintas** (10 Min.; **Alb. Taberna Vella – Heidi's Place**) und über die Autobahn nach **A Calzada** 8 (10 Min.). Dann wandern wir gemütlich nach **A Calle de Ferreiros** 9 (30 Min.), **Boavista** (30 Min.) und **Salceda** 10 (20 Min.; Ortsteil O Castro; nach Bar O Curro links Abzweig zur Alb. Turístico Salceda). Kurz müssen wir direkt neben der N-547 gehen, verlassen sie dann aber nach rechts (geradeaus: Bar/Rest.). Zweimal über die Nationalstraße gelangen wir nach **A Brea** 11 (45 Min.). Danach links zur N-547 und nach rechts leicht ansteigend nach **O Empalme** 12 (30 Min.). Dort gehen wir erneut rechts über die N-547, am Restaurant vorbei zum Wald und dann links. Parallel zur Straße passieren wir die öffentliche Herberge von **Santa Irene** 13 (20 Min.), wandern bergab durch den Wald nach **A Rúa** 14 (20 Min.) und auf einem Asphaltsträßchen zur N-547. Der Jakobsweg umgeht Pedrouzo geradeaus. Das Zentrum und die Herbergen von **O Pedrouzo** 15 liegen rund 500 m entfernt, links die N-547 hinauf (20 Min. ab A Rúa).

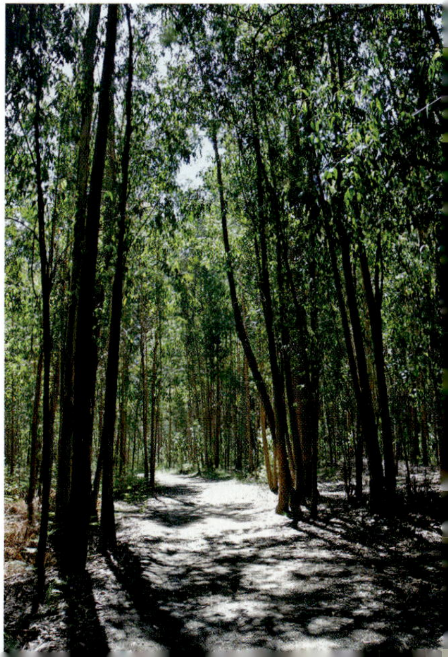

Eukalyptuswald vor A Rúa.

31 O Pedrouzo – Santiago de Compostela

5.15 h | 19,6 km | ↗310 m | ↘340 m

Über den Freudenberg ans lang ersehnte Ziel

Mit einem lachenden und einem weinenden Auge dürften viele diese letzte Etappe angehen. Erleichterung, weil Santiago endlich erreicht ist, Trauer, weil das Abenteuer endet, es Abschied zu nehmen heißt von den unbeschwerten Pilgertagen und von der liebgewonnenen Pilgerfamilie. Aber vielleicht ist Santiago auch nur eine Zwischenstation und es geht noch weiter nach Finisterre und/oder Muxía?

Der Weg: Einfach. Teils Waldwege, teils Sträßchen durch das eher locker besiedelte Einzugsgebiet von Santiago de Compostela.
Kritische Stellen: Keine.
Pilgerbüro/Oficina del Peregrino: 1. Rúa Carretas 33 (bei der Kathedrale/dem Hostal de los Reyes Católicos die Rampe hinunter und rechts), Tel. +34 981 568 846, tgl. 9–19 Uhr (Winter 10–18 Uhr), 25. Dez. u. 1. Jan. geschl. (Pilgerbescheinigung dann in der Sakristei der Kathedrale). Info: peregrinossantiago.es. 2. Beim Pilgerbüro gibt es eine Andachtskapelle, Schließfächer, Toiletten, einen Postschalter und während der Hauptsaison Schalter der Busunternehmen Alsa (Überlandfahrten) und Monbus (Busse nach Finisterre und Muxía).
Pilgerbescheinigung: Diese ist gratis und kann nur persönlich abgeholt werden: am Eingang des Pilgerbüros ein Ticket (nur eines pro Person möglich) mit der Wartenummer ziehen, der QR-Code gibt die ungefähre Wartezeit an. Bei großem Andrang ist nicht garantiert, dass man am selben Tag drankommt! Um den Ablauf zu beschleunigen, wird man womöglich gebeten, am Eingang den QR-Code zu scannen bzw. sich auf peregrinossantiago.es unter »Registro – Individual« zu registrieren, indem man dort bereits die Pilgerdaten einträgt, die später auch im Büro abgefragt werden (z. B. Name, Alter, Nationalität, Start und Motiv der Pilgerwanderung und E-Mail-Adresse). Dann bekommt man einen Nummern- und QR-Code zugeschickt; diesen aufbewahren und vorzeigen, sobald man dran ist.
Pilgermesse: In der Kathedrale tgl. 7.30, 9.30, 12 und 19.30 Uhr (für einen Sitzplatz zeitig vor Ort sein). Messe auf Deutsch tägl. 8 Uhr in der Iglesia de San Fiz. In der Kapelle im Pilgerbüro: auf Französisch tägl. 9 Uhr, auf Englisch tägl. um 10.30 Uhr. Weitere Gottesdienste auf catedraldesantiago.es unter »Liturgía bzw. Fieles – Horarios – Misas«, Link »Misas en idiomas« (Messen in anderen Sprachen), »Misas en la ciudad« (Messen in anderen Kirchen).
Bahn, Bus: Der Bahnhof befindet sich südlich des Zentrums (Rúa do Hórreo, Tel. Renfe +34 912 320 320, renfe.com; keine Gepäckaufbewahrung); zuletzt gab es kein Reisebüro/Ticketverkauf in der Altstadt, Bahntickets kauft man am Bahnhof oder per Renfe-App. Südlich hinter dem Bahnhof liegt der Busbahnhof (Rúa de Clara Campoamor, Tel. +34 981 542 416).
Flughafenbus: Buslinie 6A Busbahnhof–Flughafen, Haltestellen u. a. an der Praza de Galicia. Ab Busbhf. zum Flughafen Mo–Fr 6–22.30, Sa 7–23.10 So/Fei 6–23.15 Uhr; ab Flughafen in die Stadt tägl. 7–0.30 Uhr (jeweils im 20–30 Min.-Takt, Fahrzeit ca. 45 Min., Ticket 1 €; aktuelle Information auf tussa.org unter »Transporte urbano – Ver todas las líneas – Línea 6A«).
Bus nach Finisterre/Muxía: Ab Busbhf. mit »Monbus«, je nach Saison ande-

re Zeiten, Hauptsaison tägl. 9, 9.15 und 10 Uhr, zudem Mo–Fr 13 u. 18.30 Uhr, Sa 15.20 Uhr, Sa/So 12 u. 18.15 Uhr; tägl. Muxía via Finisterre 9.15 Uhr; Fahrzeit je nach Route 2–3 Std., Ticket Finisterre 7,20 €, Muxía 6,70 € (Stand 2024), Verkauf am Schalter beim Pilgerbüro oder im Bus, Fahrpläne und Tickets auf monbus.es unter »Rutas y Puntos de Venta«.
Hinweis: Die Kathedrale darf nicht mit Rucksack und Pilgerstab oder anderem Gepäck betreten werden.
Tipps: 1. In der Begegnungsstätte Pilgrim House Welcome Center können Pilger ihre Erlebnisse austauschen oder einfach zur Ruhe kommen (Rúa Nova 19, März–Okt. tgl. außer Mi u. So 10–18 Uhr, pilgrimhousesantiago.com).
2. Gut und günstig isst man im Rest. Casa Manolo (Praza de Cervantes, am Weg, kurz vor der Kathedrale; oft lange Warteschlangen und -zeiten, freundliches, aber sehr lautes Ambiente; tgl. 13–16 Uhr, Mo–Sa auch 19.30–23 Uhr; Jan. geschl.; casamanolo.es).
3. Gegenüber der Kathedrale spielt ca. Ostern bis Oktober (22–24 Uhr) bei gutem Wetter die Tuna de Derecho (»Tunas« gehen auf Studentenkapellen zurück) mit Gitarren und Gesang traditionelle spanische und südamerikanische Lieder (tunaderechosantiago.com).

Ab O Pedrouzo (285 m, 940 EW)
3,3 km → **Amenal** (253 m, 90 EW)
4,0 km → **San Paio** (334 m, 20 EW)
2,1 km → **Lavacolla** (300 m, 160 EW)
- TH **Alb. A Fábrica**, 33 B/20 €. Tel. +34 681 075 647. Küche, W/T; Kojen-Betten; Garten. 14–22 Uhr, ganzjährig.
- TH **Alb. Lavacolla**, 36 B/14–16 € (EZ 20 €). Tel. +34 981 897 274. Küche, W/T; Flughafentransfer. Ab 14 Uhr, März–19. Dez. alberguelavacolla.com

1,4 km → **Vilamaior** (350 m, 90 EW)
2,1 km → **Camping** (380 m)
- Camping Peregrino San Marcos. Tel. +34 634 109 331. campingperegrinosanmarcos.com

1,5 km → **San Marcos** (368 m, 760 EW)
0,3 km → **Monte do Gozo** (371 m)
- XH **Alb. de Monte do Gozo**, 400 B/10 €. Riesiger Pavillonkomplex. W/T, Bar/Rest. 13–23 Uhr, ganzjährig.
- TH **Alb. Monte do Gozo**, 772 B/ je nach Tag 12–30 € (92 DZ/EZ 57–152 €). Im Pavillonkomplex. Tel. +34 881 255 386. W/T, Cafeteria, im Sommer Freibad. Check-in 7–23 Uhr (Hauptsaison 24 Std.), März–Nov. montedogozo.com

1,8 km → **Santiago de Compostela** (285 m)
- XH **Alb. de San Lázaro**, 80 B/10 €. Nach der großen Brücke rechts, hinter Museo Pedagógico. Küche (ohne Utensilien), W/T; drei Nächte möglich. 13–22 Uhr, ganzjährig.

1,0 km → **Santiago de Compostela**
- V/KH **Alb. Fin del Camino**, 110 B/14 €. Am Weg Hinweis nach links, gut 200 m bis zum Eingang. Tel. +34 981 587 324. W/T, Küche. Auch zu Stoßzeiten meist noch freie Betten. Check-in 13–20 Uhr (Zugang 24 Std.), Ostern–Mitte Okt. alberguefindelcamino.com
- PH **Alb. A Fonte de Compostela**, 30 B/15–17 €. Links des Wegs, die Treppen hinunter. Tel. +34 604 019 115 (Whatsapp). Küche, W/T; modern, geräumig. Check-in ab 13 Uhr, März–Okt. alberguesafonte.com

1,0 km → **Santiago de Compostela**
- TH **Alb. Monterrey**, 36 B/15–25 €. Rúa das Fontiñas 65A, Tel. +34 655 484 299. W/T, Mikrowelle; großer Schlafsaal. Check-in 13–19 Uhr, 15. März–Okt. alberguemonterrey.es
- TH **Alb. La Credencial**, 36 B/17–25 €. Rúa Fonte dos Concheiros 13, Tel. +34 639 966 704 (WhatsApp). Küche, W/T; viel Platz; 4-Bett-Abteile. Check-in 13–19 Uhr, April–Dez. lacredencial.es

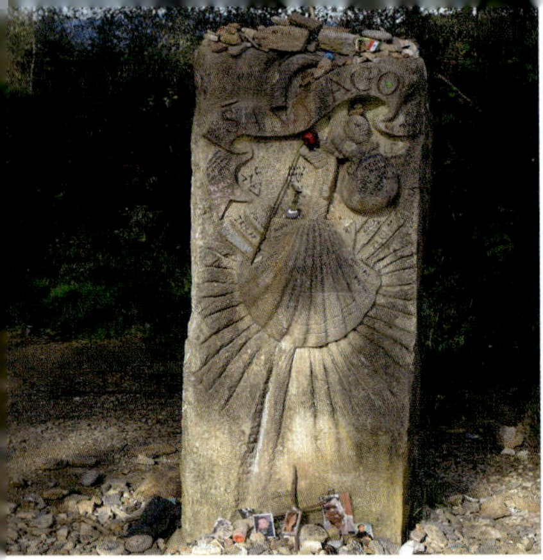

Wegstein am Stadtrand von Santiago.

- ⌂ TH **Alb. SCQ**, ◈◈◈, 24 B/20–24 €. Rúa Fonte dos Concheiros 2c, Tel. +34 622 037 300. Küche, W/T, Bettzeug. Check-in 13–20 Uhr, März–15. Dez. alberguescq.com
- ⌂ TH **Alb. SIXTOs no Caminho**, ◈◈◈, 40 B/18–22 € (1 DZ 45–60 €). Rúa Fonte dos Concheiros 2a, Tel. +34 881 024 195 und +34 680 159 773 (WhatsApp, nur Textnachrichten!). W/T, Andachtsraum; gute Betten mit Privatsphäre. 13–22 Uhr, April–Mitte Nov.
- ⌂ TH **Alb. Santos**, ◈◈◈, 24 B/ab 20 €. Rúa dos Concheiros 48, Tel. +34 881 169 386. Mikrowelle, W/T, Abendessen, Frühstück. 11.30–23 Uhr, März–Nov.
- ⌂ PH **Alb. La Estrella de Santiago**, ◈◈◈, 26 B/je nach Tag und Saison 13–30 €. Rúa dos Concheiros 36-38, Tel. +34 617 882 529 (WhatsApp). W/T; auch nur Dusche und Siesta möglich. Check-in 9–16 Uhr, März–Nov. laestrelladesantiago.es

1,1 km → Santiago de Compostela (253 m, 98.700 EW)

alles, sowie
⛪ vgl. »Pilgermesse«
✉ Hauptpostamt, Rúa do Franco 4; 7 Tage die Woche geöffnet
✈ Lavacolla, Tel. +34 981 547 501
✚ Centro de Saúde Galeras, Rúa de Entrerrios 3 (nahe Oficina del Peregrino), Tel. +34 881 540 380

- ⌂ TH **Alb. The Last Stamp**, ◈◈◇, 58 B/19–25 €. Bei Pl. de Cervantes. Tel. +34 981 563 525. Schließfächer, Küche, W/T; Betten mit Privatsphäre. Ganztags, 21. Feb.–15. Dez. thelaststamp.es
- ⌂ TH **Alb. Azabache**, ◈◈◇, 20 B/16–

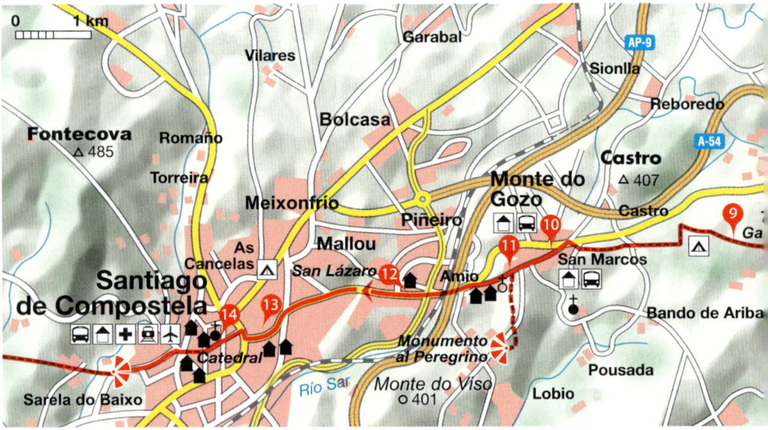

30 €. Nahe Kathedrale. Tel. +34 981 071 254. Teeküche, W/T; älteres Haus. Check-in 11–20 Uhr, Feb.–Nov. albergueazabache.com

- TH **Alb. Santiago Km 0**, 54 B/20–35 €. Kurz vor dem Pilgerbüro. Tel. +34 604 029 410. Küche, W/T, Bettzeug, Garten, Terrasse. 8–23 Uhr, März–Dez. santiagokm0.es
- **Seminario Mayor** (Nordseite der Kathedrale), Pilger in älteren Zi.: EZ 29 € MF, DZ 45 € MF (moderne Zi.: DZ ab 75 €), Tel. +34 981 560 282. Weitere Info auf sanmartinpinario.es

Nahe Seminario Mayor zwei Hotels mit schönen Hofgärten:

- **Hostal Casa Felisa**, einfache Zimmer mit und ohne Bad. Tel. +34 981 582 602, casafelisa.es
- **Hotel Costa Vella**, Tel. +34 981 569 530. Tolles Gartenlokal. costavella.com

Westlich des Zentrums:

- TH **Alb. Blanco**, 20 B/18–30 € (4 EZ/DZ 40–50 €). Rúa das Galeras 30, Tel. +34 699 591 238. W/T; schön gestaltet, Betten mit Privatsphäre. 9–21 Uhr, ganzjährig. prblanco.com
- TH **Alb. Mundoalbergue**, 34 B/24 €. Rúa San Clemente 26, Tel. +34 981 588 625 und +34 696 448 737. Küche, Frühstück, W/T, kl. Garten. Check-in 8–20 Uhr, ganzjährig. mundoalbergue.es

Südöstlich des Zentrums:

- PH **Alb. Seminario Menor**, 150 B/22–24 € (75 EZ 26–28 €, 4 DZ 52–56 €). Avda. Quiroga Palacios 2A, Tel. +34 881 031 768. Küchen, W/T, Frühstück; keine Stockbetten; Laden. Tgl. 19 Uhr Messe ggü. im Convento de Belvís. Check-in 8–23 Uhr (Zugang zu Schlafbereich 13.30–0.30 Uhr). Ende März–Okt. alberguesdelcamino.com

Südlich des Zentrums:

- TH **Alb. La Estación**, 30 B/19 €. Rúa de Xoana Nogueira 14 (nahe Bhf.). Tel. +34 639 228 617. W/T. 9–24 Uhr, April–Okt. alberguelaestacion.com

Nördlich des Zentrums:

- TH **Alb. Meiga Backpackers**, 30 B/16–25 €. Tel. +34 981 570 846. Küche, W/T, Garten. Check-in 10–20 Uhr, März–Okt.

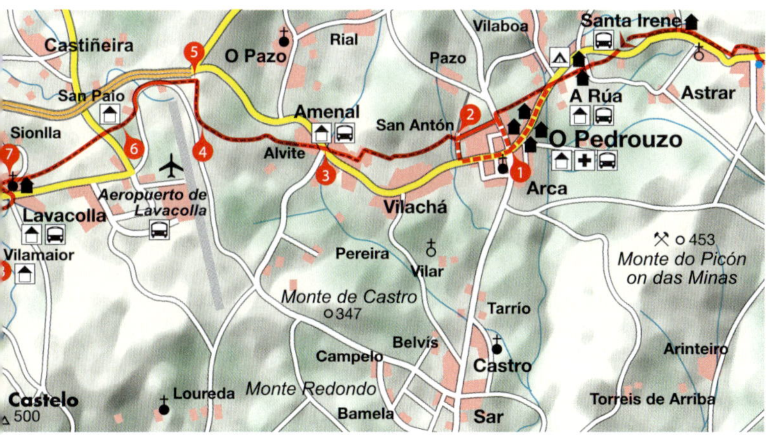

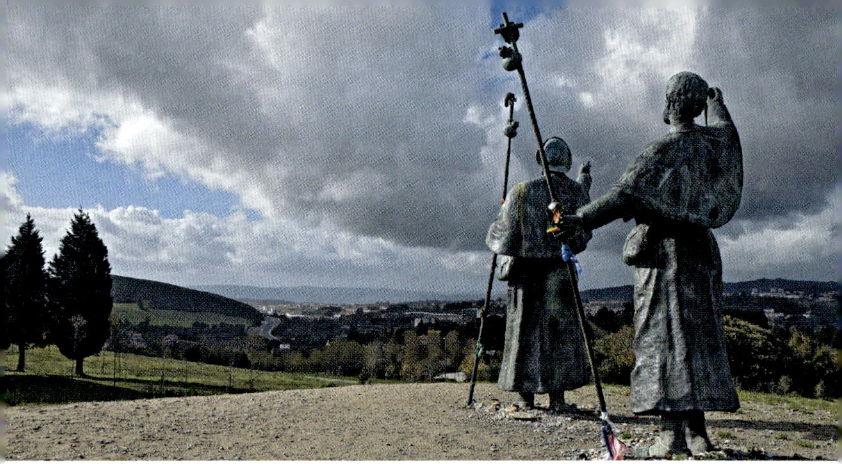

Endlich: Santiago de Compostela kommt in Sicht.

Ab dem Rathaus (»Casa do Concello«) von **O Pedrouzo** ❶ leiten die gelben Pfeile durch die Rúa do Concello in wenigen Minuten zum Camino und nach rechts auf einem Waldweg nach **San Antón** ❷ (15 Min.) und **Amenal** ❸ (30 Min.). Danach geht es auf einem Waldweg steil bergauf. Ein letztes Mal zeigt sich der Camino von seiner ländlichen Seite. Oben stoßen wir auf das **Flughafengelände** ❹ (knapp 45 Min.); die historische Pilgerroute führte geradeaus, wir umgehen es weiträumig nach rechts. Beim Kreisverkehr nach links gelangen wir zum **Wegstein von Santiago** ❺ (10 Min). Weiter geht es um das Rollfeld herum, dann rechts nach **San Paio** ❻ (20 Min.) und über eine Anhöhe nach **Lavacolla** ❼ (gut 30 Min.).

ℹ *Die mittelalterlichen Pilger pflegten sich am kleinen Bach **Lavacolla** (galicisch: Labacolla) gründlich zu waschen, um sauber und wohlriechend am Grab des Apostels zu erscheinen. Angesichts der hygienischen Verhältnisse ein sinnvolles, wenn auch mit großer Wahrscheinlichkeit auf einem Missverständnis beruhendes Ritual. Der französische Mönch Aymeric Picaud, Verfasser des mittelalterlichen Pilgerführers Codex Calixtinus, soll die Bedeutung von Lavacolla falsch interpretiert haben. Statt korrekt »voller Geröll« (galicisch: rego dos coios) schrieb er »lava colea«, was so viel bedeutet wie »sich die Genitalien waschen«. Aber vielleicht wollte er es ja auch so verstehen …*

Nun geht es bergauf nach **Vilamaior** ❽ (knapp 30 Min.) und auf dem Sträßchen bald durch Wald. Nach der Sendestation von **TV Galicia** ❾ (knapp 30 Min.) biegen wir beim Campingplatz links und dann rechts ab (rechts: TV España) und kommen durch **San Marcos** ❿ (30 Min.) zum **Monte do Gozo** ⓫ (5 Min.).

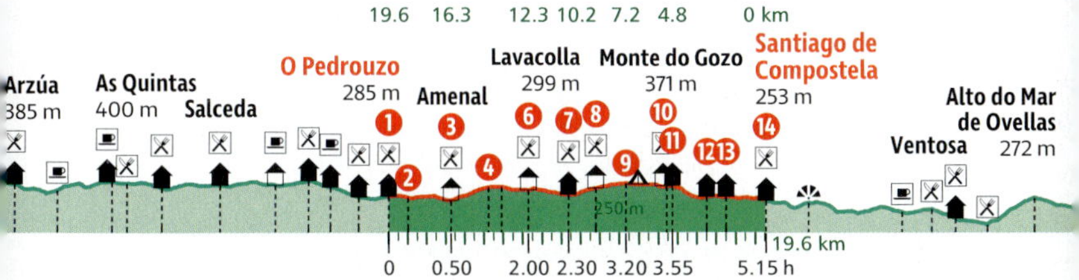

*Millionen von Freudenseufzern hat der **Monte do Gozo** im Laufe der Jahrhunderte schon erlebt. Ungezählte Momente des höchsten Genusses (span. gozo) beim ersten Anblick der Türme der Kathedrale von Santiago nach der langen und entbehrungsreichen Pilgerschaft. Im Mittelalter wurde der Pilger einer Gruppe, der zuerst die Anhöhe erreichte, zum Pilgerkönig geadelt. Bei der Kapelle liegt ein Stempel für den Pilgerpass. Das Denkmal zu Ehren der Besuche von Papst Johannes Paul II. (1982 und 1989) wurde umgebaut: Die vier großen bronzenen Gedenktafeln wurden ein Stück links des Wegs in den Boden eingelassen. Etwas weiter schräg nach links unten kann man die Türme der Kathedrale erkennen. Einen besseren Blick hat man knapp 700 m südwestlich beim **Monumento al Peregrino**: Auch die beiden auf vielen Abbildungen zu sehenden Bronzepilger schauen gen Santiago (Foto links).*

Vom Monte do Gozo führt der Weg bergab (Eingang Herberge links) und über die Umgehungsstraße, die Autobahn und die Bahngleise. Nach dem kleinen Kreisverkehr (auf der linken Seite der Avda. do Camiño Francés bleiben) steht auf der rechten Straßenseite das **Museo Pedagógico** ⓬ (30 Min.; dahinter: Residencia de Peregrinos San Lázaro). Immer geradeaus gelangen wir in die **Rúa de Valiño** ⓭ (15 Min.; links unten: Alb. A Fonte de Compostela, ein Stück davor nach links Abzweig zur Alb. Fin del Camino).
Wir gehen durch die Rúa das Fontiñas, die Rúa Fonte dos Concheiros, überqueren die Avda. de Lugo, kommen durch die Rúa dos Concheiros in die Rúa de San Pedro und gelangen über die Porta do Camiño in die Altstadt. Durch die Rúa Casas Reais, die Rúa das Ánimas, über die Praza de Cervantes (links: Rest. Casa Manolo, geradeaus Alb. The last Stamp) in die Rúa da Acibechería und weiter über die Praza da Inmaculada (rechts: San Martín Pinario/Seminario Mayor) auf die Praza do Obradoiro zur Kathedrale von **Santiago de Compostela** ⓮ (gut 30 Min.).

*Wie auch immer wir uns die Ankunft in **Santiago de Compostela** in den vergangenen Tagen und Wochen ausgemalt haben – die Realität ist vermutlich ganz anders. Millionen von Pilgerinnen und Pilgern sind im Laufe der Jahrhunderte vor der Kathedrale gestanden, Millionen von individuellen und einzigartigen Geschichten. In der **Rúa dos Concheiros** boten* *früher die Muschelverkäufer (»concheiros«) Jakobsmuscheln feil. Durch die* ***Porta do Camiño****, bis 1835 Standort eines der sieben Stadttore, gelangt man heute wie damals in das historische Zentrum der Altstadt. Vorbei an der* ***Igrexa de Santa María do Camiño*** *(18. Jh.) geht es über die* ***Praza de Cervantes*** *mit einer Statue des spanischen Schriftstellers Miguel de Cervantes in die* ***Rúa da Acibechería****. Aus »azabache« (dt. Gagat), einem schwarz glänzenden Edelstein aus versteinerter Braunkohle, stellten die Gagatschnitzer Jakobsmuscheln und die Fica her: Die »Feigenhand« mit dem zwischen Zeige- und Mittelfinger geklemmten Daumen soll gegen den bösen Blick helfen – bis heute ein beliebtes Souvenir.*

An der ***Praza da Inmaculada*** *sehen wir zum ersten Mal die Kathedrale, wenn auch nur die Nordfassade. Rechts des Platzes steht das Benediktinerkloster* ***San Martín Pinario****. Es wurde im 9. Jh., kurz nach Entdeckung des Apostelgrabes, gegründet, der heutige Bau stammt aus dem 16.–18. Jh. (Kirche und Museum 11–14 und 15.30–19 Uhr, espacioculturalsmpinario.com). Die Treppen hinunter und durch den Torbogen unter dem erzbischöflichen Palast* ***Pazo de Xelmírez*** *(12./13. Jh.; Diego Xelmírez war 1099–1140 Bischof von Santiago de Compostela und die wichtigste kirchenpolitische Figur in den Anfängen des Jakobskultes) gelangen wir aur die* ***Praza do Obradoiro****, den Platz vor der* ***Catedral de Santiago de Compostela:*** *Hier können wir unseren Gefühlen freien Lauf lassen.*

Eher profan ist der Name des Platzes, zu deutsch »Werkstatt-Platz«, nach den Bauhütten (gal. »obradoiro«) der Steinmetze, die von 1650 bis 1750 die markante Barockfassade gestalteten. Da war Santiago neben Rom und Jerusalem schon längst der dritte große Wallfahrtsort und eines der bedeutendsten Pilgerziele der Christenheit, entstanden aus dem und für den Jakobskult. Seit 1985 ist die Kathedrale UNESCO-Weltkulturerbe. Die Barockfassade verbirgt die romanische, 1075–1211 entstandene Kathedrale mit dem von 1168 bis 1188 vom genialen Meister Mateo geschaffenen ***Pórtico de la Gloria****. Zentrales Element des reichen Figurenschmucks ist die Mittelsäule mit der Darstellung des hl. Jakobus, darüber thronend Christus der Erlöser, umgeben von den vier Evangelisten. Von Millionen von Pilgerhänden abgegriffen ist die Säulenbasis, die Wurzel des Baumes Jesse. Inzwischen ist das Berühren der Säule verboten. Links davon stehen auf einem Pfeiler die Propheten Jeremias, Jesaja, Moses und Daniel, Letzterer verzückt lächelnd. Nach Meinung des Volkes freute er sich über die barbusige Schönheit gegenüber. Die Kirchenoberen ließen die für die unschicklichen Spekulationen verantwortlichen Brüste abflachen. Die Bauern protestierten auf ihre Weise: Sie formten einen Käse nach Vorbild des Corpus delicti und nannten ihn Tetilla (Brüstchen).*

Die dem Altar zugewandte, kniende Figur soll Meister Mateo sein, angeblich dazu verurteilt, sein Werk niemals sehen zu dürfen. Er wird auch ***Santo dos Croques****, der Heilige der Kopfnüsse genannt: Durch dreimaliges Berühren seines Hauptes mit der Stirn erhoffte man sich früher, et-*

was von seinem Genie abzubekommen. Zum Schutz der Steinskulptur ist dieses Ritual heutzutage nicht mehr erlaubt.

Beherrscht wird der 97 m lange Kirchenraum vom aufwendig gearbeiteten ***Altar Mayor*** *mit dem mit Gold, Silber und Edelsteinen geschmückten Jakobus. Erst wenn die Treppe hinter dem Altarraum erklommen und der Apostel umarmt ist, ist die Pilgerreise zu Ende. In der Krypta unter dem Altar ruhen die als sterbliche Überreste des Heiligen verehrten Gebeine (teils lange Wartezeit).*

Der ***Botafumeiro****, das 53 kg (gefüllt 100 kg) schwere, 150 cm hohe versilberte Weihrauchfass, machte im Mittelalter den strengen Körpergeruch der Pilger erträglicher. Heute ist es ein beliebtes Spektakel, wenn acht Männer, die »Tiraboleiros«, am 20 m langen Seil ziehen und der Botafumeiro mit bis zu 68 km/h durch das Querschiff saust. Zweimal löste er sich dabei bisher vom Seil, ohne jedoch größere Schäden anzurichten. Das Fass kommt nicht zu jeder Pilgermesse zum Einsatz, sondern nur zu bestimmten Terminen (s. u.), sonst wird es in der Bibliothek aufbewahrt.*

Feste Termine Botafumeiro: *6. Jan. (Dreikönigsfest), Ostersonntag, Christi Himmelfahrt, 23. Mai (Jahrestag der Schlacht von Clavijo), Pfingsten, 25. Juli (Jakobustag), 15. Aug. (Mariä Himmelfahrt), 1. Nov. (Allerheiligen), Sonntag vor dem 1. Advent, 8. Dez. (Mariä Empfängnis), 25. und 30. Dez. sowie wenn das Schwingen des Weihrauchfasses beantragt wurde, Information: botafumeiro@catedraldesantiago.es.*

Öffnungszeiten: Kathedrale: *tgl. 7–21 Uhr (gratis, Eingang durch Puerta de Platerías).* ***Museum:*** *tgl. 10–20 Uhr, normal 6 €, Pilger 4 €.* ***Museum und Pórtico de la Gloria:*** *tgl. 10–20 Uhr (maximale Verweildauer im Pórtico de la Gloria 30 Min.) normal 12 €, Pilger 10 €.* ***Museum und Kathedraldach:*** *tgl. 10–20 Uhr, 12 €, Pilger 10 €, mit Torre de la Carraca (Nordturm) 20 €.* ***Nächtliche Führungen durch die Kathedrale:*** *Di–So 22.30, 22.45 und 23 Uhr, 25 € Information und Online-Tickets: catedraldesantiago.es unter »Reserva tu visita« – »Museo/Colección Permanente«, »Museo Catedral/Pórtico de la Gloria« bzw. »Museo Catedral/Cubiertas y Torre de la Carraca«; Öffnungszeiten und Preise unter »Horarios« und »Precios«).*

Links der Kathedrale steht das ***Hostal de los Reyes Católicos****. Bereits 1492, dem Jahr der Entdeckung Amerikas, beschlossen die Könige Isabel und Fernando den Bau des Pilgerhospizes, Baubeginn war 1501. Heute ist es ein* ***Parador Nacional*** *(staatliches Luxushotel) und gilt als das älteste Hotel Spaniens. In Erinnerung an die mittelalterliche Tradition werden jeden Tag die jeweils zehn ersten Pilgerinnen und Pilger, die sich im Pilgerbüro registrieren, zum Mittagessen eingeladen. Nach Westen schließt der* ***Pazo de Raxoi*** *(1767–1787), Rathaus von Santiago, den Platz ab, nach Süden das* ***Colegio de San Jerónimo*** *(17. Jh.), einst Schule für Kinder mittelloser Eltern, heute Institut für galicische Studien.*

Ein schönes Symbol ist an der ***Südseite der Kathedrale*** *zu sehen: An der Mittelsäule der* ***Porta das Praterías*** *prangt ein* ***Jesusmonogramm*** *(sp.*

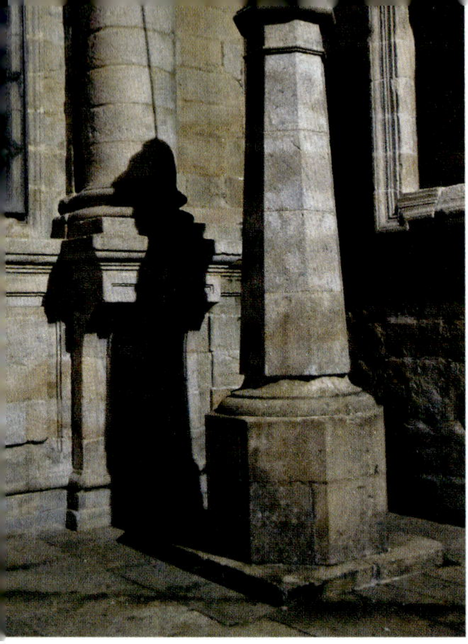

Der Geisterpilger an der Ostseite der Kathedrale..

»Crismón«) mit dem ersten und letzten Buchstaben des klassischen griechischen Alphabets: Alpha und Omega (Ω), nach den Worten Jesu: »Ich bin das A und das Ω, der Erste und der Letzte, der Anfang und das Ende.« Hier sind sie jedoch umgekehrt angeordnet: erst das Ω, dann das A: Nach der Pilgerschaft soll das alte Leben enden und ein neues beginnen. Gleich um die Ecke befindet sich an der ***Praza da Quintana*** *die* ***Porta Santa****. Das Ostportal der Kathedrale (17. Jh., verziert mit Skulpturen aus dem 12. Jh.) wird nur in Heiligen Jahren geöffnet.*

Besonders stimmungsvoll ist ein nächtlicher Bummel durch die Altstadt. Dabei kann man, auf die Porta Santa schauend links, dem ***Geisterpilger*** *begegnen. Es soll ein Geistlicher sein, der Nacht für Nacht auf seine heimliche Liebe, eine Nonne, wartet. Sie wollten zusammen durchbrennen, sie aber versetzte ihn. Nach einer anderen Legende handelt es sich um einen französischen Adligen, der als Buße für den Mord an seinem Vater nach Santiago pilgern musste. Unterwegs beging er zwei weitere Morde. Am Ziel verzieh ihm zwar der Geist seines Vaters den Vatermord, veurteilte ihn jedoch dazu, in Santiago auf die Ankunft der Seelen seiner Opfer zu warten, um auch von ihnen Vergebung zu erhalten.*

Die nach der Kathedrale beliebteste Sehenswürdigkeit Santiagos ist der ***Mercado de Abastos****, die große Markthalle am Ostrand der Altstadt (Mo–Sa 8–14 Uhr, mercadodeabastosdesantiago.com).*

Museen: Museo das Peregrinacións e de Santiago *(Pilgermuseum, Praza das Praterías, Di–Fr 9.30–20.30 Uhr, Sa 11–19.30 Uhr, So 10.15–14.45 Uhr).* ***Museo do Pobo Galego*** *(galicisches Volkskundemuseum, Rúa San Domingos de Bonaval, Di–Sa 11–18 Uhr, So/Fei 11–14 Uhr, 4 €, museodopobo.gal).* ***Centro Galego de Arte Contemporáneo*** *(Museum für zeitgenössische Kunst, Rúa Valle Inclán, Di–So 11–20 Uhr, Eintritt frei, cgac.xunta.gal). Außerhalb der Stadt befindet sich das vom amerikanischen Architekten Peter Eisenman entworfene Kulturzentrum* ***Cidade da Cultura de Galicia*** *(Zugang tgl. 8–22 Uhr, Museo Centro Gaiás tgl. 10–20 Uhr; Anfahrt: Buslinie 9; cidadedacultura.gal).*

Feiertage: *Um Christi Himmelfahrt Fiestas de la Ascensión, Umzüge, Viehmarkt. Ab 20. Juli:* ***Santiago Apóstol****, großes Jakobus-Fest, viele Veranstaltungen, am 24. Juli gegen 23.30 Uhr spektakuläres Feuerwerk über der Kathedrale, Haupttag: 25. Juli (vermutlicher Todestag des Apostels).*
Oficina de Turismo: *Rúa do Vilar 63, Tel. +34 981 555 129. tgl. 10–18 Uhr (auch Infos zu Unterkünften); santiagoturismo.com.*

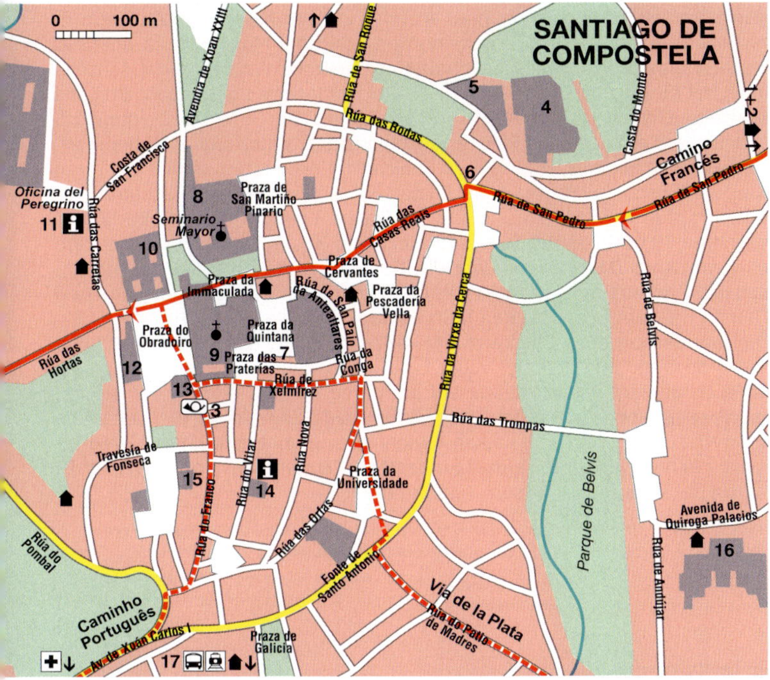

1 Monte do Gozo
2 Herbergen vor dem Zentrum
3 Hauptpostamt mit Schließfächern
4 Galicisches Volkskundemuseum
5 Museum für zeitgenössische Kunst
6 Puerta del Camino
7 Pilgermuseum
8 Seminario Mayor
9 Kathedrale/Praza do Obradoiro
10 Hostal de los Reyes Católicos
11 Pilgerbüro (Oficina del Peregrino mit Post-, Bus- und Bahnschalter)
12 Pazo de Raxoi/Rathaus
13 Colegio de San Jerónimo
14 Touristeninformation
15 Polizei
16 Seminario Menor
17 Bahnhof und Busbahnhof

Der Weg nach Finisterre und Muxía

Für viele Pilgerinnen und Pilger endet in Finisterre (galicisch Fisterra) ihre Pilgerreise. Für die Menschen im Altertum endete hier die ganze Welt. Den Phöniziern, Kelten und Römern war die in den Atlantik ragende Landspitze ein mystischer Ort, an dem sie Sonnen- und Fruchtbarkeitsriten feierten. Nach dem Auffinden des Apostelgrabes erwachte die Faszination für das »Finis Terrae« im Mittelalter neu. Wunder wie der heilige Christus von Finisterre oder die Jungfrau im steinernen Schiff bei Muxía sollten die heidnischen Glauben vergessen machen. Ganz gelungen ist dies nicht. Jenseits jeglicher Ideologie ist »das Ende der Welt« immer eines geblieben: ein ganz spezieller Ort mit eigener Magie und Strahlkraft. Der Sonnenuntergang am Leuchtturm auf dem Kap Finisterre ist ein letzter emotionaler Höhepunkt. Unzählige Schiffsunglücke gaben Galiciens Nordwesten seinen düsteren Namen: Costa da Morte, Todesküste. Bei der letzten und schlimmstes Katastrophe, dem Untergang des Öltankers Prestige im Jahr 2002, verseuchten 70.000 Tonnen Schweröl Meer und Küste. Ein ökologisches und ökonomisches Desaster für Galiciens Fischerei und Muschelzuchtbetriebe. Seit 2007 gehört das Kap Finisterre aufgrund seiner einzigartigen Lage und Geschichte zum Europäischen Kulturerbe.

Die Wanderung nach Finisterre und/oder Muxía ist ein wunderbarer Ausklang der Tage und Wochen voller Emotionen und Eindrücke zuvor. In der ländlich geprägten Landschaft auf dem Weg dorthin und an der grünen, gleichzeitig aber auch rauen und wilden Küste können wir die Gedanken schweifen, die Erlebnisse sacken lassen. »Der eigentliche (Pilger-)Weg beginnt nach der Ankunft Santiago«, heißt es. Der Weg ans Ende der Welt ist schon der Anfang von diesem Neuanfang.

Blick auf die schmale Landzunge bei Finisterre, links der wilde Strand Mar de Fora, rechts die 2 km lange Praia da Langosteira und die Häuser von Finisterre.

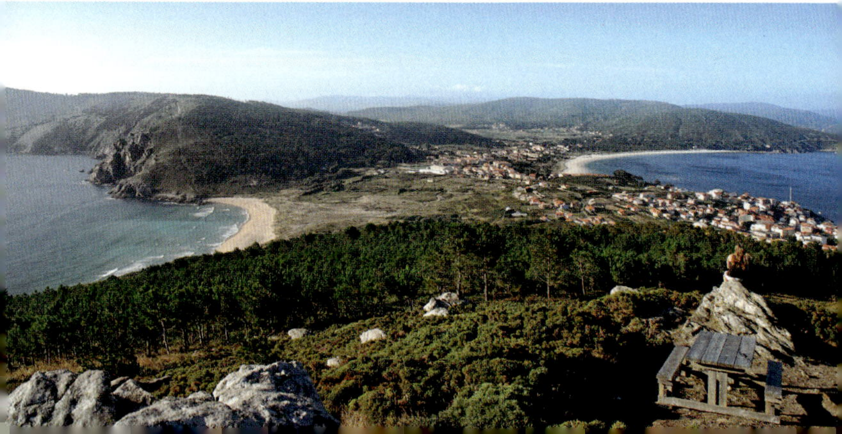

6.15 h	21,8 km
↗ 460 m	↘ 550 m

Santiago de Compostela – Negreira 32

Auf ans Ende der Welt!

Santiago de Compostela ist zweifelsohne eine schöne Stadt. Das lebhafte touristische Treiben kann einen nach der langen Pilgerreise aber auch überfordern. Was wäre da besser, als einfach wieder den Rucksack zu schultern und die eigenen Emotionen und Gedanken mit einer Wanderung an den Atlantik zu sortieren. Also auf nach Finisterre.

Der Weg: Einfach bis mittelschwer. Hügeliges Gelände, teils Sträßchen, teils Waldwege. Ab und zu Markierung auch in Richtung Santiago.
Kritische Stellen: Keine.
Hinweise: 1. Bei Übernachtung in der öffentlichen Herberge von Negreira empfiehlt es sich, im Ort einzukaufen (Gadis-Supermarkt am Weg), evtl. auch für das Frühstück und etwas Wegproviant, da bis Cee nur eingeschränkte Einkaufsmöglichkeit in Olveiroa.
2. Bis Cee (Etappe 34) gibt es keine Bankautomaten, Ärzte oder Apotheken.

Ab Santiago de Compostela (253 m, 98.700 EW)

7,0 km → **Quintáns** (161 m, 70 EW)

1,6 km → **Alto do Vento** (183 m)

1,2 km → **Ventosa** (110 m, 400 EW)

- TH **Alb. A Casa do Boi**, 16 B/20 € (2 DZ 60 €). Tel. +34 981 890 967. W/T, Kojenbetten mit Bettzeug; Abendessen, Frühstück; Garten. 15–22 Uhr, Jan.–Nov. acasadoboi.com

1,7 km → **Aguapesada** (60 m, 130 EW)

3,5 km → **Trasmonte** (215 m, 60 EW)

2,0 km → **Ponte Maceira** (143 m, 20 EW)

3,6 km → **Negreira/Ortsanfang** (151 m)

- TH **Alb. San José**, 50 B/15 € (EZ 26/40 €, DZ 37–50 €, 3er-/4er-Zi. 54–100 €). Vor dem Ort Schilder, 500 m nach rechts, von der Herberge ins Zentrum: 400 m. Tel. +34 636 761 290. Küche, W/T, Garten; viel Platz. 12.30–22.30 Uhr, März–Nov. alberguesanjose.es
- TH **Alb. Alecrín**, 40 B/15 €. Tel. +34 981 818 286. Küche, W/T; viel Platz. 12–22.30 Uhr, April–Nov. albergueennegreira.com

0,3 km → **Negreira** (164 m, 6900 EW)

Rúa Castelao, Tel. +34 981 886 378

- TH **Alb. Cotón**, 40 B/15 €. Tel. +34 881 979 654. Küche, W/T; ein großer Schlafsal. Ab 12 Uhr, Mai–Okt. alberguecoton.es
- TH **Alb. El Carmen**, 32 B/15 € (EZ 42 €, DZ 60 €). Tel. +34 636 129 691. W/T, Bar/Rest.; älteres Stadthaus. Ab 12.30 Uhr (EZ/DZ ab 13.30 Uhr), März–Okt. alberguehostalmezquita.com

0,9 km → **Negreira/Ortsende** (167 m)

- XH **Alb. de Negreira**, 16 B/10 €. Mit dem Weg etwa 1 km aus dem Ort hinaus und dann bergauf bis zum Hinweis zur Herberge. Küche (mit Utensilien), normale Betten. 13–22 Uhr, ganzjährig.

Der Weg nach Finisterre beginnt auf der Praza do Obradoiro vor der Kathedrale von **Santiago de Compostela** ❶. Am Hostal de los Reyes Católicos vorbei, gehen wir hinunter zur Rúa das Hortas. Dieser folgen wir bis zu ei-

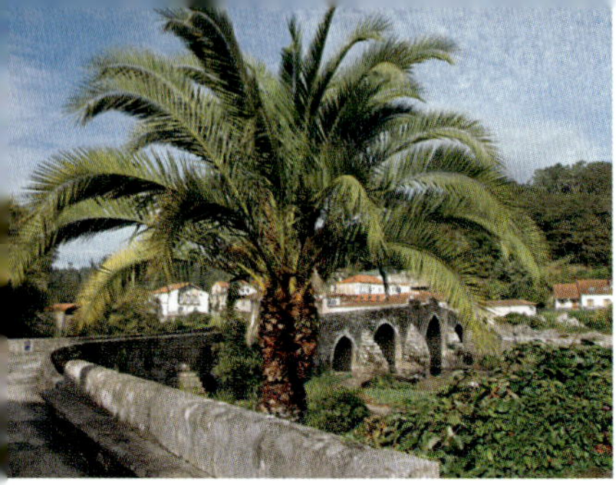

Südliches Flair an der Ponte Maceira.

nem Rechtsbogen auf die Kreuzung Campo das Hortas. Hier schräg links über die Rúa do Pombal in die Straße Campo do Cruceiro do Gaio. Diese zweigt nach links ab, während sich der Camino geradeaus auf der Rúa da Poza do Bar fortsetzt. Am Ende der Straße gelangen wir zur Carballeira de San Lourenzo (Grünanlage mit alten Eichen, Wegstein »Km 89,586 a Fisterra« (bis zum Leuchtturm), »Km 86,482 a Muxía«. Wir nehmen den Fußweg rechts durch den Park bergab. Unten wenden wir uns nach der Brücke nach links, an der Weggabelung kurz darauf halten wir uns wieder links. Der Weg schlängelt sich durch ein Wäldchen, steigt dann bergan und mündet in ein Asphaltsträßchen, über das wir nach links nach **Sarela do Baixo** 2 gelangen (knapp 45 Min.). Zurück bietet sich ein letzter Blick auf Santiago.
Der Weg führt rechts durch den Wald nach **O Carballal** 3 (45 Min.) und durch Streusiedlungen und ein Wäldchen nach **Quintáns** 4 (45 Min.). Teils auf Waldwegen steigen wir bergan zum **Alto do Vento** 5 (30 Min.), kurz darauf passieren wir nach rechts **Ventosa** 6 (20 Min.) und Castelo. Neben der Straße gelangen wir nach **Aguapesada** 7 (20 Min.; Bar mit Laube aus Kiwi-Pflanze, 500 m weiter zweite Bar). Danach geht es auf einem teils steilen Waldweg, das letzte Stück auf einem Sträßchen zum **Alto do Mar de Ovellas** 8 hinauf (1 Std.). Kurz danach passieren wir Carballo und wandern auf der Landstraße durch **Trasmonte** 9 (15 Min.) und Reino nach **Ponte Maceira** 10 (30 Min.).

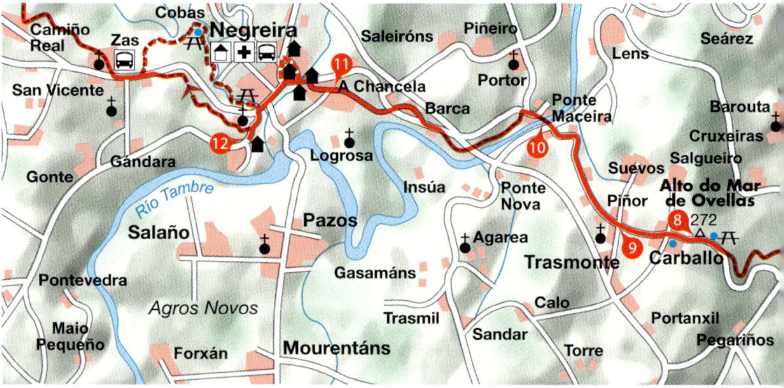

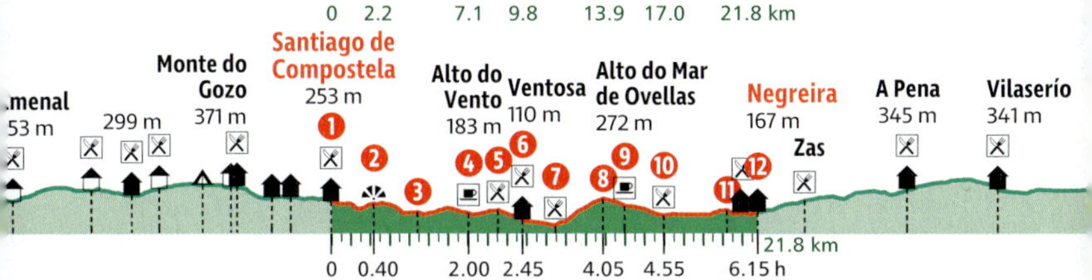

*ℹ Die gotische Brücke bei **Ponte Maceira** (im 14. Jh. erbaut, im 18. Jh. restauriert) überspannt in elegantem, auf dem Scheitelpunkt spitz zulaufendem Schwung den Río Tambre. Von der Brücke aus bietet sich ein schöner Blick über den Fluss und mehrere restaurierte Mühlen sowie ein schönes mittelalterliches Anwesen (pazo) inmitten einer Parkanlage. Die **Capilla de San Brais** am Fuße der Brücke stammt aus dem 18. Jh.*

Nach der Brücke wenden wir uns nach links. Ein kurzes Stück sind wir auf einem schönen Flussweg, dann bringt uns ein Feldweg nach Barca (30 Min.) und hinauf nach **A Chancela** ⓫ (gut 20 Min.). Vorbei am Abzweig zur Alb. San José kommen wir zur Alb. Alecrín am Ortsrand von Negreira (15 Min.). Wir durchqueren den Ort der Länge nach (vorbei an Herberge Cotón) und leicht ansteigend. Beim Supermarkt Gadis (letzte Einkaufsmöglichkeit vor der öffentlichen Herberge) gehen wir rechts und kurz danach links von der Hauptstraße weg. Wir passieren ein altes, im 17. und 18. Jh. restauriertes Anwesen (Pazo do Cotón) und verlassen Negreira durch einen Torbogen. Danach gehen wir schräg links bergauf. An einer Weggabelung setzt sich der Camino nach rechts fort. Die öffentliche Herberge von **Negreira** ⓬ liegt 250 m geradeaus an der Straße (20 Min./1 km ab Zentrum).

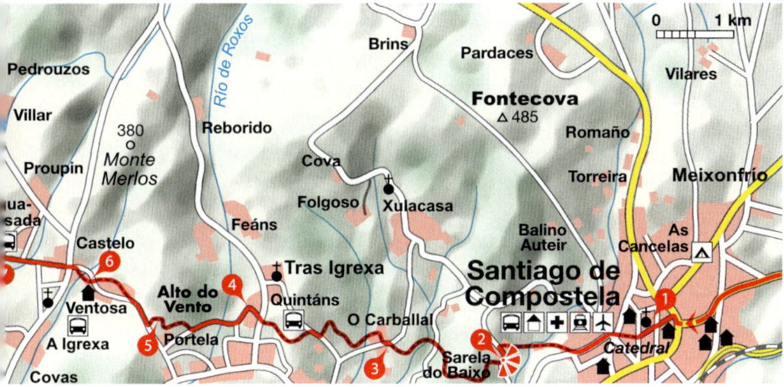

33 Negreira – Olveiroa

8.30 h	33,3 km
↗ 650 m	↘ 540 m

Geht es hier wirklich zum Meer?

Sanft gewellte grüne Hügel, Weiden mit entspannt wiederkäuenden schwarz-weißen Kühen, weit verstreute Bauerndörfer und Weiler, ab und zu das Geräusch eines Traktors – man mag es auf dieser langen Etappe gar nicht glauben, dass der Atlantik nur ein paar Kilometer entfernt ist.

Der Weg: Lange, aber technisch einfache Etappe. Viel Landstraße, sonst Feld- und Waldwege. Nur anfangs Schatten.
Kritische Stellen: Keine.
Varianten: 1. Ab Negreira schöner Weg am Fluss entlang (1,4 km länger und 50 Hm mehr Auf- und Abstieg; Schilder, gelbe Pfeile): bei der Brücke am Ortsrand beim blauen Schild »Bonita variante alternativa al Camino de Fisterra–Muxía« (bzw. grün »Ruta dos tres Pazos«) nach rechts (von der öffentlichen Herberge kommend links) auf dem Fußweg am schönen Ufer des Río Barcala entlanggehen; zwei Brücken werden überquert, an der dritten geradeaus vorbei. Beim Sitzplatz mit Brunnen halb links über die Wiese (links: Kapelle) und nach links auf der Straße bergan; wo sie auf eine quer verlaufende Straße trifft, schräg rechts in den Waldweg. Dieser wird zum Waldpfad und steigt weiter bergan. Bei der Einmündung eines Wegs von rechts geradeaus hoch (kein Pfeil). Oben geradeaus auf Asphalt zur quer verlaufenden Landstraße und rechts in den Hauptweg.
2. Variante zwischen Portocamiño und Vilaserío abseits der Straße (blaue Schilder; gleich lang, aber 40 Hm mehr Auf- und Abstieg).
3. Umgehung des steilen Anstiegs vor Lago, indem man auf der Straße bleibt (50 Hm weniger Auf- und Abstieg).
Hinweis: Vor allem gegen Ende wenig Schatten, daher kann die Wanderung bei warmem Wetter etwas anstrengend sein. Genügend Wasser mitnehmen.

Ab Negreira (167 m, 6900 EW)

2,4 km → **Zas** (259 m, 80 EW)

5,3 km → **A Pena** (345 m, 130 EW)

- TH **Alb. Alto da Pena**, 3 Muscheln, 16 B/17 € (2 DZ 50 €). Tel. +34 609 853 486. W/T, Mikrowelle, Bar/Rest., gemeinsames Abendessen. 7–22.30 Uhr, ganzjährig.
- TH **Alb. Rectoral San Mamede da Pena**, 3 Muscheln, 35 B/17 € (3 DZ 60 €, 1 EZ 40 €). Tel. +34 649 948 014. W/T, Mikrowelle, Abendessen in Alb. Alto da Pena; Pool; schön renoviertes ehemaliges Pfarrhaus; Betten mit Privatsphäre. Check-in 14–20 Uhr, ganzjährig.

4,6 km → **Vilaserío** (341 m, 50 EW)

- TH **Alb. Casa Vella**, 3 Muscheln, 14 B/14 € (3 DZ 40–50 €, als EZ 30–40 €). Tel. +34 615 452 253. W/T, Mahlzeiten; schönes Landhaus, Garten. 10–22 Uhr, April–Okt. casavellavilaserioblog.wordpress.com
- TH **Alb. O Rueiro**, 3 Muscheln, 32 B/14 € (DZ ab 57). Tel. +34 659 568 139. W/T, Bar/Rest.; geräumige Zimmer. Ab 11 Uhr, ganzjährig (Winter mit Reservierung). orueiroenvilaserio.
- SH **Alb. Municipal**, 1 Muschel, 14 B/Spende. Alte Schule am Ortsende. Duschen. Offen, ganzjährig.

8,0 km → **Santa Mariña** (334 m, 40 EW)

- TH **Alb. Casa Pepa**, 3 Muscheln, 38 B/15 € (DZ 50 €). Tel. +34 981 852 881. W/T, Bar/Rest. 12–23 Uhr, ganzjährig. alberguecasapepa.es

0,6 km → **Santa Mariña/AC-400** (330 m)

Bäckerei

- PH **Alb. Santa Mariña**, 32 B/14 €. Tel. +34 981 852 897. W/T, Bar/Rest. 12–23 Uhr, April–Nov.

6,0 km → Lago (337 m, 70 EW)

- TH **Alb. Monte Aro**, 28 B/15 € (4er-Zi. 65 €). Tel. +34 881 005 935 u. +34 682 586 157. Mikrowelle, W/T, Bar/Rest.; modern, geräumig. 12–23 Uhr, März–Nov. alberguemontearo.com

4,3 km → Mallón (259 m, 30 EW)

2,1 km → Olveiroa (275 m, 120 EW)

- TH **Alb. Casa Manola**, 18 B/15 € (EZ 35 €, DZ ab 45 €). Tel. +34 981 741 745. W/T, Bar/Rest., Laden. Ab 12 Uhr, ganzjährig außer Feb. casamanola.com
- TH **Alb. Hórreo**, 50 B/15 € (2 EZ 40/45 €, 16 DZ 50/55). Tel. +34 981 741 673. W/T, Küche, Bar/Rest.; große Schlafräume, viel Platz. 12–22 Uhr, März–Nov. casaloncho.com
- XH **Alb. de Olveiroa**, 34 B/10 €. Küche (ausgestattet); kleine Zimmer, Betten recht eng gestellt. Offen, ganzjährig.

Von der öffentlichen Herberge am Ortsrand von **Negreira** ❶ gehen wir ein kurzes Stück bergab zurück und nehmen den ersten Weg nach links zur Kirche (zur Fluss-Variante: an der Straße weiter bis zur Brücke über den Río Barcala und dort links). Beim Friedhof geht es nach rechts durch eine Häusergruppe, danach zwischen der steinernen Säule und der mächtigen Kastanie hindurch. Auf dem Waldweg kommen wir zur Landstraße, auf der wir nach **Zas** ❷ wandern (knapp 45 Min.; von rechts: Fluss-Variante). Dort gehen wir rechts über die Straße und auf einem ansteigenden Waldweg zum Weiler **Camiño Real** ❸ (knapp 30 Min.). Im Auf und Ab erreichen wir **Rapote** ❹ (45 Min.) und **A Pena** ❺ (20 Min.; Treppe links hinauf zur ersten Herberge und Einkehrmöglichkeit; zur zweiten Herberge auf dem Weg bleiben und bei der Kirche links). 15 Min. später gelangen wir zweimal links abbiegend nach **Portocamiño** ❻. Dort gehen wir rechts auf der Landstraße bergan. Nach etwa 500 m, kurz nach dem Hinweis auf den Windpark (»Parque Eólico de Corzán«), schlagen wir rechts das Sträßchen ein. Gleich darauf ist die **Variante** ausgeschildert: Sie folgt geradeaus dem Sträßchen (schöne Blicke ins Tal), bei der Gabelung links in den Fahrweg (blaues Schild) und in stetem Auf und Ab immer geradeaus. Schließlich geht es auf Beton bergab und geradeaus in einen Feldweg. Dann bei der T-Kreuzung rechts, bei nächster Gelegenheit links und über die Straße nach **Vilaserío** ❼ (3,3 km/45 Min. ab Abzweig).

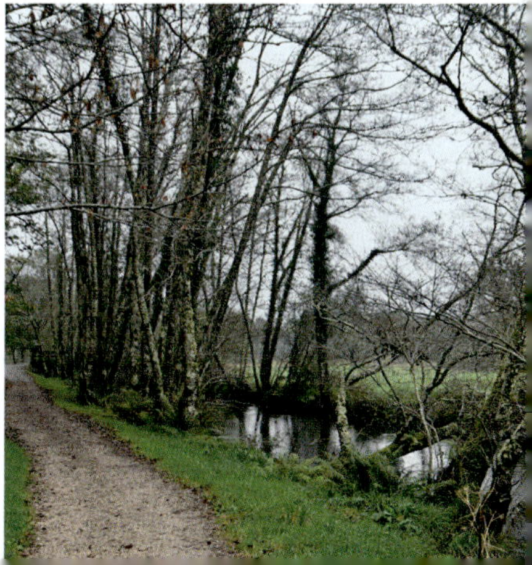

Die schöne Fluss-Variante ab Negreira.

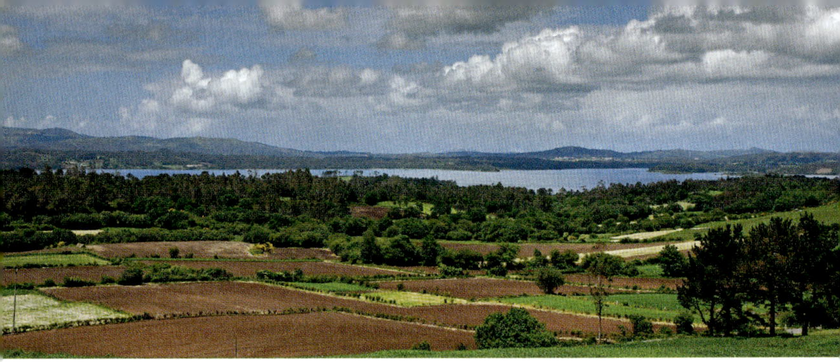

Vor Lago: Blick auf den Fervenza-Stausee.

Der gleich lange **Hauptweg** biegt links in den Kiesweg ein, steigt bergan und gelangt wieder zur Landstraße; hier rechts und neben der Straße bis zum links abzweigenden Weg hinunter nach **Vilaserío** ❼ (3,3 km/45 Min. ab Abzweig). Nach der Bar schlagen wir die Straße nach links unten ein und wandern (vorbei an der städtischen Herberge, 500 m ab Bar) nach **Corna-**

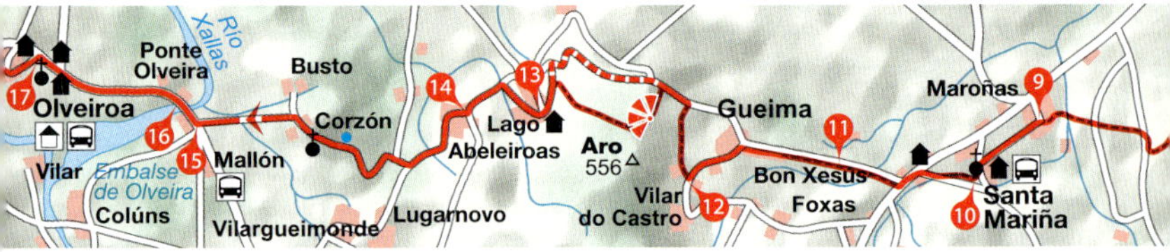

do ❽ (gut 30 Min.). Beim Brunnen biegen wir nach links oben ab und stoßen wenig später auf ein Sträßchen, wo wir rechts und gleich wieder links gehen. Sehr weit und flachhügelig erstreckt sich das Hochplateau der Region Xallas (bekannt für Korbflechtarbeiten, »Cestería«, und ausgefallene Frauenhüte aus Stroh, »Sombreros de paja«) bis zum Horizont.
Über landwirtschaftliche Wege gelangen wir nach **Maroñas** ❾ (gut 1 Std.; die dort angeschriebene Bäckerei befindet sich bei der zweiten Herberge von Santa Mariña) und **Santa Mariña** ❿ (15 Min.). Im Ort gehen wir nach rechts (links: Herberge/Bar/Rest. Casa Pepa), dann nach links entlang der Straße an der zweiten Herberge (10 Min.) vorbei, zweigen danach rechts ab und wandern nach **Bon Xesús** ⓫ (ca. 30 Min.). Auf einer kleinen Asphaltstraße geht es leicht ansteigend weiter nach **Vilar do Castro** ⓬ (20 Min.). Wir folgen der Straße nach rechts aus dem Weiler hinaus. Links vom Weg erhebt sich der höchste Berg der Region, der Aro (556 m). Bei dem Sträßchen kurz darauf biegen wir nach links oben ab. Nach gut 300 m zweigt der Weg nach links oben ab (wer sich den Anstieg sparen möchte, folgt der Stra-

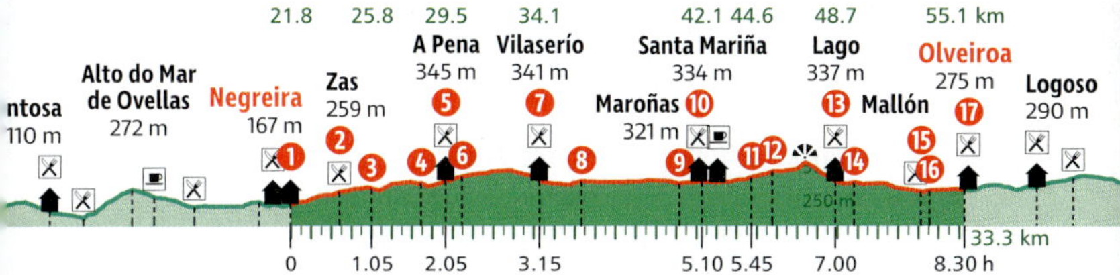

ße geradeaus und bergab; nach der scharfen Links- und kleineren Rechtskurve auf dem Feldweg links nach **Lago** ⓭ (1,8 km/30 Min. ab Abzweig). Der **Jakobsweg** steigt nach links steil auf knapp 480 m Höhe an. Im Rechtslinks-Schwenk geht es an einem Aussichtspunkt mit schönem Blick auf den Fervenza-Stausee vorbei und dann nach rechts bergab. Nach ca. 1 km/15–20 Min. achten wir auf den links abzweigenden Pfad; dann gleich wieder links und nach **Lago** ⓭ (1,9 km/knapp 45 Min. ab Abzweig).

Im Weiler biegt der Weg rechts ab, bei der nächsten T-Kreuzung geht es links nach **Abeleiroas** ⓮ (15 Min.). Dort nach rechts und durch Felder und Wäldchen vorbei an Corzón, das rechts liegen bleibt, nach **Mallón** ⓯

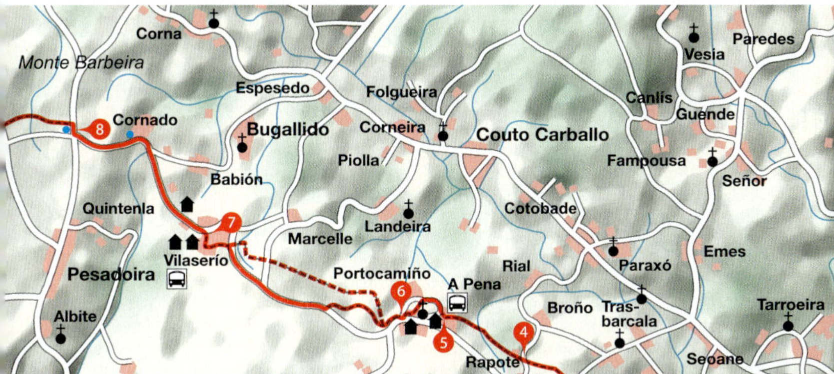

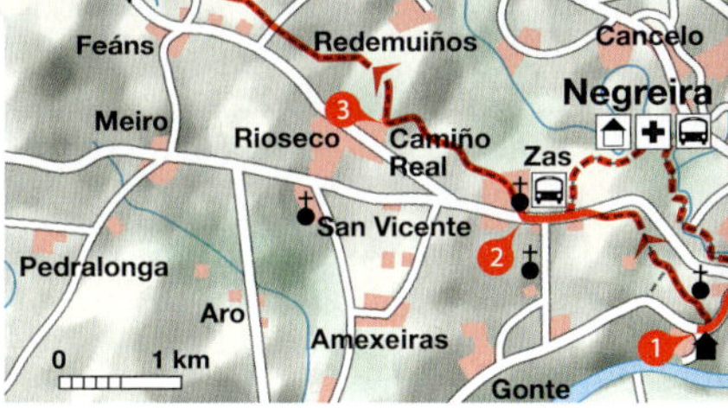

(45 Min.). Im Ort biegen wir rechts in die Landstraße ein und gelangen in 10 Min. nach **Ponte Olveira** ⓰. Ab hier wandern wir auf dem Fußweg neben der Straße über eine kleine Anhöhe. Kurz vor dem Ort lenkt uns ein Hinweis nach links nach **Olveiroa** ⓱ (20 Min.).

34 Olveiroa – Finisterre/Fisterra

8.15 h | 30,8 km
↗ 470 m | ↘ 730 m

Zum Sonnenuntergang am Ende der Welt

Bevor wir den Atlantik erreichen, macht es der Weg noch mal spannend. Den halben Tag wandern wir über das hügelige Hinterland dem ersehnten Meerblick entgegen. Ein steiler Abstieg bringt uns endlich hinunter zur Küste. Zwischen Cee und Corcubión wirkt der weit ins Land greifende Meeresarm jedoch noch eher wie ein See. Erst nach dem Alto de San Roque kommen wir ans offene Meer. Eine kleine Bucht mit türkisblauem Wasser und weißem Sand mutet fast karibisch an. Zuletzt können wir barfuß direkt auf der 2 km langen, wunderschönen Praia da Langosteira nach Finisterre schlendern. Was für ein Finale!

Der Weg: Einfach bis mittelschwer. Bis Corcubión vorwiegend Wald- und Feldwege. Von Corcubión bis Finisterre Passagen an der Straße im Wechsel mit Waldwegen und Pfaden.
Kritische Stellen: Keine.
Busse ab Finisterre: 1. Nach Santiago: tgl. 9.45, 11.45, 15, 16.45, 17.45 und 18.45 Uhr, zusätzlich Mo–Fr 8.20 Uhr, Fahrzeit 2.20–3.15 Std., Preis 7,20 €, Ticketverkauf je 1 Std. vor Abfahrt am Schalter oder auf monbus.es.
2. Nach Muxía tgl. 11.30 Uhr, Fahrzeit 30 Min., Preis 2,60 €, Ticket am Schalter. Alle Angaben Stand März 2024, je nach Jahreszeit wechselnde Zeiten, aktuelle Info vor Ort und auf monbus.es.
Hinweise: 1. Mit Proviant und Wasser vorsorgen, zwischen Hospital und Camiños Chans fast 13 km ohne Versorgungsmöglichkeit.
2. Die Pilgerbescheinigung »Fisterrana« gibt es in der Touristeninformation (vgl. S. 268; aus Muxía kommend Stempel aus Lires notwendig.
Tipp: Einzigartig direkt beim Leuchtturm von Finisterre liegt das schöne **Hotel O Semáforo**, Tel. +34 981 110 210 hotelsemaforodefisterra.com.

Ab Olveiroa (275 m, 120 EW)
3,6 km → **Logoso** (290 m, 30 EW)

beides in der Herberge; Verkauf von Obst, Konserven etc.

TH **Alb. O Logoso**, 38 B/15 € (1 EZ 50 €, 3 DZ 55 €). Tel. +34 659 505 399. W/T, Bar/Rest., Küche, kl. Laden; ruhig gelegen, geräumig. Check-in 15–19 Uhr, März–Okt. ologoso.com

1,8 km → **Hospital** (357 m, 40 EW)

12,7 km → **Camiños Chans** (30 m, 360 EW)

TH **Alb. O Bordón**, 24 B/15 €. Links des Wegs. Tel. +34 655 903 932. W/T, Küche, Bar; ein Schlafsaal. 12–23.30 Uhr, März–Okt.

1,2 km → **Cee** (3 m, 7600 EW)

Hospital Comarcal, Tel. +34 981 706 010

TH **Alb. Moreira**, 14 B/15 € (4 DZ 40 €). Rúa Rosalía de Castro 75, Tel. +34 620 891 547. Küche, W/T; schönes Haus, zwei Schlafsäle, Meerblick. Check-in 13–19 Uhr, Ende März–Okt. alberguemoreira.es

PH **Alb. A Casa da Fonte**, 40 B/15 €. Rúa de Arriba 36, Tel. +34 699 242 711 und +34 981 746 663. W/T, Küche; Frühstück. 2 große Schlafsäle, viel Platz. 13–22 Uhr, Ostern–15. Nov. albergueacasadafonte.blogspot.com

TH **Alb. Tequerón**, 20 B/15–18 € (2 DZ 45 €, als EZ 35 €). Rúa de Arriba

31, Tel. +34 666 119 594. W/T, Küche. 10–22 Uhr, ganzjährig. alberguetequeron.com

1,0 km → **Corcubión** (10 m, 1600 EW)

Avda. A Viña, Tel. +34 981 745 552

1,5 km → **Alto de San Roque** (111 m)

VH **Alb. de San Roque**, 14 B/Spende. Auf der Anhöhe außerhalb des Orts gelegen; schön viel Natur um die Herberge, keine Bar/Rest. in der Nähe. Betreut vom galicischen Jakobswegverein, Tel. +34 679 460 942 (keine Reservierung). Traditionelle Herberge, gemeins. Abendessen, Frühstück. 16–22 Uhr, April–Dez. amigosdelcamino.com

0,7 km → **Amarela** (89 m, 40 EW)

TH **Alb. San Pedro**, 4 B/je nach Saison 17–23 € (2 DZ 45–65 €). Tel. +34 670 395 045. W/T (im Preis inbegriffen), überdachte Außenküche. 16–21 Uhr, ganzjährig.

1,2 km → **Estorde** (7 m, 130 EW)

Camping Ruta Finisterre, Tel. +34 981 746 302. rutafinisterre.com

1,2 km → **Sardiñeiro** (9 m, 460 EW)

3,2 km → **Praia da Langosteira** (1 m)

2,7 km → **Finisterre/Fisterra** (11 m, 2800 EW)

Pfarrkirche im Ort Mo–Sa (außer Di) 20 Uhr, So 10 und 19 Uhr (Apr.–Sept.), 20 Uhr (Okt.–März), Igl. de Santa María das Areas (am Weg zum Leuchtturm) So/Fei 12 Uhr

Rúa Calafigueira, Tel. +34 981 712 265

PH **Alb. Cabo da Vila**, 24 B/18 € (4 DZ 45–60 €, EZ 30–35 €). Tel. +34 607 735 474. Am Weg. Küche, Frühstück, W/T. 7–22 Uhr, März–Nov. alberguecabodavila.com

XH **Alb. de Finisterre**, 26 B/10 €. Im Zentrum bei der Bushaltestelle. Tel. +34 661 947 304. Stempel aus Negreira bzw. Lires notwendig! Küche, W/T; recht beengt. Check-in 13–20 Uhr.

TH **Alb. Arasolis**, 16 B/15 €. Rúa Arasolis 5, Tel. +34 638 326 869. Küche, W/T. Check-in 10–20 Uhr, ganzjährig.

TH **Alb. A Pedra Santa**, 20 B/18 €. Travesía de Arriba, Tel. +34 613 017 062 (WhatsApp). Küche, W/T; viel Platz, modern. Ab 11 Uhr, ganzjährig.

TH **Alb. do Sol e da Lúa**, 18 B/ab 13 € (DZ 33 €). Rúa Atalaya 7 (nahe Schule). Tel. +34 617 568 648. Küche, W/T. Gemeins. Essen, Pilgeratmosphäre. Ganztags, ganzjährig (Winter nur mit Reservierung).

TH **Alb. Finistellae**, 20 B/13 € (4 EZ 30 €, 4 DZ 36 €). Rúa Manuel Lago Pais 7, Tel. +34 637 821 296. Mikrowelle, W/T; Schlafraum am offenen Treppenaufgang. 8–22 Uhr (Zugangscode), Ostern–Okt. finistellae.com

TH **Alb.-Pensión Fin da Terra e do Camiño**, 112 B/15 € (DZ 40 €, EZ 25 €). Rúa Alfredo Saralegui 15 (hinter Castillo. Tel. +34 675 361 890. Küche, Waschm. Pension direkt am Meer. Ab 10 Uhr, Ostern–Okt.

TH **Alb. Por Fin**, 11 B/15 € (DZ 34 €). Rúa Federico Ávila 19, Tel. +34 636 764 726. Küche, W/T; geräumig. Ganztags, April–Nov.

TH **Alb. La Espiral**, 14 B/15 € (2 DZ 40 und 50 €). Rúa Fonte Vella 19, Tel. +34 607 684 248 und 678 390 928. Küche, W/T; Frühstück; spirituell ausgerichtet (u. a. Reiki, Meditationen). Check-in 12–21 Uhr, ganzjährig.

TH **Alb. Buen Camino**, 50 B/15–17 € (DZ 36–51 €). Rúa Atalaya 11, Tel. +34 640 996 600. W/T, Küche; Meditations-/Yoga-Raum; schön gelegen, modern, hell. Check-in 12–21 Uhr, Mitte Jan.–Mitte Nov. buencaminofinisterre.com

TH **Alb. Mar de Fora**, 14 B/12–18 € (DZ 30–60 €, 4er-Zi. 60–72 €, 8er-Zi. 96–115 €). Rúa Potiña 14 (in Strandnähe). Tel. +34 648 263 639. Küche, W/T, Frühstück; modern, geräumig. Check-in 11–19 Uhr, ganzjährig. alberguemardefora.com

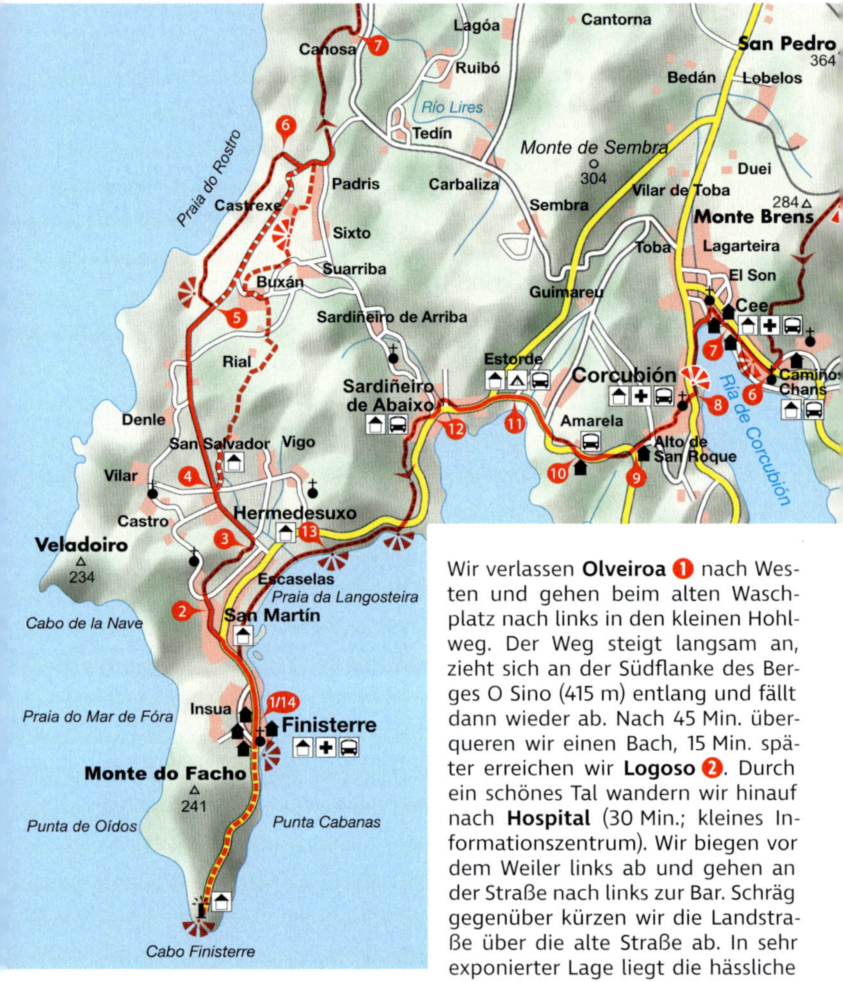

Wir verlassen **Olveiroa** ❶ nach Westen und gehen beim alten Waschplatz nach links in den kleinen Hohlweg. Der Weg steigt langsam an, zieht sich an der Südflanke des Berges O Sino (415 m) entlang und fällt dann wieder ab. Nach 45 Min. überqueren wir einen Bach, 15 Min. später erreichen wir **Logoso** ❷. Durch ein schönes Tal wandern wir hinauf nach **Hospital** (30 Min.; kleines Informationszentrum). Wir biegen vor dem Weiler links ab und gehen an der Straße nach links zur Bar. Schräg gegenüber kürzen wir die Landstraße über die alte Straße ab. In sehr exponierter Lage liegt die hässliche Eisenfabrik auf der Anhöhe. Am Kreisverkehr zeigen **zwei Wegsteine** die Distanzen nach Finisterre/Leuchtturm (29,693 km) und Muxía/Heiligtum Virxe da Barca (26,589 km) an ❸ (10 Min.). Wir folgen der Straße nach links und biegen nach 400 m rechts in den schönen Forstweg ein. Gut 30 Min. später steht die 4 m hohe Bronze-

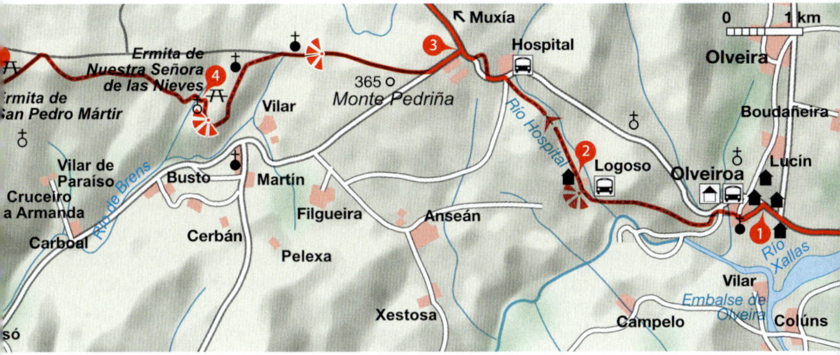

skulptur »Vákner« am Weg. Der Legende nach verbreitete das Wesen im 15. Jh. am Pilgerweg Angst und Schrecken. Vielleicht war es höllischen Ursprungs, vielleicht aber auch nur ein tollwütiges Tier. Nach 30 Min. gelangen wir zur einsam gelegenen **Ermita de Nuestra Señora de las Nieves** ❹.

ℹ *Die Wasserquelle bei der **Ermita de Nuestra Señora de las Nieves** (18. Jh.) soll gut für stillende Frauen und Muttertiere sein. Am 8. Sept. ist die Kapelle Ziel einer volksfestähnlichen Wallfahrt.*

Danach steigt der Weg wieder an und erreicht nach knapp 1 Std. die **Ermita de San Pedro Mártir** ❺. Die Quelle bei der mittelalterlichen Kapelle soll gut gegen Rheuma, Fußschmerzen und Warzen sein. Immer deutlicher zeichnet sich die Küste am Horizont ab, rechts ist die Landzunge von Finisterre zu erkennen. Gut 30 Min. nach der Kapelle passieren wir den Hinweis zum »Cruceiro da Armada« (etwas abseits liegendes Wegkreuz). Von der 273 m hohen Anhöhe bietet sich bei gutem Wetter ein atemberaubender Ausblick auf die Küste, die Ría von Corcubión und das Kap Finisterre. Welch Anblick für die mittelalterlichen Pilger, die noch nie ein Meer gesehen hatten! Kurz danach erreichen wir steil bergab **Camiños Chans** ❻ (knapp 1.15 Std. ab Kapelle). Der Abstieg endet an einer T-Kreuzung: Die Herberge befindet sich rund 50 m links, der Weg führt rechts zur ca. 100 m entfern-

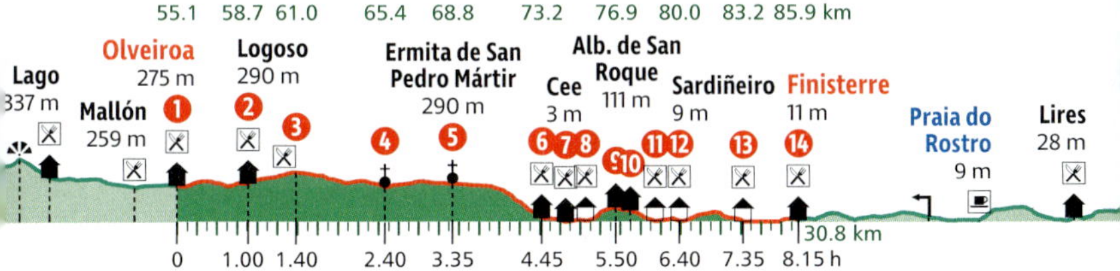

ten Hauptstraße und an dieser nach rechts fast auf Meeresniveau nach **Cee** ⑦ (20 Min; sonntags großer Markt).
Ab Cee folgen wir der Küstenlinie. Unterwegs weisen Wegzeichen nach rechts oben. Schöner ist es, geradeaus auf dem Gehweg direkt am Meer bis zu einer Verkehrsinsel mit Palmen in **Corcubión** ⑧ (15 Min.) zu gehen.

i *Während der Ölkatastrophe von 2002 verhinderten Anwohner und freiwillige Helfer mittels einer schwimmenden Barriere die Verseuchung der Bucht von* ***Corcubión*** *und Cee. Seit 1984 steht das Hafenstädtchen unter Denkmalschutz. Typisch sind die Steinsockel an den Häusern und die verglasten Veranden mit weißen Holzrahmen. Die* ***Iglesia de San Marcos*** *wurde um 1430 im küstengotischen Stil (gótico-marinero) errichtet. Der Kirchturm stammt aus dem 19. Jh..*
Fiestas: *16. Juli* ***Fiestas del Carmen****, feierliche Schiffsprozession zu Ehren der Muttergottes in ihrer Funktion als Schutzpatronin der Seefahrer. Ende Juli* ***Fiesta medieval****, Mittelalterfest. Erster Samstag im August* ***Fiesta de la Almeja****, Venusmuschel-Fest.*

Wegmarken führen uns von der Verkehrsinsel geradeaus in den Ort und schräg links hinauf zur Kirche. An einem Wohnhaus weist eine Muschelkachel zu einer Treppe rechts. Durch eine schmale Gasse gelangen wir zu einer Grünanlage, die wir geradeaus überqueren. Durch den sehr schmalen Hohlweg kommen wir zu einem Waldpfad und bergauf nach Vilar. Wir gehen rechts, überqueren kurz danach (vorsichtig) die C-552 und sehen links vorne die Herberge auf dem **Alto de San Roque** ⑨ (30 Min.). Wir bleiben kurz auf dieser Seite der Straße, überqueren sie dann und gelangen nach **Amarela** ⑩ (10 Min.). Wir gehen ein kurzes Stück neben der C-552 und biegen dann in einen kleinen Waldweg ein. Wieder an der Straße, gelangen wir nach **Estorde** ⑪ (20 Min.) mit seinem weißen Sandstrand. Wir folgen der Straße und überqueren sie vor und nach **Sardiñeiro** ⑫ (20 Min.) dreimal. Auf Höhe des Zebrastreifens biegen wir beim Schild »Praia do Rostro« rechts und gleich wieder links in die Gasse ein. Am Ende geht es rechts hinauf zu einem ansteigenden Waldweg. Einige Zeit später wird die C-552 ein letztes Mal überquert; über einen schönen Küstenweg erreichen wir den 2 km langen Sandstrand **Praia da Langosteira** ⑬ (gut 45 Min.). Am Ende des Strandes gehen wir zur Straße hinauf und an ihr links ins Zentrum von **Finisterre** ⑭ (45 Min.). Von hier führt die kleine Küstenstraße hinauf zum **Faro** (Leuchtturm; knapp 1 Std.) am Ende der Welt.

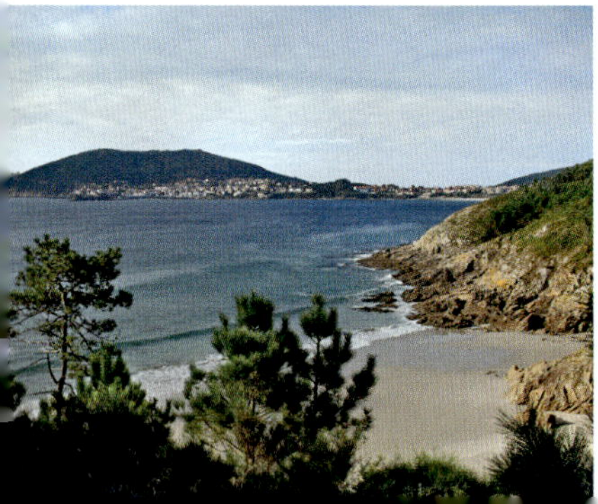

Blick über eine Sandbucht nach Finisterre.

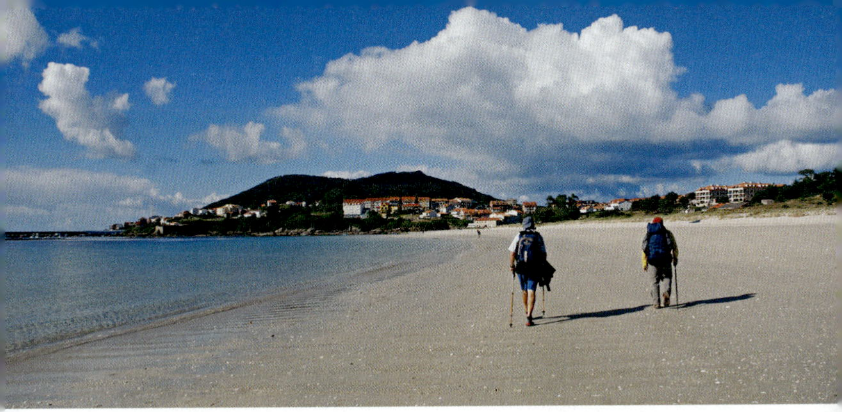

Der Lohn für all die Mühen: die letzten 2 km auf der Praia da Langosteira.

*[i] **Finisterre**. Wenige Orte am Jakobsweg haben eine solche Anziehungskraft wie das exponierte Kap am »Ende der Welt«. Vielleicht, weil er die Menschen lange vor dem Jakobskult faszinierte. Die Kelten feierten auf dem Monte do Facho (241 m) Fruchtbarkeits- und Sonnenriten. Die Phönizier sollen dort ihren Sonnentempel Ara Solis errichtet haben. Die Römer wähnten hinter Finis Terrae das Mare Tenebrosum, das Meer der Finsternis. Durch die mittelalterlichen Pilger vermischten sich heidnische und christliche Bräuche, entstanden Rituale zur symbolischen Erneuerung. Mit dem Bad im kalten Atlantikwasser reinigten sie Körper und Geist. Der Sonnenuntergang stand sinnbildlich für den Tod vor der Wiederauferstehung am nächsten Morgen, den Übergang vom alten zum durch das Pilgern entstandene neue Ich. Vielleicht verbrannte auch, wer es sich leisten konnte, seine zerschlissenen Klamotten.*

*Zumindest der Sonnenuntergang beim **Leuchtturm** gehört bis heute für viele einfach dazu. Das Verbrennen von Kleidung oder anderen Dingen ist allerdings nicht erlaubt. Der Lichtstrahl des 17 m hohen, 1853 errichteten **Faro de Fisterra** reicht rund 57 km weit. Vom Kap aus wird ein Großteil der weltweiten Frachtschifffahrt kontrolliert. Die **Betonwürfel** etwas unterhalb der Straße zum Leuchtturm sind die Reste eines ambitionierten Friedhofprojekts aus dem Jahr 1997: Insgesamt 14 Würfel sollten 450 Grabnischen beherbergen. Nach Fertigstellung der ersten sieben Quader stellte man fest, dass das Ganze zu teuer würde und sowieso den Anwohnern nicht gefiel. Daran änderte auch der 2003 gewonnene Mies-Van-der-Rohe-Architekturpreis nichts: Der Friedhof ist bis heute ungenutzt.*

*Für das Bad im Atlantik eignet sich am besten die wunderschöne, fast 2 km lange **Praia da Langosteira**. Das Muschelsammeln wird aber nicht gerne gesehen: Durch die Entnahme toter Muscheln wird das empfindliche Ökosystem gestört. An der Westseite der Landzunge erstreckt sich*

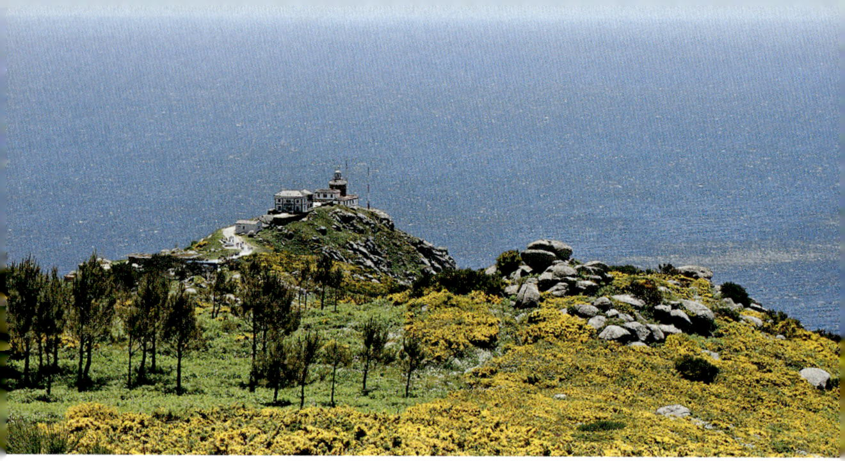

Der Leuchtturm von Finisterre, dahinter liegt nur noch Meer.

die dem offenen Meer zugewandte ***Praia do Mar de Fora****. Wegen der starken Strömungen ist das Baden dort verboten.*

Im Mittelalter erhofften sich kinderlose Paare von einer Nacht in der ***Ermita de San Guillermo*** *(10./11. Jh.; an der Ostflanke des Monte do Facho gelegen) den lang ersehnten Nachwuchs. Am Weg zum Leuchtturm beherbergt die* ***Iglesia de Santa María das Areas*** *den Santo Cristo de Finisterre (14. Jh.). Bis zur Entdeckung der Neuen Welt galt die Holzskulptur als die westlichste Christusdarstellung. Sie soll während eines Sturms über Bord eines Schiffes gefallen und dann in Finisterre gestrandet sein. Vom romanischen Bau der Kirche aus dem 12. Jh. sind Teile der Apsis, das Ostportal und einige Kapitelle erhalten, später kamen gotische und barocke Elemente hinzu (1. Juli–15. Sept. 10–14.30 und 16–20 Uhr).*

Täglich, außer wenn die Fischer wegen schlechten Wetters nicht ausfahren, kann man in der ***Lonja*** *(Fischbörse/Auktionshalle) im Hafen von 16.30 bis gegen 19/20 Uhr die Versteigerung des Tagesfangs beobachten. In der Auktionshalle befinden sich zudem eine kleine Ausstellung von Fischernetzen und Informationstafeln zum Meeresleben.*

Feiertage: Semana del Cristo *(Karwoche), Prozessionen und Passionsspiele mit zahlreichen Laiendarstellern (Fest von nationaler Bedeutung). Erster Sonntag im August* ***Fiesta del Longueirón*** *(Schwertmuschel).*

Fisterrana: *Den Beleg, zu Fuß, per Fahrrad oder zu Pferd bis ans »Ende der Welt« gelangt zu sein, bekommt man in der öffentlichen Herberge oder in der Oficina de Turismo.*

Oficina de Turismo: *Praza da Constitución, Tel. +34 627 239 731, Mo–Sa 10.30–14 und 15.30–18.30 Uhr, So 10.30–14 Uhr (oder laut Aushang), concellofisterra.com.*

7.45 h	28,7 km
↗570 m	↘570 m

Finisterre/Fisterra – Muxía 35

Eine Zugabe der Extraklasse zum Genießen

Mit dieser Wanderung kann man den Abschied vom Camino wunderbar hinauszögern. Sie führt durch Wälder und winzige Weiler, Äcker und Kuhweiden reichen bis ans Meer. Viele Strände Galiciens, wie die Praia do Rostro, sind naturbelassen, wild und ungestüm brandet der Atlantik heran. Kein Vergleich zu den oft massiv verbauten und verschandelten Küsten am Mittelmeer. Krönender Abschluss ist das Heiligtum auf der Landspitze bei Muxía. Seit rund 300 Jahren trotzt das steinerne Kirchlein Wind und Wellen.

Der Weg: Lang, aber einfach. Asphaltsträßchen, Wald- und Feldwege.
Kritische Stellen: Keine.
Busse ab Muxía: 1. Nach Santiago: tgl. 17 und 14.15 Uhr (11.45 nur Sommer) sowie Mo–Fr 6.15, 15.15 und 16 Uhr, Sa 7.30 und 15 Uhr, So 11 und 19.15 Uhr (Fahrzeit je nach Route 1.45–3 Std., Ticket 6,70 €).
2. Nach Finisterre tgl. 17 Uhr (14.15 Uhr nur Sommer), Fahrzeit 45 Min., Ticket 2,60 € (alle Angaben Stand März 2024). Fahrzeiten auch laut Aushang u. a. in der Bar Noche y Día/ggü. Hafen, Ticketverkauf im Bus oder online auf monbus.es (»Rutas y puntos de venta«, dort auch aktuelle Fahrpläne.)
Variante: Hinter Hermedesuxo de Baixo zweigt der offizielle Weg rechts ab. Er verläuft weiter im Inland über die Weiler San Salvador, Rial und Buxán und trifft kurz nach Castrexe mit dem küstennahen Weg zusammen; beide Routen sind in etwa gleich lang.
Hinweise: 1. Für den ersten Teil der Route siehe Karte Etappe 34, S. 265.
2. Der »Camiño dos Faros« (»Leuchtturmweg«) führt in acht Etappen von Malpica nach Süden via Muxía nach Finisterre; der Weg ist teils anspruchsvoll und mit grünen Pfeilen markiert. Info: caminodosfaros.com.
3. Im Tourismusbüro und in der städtischen Herberge von Muxía erhält man die Urkunde »Muxiana« (aus Finisterre kommend ein Stempel aus Lires notwendig).

Ab Finisterre/Fisterra (11 m, 2800 EW)
9,0 km → **Praia do Rostro** (9 m)
Strandbar, nur im Sommer
4,6 km → **Lires** (28 m, 140 EW)

TH **Alb. As Eiras**, 30 B/18 €. Tel. +34 981 748 180 und +34 662 261 818. Bar/Rest.; schöner Strand rund 1,5 km entfernt. 12–21 Uhr, März–Okt. ruralaseiras.com
2,0 km → **Frixe** (66 m, 70 EW)

Casa Ceferinos, Tel. +34 981 748 965. Landhotel. casaceferinos.com
11,9 km → **Muxía** (6 m, 1500 EW)

Rúa Saúde, Tel. +34 981 742 068
TH **Alb. da Costa**, 8 B/16 € (1 EZ 40–45 €, 1 DZ 45–50 €). Am Weg. Tel. +34 676 363 820. Küche, W/T, Aufenthaltsraum mit Meerblick, Garten. Check-in 12–18.30 Uhr, April–Nov. dacostamuxia.com
TH **Alb.-Hostel Muxía Mare**, 16 B/ab 15 € (1 EZ ab 45 €, 2 DZ ab 45 €). Nach Alb. da Costa rechts. Tel. +34 981 742 423. Küche, W/T; Meerblick. Check-in 12–20.30 Uhr, ganzjährig. alberguemuxiamare.es
TH **Alb. @Muxía**, 48 B/ab 14 €. Nach Alb. Muxía Mare rechts-links, dann nächste Straße rechts hoch. Tel. +34 609 615 533. Küche, W/T. Ab 12 Uhr, ganzjährig. albergueamuxia.com

- X/SH **Alb. de Muxía**, ◎◎◎, 32 B/10 €. Geräumig, nüchtern-modern. Küche (ohne Utensilien). 13–22 Uhr, ganzjährig.
- TH **Alb.-Hostel Bela Muxía**, ◎◎◎, 36 B/16 € (DZ/EZ Info vor Ort). Im Zentrum nahe Oficina de Turismo. Tel. +34 687 798 222. Küche, W/T, Snack-/Getränkeautomaten; Dachterrasse mit Meerblick. Check-in 11–21 Uhr, Mitte März–Dez. belamuxia.com
- TH **Alb. Arribada**, ◎◎◎, 40 B/18 €, Juli/Aug. 20 € (DZ 64/80 €, 2 EZ 48/60 €). Zentrum. Tel. +34 981 742 516. Küche, W/T; gute Betten, geräumig. Check-in 9.30-13 Uhr, April–Nov. arribadaalbergue.com

Variante ab Finisterre:
6,6 km → **San Salvador** (30 m, 30 EW)

- **Dugium Turismo Rural**, Tel. +34 683 154 254. dugium.com

9,6 km → **Lires** (28 m, 150 EW)

Wir verlassen **Finisterre** ❶ auf der Hauptstraße in Richtung Santiago de Compostela. Bei der Bushaltestelle beim Asador San Roque nach dem Ortskern lenkt uns der Wegstein nach links oben in den Vorort **San Martiño de Duio** ❷ (30 Min.).

*Bei **San Martiño de Duio** soll sich die verschwundene Stadt Dugium befinden, Schauplatz der Legende um die Grablege des hl. Jakobus. Nachdem das Boot mit seinem Leichnam bei Padrón angelandet war, erlaubte Königin Lupa den beiden Apostelјüngern Theodorus und Athanasius die Bestattung in Dugium. Der dortige römische Legat sperrte die Jünger ein und verhängte die Todesstrafe. Engel verhalfen den beiden zur Flucht, Dugium verschwand zur Strafe im Meer.*

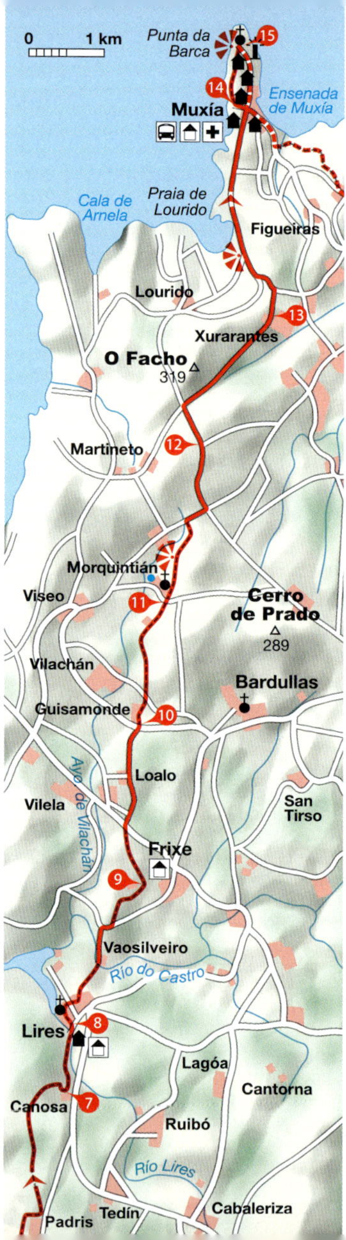

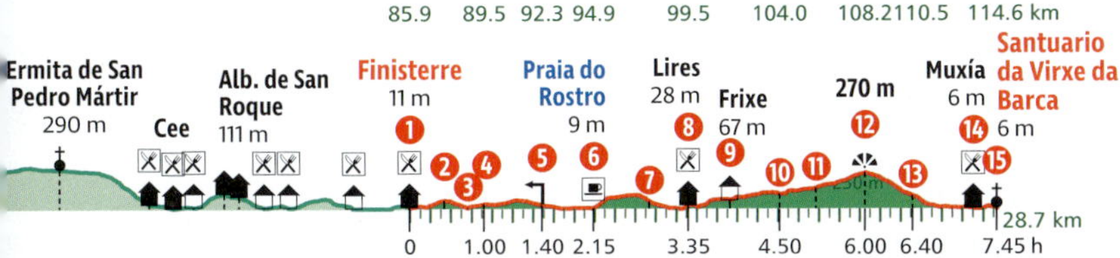

Wir wandern nach **Escaselas** 3 (15 Min.) und nach links an der kleinen Landstraße nach **Hermedesuxo de Baixo** 4 (15 Min.). An der Kreuzung danach zweigt der offizielle Weg nach rechts in Richtung »San Salvador« ab. Wir aber bleiben geradeaus auf der kaum befahrenen Straße. Sie führt zunächst nach Norden auf die Küste zu und schwenkt dann nach rechts. Gut 400 m nach der Rechtskurve zweigt links ein Sträßchen ab 5 (knapp 45 Min.). Es bringt uns zum rund 600 m entfernten Strand (bei schlechtem Wetter geradeaus auf der Straße bleiben). Gut 1,5 km auf dem Strand, am Ende nach rechts gelangen wir zum Parkplatz an der **Praia do Rostro** 6 (gut 30 Min. ab Abzweig; im Sommer Strandbar).

Wir folgen der Zufahrtsstraße (der »Camiño dos Faros« bleibt an der Küste), biegen links in das Sträßchen ein und steigen steil nach **Padris** an (unterwegs von rechts der offizielle Weg). Wir gehen links, an der Gabelung wieder links und auf einem schönen Forstweg bergauf. Am höchsten Punkt endet der Wald und wir folgen dem Wegweiser nach schräg rechts (geradeaus: Anschluss an »Camiño dos Faros«) unten nach **Canosa** 7 (gut 45 Min.). Danach gelangen wir auf einem Waldweg zu einer Brücke. Hier links, gleich wieder rechts und parallel zur Straße nach **Lires** 8 (30 Min.; an der Kreuzung im Oberdorf rechts zur Herberge). Kurz hinter Lires überqueren wir auf einer Brücke den Río do Castro. Danach biegen wir links in einen etwas

Ein alter Hórreo, ein Kornspeicher, am Wegesrand.

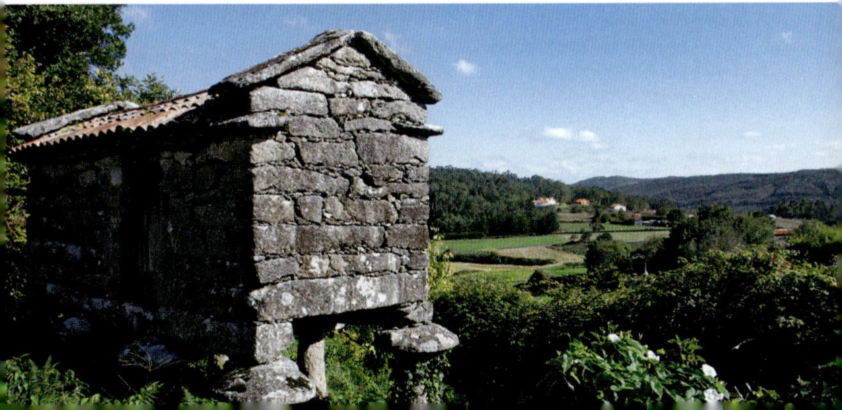

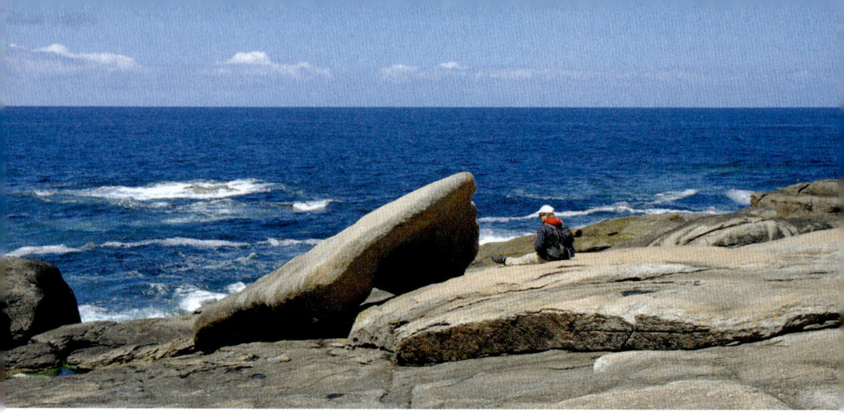

Pedra dos Cadrís – wer sich beim drunter durch Schlüpfen nichts verrenkt, wird von Rheuma geheilt. Vielleicht.

unbequemen Weg ein und wandern durch Wald bergauf; wieder auf einem Sträßchen erreichen wir **Frixe** 9 (gut 30 Min.). Dort geht es links und gleich wieder rechts und auf Waldwegen nach **Guisamonde** 10 (45 Min.), dann bringt uns ein Landsträßchen zum Weiler **Morquintián** 11 (30 Min.). Bei der Gabelung halten wir uns rechts und folgen ein gutes Stück der ansteigenden Straße bis zu einer T-Kreuzung. Hier gehen wir rechts hoch und biegen kurz darauf in den ersten Forstweg links ein. Er bringt uns zum **höchsten Punkt der Etappe** 12 (270 m; 45 Min.). Bergab durch einen Eukalyptuswald erreichen wir **Xurarantes** 13 (knapp 45 Min.), wo wir links in die Straße einbiegen. Bei der Kreuzung gehen wir rechts und wandern an der Straße nach links zu einem kleinen Strand (links: das Parador-Hotel von Muxía). Entlang der felsigen Küste kommen wir nach **Muxía** 14 (45 Min.). Wir folgen der Promenade, dann der Rúa da Atalaia; zuletzt bringt uns ein Fußweg zum Denkmal »A Ferida« (dt. die Wunde). Der riesige gespaltene Granitblock erinnert an die vom Tanker Prestige im Jahr 2002 verursachte Ölkatastrophe. (Auf dem rechts abzweigenden Fußweg gelangt man in den Ort und zum Hafen.) Auf der felsigen Landspitze darunter steht das **Santuario da Virxe da Barca** 15 (20 Min. ab Promenade).

i *In wenigen Orten ist die gemeinsame Präsenz von keltischem Erbe und christlichem Glauben so greifbar wie in **Muxía**. Der Legende nach haderte Jakobus während der Missionierung des Nordwestens der Iberischen Halbinsel mit sich. Da erschien die heilige Muttergottes in einem steinernen Kahn und sprach ihm Mut zu. Die **Virxe da Barca**, die Jungfrau des (steinernen) Boots wird in der schlichten Steinkirche (18. Jh.) auf der Landspitze von Muxía verehrt. Bereits zu vorchristlicher Zeit schrieben die Menschen einigen der eigentümlich geformten Felsbrocken auf dem*

*Riff vor der Kapelle magische Kräfte zu. Durch den Jakobuskult erhielten die **Piedras Santas**, die heiligen Steine, eine christliche Neuinterpretation, doch der Glaube an ihre Wundertätigkeit besteht weiter. Wer etwa neunmal unter dem nierenförmigen **Pedra dos Cadrís** – dem Segel des Marienschiffs – hindurchklettert, soll von Nierenleiden und Rheuma geheilt werden. Verehrt wird auch der 8,70 x 7 m große **Pedra de Abalar**, ein Wackelstein, der sich nicht nach physikalischen Gesetzen, sondern nach eigenem Willen zu bewegen scheint, etwa um über Schuld oder Unschuld einer Person zu entscheiden oder um ein Unglück anzukündigen. Vom einst schmucken **Fischerdörfchen Muxía** zeugen nur noch wenige alte Steinhäuser. Nach der Entdeckung reicher Fischgründe in den 60er-Jahren wuchs der Ort schnell über sich hinaus. Ein schönes Beispiel des in den Küstenorten entwickelten küstengotischen (gótico-marinero) Stils ist die einschiffige **Iglesia de Santa María** (14. Jh.) oberhalb des Zentrums. Muxía ist der einzige Ort Galiciens, in dem noch **Congrio**, Seeaal, luftgetrocknet wird. Zu sehen sind die Holzgestelle nahe der Promenade. Während der Ölpest nach dem Untergang der Prestige im Jahr 2002 kam diese Promenade zu trauriger Berühmtheit, da hier das giftige Schweröl zuerst angeschwemmt wurde.*

***Kulinarisches:** Fisch, Meeresfrüchte, besonders Percebes (Entenmuscheln).*

***Feiertage:** Karfreitag: **Fiesta del Congrio**, gastronomisches Volksfest. Ende Juli **Procesión de la Virgen del Carmen**, Seeprozessionen zu Ehren der Schutzheiligen der Seefahrer. Samstag bis Montag vor zweitem Sonntag im Sept. (außer wenn dieser am 8. ist, dann am 15. Sept.): **Romería de la Barca**, bedeutendste Wallfahrt Galiciens, dreitägiges Fest mit Prozessionen, Volksfest und großem Feuerwerk.*

***Information:** concellomuxia.com.*

Das Heiligtum der Virxe da Barca auf der Landspitze bei Muxía.

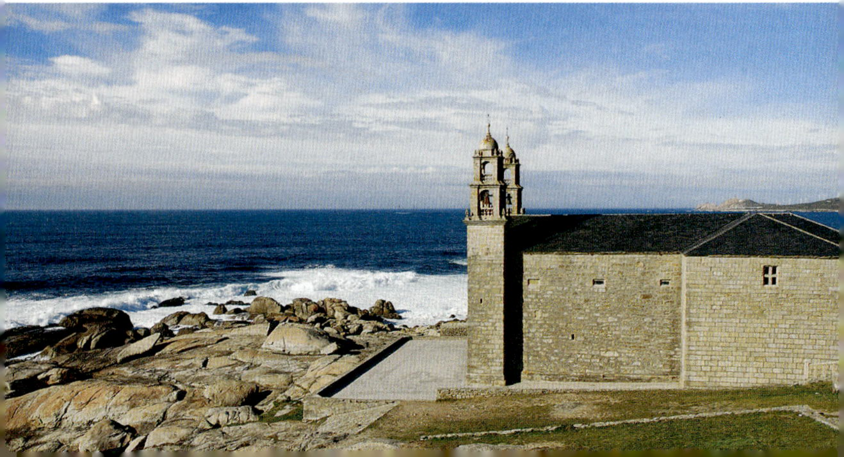

36 Olveiroa – Muxía

8.45 h	31,5 km
↗ 560 m	↘ 830 m

Auf stillen Wegen zum Atlantik

Die meisten Pilgerinnen und Pilger zieht es direkt nach Finisterre. Nicht alle gehen dann auch noch nach Muxía. Entsprechend geht es in dem kleinen Fischerstädtchen meist etwas ruhiger zu. Auch unterwegs kann man die locker besiedelte, ländliche Gegend in aller Ruhe genießen. Den Atlantik jedoch, den liefert uns diese Variante erst fast am Ende der Etappe. Vom Hafen lohnt sich der 15-minütige Fußmarsch zum Kirchlein auf der Landspitze von Muxía.

Der Weg: Durch Länge und hügeliges Gelände mittelschwer. Asphaltsträßchen und unbefestigte Forststraßen.
Kritische Stellen: Keine.
Busse ab Muxía: 1. Nach Santiago: tgl. 14.15 und 17 Uhr (11.45 nur Sommer) sowie Mo–Fr 6.15, 15.15 und 16 Uhr, Sa 7.30 und 15 Uhr, So 11 und 19.15 Uhr (Fahrzeit je nach Route 1.45–3 Std., Ticket 6,70 €).
2. Nach Finisterre tgl. 17 Uhr (14.15 Uhr nur Sommer), Fahrzeit 45 Min., Ticket 2,60 € (alle Angaben Stand März 2024). Fahrzeiten auch laut Aushang u. a. in der Bar Noche y Día/ggü. Hafen, Ticketverkauf im Bus oder online auf monbus.es (»Rutas y puntos de venta«, dort auch aktuelle Fahrpläne.)
Hinweise: 1. Beginn der Wegbeschreibung und Karte S. 264/265 (Etappe 34).
2. Im Tourismusbüro und in der städtischen Herberge von Muxía erhält man die Pilgerurkunde »Muxiana« (aus Finisterre kommend Stempel von unterwegs, z. B. aus Lires, notwendig).
3. Wer nach Finisterre wandert und die Pilgerurkunde »Fisterrana« erhalten bzw. in der öffentlichen Herberge übernachten möchte, benötigt einen Stempel aus Lires!

Ab Olveiroa (275 m, 120 EW)
3,6 km → **Logoso** (290 m, 30 EW)
beides in der Herberge; Verkauf von Obst, Konserven etc.
TH **Alb. O Logoso**, 38 B/15 € (1 EZ 50 €, 3 DZ 55 €). Tel. +34 659 505 399. W/T, Bar/Rest., Küche, kl. Laden; ruhig gelegen, geräumig. Check-in 15–19 Uhr, März–Okt. ologoso.com
1,8 km → **Hospital** (357 m, 40 EW)
4,3 km → **Dumbría/Herberge** (190 m)
XH **Alb. O Conco**, 26 B/10 €. Küche (ohne Utensilien), geräumig. 13–22 Uhr, ganzjährig.
0,5 km → **Dumbría** (200 m, 440 EW)
Centro de Saúde, Tel. +34 981 744 129
Pensión O Arxentino, Tel. +34 981 744 051
5,9 km → **Senande** (131 m, 130 EW)
1,1 km → **A Grixa** (122 m, 15 EW)
TH **Alb. O Cabanel**, 12 B/15 € (1 DZ/EZ 45 €). Tel. +34 600 644 879. Küche, W/T; Café/Bar; Terrasse, Garten; schön gestaltetes altes Steinhaus, viel Platz. Ab 12 Uhr, ganzjährig. albergueocabanel.com
4,1 km → **Quintáns** (90 m, 170 EW)
Pension-Rest. Plaza, Tel. +34 981 750 452. plazapension.com
0,7 km → **Quintáns/Herberge** (71 m)
TH **Alb. Et Suseia**, 10 B/ab 15 €. Tel. +34 689 946 840. Küche, W/T; Kojenbetten (mit eigenem TV); sehr modern. 12.30–22 Uhr, März–Okt.
0,6 km → **San Martiño** (55 m, 30 EW)
2,3 km → **Merexo** (42 m, 110 EW)

⛺ **Camping Lago-Mar**, 1 km abseits des Wegs. campinglagomar.es

1,8 km → Os Muíños (44 m, 220 EW)

1,3 km → Monasterio de Moraime (56 m)

Monasterio y Pensión de Moraime, Tel. +34 881 076 055, Juni–15. Okt. hostelmonasteriodemoraime.com

3,6 km → Muxía (6 m, 1500 EW)

Rúa Saúde, Tel. +34 981 742 068

X/SH **Alb. de Muxía**, 32 B/10 €. Am Ortsanfang nach links und über den Hügel, insg. rund 300 m. Geräumig, nüchtern-modern. Küche (ohne Utensilien). 13–22 Uhr, ganzjährig.

TH **Alb. @Muxía**, 48 B/ab 14 €. 50 m nach XH. T el. +34 609 615 533. Küche, W/T. Ab 12 Uhr, ganzjährig. albergueamuxia.com

TH **Alb. Arribada**, 40 B/18 €, Juli/Aug. 20 € (DZ 64/80 €, 2 EZ 48/60 €). Zentrum. Tel. +34 981 742 516. Küche, W/T; gute Betten, geräumig. Check-in 9.30-13 Uhr, April–Nov. arribadaalbergue.com

TH **Alb.-Hostel Bela Muxía**, 36 B/16 € (DZ/EZ auf Anfrage). Zentrum nahe Oficina de Turismo. Tel. +34 687 798 222. Küche, W/T, Snack-/Getränkeautomaten; Dachterrasse mit Meerblick. Check-in 11–21 Uhr, Mitte März–Dez. belamuxia.com

TH **Alb.-Hostel Muxía Mare**, 16 B/ab 15 € (1 EZ ab 45 €, 2 DZ ab 45 €). Vor Alb. da Costa rechts. Tel. +34 981 742 423. Küche, W/T; Meerblick. Check-in 12–20.30 Uhr, ganzjährig. alberguemuxiamare.es

TH **Alb. da Costa**, 8 B/15–16 € (2 DZ 45–53 €, EZ 45 €). An der Westküste von Muxía, am Weg aus Finisterre kommen. Tel. +34 608 363 820 und +34 646 897 461. Küche, W/T, Aufenthaltsraum mit Meerblick, Garten. Check-in 12–19 Uhr, April–Nov. dacostamuxia.com

Die ersten rund 1.45 Min. von **Olveiroa** ❶ bis zur **Verzweigung der Wege** ❸ am Kreisverkehr kurz hinter Hospital ist identisch mit Etappe 34 (siehe Karte S. 265). Dort folgen wir der Straße nach rechts, verlassen sie nach 20 Min.

Bis wir auf diesem Weg das Meer sehen, dauert es noch eine Weile.

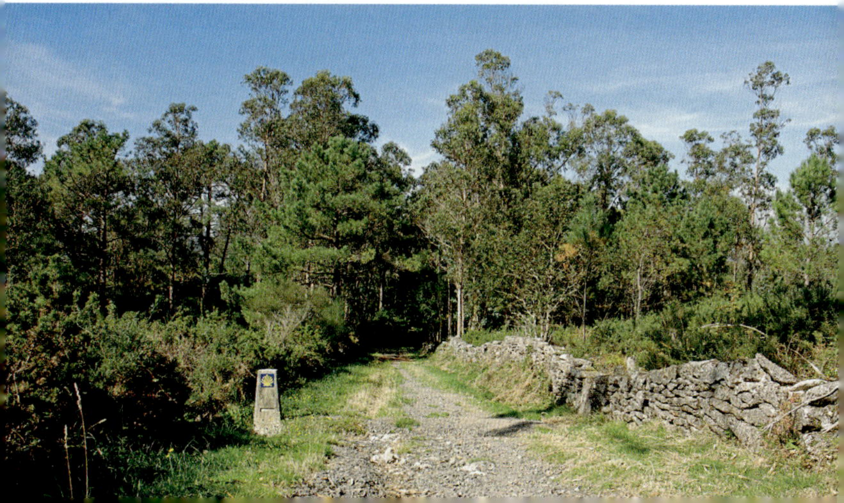

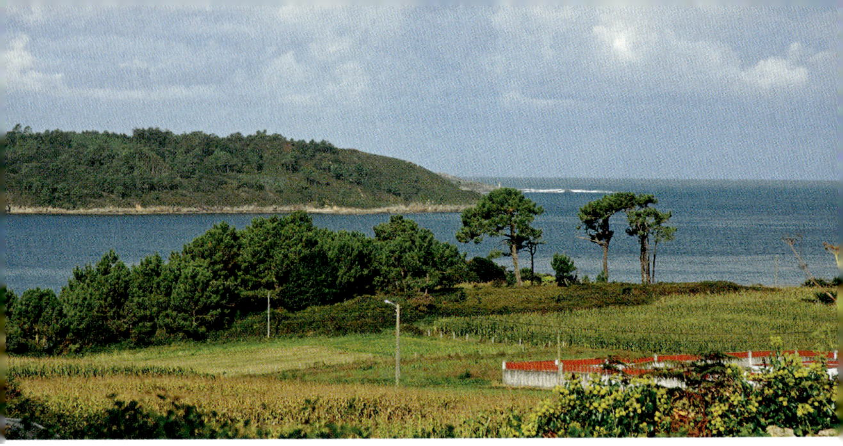

Bei Merexo zeigt sich endlich der Atlantik.

nach links auf einem unbefestigten Weg und kommen durch einen lichten Wald. Nach wenigen Minuten überqueren wir die Straße und wandern kurz danach mit schönen Aussichten bergab. Kurz nach Wiedereintritt in den Wald müssen wir 200 m der Straße folgen und gehen dann nach links unten durch einen schattigen Hohlweg in den Weiler As Carizas (knapp 30 Min.). Wir gehen nach rechts und erreichen nach 15 Min. das auffällige blau-rote Gebäude der **Herberge O Conco** 4 und in 10 Min. die Dorfmitte von **Dumbría** (Hórreo, Iglesia de Santa Eulalia und das steinerne Wegkreuz am Ortsanfang: 17./18. Jh.).

Wir gehen auf der Hauptstraße durch den Ort und an der Kreuzung beim Centro de Saúde links hinunter. Nach gut 20 Min. überqueren wir die AC-552 und wandern durch einen lichten Wald bergauf und mit schönen Weitblicken bergab nach **Trasufre** 5 (30 Min. seit AC-552). Wir gehen schräg rechts über die Straße, auf der Straße links des kleinen Hórreos durch den Weiler und am Ende nach links (rechts: Bushäuschen). Auf dem Asphaltsträßchen überqueren wir den Río do Castro und biegen danach rechts ab. Teils durch lichten Wald, teils vorbei an Feldern und Äckern gelangen wir nach **Senande** 6 (gut 30 Min.).

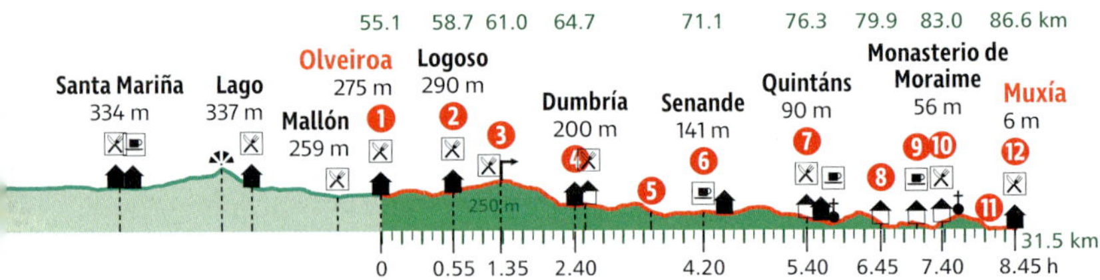

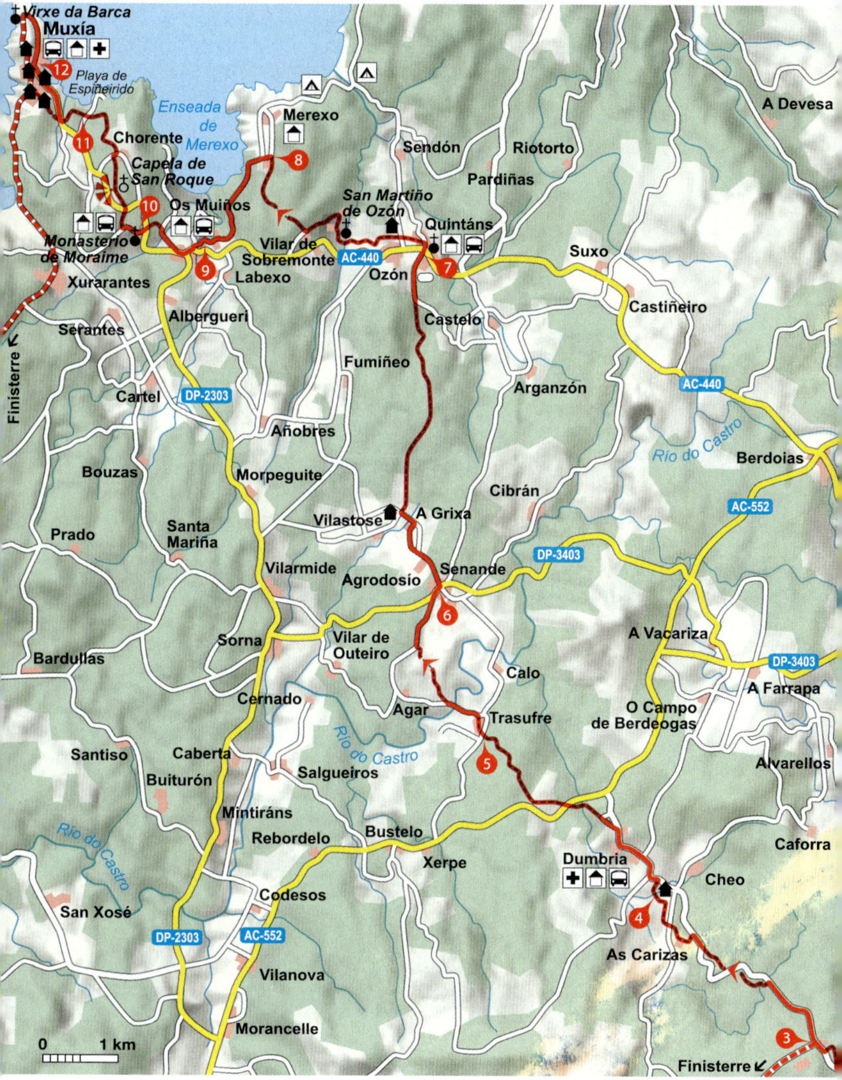

Virxe da Barca
Muxía
12
Playa de Espiñeirido
Enseada de Merexo
Merexo
Chorente
11
Capela de San Roque
10
Os Muiños
8
San Martiño de Ozón
Sendón
Riotorto
Pardiñas
A Devesa
Quintáns
Monasterio de Moraime
Vilar de Sobremonte
AC-440
Ozón
7
Suxo
9
Labexo
Xurarantes
Castiñeiro
Castelo
Serantes
Albergueri
Finisterre
Fumiñeo
Arganzón
Cartel
DP-2303
AC-440
Añobres
Río do Castro
Berdoias
Bouzas
Morpeguite
Cibrán
AC-552
Vilastose
A Grixa
Prado
Santa Mariña
DP-3403
Vilarmide
Agrodosío
Senande
6
Sorna
Vilar de Outeiro
A Vacariza
Bardullas
Calo
DP-3403
A Farrapa
Cernado
Agar
Trasufre
O Campo de Berdeogas
Santiso
Caberta
Río do Castro
5
Salgueiros
Alvarellos
Buiturón
Mintiráns
Río do Castro
Rebordelo
Bustelo
Caforra
Xerpe
Dumbria
Cheo
Codesos
San Xosé
4
DP-2303
AC-552
As Carizas
Vilanova
Morancelle
3
0
1 km
Finisterre

An der Kreuzung in der Ortsmitte biegt der Weg nach links ab. Noch immer auf Asphalt, kommen wir nach **A Grixa** (15 Min.), wo wir an der T-Kreuzung nach der Herberge nach links gehen. Nach rund 250 m nehmen wir den rechts abzweigenden Kiesweg und wandern gemütlich und meist durch Wald leicht bergauf und wieder bergab. Am Fußballplatz und an der Kirche vorbei und über die Hauptstraße geht es zum Dorfplatz von **Quintáns** 7 (gut 1 Std.). Nach links aus dem Ort kommen wir an der Alb. Et Suseia vorbei zum ehemaligen Kloster von **San Martiño de Ozón** (20 Min.).

*i Die **Iglesia de San Martiño de Ozón** war einst die Kirche des gleichnamigen Klosters. Vom romanischen Grundbau aus dem 12. Jh. sind u. a. zwei Apsiden, Rundbögen und Säulenkapitelle mit Pflanzendekor erhalten. Im 17./18. Jh. wurde die Kirche baulich stark verändert und erhielt den barocken Glockenturm. In der Kirche sind Mitglieder der Adelsfamilie der zu Lema beigesetzt, das erste Grab von D. Alonso de Lema de Quintáns stammt aus dem Jahr 1595. Der steinerne **Hórreo** (16. Jh.) vor der Kirche ist mit einer Länge von 27 m einer der größten Kornspeicher Galiciens. Es heißt, je länger der Hórreo, desto wohlhabender sind die Besitzer.*

Wir gehen rechts um die Anlage herum und dann scharf links nach **Vilar de Sobremonte** hinauf (20 Min.), wo wir scharf rechts in einen Waldweg einbiegen. Bergauf und bergab kommen wir nach **Merexo** 8 (knapp 30 Min.), wo sich uns ein herrlicher Küstenblick bietet. Gleich am ersten Haus gehen wir links und wandern auf dem Sträßchen nach **Os Muiños** 9 (30 Min.). Erneut bergab und bergauf und zuletzt über die AC-440 erreichen wir das **Monasterio de Moraime** 10 (knapp 30 Min.).

Monasterio de Moraime.

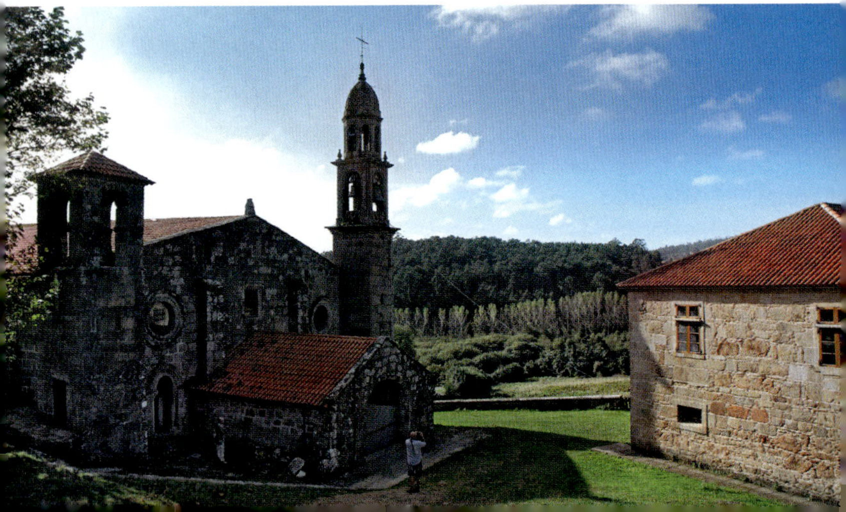

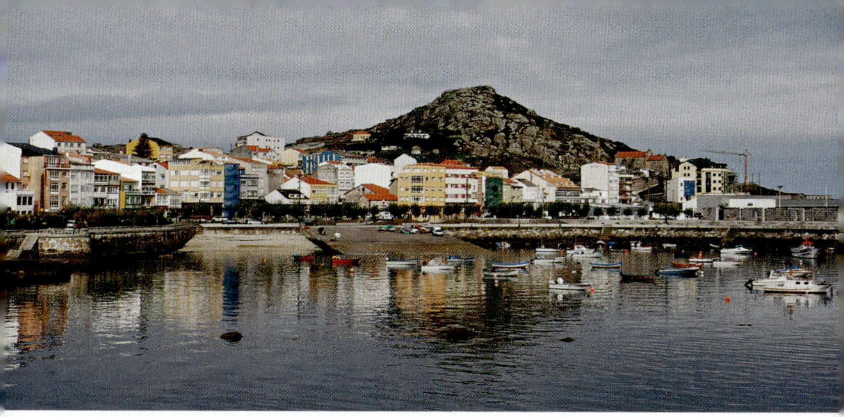

Blick über den Hafen von Muxía.

*Das wahrscheinlich schon im 11. Jh. gegründete **Monasterio de San Xulián de Moraime** ist das älteste Kloster der Costa da Morte und spielte eine wichtige Rolle bei der Christianisierung der Region. Es unterstand im Mittelalter zunächst den Grafen von Traba, später gehörte es bis 1489 zum Priorat von San Martiño Pinario in Santiago de Compostela. Den Benediktinermönchen von Moraime wird der Bau des Santuario da Barca in Muxía zugeschrieben. Nachdem das Kloster Anfang des 12. Jh. erst von den Normannen, dann von den Sarazenen zerstört worden war, begann man mit dem Bau der heutigen Anlage. Gelder dafür kamen u. a. auch von König Alfonso VII., der in seiner Jugend und Kindheit hier Zuflucht gefunden hatte, während seine Anhänger und die seiner Mutter, Doña Urraca, um den Thron stritten. Ab Mitte des 14. Jh. setzte der Niedergang des Klosters ein. Inzwischen beherbergt es eine Pension, daneben befindet sich ein Restaurant.*

Kurios ist der Eingang zur Kirche: In einem kleinen Vorbau führt eine Treppe hinunter zum tiefer gelegenen Hauptportal. Östlich der Kirche liegt der Friedhof, westlich sind das Pfarrhaus und ein runder Taubenschlag zu sehen.

Wir folgen dem Sträßchen am Kloster vorbei bergan, überqueren erneut die AC-440 und werden bei der **Capela de San Roque** von einem herrlichen Küstenblick empfangen (20 Min.). Nach schräg rechts kommen wir durch den Wald zum Weiler Chorente und durch Kiefernwald hinunter zur **Playa de Espiñeirido** ⓫ (knapp 30 Min.). Hier schlagen wir den Bohlenweg ein (nicht links die Straße) und erreichen in wenigen Minuten den Ortsanfang von Muxía. Links den Hang hinauf, kommt man nach 300 m direkt zur öffentlichen Herberge und zur Alb. @Muxía, geradeaus gelangt man in 5 Min. zum Hafen von **Muxía** ⓬ (Info Etappe 35, S. 272/273) und geradeaus zum **Santuario Virxe da Barca** auf der Landspitze.

STICHWORTVERZEICHNIS

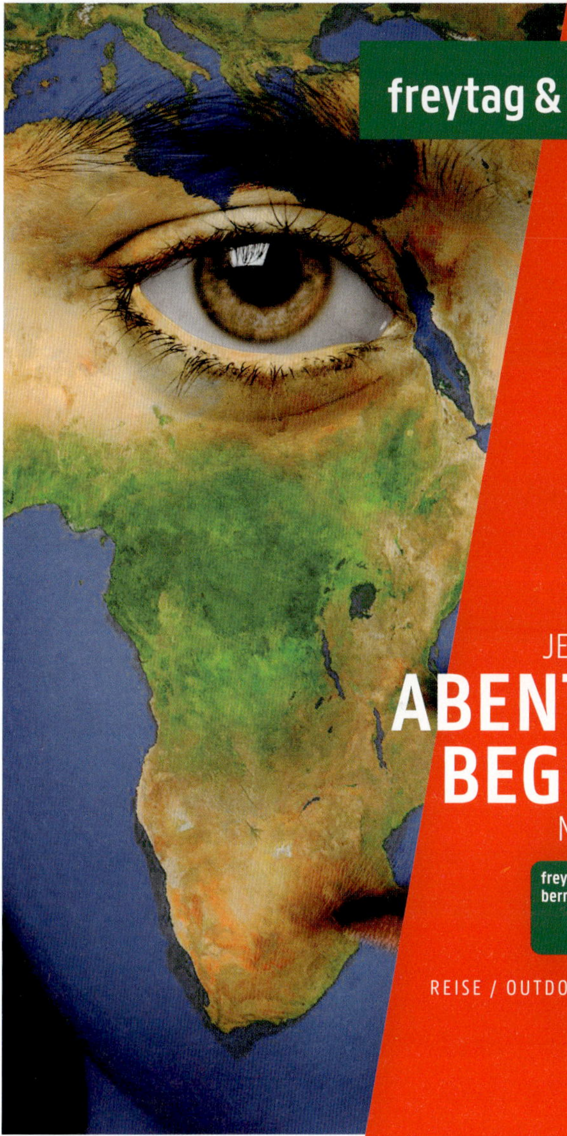

EINIGE SPANISCHE VOKABELN FÜR UNTERWEGS

Der kleine Sprachführer konzentriert sich auf medizinische Vokabeln, die im Notfall am dringendsten gebraucht werden, und am Weg häufig vorkommende Begriffe.

agua con gas	Sprudel
agua sin gas	Mineralwasser
agua potable	Trinkwasser
agua no potable	kein Trinkwasser
ampolla	Blase
bendición del peregrino	Pilgersegen
bocadillo	belegtes Baguette
bota	(Wander-)Stiefel
desayuno	Frühstück
desinfectante	Wunddesinfektionsmittel
enchufe	Steckdose
calambre	Muskel-/Wadenkrampf
cama	Bett
camino	Weg
cargar la bateria	Batterie aufladen
carretera	Straße (außerorts)
chinche	Bettwanze
cena	Abendessen
cena comunitaria	gemeinsames (Pilger-)Abendessen
comida	Mittagessen
contraseña	Passwort
Correos	Post(-amt)
credencial	Pilgerpass
deshidratación	Austrocknung, Dehydration
diarrea	Durchfall
dolor de cabeza	Kopfschmerzen
donativo	Spende
esguince	Verstauchung
esparadrapo	Leukoplast
farmácia	Apotheke
¿Dónde hay una farmácia?	Wo ist eine Apotheke?
flecha amarilla	gelber Pfeil
fuente	Brunnen/Quelle
insolación	Sonnenstich
lavadora	Waschmaschine
litera	Stockbett
magnesio	Magnesium
médico	Arzt
misa	hl. Messe
mochila	Rucksack
(teléfono) móvil	Handy/Smartphone
¿Dónde hay un médico?	Wo finde ich einen Arzt?
Necesito un médico.	Ich brauche einen Arzt.
peligro	Gefahr
peligroso	gefährlich
peregrino	Pilger
pie	Fuß
pierna	Bein
plato combinado	Tellergericht
tapón para el oído	Ohrstöpsel
sábana	Leintuch
saco de dormir	Schlafsack
secadora	Wäschetrockner
sello	Stempel (auch im Pilgerpass)
rezar	beten
roncar	schnarchen
taquilla	Schließfach
tendinitis	Sehnenentzündung
tirita	Pflaster
toalla	Handtuch
tobillo	Knöchel
torcerse el pie	mit dem Fuß umknicken
vendas	Verband
WiFi	WLAN
zapatero	Schuhmacher

Anmerkungen zur Aussprache

»c« vor »e« und »i« wie ein gelispeltes »s«, »c« vor »a«, »o« und »u« wie »k«; »z« wie ein gelispeltes »s«; »ch« = »tsch«; »j« = »ch«; zwei »L« wie etwa in tobillo wie »j« in Jahr, also tobijo; »ñ« = »nj«, also z. B. España = Espanja.

Umschlagbild: Das Ziel – die Kathedrale von Santiago de Compostela.

Bild Seite 1: Herbststimmung in der Region El Bierzo (Etappe 24).

Bild Seite 10/11: In den Weinfeldern der Rioja (Etappe 8).

Bild Seite 40/41: Kurz hinter Rabé de las Calzadas: Der lange Marsch über die Meseta beginnt (Etappe 13).

Alle 150 Fotos von Cordula Rabe.

Kartografie:
49 Wanderkärtchen im Maßstab 1:100.000 und 6 Stadtpläne
© Bergverlag Rother GmbH, München (gezeichnet von www.rolle-kartografie.de und Barbara Häring/Martina Rieger, Gröbenzell sowie Heinz Muggenthaler, Regen)
2 Übersichtskarten im Maßstab 1:3.700.000 und 1:6.000.000
© Freytag & Berndt, Wien

Werk Nr. 4330

17., vollständig überarbeitete Auflage 2024

ISBN 978-3-7633-4893-0

Wir freuen uns über jeden Korrekturhinweis zu diesem Wanderführer!
Bitte per E-Mail an: **leserzuschrift@rother.de**

ROTHER BERGVERLAG · Keltenring 17 · D-82041 Oberhaching
Tel. +49 89 608669-0 · www.rother.de